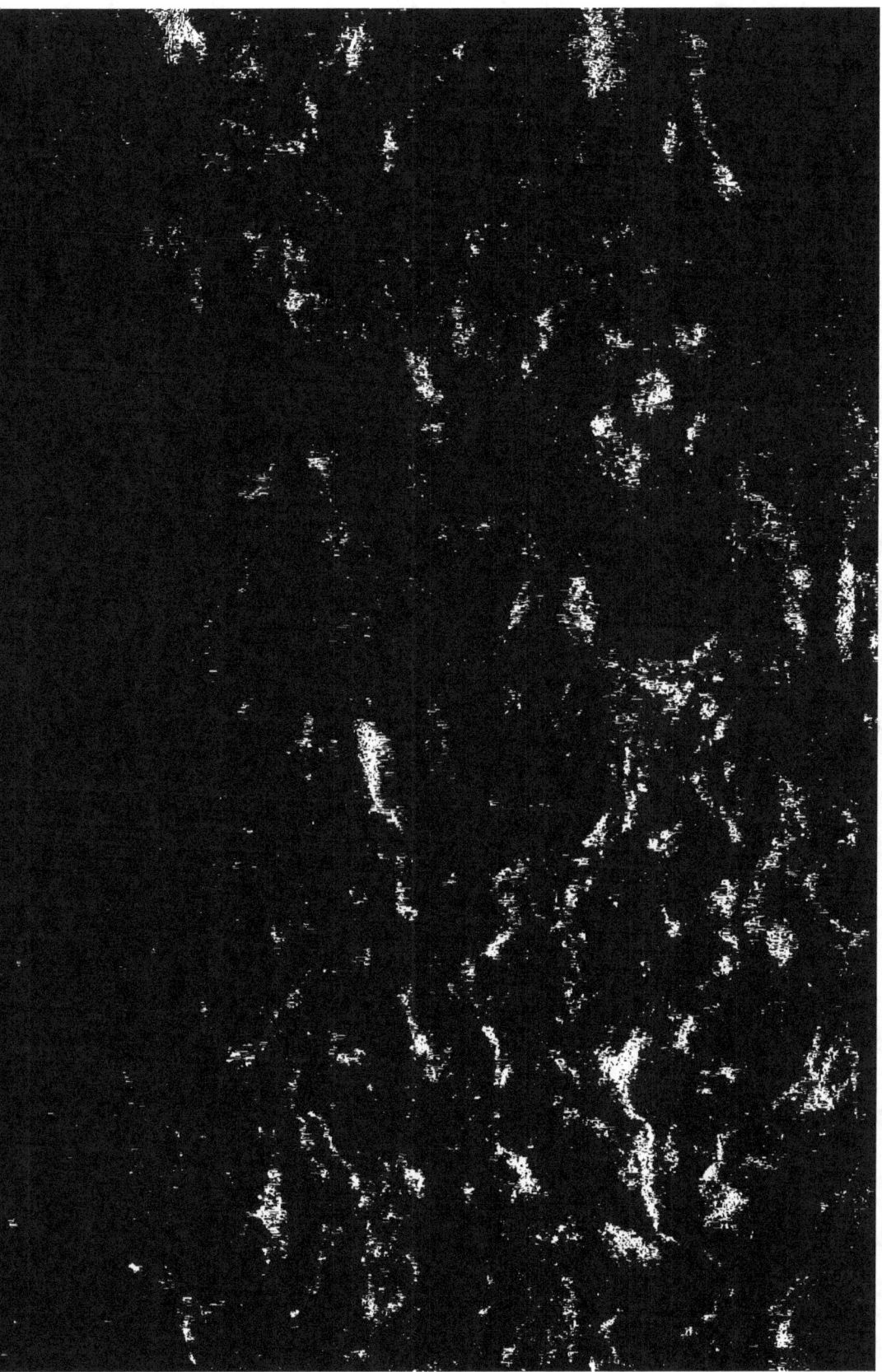

RECUEIL DE VOYAGES
ET DE
DOCUMENTS
pour servir
A L'HISTOIRE DE LA GÉOGRAPHIE
Depuis le XIIIe jusqu'à la fin du XVIe siècle

PUBLIÉ

Sous la direction de MM. CH. SCHEFER, membre de l'Institut
et HENRI CORDIER

XIII

DESCRIPTION
DE L'AFRIQUE
TIERCE PARTIE DU MONDE

PREMIER VOLUME

ANGERS, IMP. BURDIN ET Cie, RUE GARNIER, 4.

Description
DE
L'AFRIQUE
TIERCE PARTIE DU MONDE

ESCRITE PAR

JEAN LEON AFRICAN

Premièrement en langue Arabesque, puis en Toscane
et à présent mise en François

NOUVELLE ÉDITION ANNOTÉE

Par Ch. SCHEFER

Membre de l'Institut.

PREMIER VOLUME
Avec deux cartes

PARIS
ERNEST LEROUX, ÉDITEUR
28, RUE BONAPARTE, 28
M.D.CCC.XCVI

INTRODUCTION

ES voyages entrepris par les Portugais sous l'impulsion de l'infant Dom Henri et la navigation de Vasco de Gama avaient fait connaître, avant la fin du XVe siècle, la plus grande partie du littoral africain.

Dans le cours du siècle suivant, des expéditions heureuses avaient assuré aux rois de Portugal la possession de quelques villes situées sur les côtes du Maroc, mais le centre de l'Afrique était encore inexploré, et l'accès de plusieurs des nombreux royaumes qui s'étendaient dans ce vaste continent était interdit aux voyageurs européens. Le voile qui couvrait ces immenses contrées n'a pu être soulevé entièrement que de nos jours.

Il était réservé à un lettré musulman d'origine espagnole de nous fournir, dès la première moitié du XVIe siècle, des *notions exactes sur le Maghreb, sur les principaux États musulmans du nord de l'Afrique, ainsi que sur les contrées qui les avoisinent. Toutes les études et toutes les découvertes faites dans ces derniers temps ont permis de constater la valeur des renseignements qu'il nous a fournis et tous les géographes qui, durant les trois derniers siècles, ont fait de l'Afrique l'objet de leurs investigations ont exclusivement consulté l'ouvrage publié par lui.*

Hassan, fils de Mohammed, appartenait à une famille de Grenade; il portait le surnom de Ouazzan (peseur public). Il est connu en Europe sous le nom de Jean Léon, prénoms de Léon X que ce pontife lui donna lorsqu'il abjura l'islamisme entre ses mains. Hassan ibn Mohammed se qualifia aussi de Fassy, parce qu'il avait été élevé à Fès et qu'il y avait établi son domicile.

Les détails concernant sa vie nous font à peu près défaut. Nous n'avons, à son sujet, que des indications très sommaires éparses dans son récit et quelques lignes insérées par Giov. Batt. Ramusio dans ses Navigationi e Viaggi, *à la fin de la préface placée en tête de la « Description de l'Afrique ».*

Nous ignorons la date précise de l'émigration de sa famille de Grenade au Maroc, mais nous pouvons supposer que Hassan el-Ouazzan ou Jean Léon l'Africain naquit en Andalousie vers 1491, car il nous apprend qu'il avait environ seize ans quand il fit, en 1507, le voyage de Fès à Dara. C'est à cette époque qu'il accompagna son oncle envoyé en ambassade auprès de Abou Bekr Issa, général nègre commandant l'armée de Somiheli, roi de Tinbouktou qui, après la mort de ce prince, s'était emparé de cette ville, du royaume de Oualata, de Gouber, de Kano, de Zegzeg et de Zanfara et avait imposé un tribut à Agadez et au royaume de Melly.

Hassan fit ses études dans un des collèges de Fès et il nous apprend, dans sa description de cette capitale, qu'à l'exemple des jeunes étudiants, il remplit pendant trois années, à raison d'un salaire de trois ducats par mois, les fonctions de notaire au grand hôpital. Il mentionne, en parlant de son passage à Aghmat, la rencontre qu'il y fit d'un ermite dont il avait connu le frère, avec lequel il avait lu et commenté au collège le traité dogmatique de Nessefy.

Hassan ou Jean Léon l'Africain paraît avoir servi, pendant les premières années de sa jeunesse, les derniers souverains de la dynastie des Mérinides et s'être ensuite attaché à la personne du Chérif Mohammed, lorsque celui-ci, proclamant la guerre sainte contre les Portugais, eut attiré dans son parti les provinces de Sous et de Haha.

En l'année 915 de l'hégire (1509 de J.-C.), il accompagna à Tefza le commissaire du sultan chargé de prélever sur les juifs de cette ville une imposition de cinquante mille ducats et, la même année, il se trouvait dans le camp du Chérif Mohammed, lorsque celui-ci marcha contre Tadléh. Il nous dit qu'en 917 (1511), il s'arrêta à Maghran, à son retour de Dara à Fès.

Deux années plus tard, il se rendit à Tegagoucht avec le secrétaire du Chérif Mohammed, chargé par son maître d'y acheter des esclaves et il alla retrouver à Tesegdelt le Chérif auprès duquel il se trouvait, lorsque les habitants de

Taroudant[1] et ceux de Tedsy vinrent reconnaître son autorité.

1. Je crois devoir donner ici sur cette ville de Taroudant quelques détails postérieurs à Léon l'Africain et omis par Marmol.

Taroudant n'était primitivement qu'un village environné de murailles de terre. Les Chérifs s'y firent construire une maison en 1516 « et ils commencèrent à faire des fossez pour la nouvelle ville de Tarudant avec autant de circuit que Séville en a ; ils plantèrent à l'entour de la place plusieurs cannes de sucre et trouvèrent subtilement le moyen fondamental de la faire peupler ». Diego Torres qui a visité le Maroc en 1546 a donné une description intéressante de Tarudant : « La ville de Tarudant, dit-il, est dans un très agréable valon. Il s'estend depuis le cap d'Aguer jusques aux montagnes qui separent ceste place de Dara et a de long dix huit lieuës, et de large un peu moins depuis le mont Atlas jusques à d'autres qui divisent la ville des déserts. Elle a du costé du levant la province de Dara et de Tafilet, au couchant le cap d'Aguer et le pays des Azazègues, au nord le mont Atlas et vers le midy les déserts. Elle est fermée de murailles de terre enduites de chaux et garnies de tours et a pris son nom d'un vilage qui estoit dans la plaine et que l'on apeloit Tarudant. Du reste, ceste ville n'a point de fossez ; elle a seulement au levant une forteresse avec de bonnes murailles où sont les palais des deux Chérifs, embellis d'ouvrages à la mauresque. Auprès de ceste forteresse, il y a de fort grans jardins où il se trouve toutes sortes de fruits. Les captifs chrestiens travaillent ordinairement aux jardins fermez que le Chérif donne à ses femmes et à ses concubines. Il donnoit aussi à chaque esclave un arbre de chaque espèce de fruit, afin qu'il luy gardast les autres .. Outre ces jardins et ces palais, il y a dans la ville plusieurs mosquées basties à la moderne. Il y a aussi de belles ruës, de bonnes maisons et de bonnes places où sont les artisans et où l'on vend plusieurs marchandises en grande abondance. Il y a deux juifveries où demeurent plus de mille juifs. Les marchands chrestiens ont une doüanne qui fut la première maison que les Chérifs firent bastir pour se loger ; il y a de belles chambres et de très bonne eau qui passe au travers. Tous les soirs, un portier maure la ferme et l'ouvre tous les matins. Adjoutez à cela qu'elle a des boucheries où l'on vend de la venaison et de la viande, du poisson de mer et de riviere. Il se tient, tous les jeudis, un marché auprès de la ville où abordent ceux de ce royaume pour vendre et pour acheter

INTRODUCTION

L'année suivante, il alla, à son retour de Sous, parler au gouverneur de Safy au nom du roi de Fès et du Chérif Mohammed et, le 13 avril 1514, il assista de loin, « sur une jument fort légère et agile », au sanglant combat dans lequel Dom Juan Menesez, gouverneur d'Azamor, et Ruy Baretto défirent les généraux des rois de Fès et de Méquinès et anéantirent les arbalétriers chrétiens au service de ces princes. Osorio nous a donné, dans son Histoire de Portugal, le récit circonstancié de cette bataille et il a fait d'Azamor une description plus complète que celle que nous ont laissée Léon l'Africain et Marmol. Je crois donc devoir la reproduire ici : « En la partie d'Afrique qui regarde l'occident, et qui delà le destroit de Gibraltar panche au midy, y a une province tresfertile et grasse que les Arabes nomment Duccala, arrousée d'un grand fleuve qu'ilz appelent Omirabith

du bled, de l'avoine, des moutons, des poules, de la laine et du sel. En mon temps, toutes ces choses estoient à bon marché. Il y a aussi plusieurs plumes d'autruche qui viennent du pays des Azenègues, de l'ambre qui vient de ces mêmes peuples et grande quantité de sucre... Il y a à l'entour de la ville de bonnes forests où il s'y nourrit d'assez bons chevaux et plusieurs chameaux; on y rencontre de bons pasturages, des mines d'argent et d'autres métaux en abondance. La monnoye et la façon de vivre des habitans approchent de celle de Maroc. Le port de ce royaume est à la coste du cap d'Aguer et tirant vers l'occident : il confine avec Tahagoz (Tegagoucht) et les Azenègues où habitent les Arabes dont les habits sont des chemises de coton teintes d'azur avec des couvre-chefs de mesme couleur et des robes de laine; ils n'ont point de pain et mangent du ris et de la chair ; ils ont peu de chevaux, mais force chameaux qu'ils mettent en relais... Ces peuples sont sujets au Chérif. » (Histoire des Chérifs de Maroc, de Fez, de Tarudant et autres provinces, traduite de l'espagnol de Diego de Torres par M. le duc d'Angoulesme le père. *Paris, 1667. pp. 25. 154-155.*)

et que plusieurs estiment estre Asama. Sur le bord de ce fleuve, assez pres de la mer, est assize Azamor, qui lors, comprenoit plus de cinq mille maisons dedans l'enclos de ses murailles, le peuple magnifique, les bastimens spacieux et de belle structure en plusieurs endroits. Elle est distribuée en quatre quantons, chacun desquels avoit son gouverneur, en telle sorte toutesfois, qu'on n'oyoit bruit ny tumulte quelconque entre eux, pour ce qu'il y avoit un souverain auquel ils obeyssoient tous. La campagne est fort large et cultivée par des Arabes pour la pluspart, qui, pour n'estre en sorte que ce soit, delicats comme ceux de la ville, sont estimez beaucoup plus robustes et propres à manier les armes. Ilz n'ont point de maisons, ains passent leur vie en des pavillons fort amples, mangent peu et choses de petite nourriture et de nul appareil, s'employans presque tout le temps aux exercices de la guerre. Ceste province estoit distribuée en trois parties. La premiere s'appeloit Xerquie (Charqièh, orientale), la seconde Dabide (Dahrièh, septentrionale), la troisiesme Garobie (Gharbièh, occidentale). En après, chascune d'icelles avoit ses communautez et chasque communauté ses pavillons fichez en lieu commode et à part, selon la multitude de ceste communauté qui reconnoissoit aussi son capitaine et gouverneur, à part; en telle sorte toutesfois que ces trois portions de pays estoient liguées ensemble et, au besoin, se donnoient secours les unes aux autres. Il estoit aisé à ceux d'Azamor de lever plusieurs compagnies de pied et de cheval en ces villages et communautez[1]. »

1. Histoire de Portugal contenant les entreprises, navigations et gestes memorables des Portugallois... comprinses en vingt

INTRODUCTION

Léon l'Africain, dans ces circonstances critiques, se rendait à Merrakech « pour faire entendre, nous dit-il, au seigneur d'icelle et au Cherif prince, comme le roi de Fez, monseigneur, n'attendoit que l'heure que son frère deut arriver en Ducale pour faire provision contre son frère, » et, il ajoute qu'il assista à Thaqia à la réconciliation du roi et de son frère[1].

L'année suivante (921 = 1515), nous le voyons à Aït-Ayad et il visite à Salé les tombeaux des princes de la dynastie des Mérinides. Il rejoignit ensuite le Chérif Mohammed sur les bords du lac que domine le Djebel Akhdar ; ce prince s'y était arrêté pour secourir les habitants de ce canton qui, au commencement de l'année précédente, avaient eu à souffrir d'une expédition conduite par Dom Juan Menesez, expédition dont Osorio rend compte en ces termes : « Quant à Jean Menesez, ayant entendu que les habitans de Xerquie habitans à quinze lieuës d'Azamor trottoyent par la campagne en toute seureté, il sortit sur le soir avec Barret suivi de douze cens chevaux et mille pietons, au commencement de l'an mil cinq cens quatorze et firent douze lieuës, ceste nuict-là. Puis ils gaignerent une montaigne nommée la Verde à cause de sa plaisance et qu'il y a toujours force herbes verdoyantes. Au point du jour, ils assaillirent le village de

livres dont les douze premiers sont traduits du latin de Jerosme Osorius, evesque de Sylves en Algarve, et les huit suyvans prins de Lopez Castagnede et d'autres historiens. *Paris, 1587, f° 260.*

1. *Il s'agit, dans ce passage, de Mohammed ibn Mohammed Ech-Cheikh el-Wattassy, surnommé le Portugais, qui succéda en 910 (1504) à son père Abou Abdallah Mohammed et mourut en 931 (1524) : son frère Nassir surnommé el-Keddid fut son vizir.*

Bencafiz, situé sur une montaigne dont la pente est aisée et et ronde au sommet.

« Les habitans furent partie tuez, partie faits prisonniers, les autres precipitez dans la rivière qui bat au pied et passe dans Azamor, puis le village fut pillé et brulé. »

Le Chérif Mohammed, qui avait perdu la ville de Tednest, se préparait à passer dans la province de Doukkala; Léon l'Africain prit congé de lui pour accompagner ses ambassadeurs qui se rendaient à Merrakech.

En 921 (1515) il se trouvait chez le seigneur de Dubdu qui l'interrogea longuement sur les événements qui s'étaient déroulés à Fès et, dans le courant de cette année, il quitta le Maroc pour se rendre à Constantinople.

Jean Léon l'Africain termine le huitième livre de sa Description de l'Afrique par les lignes suivantes : « Mais, si la souveraine bonté m'octroye la grâce que mes ans soyent sufisans à tracer et mettre en lumiere l'œuvre jà par moy projeté, j'ay du tout deliberé reduire par écrit de point à autre et par le menu tout ce qui s'est offert à ma veuë, tant en l'Asie, comme en l'Arabie heureuse, déserte et pierreuse, avec cette autre partie de l'Egypte qui est située en l'Asie, traitant encore de Babylonne, d'une grande partie de la Perse, d'Armenie et de Tartarie, laquelle de mon jeune aage j'ay veuë et couruë. Outre ce, le dernier voyage que je fey, fu de Fez à Constantinople et de là en Egypte et de Egypte en Italie, en quoy faisant, j'ay eu cognoissance de plusieurs îles. Puis moyennant la faveur du Seigneur, redigeray le tout par ecrit et deduiray particulierement à mon retour d'Europe laquelle je poseray au commencement avec ses plus *nobles et recommandables parties et, suivant l'ordre, viendray à traiter de l'Asie : j'enten des lieux où je me suis retrouvé, puis à la fin, sera cette presente description de l'Afrique pour eveiller tous les espris studieux et aporter contentement à ceux qui se délectent de telle matière. »*

Ce passage nous fournit un renseignement d'une extrême importance ; il nous apprend que Jean Léon l'Africain avait le dessein, après avoir terminé ses voyages, de retourner en Afrique, soit à Tunis soit au Maroc, et qu'il se proposait de mettre la main à un grand ouvrage consacré au récit de ce qu'il avait vu en Europe et en Asie et dont sa « Description de l'Afrique » devait former la troisième partie.

Si la date de son passage en Arménie, en Babylonie, dans une partie de la Perse et de la Tartarie, en Arabie et en Syrie, demeure incertaine, il nous est facile de fixer celle de sa présence en Égypte. Il nous dit, en effet, qu'il se trouvait à Rosette, lorsque le sultan Selim se rendit d'Alexandrie dans cette ville pour visiter des bains qui étaient célèbres dans tous les pays du Levant.

L'historiographe officiel ottoman Khodjah Saad Eddin nous dit dans son ouvrage intitulé Tadj uttewarikh *(la Couronne des chroniques)* que le sultan, parti du Caire, arriva à Alexandrie le 7 du mois de djumazi ul-ewwel 923 (28 mai 1517) et qu'il fut de retour dans la capitale de l'Égypte, le 23 du même mois (13 juin).

Jean Léon nous apprend qu'après avoir gagné le Caire, il remonta le Nil jusqu'à Assouan dans la Haute-Égypte, puis il revint à Qenèh d'où il partit pour traverser le désert et gagner Qosseïr, petite ville du littoral égyptien de la mer Rouge, où il s'embarqua pour Ziden (Djedda) et Yanbo. On peut supposer, bien qu'il n'en fasse aucune mention, qu'il visita la Mekke et le tombeau du Prophète à Médine. Un fait mérite aussi d'être signalé. Léon l'Africain ne fait aucune allusion à la conquête de l'Égypte par le sultan Selim; tous les détails qu'il donne sur le gouvernement de ce pays se rapportent uniquement à l'administration établie par les sultans Mamelouks.

Après avoir résidé pendant quelque temps à Tunis, Léon l'Africain avait pris passage sur un navire qui devait le conduire au Maroc, mais il tomba, dans les environs de Djerba, entre les mains de corsaires siciliens qui le conduisirent à Naples. Il y apprit l'échec éprouvé devant Mehdia par Pierre de Navarre en 1519, ainsi que la prise de Tripoli de Barbarie dont ce capitaine réussit à se rendre maître. Léon l'Africain fut conduit de Naples à Rome et offert au pape Léon X : on le donna comme un savant musulman dont les travaux sur l'histoire et la littérature arabes pourraient ajouter au lustre de son pontificat. Léon X le traita généreusement et pour mieux s'assurer sa protection, Hassan ibn Mohammed abjura la foi de l'islamisme entre les mains du pape qui lui donna les prénoms de Jean Léon qu'il portait lui-même.

Sa connaissance de l'espagnol, qu'il pouvait considérer comme sa langue maternelle, lui facilita tellement l'étude du latin et de l'italien qu'il put déférer au désir exprimé par le Souverain Pontife et entreprendre la traduction dans cette dernière langue, de sa « Description de l'Afrique ». Le texte *arabe de cet ouvrage se trouvait parmi ses livres lorsqu'il fut réduit en captivité.*

Nous n'avons que fort peu de renseignements sur la vie de Jean Léon l'Africain pendant les années qu'il passa en Italie. Il demeura à Rome après la mort de Léon X et il eut pour protecteur le cardinal Gilles de Viterbe auquel il donna des leçons d'arabe[1]. *Adrien VI renonça à suivre les idées de Léon X : il se désintéressa complètement des affaires d'Orient et refusa toute aide et tout subside aux Grecs et aux Syriens qui, depuis le concile de Latran, avaient afflué à Rome, dans l'espérance de voir les princes chrétiens*

---

1. *Ægidius Antonini, plus connu sous le nom de Gilles de Viterbe, général de l'ordre des Ermites de Saint-Augustin, patriarche de Constantinople et créé, par Léon X, cardinal du titre de Saint-Matthieu, fut chargé par Jules II de prendre la parole à l'ouverture du concile de Latran. Il dut remplir, au nom de ce pape, une mission diplomatique auprès de la République de Venise et du duc d'Urbin. Léon X l'envoya en Hongrie et en Espagne et il parvint par d'heureuses négociations à rétablir la paix entre les princes italiens, lorsque Sultan Selim, vainqueur de Châh Ismayl et maître de l'Égypte, sembla menacer la paix de la chrétienté. Le cardinal Gilles de Viterbe mourut le 12 novembre 1532. Alph. Ciaconius ne cite point l'arabe parmi les langues que Gilles de Viterbe avait étudiées : « at non solum orator et poeta sed historicus, philosophus platonicus ut plurimum ac theologus insignis, linguas hebraicam, chaldaicam, græcam, latinam, hetruscam, quam optime calluit... ».* Vitæ et res gestæ Pontificum romanorum et S. R. E. cardinalium ab initio nascentis usque ad Clementem IX. P. O. M. Rome, 1677, *t. III, p 395.*

Les livres de Gilles de Viterbe furent acquis par le cardinal Ridolfi dont la bibliothèque fut achetée par Catherine de Médicis et transportée en France. Le catalogue en fut dressé et figure à la Bibliothèque nationale dans le fonds grec sous le n° 3074. Nous y trouvons la mention suivante : Index librorum R. D. Nicolai car-

entreprendre, sous l'impulsion du pape, une expédition en Orient. Jean Léon professa pendant quelque temps l'arabe à l'Université de Bologne[1], et revint à Rome où il acheva en 1526 la traduction de sa « Description de l'Afrique »; L'année suivante, il mit la dernière main à son Libellus de viris quibusdam illustribus apud Arabes. On peut supposer qu'il quitta l'Italie en 1528, car Jean Albert Widmannstad qui, en 1529, accompagna l'empereur

dinalis Rudolfi. Libri diversarum annotationum quondam R. cardinalis Ægidii Viterbiensis.

« 34. Tabula alphabeti in Alcoranum in lingua spagnola. »

« 37. Libellus lingua turcica seu arabica, coperto di corame turchino. »

« 58. Un foglio di membrana di scorza, piegato a ruotolo scritto di lettera turchesca over arabica.

« 59. Alius liber arabicus seu turcicus, in octavo, corio nigro tectus.

« 60. Alius liber arabicus in carta lisciata, ligato in cartoni coperti di corame nero. »

1. C'est à Bologne que Jean Léon l'Africain composa le Vocabulaire arabe, hébreu, latin mentionné par Casiri. On lit, à la fin de cet opuscule, cette note de la main de Jean Léon :

فرغ من نسخ هذا الكتاب مولفه يوحنى الاسد الغرناطى المدعو قبل الحسن بن محمد الوزان الفاسى فى اواخر يانير عام ثلثين وتسعماية لتاريخ المسلمين و ذلك بمدينة بلونيا من بلاد اطاليا برسم المعلم الطبيب الماهر يعقوب بن شمعون الوف الاسرائلى

« La copie de ce livre a été faite par celui qui en est l'auteur, Jean Léon, natif de Grenade, appelé précédemment El-Hassan ben Mohammed el-Ouazzan, domicilié à Fès, et cela dans les derniers jours de janvier 1524 de l'ère chrétienne correspondant à l'année 930 des musulmans, dans la ville de Bologne en Italie pour le docteur, l'habile médecin Jacob fils de Simon mon ami, israélite de nation. Mich. Casiri, Bibliotheca arabico-hispana. Madrid, 1760, t. I, pp. 172-173.

Jean Léon, dans sa description de la grande mosquée de Merrakech, en compare le minaret à la tour des Asinelli à Bologne.

Charles-Quint à Bologne, lorsque ce prince s'y fit couronner, manifeste, dans la préface placée en tête de l'édition des Évangiles syriaques publiés en 1555, le regret de n'avoir pu rencontrer Jean Léon qui était retourné à Tunis où il avait de nouveau embrassé l'islamisme, religion de ses pères. Le récit de J.-A. Widmannstad donne des détails qui ont été reproduits en partie, dans la suite, par tous les biographes de Jean Léon l'Africain et ils me paraissent offrir assez d'intérêt pour être de nouveau placés ici. « Lorsque dans les siècles passés, dit Widmannstad, la connaissance des sciences grecques eut été anéantie, les ouvrages des Arabes relatifs à la philosophie, à la médecine, à l'astrologie, à la chimie et à la magie ne furent étudiés que par un très petit nombre d'entre nous.

« On jeta les fondements de l'étude de la langue et de la littérature arabes à Rome sous le pontificat de Léon X, car on pensait y trouver quelque avantage pour la propagation de la religion chrétienne.

« Il advint que Jean Léon Elibery, qui après l'expulsion des Maures par le roi Ferdinand partagea le sort de sa nation et passa en Afrique, se voua à Fès à l'étude de la littérature arabe, étude dans laquelle il acquit des connaissances étendues. Il parcourut l'Afrique et l'Asie et il regagnait la Mauritanie lorsqu'il fut réduit en captivité avec d'autres passagers, dans les eaux de l'île des Lotophages (Djerba), par l'escadre chrétienne. Les agréments de son esprit, la variété de son érudition déterminèrent son envoi à Rome et il fut offert au pape Léon X en présent votif.

« Il reçut le baptême et sut conquérir l'affection du Souverain *Pontife. Il eut l'occasion de donner des leçons de langue arabe au cardinal Gilles de Viterbe qui reçut à cette époque de Justinien, évêque de Nebis, par des lettres venues de Corse, quelques courtes indications sur les principes de cette langue. Les esprits distingués ne cultivant alors que les lettres profanes, il advint, après la mort de Justinien et le départ de Léon Eliberi pour Tunis où il revint à la foi musulmane, que Gilles de Viterbe fut le seul parmi les chrétiens qui appréciât la littérature arabe. Après avoir reçu la charge de sénateur que lui laissa en mourant Jérôme Seripando, il m'invita, dans les derniers temps de sa vie, à me rendre à Rome et de là en Afrique, dans le but de voir Léon, ce que j'avais vainement tenté l'été passé. Il me parla longuement de l'utilité et de l'excellence de la langue arabe et fut cause que j'éprouvai pour cette langue une prédilection qu'il avait devinée. Si sa vie s'était prolongée, sa faveur et son appui m'auraient fait avancer dans cette voie aussi loin que possible. Mais bien que la brièveté de son existence ne lui ait pas permis d'arriver à ce résultat, je pus, grâce à la générosité de Seripando, consulter tous les livres de sa bibliothèque et spécialement les commentaires et les notes écrits de sa main sur des sujets divers* [1]. »

---

1. « *Et cum superioribus seculis Arabum literæ post græcarum disciplinarum interitum propter philosophiæ, medicinæ, astrologiæ, chymisticæ aut magicæ artis doctrinam tantum a nostris iisque paucissimis expetitæ fuissent, eodem Leonis pontificatu iis literis rudimenta ejusmodi Romæ posita fuerunt ut in earum incunabulis, christianæ religioni opem et auxilium polliceri viderentur. Accidit ut Johannes Leo Eliberitanus (qui Mauris a rege catholico Hispaniæ pulsis, fortunam gentis suæ secutus in Aphricam transmisit)*

INTRODUCTION

Les renseignements si concis donnés par G.-B. Ramusio dans la préface placée par lui en tête de la « Description de l'Afrique » et les quelques lignes consacrées par J. A. Widmannstad, sont les seules données qui nous soient fournies sur le séjour de Jean Léon en Italie. Elles ont été reproduites par les écrivains qui, à la fin du XVIe siècle et au commencement du XVIIe, se sont occupés de l'histoire des lettres orientales en Europe.

Phessæ in literarum et artium arabicarum studiis opera multum poneret atque Aphrica Asiaque annis aliquot peragratis in Mauritania ad suos rediturus prope Lotophagiten insulam a classe nostra cum cæteris vectoribus caperetur et propter ingenii amœnitatem eruditionemque variam Leoni X tanquam ex manubiis votivi donatio Romam missus sacro fonte tingeretur, Pontificique admodum charus esset : qua occasione Ægidium Viterbiensem senatorem doctissimum arabicæ linguæ præceptis adhuc diligenter compositio instituit : quo etiam tempore, eundem et Justinianus Nebiensis antistes, concisis quibusdam et exilibus, ut mihi visæ sunt, normis e Corsica missis, veluti trajectitio docendi munere functus, ad percipiendam eam linguam informabat. Et cum ea tempestate, præclara ingenia prophanis tantum literis delectarentur, factum est ut Ægidius postquam et Justinianus ex eâ vitâ et Leo Eliberitanus catholica fide cum punica commutata Tunetem migrasset, arabicarum literarum dignitatem inter christianos propesolus tueretur. Qui ut a Hier. Seripando gradu senatorio, quem ille moriens reliquit, dignissimo viro accepit, me Leonis audiendi causa in Aphricam, quod æstate superiore infeliciter tentaveram denuo navigaturum extremo vitæ suæ tempore, Romam ad se invitavit mihique de arabici sermonis præstantia et utilitate multa commemorando, author fuit ut ejus amorem quem satis ita fortasse impellentibus excitatum in me intellexisset, ne deponerem; nam se quoque si vita incolumis foret, me quo posset favore, studio et benevolentia agiturum quod etsi præstare ob vitæ brevitatem nequiverit, tamen Seripandi beneficio singulari omnem ejus bibliothecam et maxime secretos commentarios manu ipsius notisque perplexis de rebus variis scriptos evolvere concessum fuit. »

INTRODUCTION

L'éditeur du recueil des Navigationi *paru à Venise en 1588, trente et un ans après la mort de G.-B. Ramusio, prétend que Léon l'Africain vécut longtemps à Rome et qu'il mourut et fut enterré dans cette ville. Cette assertion n'a été admise par aucun des auteurs qui ont tracé la biographie de Jean Léon : je citerai parmi ceux-ci Francisco Bermudez de Pedraza*[1], *P. Colomiès*[2], *Vossius*[3], *N. Antonio*[4] *et Casiri*[5].

1. Antiguedad y excelencias de Granada por el licenciado Franscisco Bermudez de Pedraza natural della... *Le chapitre XXV ayant pour titre :* De otros hijos desta ciudad que han escrito varias materias, *renferme la notice biographique consacrée à Jean Léon l'Africain. Madrid, 1608, l. III, c. XXV, p. 149.*

2. *Je crois devoir transcrire ici les quelques lignes consacrées par Colomiès à Jean Léon :* « Jean Léon d'Afrique est un excellent historien. Il écrivit premièrement son histoire en sa langue. L'original s'est vu dans la riche bibliothèque Pinelli, le père des Muses de l'Italie. Depuis, s'estant fait chrestien, il la mit à Rome en langue italienne d'où elle fut traduite en latin par Jean Fleurian, mais peu fidellement et en françois par Jean Temporal. J'ay remarqué que Marmol la copie presque partout sans nommer l'auteur une seule fois. Jean Léon a aussi écrit un petit traité latin des savans qui ont esté parmi les Arabes qu'Hottinger fit imprimer à Zurich l'an 1664 dans son bibliotequaire, sur une copie que Cavalcantes luy avoit envoyée de Florence. Il avoit aussi composé une grammaire arabe que possédoit un médecin juif nommé Jacob Mantin, au rapport de Ramusio. Dans son ouvrage, il parle de quelques autres ouvrages de sa façon que nous n'avons jamais vus. C'est dommage qu'il soit retourné au mahometisme. Je ne sache que Widmanstadius qui marque cette particularité dans sa belle épître à l'empereur Ferdinand sur le N. T. syriaque imprimé à Vienne l'an 1555 » (Mélanges historiques. *Orange, 1675, pp. 79-80*).

3. *Vossius*, De historicis latinis libri tres. *Leyde, 1627, p. 605.*

4. Bibliotheca Hispana nova auctore Nicolao Antonio Hispalense. *Madrid, 1783, t. I, pp. 177-718.*

5. *M. Casiri*, Bibliotheca arabico-hispana Escurialensis. *Madrid, 1760, t. I, p. 172.*

INTRODUCTION

Depuis lors, aucun document nouveau n'est venu jeter quelque lumière sur les dernières années de l'auteur de la « Description de l'Afrique ». Trois écrivains chrétiens, Clénard, Marmol et Diego Torres, sont allés au Maroc à des titres divers et y ont résidé pendant quelques années dans le cours du XVIe *siècle, mais aucun d'eux ne mentionne le nom de Jean Léon, bien que Marmol ait eu connaissance de son ouvrage consacré à l'Afrique et qu'il l'ait copié presque en entier*[1].

1. *Nicolas Clénard (Kleinartz) de Diest dans la province du Brabant, après avoir professé à Louvain, à Salamanque et à Evora, passa de Grenade au Maroc et arriva à Fès le 4 mai 1541. Il résida dans cette ville, pendant dix-huit mois, et mourut à son retour à Grenade en 1542. Il fut enterré dans le cimetière dépendant du palais de l'Alhambra. Le botaniste Charles Lecluse (Clusius) rapporta d'Espagne les lettres écrites par Kleinartz pendant son séjour au Maroc. Elles sont adressées presque toutes* « Reverendo Domino D. Joanni Parvo Sancti Jacobi in capo Viridi promontorio. »
Joannes Parvus fut évêque de Saint-Jacques au Cap Vert de 1538 à 1546 (Gams, Series episcoporum, etc., *p. 472). Ces lettres de Clénard furent publiées en 1566 à Anvers par Christophe Plantin. Clénard a rédigé un mémoire intitulé* Epistola Clenardi ad Christianos de professione arabica, militiaque constituenda adversus Machumetum. Epistolarum libri duo, *p. 218.*

Marmol Carvajal suivit Charles-Quint dans ses expéditions en Afrique. Fait prisonnier par les Maures, il demeura pendant sept années à Merrakech, Taroudant, Tlemcen, Fès et Tunis. Il accompagna le Chérif Mohammed jusqu'à Acequia el-Hamara (Saqiet el-Hamra, l'abreuvoir rouge) sur la route de la Guinée, et à son retour dans sa patrie, il publia à Grenade en 1573 la : Primera parte de la descripcion general de Africa con todos los successos que a avido entre los infideles y el pueblo christiano y entre ellos mesmos desde que Mahoma invento su secta desde el anno del Señor mil y quinientos y setenta y uno. La segunda parte y libro septimo de la descripcion general de Africa donde se contiene las provincias di Numidia, Libia, la tierra de los Negros,

INTRODUCTION

Jean Léon l'Africain nous fait savoir qu'il avait fait, à l'Université de Fès, des études complètes en théologie et en littérature. Nous le voyons, au temps de sa jeunesse, comme nous l'avons déjà dit, rencontrer à Aghmat un ermite avec le frère duquel il avait lu et entendu expliquer le traité de Nessefy; se trouvant à Hadekis en 922 (1516), il y fit la rencontre d'un prêtre auquel il commenta un petit traité de rhétorique; enfin, dans sa notice sur Ghazzaly, il nous dit qu'il sait par cœur les odes de ce philosophe, mais qu'il lui serait fort difficile d'en donner une traduction latine à cause des explications littéraires indispensables pour l'intelligence de n'importe quel vers[1].

Léon l'Africain avait rédigé un Abrégé des annales de l'Islamisme, une histoire de l'Afrique, un commentaire sur

la baxa y alta Ethiopia y Egipto con todas las causas memorabiles della, a paru à Malaga en 1599.

L'ouvrage de Marmol a été traduit par Perrot d'Ablancourt et a vu le jour à Paris en 1667; il forme trois volumes in-quarto.

Diego Torrès se rendit au Maroc en 1546, en qualité d'assistant de Fernand Gomez d'Almodavar rescatador, c'est-à-dire chargé par le roi d'Espagne de racheter les esclaves chrétiens.

Revenu dans sa patrie, Diego Torrès écrivit l'histoire des Chérifs depuis leur origine jusqu'en l'année 1578. Cet ouvrage fut publié par sa femme, dona Isabella Quixada, à Séville, en 1586, sous le titre de Relacion y successos de los Xarifes y del estado de los reynos de Marruccos, Fès, Tarudante y los demas que tienen usurpados. Cet ouvrage a été traduit par M. le duc d'Angoulême le père et a paru en 1637.

1. « Dixit interpres quod memoria tenet multa ejus carmina quæ sunt elegantissima arabice. Erit difficile ea recensere lingua latina quoniam necesse erit narrare pro quolibet versu multa humanitatis principia » (De quibusdam apud Arabes illustribus libellus. Fabricius, Bibliotheca græca. Hambourg, 1702. p. 275).

INTRODUCTION

les lois et la religion musulmanes, une grammaire et un un traité de poésie arabes et il avait formé un recueil d'épitaphes recueillies par lui dans les différentes provinces du Maghreb. Pendant son séjour en Italie, il composa un petit vocabulaire arabe, hébreu et espagnol pour le médecin juif Jacob fils de Siméon, son ami[1], *dont nous avons parlé plus haut ; il traduisit en latin les biographies de trente des plus célèbres philosophes et médecins arabes et juifs et enfin, il acheva à Rome, sa « Description de l'Afrique », excellent ouvrage qui a fait passer son nom à la postérité et est, encore aujourd'hui, consulté avec fruit.*

Il est constant que le texte original se trouvait parmi les livres de Léon l'Africain, lorsqu'il fut pris dans les eaux de Djerba. Ce manuscrit passa dans les mains de Vincenzo Pinelli dont la bibliothèque fut placée, après sa mort, à bord de trois navires pour être transportée à Naples. L'un d'eux fut pris par des pirates et les livres qui y avaient été embarqués, et parmi lesquels se trouvait, fort probablement, l'exemplaire arabe de la « Description de l'Afrique », furent jetés à la mer. Le reste de la bibliothèque de Pinelli fut acquis par le cardinal Charles Borromée au prix de 3,400 écus d'or, et placé dans la Bibliothèque ambroisienne.

---

[1]. M. Hartwig Derenbourg a donné une description de cet opuscule dans les Manuscrits arabes de l'Escurial. Paris, *1884*, t. *I*, p. *40*.

Le même auteur a consacré quelques lignes à Jean Léon l'Africain et au médecin Jacob fils de Siméon dans la Revue des Études juives. Il rapporte l'opinion de M. E. Müntz qui croit que ce médecin fut celui du pape Paul III (Revue des Études juives, Paris, *1883*, n° d'octobre-décembre).

La version italienne de la « Description de l'Afrique » est divisée en neuf livres. Les trois premiers nous offrent le tableau des provinces, des villes et des montagnes du Maroc; le quatrième est consacré au royaume de Tlemcen, le cinquième à Bougie et à Tunis, le sixième à la Tripolitaine, le septième aux États du Soudan et à la Nubie, le huitième à l'Égypte, enfin, le neuvième nous entretient des fleuves, des minéraux, des plantes et des animaux que l'on rencontre en Afrique.

L'ouvrage de Léon l'Africain fixa dès son apparition l'attention des savants. Une première édition en avait paru en 1550 dans le Recueil des Navigationi e Viaggi *de Ramusio; elle fut suivie d'une seconde quatre années plus tard, et c'est sur celle-ci que furent faites, la traduction latine par Fleurian, et la traduction française par Jean Temporal*[1].

Le texte italien de la « Description de l'Afrique » figure dans les huit éditions des Navigationi e Viaggi *de J.-B. Ramusio qui ont paru de 1550 à 1606; M. Luigi Pezzana l'a réimprimé en 1837, dans un volume qui contient, en*

---

1. Leo Africanus. De totius Africæ descriptione libri IX nunc latine versi per J. Florianum. *Anvers, 1556. Cette traduction est dédiée* Magnifico Domino D. Melchiori Scheto Corvino thesauriario præclaræ urbis Antuerpiæ, optime merito. *Il en paru deux éditions à Zurich en 1556 et en 1559, et une autre à Leyde, 1632.*
Description de l'Afrique, tierce partie du monde... escrite de nôtre tems par Jean Leon Africain premierement en langue arabesque puis en toscane et à present mise en françois. *Lyon, 1556;* Historiale description de l'Afrique escrite par Jean Leon Africain en langue arabesque et traduite en françois, *publiée à Anvers, 1556,* porte le nom de Temporal.

outre, la relation des voyages de Alvise de Ca' da Mosto, de Pierre de Cintra, d'Hannon, de Vasco de Gama et d'un pilote portugais. John Pary fit paraître à Londres, en 1600, une traduction anglaise qu'il dédia au très honorable Robert Cecil. Il ajouta à son travail une description des contrées et des îles que Jean Léon l'Africain n'a point mentionnées, ainsi qu'un traité consacré aux princes africains et aux religions pratiquées en Afrique¹.

Purchas a publié dans ses Pilgrims des extraits des neuf livres de la « Description de l'Afrique »²; ils ont été reproduits par Harris en 1705, dans sa Navigantium et itinerantium bibliotheca et en 1738, par F. Moore dans ses Travels into Africa.

1. A geographical historie of Africa written in Arabicke and Italian by Iohn Leo a More borne in Granata and brought up in Barbarie, wherein he hath at large described, not onely the qualities, situations and true distances of the regions, cities, townes, mountains, rivers and other places throughout all the north and principall partes of Africa, but also the descents and families of their kings the causes and events of their wares, with their manners, customes, religions and civile government and many other memorable matters; gathered partly of out of his owne many other memorable matters gathered partly out of his owne diligent observations and partly out of the ancient records and chronicles of the Arabians and Mores. Before which out of the best ancient and modern writers, is prefixed a generall description of Africa and also a particular treatise of all the maine lands and isles undescribed by Iohn Leo. And after the same is annexed a relation of the great princes and the manifold religion in that part of the world. Translated and collected by John Pary, lately of Gonevill and Caius college in Cambridge-Londini, Impensis. Georg. Bishop, 1600.

2. Purchas, His pilgrims in five books. *Londres,1625, IIe part., pp. 749-851.*

b.

Au commencement de ce siècle M. Lorsbach a inséré dans un opuscule édité à l'occasion d'une solennité académique les chapitres de Léon l'Africain relatifs aux maladies dont souffrent les Africains et les passages concernant la ville de Tednest, et celles d'Eit Devet (Aït-Devoud) et d'Oran, et, quatre années plus tard, il a donné une traduction de la « Description de l'Afrique[1]. »

Léon l'Africain n'indique que d'une façon très sommaire les ouvrages d'histoire et de géographie consultés par lui pour la rédaction de sa « Description de l'Afrique ». Il se contente de citer l'« Abrégé des annales de l'Islamisme » qu'il avait composé lui-même, l'« Histoire de l'Afrique et la Généalogie des Berbers » dus à la plume d'Abou Ishaq Ibrahim ibn Erraqiq qui occupait à Qaïrouan, à la fin du Xe siècle de notre ère, un haut emploi dans l'administration, et les ouvrages d'Aboul Qassim Khalef ibn Abdelmelik plus connu sous le nom d'Ibn Bachkoual, auteur d'une Chronique d'Espagne et d'un recueil de biographies intitulé *Essilah* الصلة *(le cadeau). Il dit de plus qu'il fréquenta*

---

1. Solemnia Academica quum serenessimus et celsissimus princeps ac dominus Dominus Guilielmus V Arausionis et Nassoviæ princeps, Belgii fœderati gubernator hereditarius... rector hujus Academiæ magnificentissimus Ioanneam suam invisurus esset celebranda indicit G. G. Lorsbach h. t. prorector. Præmittuntur quædam de Io. Leonis descriptione Africæ. Literis Bruknerianis, *M. D. CCC. I.*

De morbis quibusdam Afri frequentius adficiuntur. De Tednesta, regionis Heanæ urbe. Von der Stadt, Eit Devet...; Von der Stadt, Oran.

G. G. *Lorsbach*, Johann Leo's des afrikaners Beschreibung von Afrika. *Herborn, 1815.*

pendant son séjour à Merrakech « un juge qui (à vray dire) estoit autant docte ès histoires africanes comme bien fondé en richesses et biens de fortune. » Il a eu aussi entre les mains les ouvrages d'El-Bekry, de Massoudy et d'Ibn el-Khatib[1].

Nous ne rencontrons qu'une seule fois dans la « Description de l'Afrique » une citation de la Géographie d'Edrissy qu'il appelle le Chérif Sicilien (Esserif Essachaly). Le peu de renseignements que nous possédons sur la vie de cet auteur dont l'ouvrage est entre les mains des orientalistes depuis la fin du XVI° siècle, m'engage à donner ici la traduction de la notice que Léon l'Africain lui a consacrée dans son Libellus de viris apud Arabes illustribus, bien que les dates soient inexactes et les détails fort sujets à caution.

« Esserif Essachaly, dit-il, était un descendant de Mahomet ; il naquit en Sicile dans la ville de Massara[2]. Il était

---

1. Jean Léon parle en ces termes d'Ibn el-Khatib dans son Libellus de viris apud Arabes illustribus : « *Flos canccilariorum secretariorumque in quo sunt omnes suæ epistolæ quas nomine suorum dominorum Imperatori, Soldano et regibus Africæ scripserat. Sic etiam adsunt epistolæ quas suo nomine multis dominis, secretariis atque sui similibus consiliariis detulerat, tribus voluminibus collectum et parum iste liber in bibliothecis magnorum virorum reperitur. Dixit interpres se hunc vidisse et semper eum præ manibus habebat et nunquam eum usque ad sui e Fes discessum dimiserat atque deserverat eundemque ei commodatum fuisse in Tunis, donec ibi moratus fuerat.* »

2. « *Mazara, dit el-Edrissy, est une ville charmante bien bâtie et qui n'a pas sa pareille en fait de situation et d'agréments. La beauté de ses constructions est au-dessus de tout éloge et les avantages dont elle jouit dépassent tous ceux qu'on pourrait trouver dans d'autres résidences. Elle est entourée de murailles hautes et solides ;*

de race et de famille nobles et il fut de son temps, dans cette île, un homme hors ligne.

« Il était versé, tant dans les sciences philosophiques que dans la médecine, l'astrologie et la cosmographie et il sera toujours un homme remarquable. Il composa un ouvrage qu'il intitula : le Plaisir des yeux touchant la description des contrées.

« Il le divisa en sept parties, selon les sept climats du monde. Il décrit dans chacune d'elles les cités anciennes et modernes existant dans le climat dont il traite; il parle de leurs fondateurs et des causes qui ont amené leur ruine. Il mentionne les routes conduisant d'une ville à l'autre et il énumère les choses remarquables que l'on rencontre en celles-ci.

« Il dépeint la nature de chaque climat, trace le tableau des mœurs des habitants et fait connaître les animaux qui se trouvent dans chacune des contrées. Il s'occupe de toutes les îles depuis l'occident jusqu'à l'orient, des hautes montagnes, des fleuves remarquables, des lacs, de leur formation, des mines, enfin de tout ce qui sert à orner l'ordre de la nature.

« L'ouvrage du Chérif était achevé lorsque le roi Roger vint en Sicile : ce prince en attaqua les villes, l'une après l'autre.

« La population de Massara désirant faire sa soumission députa le Chérif auprès de lui, en qualité d'ambassadeur. Sa

---

les maisons y sont belles, les rues larges, les quartiers et les bazars en bon état et remplis de boutiques de marchands et d'ouvriers. Ses bains y sont bien tenus, les caravansérails vastes, les jardins fertiles et parfaitement cultivés. On vient à Mazara de tous les côtés et on en exporte une quantité considérable de produits » (Géographie d'Edrisi, trad. par P.-Amédée Jaubert, Paris, 1841, t. II, p. 87).

mission terminée, il dédia et offrit son livre au roi Roger; qui, en ayant apprécié le sujet, donna l'ordre de le traduire immédiatement en latin; le roi fut saisi d'admiration pour un ouvrage dont la langue latine n'avait point fourni de pareil. Ce livre lui fut si agréable qu'il fit cadeau au Chérif du château dans lequel il se tenait alors et le pria de demeurer à sa cour. Le Chérif ne consentit point à rester auprès du roi, et il vendit à un certain baron le château dont il vient d'être question. Je ne connais pas le prix exact qui en fut donné; je sais seulement qu'il était de plusieurs milliers de ducats. Le Chérif quitta la Sicile pour se retirer dans une ville de la Mauritanie. Ibn oul-Houssein rapporte dans sa Chronique de Sicile que le roi Roger avait toujours, entre les mains, pour l'étudier l'ouvrage du Chérif. Quelques-uns de ses nobles lui dirent : Pourquoi, ô roi, Votre Excellence ne jette-t-elle pas les yeux sur Ptolémée, qui a, sur la même matière, écrit de belles choses? — Ptolémée, repartit le roi, a écrit sur une partie du monde et le Chérif l'a décrit tout entier.

Le Chérif mourut dans la ville de Civitat (Ceuta) en l'an de l'hégire 516 (1122) à l'âge de... Il laissa beaucoup d'enfants et l'on trouve jusques à présent dans les villes de Fès et de Tunis des membres de cette famille (des Édrissides)[1]. »

---

1. Cette phrase renferme un anachronisme grossier. Le Chérif Edrissy nous apprend qu'il termina son ouvrage géographique en l'année 548 de l'hégire (1154). Il donna à sa géographie le titre de : Le plaisir de celui qui est désireux de voir se révéler à lui les différents pays, نزهة المشتاق فى اختراق الافاق.

Il nous fait savoir dans la préface que le roi Roger fit faire une table en argent de forme ronde et du poids de quatre cent cinquante

La « *Description de l'Afrique* » *de Léon l'Africain fut mise à profit dès la seconde moitié du* XVIe *siècle par les érudits et les cosmographes. L'année qui suivit la publication de la traduction latine de Fleurian et de la traduction française de Temporal, J. César Scaliger insérait dans le quinzième livre de ses* Exotericæ exercitationes, *de nombreux détails empruntés au neuvième livre de l'ouvrage de Léon l'Africain.*

François de Belle-Forest, dans sa Cosmographie, vante le secours que lui a donné l'œuvre de Léon l'Africain : « *Nous, dit-il, ayans donc à exploiter l'Afrique, ne voulons aussi y entrer sans (après avoir visité les anciens) voir ce que Jean Léon African nous a laissé en mémoire et duquel (mieux que de tout autre) nous pouvons tirer ce qui est necessaire pour ce lieu et cecy le plus succinctement qu'il me sera possible à cause que je sçay que cet auteur a esté mis en langue françoise* [1].

Ce même auteur cite encore Léon l'Africain dans son Histoire universelle *publiée deux ans plus tard* [2].

---

livres et qu'il fit graver sur sa surface la configuration des sept climats.

[1]. La cosmographie universelle de tout le monde, par François de Belle-Forest, Commingeois. *Paris, 1575, t. III, col. 1794-1874 et 1917 à 1928.*

[2]. L'histoire universelle du monde, contenant l'entiere description et situation des quatre parties de la terre ; la division et estendue de chascune region et province d'icelles. Ensemble l'origine et particulieres mœurs, loix, coustumes, religion et cérémonies de toutes nations et peuples qui par elles sont habitées. Divisée en quatre livres par François de Belle-Forest, Commingeois. *Paris, 1577, livr. I, chap. VII, f° 18 et chap. VIII, f°s 19-24.*

André Thevet a fait de larges emprunts à l'ouvrage de Jean Léon, sans toutefois citer son nom, et il a conservé scrupuleusement toutes les fautes qui déparent le texte donné par Ramusio, fautes qu'aucun des traducteurs n'a essayé de corriger[1].

Un savant cosmographe italien qui vécut pendant la seconde moitié du XVI° siècle a puisé dans la Description de l'Afrique tous les renseignements qu'il a donnés sur le Maroc, les États barbaresques, l'Égypte et le Soudan. Livio Sanuto, qui appartenait à une des plus illustres familles de Venise, était le fils de Francesco Sanuto qui avait acquis comme membre du Conseil et comme littérateur une juste notoriété. Après avoir fait faire à son fils ses humanités et lui avoir fait apprendre la musique, il l'envoya en Allemagne pour y compléter ses études et se perfectionner dans les sciences mathématiques. Il acquit une telle habileté, est-il dit dans la préface de sa Cosmographie que, sur les données de Ptolémée, il réussit à construire des instruments de précision qui sont aujourd'hui entre les mains de ses héritiers. Il s'adonna ensuite à la cosmographie et il atteignit dans cette branche de connaissances un tel degré de supériorité qu'il put établir d'après les anciens et les modernes la carte de tout le globe terrestre. Il fut aidé dans ce travail par son frère Giulio qui grava lui-même les cuivres. Il s'adonna également à l'étude de l'histoire ancienne et moderne, sacrée et profane, avec un tel succès que personne ne

---

[1]. Cosmographie universelle d'André Thevet, cosmographe du roy. Paris, 575, t. I, f°s 6-65.

put rivaliser avec lui. Il constata que l'*Afrique, importante partie du monde, théâtre de si nombreux événements et sujet de très récentes découvertes, n'avait été l'objet d'aucun travail; il résolut de se consacrer à la décrire. Il eut recours pour une entreprise aussi considérable et aussi fatigante aux plus célèbres historiens anciens et modernes et il a dessiné lui-même les douze cartes qui sont jointes à son ouvrage. Elles ont été gravées par son frère Giulio qui était un artiste fort habile.*

Livio Sanuto mourut en 1577, à l'âge de cinquante-six ans, au moment où il allait mettre la main à un ouvrage qui devait être consacré à la description des autres parties du monde[1].

Les savants qui, au XVIIe siècle, se sont occupés de la géographie de l'Afrique ont, comme leurs prédécesseurs du XVIe siècle, largement puisé dans l'ouvrage de Jean Léon l'Africain. Je citerai tout d'abord Gramaye, originaire d'Anvers; il parcourut l'Espagne et l'Italie, et pendant une traversée, tomba entre les mains de pirates barbaresques qui le conduisirent à Alger. Racheté de l'esclavage et revenu en Europe, Gramaye fit paraître son Africa illustrata. *Il s'appuie sur l'autorité de Jean Léon l'Africain dans le chapitre où il traite de l'origine de la langue parlée par les habitants du Maghreb et, dans celui* De Arabibus Africam tenentibus, *il a copié tous les renseignements four-*

---

[1]. Geografia di M. Livio Sanuto distinta in XII libri... con XII tavole di essa Africa in dissegno di rame. Aggiuntivi di più, tre indici di M. Giovan Carlo Saraceni, *Venise*, 1588, in-*f°*.

nis par Léon l'Africain sur les tribus arabes et berbères, sur leurs noms et sur les lieux qu'elles occupent[1].

Vossius, dont j'ai déjà cité le nom, invoque le témoignage de Jean Léon l'Africain dans plusieurs de ses ouvrages, dans ses De historicis latinis libri tres, Leyde, 1627, p. 605, dans les De philosophia et philosophorum sectis libri. La Haye, 1658, et dans son traité : De medicis illustribus inter Arabes scriptores, pp. 109-118.

Un compilateur de peu de mérite, né à la fin du XVIe siècle, Pierre Davity, sieur de Saint-Martin, donna au public en 1626 un ouvrage géographique qu'il intitula États ou Empires du monde » et qui fut revu et augmenté par Jean-Baptiste de Rocoles, conseiller, aumônier et historiographe du roi. Cette édition parut en 1660. Davity et de Rocoles ont largement puisé dans l'ouvrage de Jean Léon l'Africain dont le nom est cité partout où il est question des provinces et des villes de l'Afrique du nord et du pays des Noirs.

Je dois aussi mentionner l'œuvre d'un médecin hollandais Olivier Dapper, que le goût des sciences, de l'histoire et de la géographie avait lié au bourgmestre d'Amsterdam, le célèbre Vitsen. Dapper a composé de nombreux ouvrages de géographie, mais celui qui doit être particulièrement cité ici est, La description des pays de l'Afrique, de l'Égypte, de la Barbarie, de la Libye, du Biledulgerid, de la Guinée, *qui parut en hollandais à Amsterdam en 1668 et en 1670. Dapper comme les géographes*

---

1. Africæ illustratæ libri X in quibus Barbaria gentesque ejus ut olim et nunc describuntur. *Tournay, 1622, pp. 15 et 21-25.*

qui l'ont précédé, a eu recours à l'ouvrage de Jean Léon dont il apprécie l'exactitude et les renseignements abondants qu'il fournit.

Je ne dirai que peu de mots du Thesaurus rerum politicarum, *publié en 1675 à Genève, par Philippe-André Oldenburger, professeur de droit à l'Université de cette ville. Le premier volume de ce recueil contient les notices géographiques rédigées par Hermann Conring qui avoue avoir extrait de la* Description de l'Afrique *le chapitre consacré aux royaumes de Fès et de Maroc*[1].

La première moitié du XVIIIe *siècle vit paraître deux grands dictionnaires géographiques dont les auteurs ont emprunté à Jean Léon les détails qu'ils donnent sur le Maroc, les États barbaresques, l'Égypte et le Soudan. Le premier est le dictionnaire géographique et historique laissé inachevé par Baudrand et publié par les soins de son frère (1705), après avoir été complété par le P. Dom Gelé, bénédictin*[2].

L'autre a paru vingt et un ans plus tard, à la Haye. Il est l'œuvre de Bruzen de la Martinière, géographe du roi d'Espagne. L'impression de cette vaste compilation, qui ne compte pas moins de dix volumes in-folio, commencée en 1726, fut achevée quatre années plus tard[3].

---

1. Thesaurus rerum publicarum pars prima continens regna Hispaniæ...., regnum Fessanum et Marocannum... cura et studio Philippi Andreæ Oldenburgensi... *Genève, 1675, pp. 757-786.*
2. *Baudrand,* Dictionnaire historique et géographique. *Paris, 1715, 2 vol. in-f°.*
3. *Bruzen de la Martinière,* Le grand dictionnaire géographique, historique et critique. *Amsterdam, 1726-1736. Une*

INTRODUCTION   xxxv

Bruzen de la Martinière a cru pouvoir relever certaines erreurs de Jean Léon, mais ses observations portent surtout sur des noms dont l'orthographe a été dénaturée et elles sont rarement heureuses.

Je dois également citer, à propos de l'ouvrage de Jean Léon, le fragment de la Géographie d'Edrissy relatif au Maghreb publié par J.-M. Hartmann. Ce savant a eu recours à la « Description de l'Afrique » pour élucider et commenter certains passages d'Edrisy et il se plaît à renouveler en ces termes le témoignage qu'il avait déjà rendu de la véracité de Léon l'Africain : « L'excellence de son livre, dit-il, à la fin de la notice qu'il lui a consacrée, a été universellement constatée. Son livre (et je n'éprouve aucun repentir à répéter ce que j'ai dit autrefois) est un livre d'or. Si j'en avais été privé, la lumière m'aurait très souvent fait défaut[1]*. »*

M. Bruns a, quelques années plus tard, donné dans la quatrième partie du VIIe volume des Éphémérides géographiques, *une notice sur Léon l'Africain et sur ses voyages*[2].

Je ne crois pas devoir donner une plus longue énumération

---

traduction allemande faite par Chr. Wolf a été publiée à Leipsig, de 1744 à 1750.

1. De libelli ejus præstantia inter omnes satis constat. Libellus (olim dicta enim repetere me non pœnitet), *est aureus quo si caruissem lumine quasiquam sæpissime caruissem* ». Edrisii Africa, curavit Joannes Melchior Hartmann. Gœttingue, *1796.*

De nos jours, dit M. Walkenaer, dans ses Recherches sur l'Afrique, Bruns et tous ceux qui ont approfondi la géographie de l'Afrique ont rendu hommage au savoir de Jean Léon, p. 36, note.

2. Allgemeine geographische Ephemeriden verfasset von einer Gesellschaft gelehrten und herausgegeben von A. C. Gaspari und F. J. Bertuch. *Weimar, 1801, VIIe vol., pp. 309-344.*

des ouvrages relatifs au nord de l'Afrique et dont les auteurs ont vanté la valeur de l'œuvre que nous publions aujourd'hui : tous, depuis M. Walckenaer[1] jusqu'à M. Renou et M. Carette, ont été unanimes dans leurs appréciations. Tous, à l'exception du major Rennel dans ses Observations sur le voyage de Mungo Park, ont été d'accord pour reconnaître le prix que l'on doit attacher aux renseignements donnés par Léon l'Africain, bien qu'il avoue sincèrement que son ouvrage a été rédigé de mémoire et que depuis dix ans, il n'avait ni vu, ni lu aucun historien arabe. Cette période de dix ans s'étend depuis le jour où il s'éloigna du Maroc pour se rendre à Constantinople et voyager en Asie, jusqu'à celui où il mit la dernière main à la traduction de sa « Description de l'Afrique ». Il ajoute en outre qu'il n'a point vu tout ce qu'il décrit ; qu'il n'a point été le témoin de tous les faits qu'il raconte, mais qu'il s'en est rapporté aux assertions de gens dignes de foi.

Depuis le jour où parut la dernière édition de Jean Léon jusques à notre époque, l'attention générale s'est fixée sur le Maroc, les Régences barbaresques, l'Égypte, l'Abyssi-

---

1. Recherches géographiques sur l'intérieur de l'Afrique comprenant l'histoire des voyages entrepris ou exécutés jusqu'à ce jour pour pénétrer dans le Soudan... par C.-A. Walckenaer, membre de l'Institut. *Paris, 1821.*

La Description de l'Afrique *de J. Léon a été aussi consultée avec fruit par le R. P. Fra Manuel Pablo Castellanos, religioso menor observante, del colegio de Misiones para Tierra santa y Marruecos, de la ciudad de Santiago, dans son ouvrage paru en 1878 et qui a pour titre :* Descripcion historica de Marruecos y breve reseña de sus dinastias ó apuntes para servir a la historia del Maghreb. *Santiago, 1878.*

INTRODUCTION   XXXVII

nie et le Soudan. Toutes les relations, tous les travaux relatifs à l'histoire et à la géographie de ces contrées ont été accueillis, par le public, lettré avec une faveur extrême. Le moment a donc paru propice pour donner une nouvelle édition annotée de la « Description de l'Afrique » de Jean Léon.

La traduction de Jean Temporal, malgré de très légers défauts, rend bien le sens du texte italien et son exactitude en a déterminé la réimpression. Les noms propres ont été généralement fort mal lus par les compositeurs de l'imprimerie de Luc' Antonio Giunta auquel Ramusio avait remis le manuscrit de Jean Léon l'Africain. Je me suis appliqué à les rectifier, ainsi que certaines données historiques d'une inexactitude choquante et le lecteur trouvera, à la fin du dernier volume de cette nouvelle édition, une table complète des noms de personnes et de lieux accompagnés de brefs éclaircissements.

Je n'ai donc pas cru pouvoir mieux faire, pour la publication de cette nouvelle édition, que de reproduire le texte de la traduction de l'ouvrage de Jean Léon l'Africain faite par Jean Temporal qui, dans l'épître dédicatoire adressée par lui au Dauphin, fils de Henri II, s'en déclare l'auteur.

Jean Temporal était un lettré; son style est plus aisé et plus clair que celui des écrivains qui, à cette époque, ont fait passer dans notre langue différents ouvrages italiens : l'orthographe employée par lui est plus simple que celle qui était alors généralement adoptée.

Le nom de Temporal fait supposer qu'il appartenait à une de ces familles italiennes, qui, dans le cours des XVe et

*XVI*ᵉ *siècles, vinrent s'établir à Lyon. Son père y exerçait le métier de tonnelier : son fils Jean parvint à acquérir, par son travail, une assez grande aisance pour pouvoir constituer à sa sœur une dot de deux mille écus d'or.*

La liste des ouvrages sortis des presses de Jean Temporal est longue : je me bornerai à citer ici quelques-uns de ceux qui ont trait à la littérature, objet de sa prédilection, ou qui sont des traductions faites par lui de l'italien.

Il a publié en 1550 un Recueil de poésie françoyse, *et l'année suivante l'*Art poétique françois *de Thomas Sibilet, ainsi que les* Tres elegantes sentences et belles authoritez des plus sages princes, roys et philosophes grecs et latins en deux langages, italien et françoys, l'un correspondant à l'autre.

En 1553, il traduit et fait paraître la Harangue de Mᵉ Claude Tolomei, ambassadeur de Sienne, *et la même année, il met au jour les* Amoureux repos de Guillaume des Autelz *et le* Discours de la guerre de Malte de Nicolas Durand, sieur de Villegaignon, *ainsi que le* Trésor de vertu où sont contenues toutes les plus excellentes sentences des auteurs hebreuz, grecs et latins pour induire un chacun à bien et honnestement vivre par Barth. Maraffi (*texte italien et français*), 1555.

La Tricarite de Claude Vaillemont.

Les Erotames de Phidie et Gelasine de Philibert Bugnyon. *1557.*

Les Eglogues de Mantouan de Laurent de la Gravière, *1558.*

Enfin, en 1559, les Paradoxes ou sentences débattues et elegamment déduites contre la commune opinion (par Charles Estienne d'après Oct. Lando).

J'ai placé dans ce volume la reproduction de la carte générale de l'Afrique dressée en 1575 par André Thevet, cosmographe du roi Henri III, et insérée par lui dans sa Cosmographie universelle, *et celle des provinces du Sous, de Haha, de Doukkala et de Nerrakech gravée à la même époque par Giulio Sanuto pour l'ouvrage de son frère Livio qui ne parut qu'en 1588*[1].

Ces deux documents prouvent que, grâce aux découvertes des Portugais, le centre de l'Afrique était plus connu au XVIe siècle qu'il ne l'a été à une époque beaucoup plus récente.

CH. SCHEFER.

Ce 16 novembre 1895.

---

1. *On peut consulter à ce sujet dans les* Recherches géographiques sur l'intérieur de l'Afrique septentrionale *de M. Walckenaer le chapitre intitulé* : Des cartes de l'intérieur de l'Afrique septentrionale depuis la publication de la mappemonde de Ruysch en 1508 jusqu'à Ortelius en 1570, *pp. 185-197.*

A ILLUSTRE SEIGNEUR

HIEROME FRACASTOR[1]

JEAN BAPTISTE RHAMUSIO

SALUT

*Touchant la disposition de cet œuvre de Jean Léon,
imprimé en Italien.*

La coutume a esté de toute ancienneté, et continuée jusques à présent, que ceux qui désirent mettre en lumière leurs compositions, soit en prose ou en vers, les ont tousjours dédiées à tels personnages, qui en peussent faire jugement, ou à leurs amis, qui auroient désir de les lire, ou bien à ceux, qui par la splendeur de leur nom, leur donnassent plus grand crédit et réputation. Ce que voulant observer en ce mien petit labeur, que j'ay prins selon mon pouvoir de recueillir et mettre ensemble aucuns auteurs, qui ont escrit de l'Afrique et de l'Indie, je ne trouve homme, à qui je les doive plus convenablement recommender, et qui me satisface davantage en cette matière, que vous. Car je ne pense point qu'un autre en puisse donner

---

1. Le célèbre Jérôme Fracastor, archiatre ou premier médecin du pape Paul III, si célèbre par son poème *De Syphilide* et auteur de nombreux ouvrages de médecine, d'astronomie et de philosophie, donna à Giov.-Batt. Ramusio l'idée de publier son recueil des *Navigationi e Viaggi*. Fracator, né en 1483 à Vérone, mourut en 1553.

meilleur jugement, ou qui désire avec plus grande affection la lire, ou qui avec sa claire renommée luy puisse donner plus grande autorité et longue mémoire. Premièrement parce que vous, qui estes autant bien instruit en la Géographie, que autre que je cognoisse en ce monde, espérant que ceste matière porteroit quelque utilité aux hommes, m'incitâtes le premier à cette entreprinse avec vôtre autorité : joint que le magnifique seigneur conte Remond de la Tour[1], autrefoys par ses sages propos me l'a conseillé, oyant avec un si grand contentement disputer tant doctement des monumens du ciel et de la situation de la terre. Davantage, j'ay bien voulu laisser à nôtre postérité ce mien labeur, comme un tesmoignage de nôtre longue et constante amitié, ne pouvant mieux satisfaire au devoir de la révérence que je vous doy, ou à l'affection que vous me portés, estant asseuré qu'il vous sera fort agréable, et le lirez, d'une grande affection. Mais si je veux pour accomplir le désir que j'ay que ce mien labeur soit immortel entre les hommes, quel meilleur moyen pourrois-je trouver, que de le recommender à votre nom excellent, qui demeurera (comme je suis asseuré), après la mort du corps, immortel, veu mêmement que vous estes le premier, qui, de notre temps, avez renouvelé le divin moyen d'escrire dés anciens touchant les sciences, sans imiter ou changer de livre à livre, et transcrire, ou interpréter, comme plusieurs font maintenant, les œuvres d'autruy : mais plus tost avec la subtilité de vôtre esprit considérant diligemment, avez apporté au monde plusieurs choses

---

1. Raimondo della Torre était le fils de Hieronimo della Torre, lecteur en médecine, à Padoue puis à Ferrare. Il mourut à Padoue en 1506, à l'âge de soixante-deux ans. Il eut trois fils, Giulio, Battista et Raimondo. C'est à ce dernier qu'est adressée, par un pilote portugais, la relation d'un voyage à l'île de Saint-Thomas qui figure dans le premier volume du *Recueil des navigations* de Ramusio. On peut consulter sur la famille des comtes della Torre la *Verona illustrata* de Scipion Maffei, Vérone, 1731-1732, liv. IV, col. 148-149.

de nouveau, non point auparavant entendues, ou imaginées
par autruy, comme en l'Astronomie aucunes choses nouvelles,
avec certains mouvemens des cieux, et la subtile raison des
Omocentrices : en Philosophie le secret moyen, par lequel
l'intelligence est créée en nous, et le chemin incogneu de chercher les raisons admirables, qui avoient esté par cy-devant ca-
chées, comme du discord et accord naturel, que nous voyons
estre en beaucoup de choses; en la médecine les causes des in-
firmitez contagieuses, avec les exquis et souverains remèdes
d'icelles. Je ne parle point de la divine poésie de votre Syphilide, laquelle, nonobstant que vous la composâtes en vôtre jeunesse par manière de passe-temps, si elle est remplie de tant
de beaux pointz de Philosophie et de médecine, estant ornée
de divines conceptions, et peinte de si belles et diverses fleurs
poëtiques, que les hommes de nôtre temps ne doutent point de
les égaler aux poésies anciennes, et l'avoir au nombre de ceux
qui méritent de vivre et estre leuz à perpétuité. Les royaumes,
les seigneuries, les richesses et autres choses semblables données de nature, ont esté tousjours estimées muables et de petite durée comme elles sont véritablement, ou le trésor de l'esprit, et principalement le vôtre qui est constant et rassis, et qui
résiste à toute fortune et violence de temps, s'éforce maugré
luy de se faire immortel. Et qu'ainsi soit, si on veult prendre
garde à la vie de plusieurs grans princes et seigneurs de Italie,
et autres parties du monde, et quand tout est dit de ceux, qui
ont esté bien peu devant notre temps, on trouvera que la
même sépulture qui a couvert le corps, a pareillement obs-
curcy leur nom. Et néantmoins, la mémoire de plusieurs personnages doctes qui sont, longtemps a, decedez, est encore vi-
vant entre les hommes, et continuellement florist de plus en
plus. Parquoy, j'estime par ceste fin, que je doy sur tous désirer
d'avoir fort bien choisir, ayant esté néantmoins incité par un
certain instinct de naturelle affection et amitié vers les gens de
lettres rempliz de science des choses célestes et naturelles, veu

INTRODUCTION

qu'il me semble qu'ils ont je ne sçay quoy de divin, qui les rend par dessus tous autres dignes d'honneur et d'admiration. Mais la principale cause, qui m'a fait volontiers travailler en cest œuvre, est, que voyant et considérant les tables de la Géographie de Ptolomée, où il descrit l'Afrique et l'Indie, estre assez imparfaites au regard de la grande cognoissance qu'on a aujourd'huy des régions, j'ay estimé qu'il sera assez agréable et profitable au monde de recueillir ce qui a esté escrit de nôtre temps touchant ces parties là du monde, desquelles on a escrit par le menu : en y adjoustant les cartes marines et principalement les Portugaloys, tellement qu'on en pourra faire tant de tables, qui contenteroyent grandement ceux qui prennent plaisir à celles matières, car ils seroyent certains des degrez, des largeurs et longueurs, au moins des marines de tout ce païs, avec le nom des lieux, citez et seigneuries, qui y habitent pour le présent, et les pourroient conférer avec ce qui en a esté escrit par les anciens. Au reste, quant à la peine que j'ay prins selon mon petit pouvoir, principalement pour la diversité des langues, où elles estoient escrites, je n'en veux point maintenant parler, afin qu'il ne semble point que je veuille exalter par paroles mes labeurs et diligences : mais les bons et gratieux lecteurs en y pensans, le cognoitront en partie comme j'espère. Et si j'ay failly en plusieurs lieux, comme je confesse franchement, cela n'est point advenu par faute de diligence, mais plutost parce que le pouvoir de mon esprit n'a peu atteindre l'ardeur du bon vouloir ; joint aussi que les exemplaires qui me sont tombez entre les mains estoyent merveilleusement gâtez et corrompuz ; en telle sorte, qu'ils auroient espoventé tout gentil esprit, s'il n'eût esté soutenu de la considération du plaisir que devroient prendre les studieux aux matières de la Géographie, et principalement de ceste partie d'Afrique escrite par Jean Léon, de laquelle il n'a point esté donnée aucune cognoissance par aucun auteur, ou à tout le moins si amplement et avec telle assurance. Mais que dy-je du plaisir qu'en recevront les gens doctes et studieux? qui est celuy, qui pourroit douter que plusieurs seigneurs et princes ne prennent plaisir en telle lecture? mêmement qu'à eux appartient plus que à nul autre de savoir les secrets et particularitez d'icelle partie du monde, et toutes les situations des régions, provinces et citez d'icelle, avec les dépendances que les seigneurs ont les uns des autres, et le peuple qui y habite. Car combien qu'ils en puissent estre informez par autres qui ont couru ce païs, en oyant et lisant les propos et escritz d'iceux, si suis-je asseuré que en lisant ce livre, et considérant le contenu d'iceluy, ils cognoitront que leurs narrations sont briesves, imparfaites et de peu de conséquence au regard de ceste-cy, par le grand fruit, que les lecteurs en pourront tirer à leur désir, cet auteur hantoit les cours des princes de Barbarie : et fut avec eux en plusieurs expéditions de nôtre temps, de la vie duquel je toucheray ce que j'en ay peu tirer de personnes dignes de foy, qui l'ont cogneu et hanté à Rome. Je dis donq qu'estant More natif de Grenade, à la conqueste qu'en feit le Roy Catholic, il s'enfuit en Barbarie avec tous les siens, et s'adonna aux lettres Arabesques en la cité de Fez où il composa plusieurs livres d'histoires en icelle langue qui ne sont point encore venus en lumière. Il composa aussi un livre de grammaire, que maître Jacob Mantin dit avoir près de soy. Puis courut toute la Barbarie, les royaumes des Noirs, Arabie, Surie, escrivant tousjours ce qu'il voyoit et entendoit. Finablement, durant le règne de Léon, il fut prins au dessus de l'Ile de Zerbi par quelques fustes de coursaires, et de là mené à Rome, où il en fut fait un présent au Pape : lequel ayant veu et entendu qu'il se mesloit de la Géographie, et qu'il en avoit escrit un livre qu'il portoit avec soy, il le receut gratieusement, en le caressant merveilleusement, jusques à luy bailler bons gages, afin qu'il ne partist point de là. Puis l'incita à se faire chrétien ; et en le baptizant, luy donna ses deux noms, Jean et Léon. Ainsi il habita longuement à Rome, où il aprint la langue Italienne, et lire, et escrire, tellement, qu'il se mit à traduire le mieux qu'il peut ce présent livre de langue Arabesque, lequel, après beaucoup d'accidens qui seroient longs à raconter, est tombé entre mes mains, tellement que, avec la plus grande diligence qu'il m'a esté possible, j'ay taché avec toute fidélité de le mettre en lumière, ainsi qu'il est à présent.

SOMMAIRE COMMENDATION

DE

L'HISTOIRE APHRICANE

Le premier Globe entre tous très profond,
Que terre et mer joinctes ensemble font
Qui est le monde habitable, où demeurent
Tous animaux qui vivent et qui meurent,
Est divisé par la cosmographique
En ces trois pars, Asie, Europe, Aphrique.
Qu'un bras de mer méditerrain termine.
La riche Asie, où Grand Seigneur domine,
De ces trois pars la plus grande tenuë,
A dès longs temps très bien esté cogneuë
Par beaux escritz, ineffaçables marques,
Des Empereurs, Roys, Princes et Monarques
Assyrians, Hébrieux, Persans, Medois,
Arméniens, Pontins, Turcz et Indois.
Europe aussi en grandz peuples nombrée,
Abondamment a esté célébrée
Par monumens d'histoires bien digestes
Qui ont tracté les lieux, les temps, les gestes
Des Roys, Consulz, Empereurs, Grecs, Rommains,
François, Anglois, Hespaignolz et Germains,
Gouvernemens, Estatz et Politiques,
Qui ont régi les grandes Républiques.

INTRODUCTION

Ne restoit plus que l'Aphrique asséchée
Qui, pour avoir esté trop peu cerchée
Des voyageurs, a esté moins notoire
Hors par Jubal, et sa Royalle histoire.
Et par Carthage aux Rommains ennemie.
Car peu de gens sont passez en Libye
Oultre les ports, et les premiers rivages,
Fust pour terreur des grandz bestes sauvages
Fust pour la paour des serpents vénéneux,
Ou des désers bruslans et aréneux
Défaillans d'eau, et de tout fruyct goustable
Donq estimée estoit inhabitable.
Mais maintenant par terre, et mer ouverte,
Est emplement l'Afrique descouverte :
Si tres avant qu'oultre la mer profonde
Si est trouvé un autre nouveau monde.
Lequel jamais anciens Géographes
N'avoient cogneu, ne les Historiographes,
Donq en ce livre est la description
Par le récit, et la narration
De qui l'ont veu, gens de haulte entreprinse
Et plus hault faict qui hardiesse ont prinse
Des airs, des eaux de soubzmettre au dangiers
Pour descouvrir les pays estrangiers
Les meurs, les gens et les sauvages hommes,
Envers lesquels plus sauvages nous sommes ;
Et pour cognoistre aux yeux tesmoins certains
Isles et mers, mons, et fleuves loingtains,
Bestes, oyseaux, poissons, pierres, métaux
Tant des climatz austrins, qu'occidentaux,
Des nations barbares et félonnes,
Ont trapassé d'Hercules les colonnes,
L'équateur cercle, et la ligne Eclyptique
Jusques à perdre aspect du Pol'arctique.

De cinq d'iceulx cinq navigations
Descriptes sont en ces narrations :
Donq le premier de plus antique nom
Fut le grand Duc Carthaginois Hannon.
Duquel le grand Duc, l'Infant de Portugal,
Filz du Roy Jean second du sang Royal,
A imité l'excellente vertu.
Et du clair blanc de chasteté vestu,
A illustré par diligentes cures
Des Noirs peu veuz les régions obscures,
Ainsi qu'a fait Jean Léon African
La sienne Aphrique en Arabe et Toscan.
Puys le deuxieme Alouys Cademoste
Tractant des Noirs la région remote,
Pierre de Sintre après est le troisiesme
Navigateur ès fins de terre extrême.
Après ces trois, quatriesme navigeur
Est un Pilot, Portugués voyageur,
Puis Améric Vespuce de Florence,
Qui a les Noirs mis en claire apparence.
Parquoy Lecteur à tous eux grâce rendz,
Et des labeurs des autres le fruict prens,
En discourant en repos domestique
Des yeux d'esprit les regions d'Aphrique :
Où tu verras mainte novalité
Avec plaisir joinct à utilité.
Car (comme ont dict les vieux proverbiaux)
Tousjours Aphrique apporte cas nouveaux.

A TRÈS HAULT ET TRÈS PUISSANT PRINCE

FRANÇOIS AISNÉ
FILS DE FRANCE, DAUPHIN DE VIENNOYS

JEAN TEMPORAL

Perpétuelle félicité.

Entre les anciens Romains, Marcus Cato fut le premier, très illustre Prince, estimé grand orateur, grand sénateur, et grand capitaine, lequel approchant de l'extrémité de la mort, entre les choses que plus il regrettoit, étoyt d'avoir en tout le cours de sa vie, laissé échaper un seul jour, sans en recevoir aucun fruit. Et si nous voulons croyre Aristote philosophe tant renommé, la louange de la vertu, et la félicité de cette brieve vie, demeure et consiste en nos actions. Ce que jadis montra ce noble peintre tant célèbre de la Grèce, Appelles, qui ne passa onques jour sans faire un trait de son pinceau. Et à ce que nous lisons de ce souverain monarque Alexandre, fils de Philippe de Macédoine, qui par sa grandeur et magnanimité de courages, gestes et faits triomphans mérita ce tiltre de Grand, il avoit tousjours en la bouche cette sentence dorée :

> *Labeur est de dignité royale :*
> *Oisiveté, de condition servile.*

Et non sans cause, Homère en son Iliade nous a représenté

INTRODUCTION

Agamemnon tousjours veillant, estimant ce divin poëte, l'homme oysif n'être autre chose en ce monde, qu'un gros fardeau, lourd et inutil, et comme dit Horace, un animal d'Arcadie, mangeant le fruit de la terre. Or donq, très illustre Prince, ayant eu dès mon jeune aage en bien petite et pauvre estime telle manière de gens, je me suis mis au devoir de travailler, pour faire quelque témoignage de mon labeur, et de mon vouloir à l'endroit de notre République Françoise, selon toutefois le petit pouvoir de mon esprit. Et de fait, j'ay tousjours estimé chose honeste, combien qu'elle soit difficile, de mettre en lumière livre, qui pour sa nouveauté aportât admiration aux hommes, et qui d'un même moyen invitât par sa bonté d'être receu entre ceux que l'on tient en autorité. Et certainement de tel degré d'honneur m'a semblé digne l'Afrique (appellée par les Grecs Libye) réputée et tenue anciennement pour la tierce partie du monde, laquelle pour son étendue, fertilité, richesses et autres singularités admirables, nous a aporté de tout temps, et encor aporte choses nouvelles, et non veuës. Non sans occasion donq, les Carthaginoys donnèrent la charge à ce bon capitaine Hanno, de prendre soissante de leurs navires pour découvrir ce païs-là. Et depuis, de notre temps, l'Infant dom Henric de Portugal, prince prudent et magnanime, dès sa jeunesse avec un magnifique desseing et apareil a suivy cette côte, non seulement pour cercher et cognoître une partie des secrets et trésors de nature couvers et cachés par cy devant, ains aussi pour après en drecer trophées, et raporter immortelle renommée. Et depuis, plusieurs autres se sont mis souz la conduite de la fortune, pour découvrir cette tierce partie du monde, entre lesquels Jean Léon African a travaillé de sorte pour la découvrir, qu'il nous en a donné la cognoissance par ses escrits en langue Arabesque, et depuis en Toscane, par le commandement de Léon Pontife X, de telle sorte, que j'ay pensé que mon labeur ne seroit inutile, si je le rendoys en notre langue françoise, et, comme chose rare, je le présentoys

INTRODUCTION

à votre hautesse et grandeur, estimant que vous recevrés aucun contentement et plaisir de faire lire ce présent livre incognu jusques à ce jour. Parquoy, très illustre Prince, vous recevrés et prendrés en gré, s'il vous plait, ce petit labeur, avec telle humanité et douceur, que vous avés acoutumé d'user à l'endroit de ceux qui, de bonne volonté, s'employent pour décorer et augmenter nôtre République Françoise. Cependant, si ce premier tome vous est agréable, je me mettray au devoir de faire le second, pour le vous présenter : qui contiendra la description de l'Ethiopie, drecée par Dom Francisque Alvarès, acompagnée de plusieurs autres navigations, avec le discours de ce noble fleuve du Nil, et de son origine, escrit par le seigneur Jean Baptiste Rhammusio, secrétaire de la Seigneurie de Venise. Vous prendrés donq, Prince très vertueux, en gré le petit livre (petit quant à l'excellence de vôtre Majesté) qui vous fera cognoitre l'obéissante servitude que vous portera le plus humble de tous vos serviteurs toute sa vie.

HISTOIRE
ET
DESCRIPTION DE L'AFRIQUE
ET DES
CHOSES MEMORABLES CONTENUES EN ICELLE

D'où est venu le nom d'Afrique.

'Afrique en langage Arabesque est appellée Ifrichia, de ce mot Faraca, qui vault autant à dire en langage des Arabes, comme en notre vulgaire, divisée. Et y a deux opinions pourquoy elle est ainsi appellée; l'une, pour ce que cette partie de la terre est separée de l'Europe par la mer Mediterranée, et de l'Asie, par le fleuve du Nil; l'autre, que tel nom soit descendu d'Ifricus, roy de l'heureuse Arabie[1], lequel

Ifricus, roi de l'Arabie Heureuse.

---

1. Ibn Khaldoun rapporte en ces termes la légende relative à un roi appelé Ifricos qui aurait donné son nom à l'Afrique : « Ifricos, fils de Cais ibn Saïfy, l'un des rois du Yémen appelés Tobba, envahit le Maghreb et l'Ifrikia et y bâtit des bourgs et des villes, après en avoir tué le roi El-

fut le premier qui s'y achemina pour y habiter. Cestuy-cy ayant esté deffait en bataille et dechassé des roys d'Assyrie, perdit tout moyen de pouvoir retourner en son royaume, parquoy, avec ce peu qui luy restoyt de ses gens, à grand'hate, passa le Nil; puis, dressant son chemin du costé de Ponant, ne fit aucun sejour que premierement, il ne fut parvenu jusques auprès de Cartage. Et, de là est venu que les Arabes par toute l'Afrique ne tiennent quasi autre region que celle de Cartage, et pour toute l'Afrique comprennent seulement la partie Occidentale.

Termes et limites de la region d'Afrique.

Selon l'opinion des Africans mesmes (j'entends de ceux qui se sont acquis parfaite cognoissance des lettres et cosmographie), l'Afrique prend son commencement aux branches qui proviennent du lac du desert de Gaoga[1], c'est assavoir devers Midy; du coté d'Orient finit au fleuve du Nil et s'estend devers Tramontane jusques au pied de l'Egypte, qui est là où le Nil entre dans la mer Mediterranée. De la partie de Tramontane ou Septentrion, qui se termine à

Djerdjis. Ce fut même d'après lui, à ce qu'on prétend, que ce pays fut nommé Ifrikia » (*Histoire des Berbères et des dynasties musulmanes de l'Afrique septentrionale*, par Ibn Khaldoun, traduite de l'arabe par M. le baron de Slane. Alger, 1852, t. I, p. 168).

1. Gaogoa est une ville située sur le Niger à soixante-seize lieues au sud-est de Tinbouktou.

l'emboucher du Nil dans cette mer, s'etendant devers Ponant jusques au detroit des Colomnes d'Hercules. Du coté de Occident prend son etendüe à ce detroit, et l'elargit sur la mer Oceane, jusques à Nun[1], derniere cité de Libie sur icelle mer. Et de la partie du Midy, commence à la cité de Nun, s'etendant sur l'Ocean, lequel ceint et environne toute l'Afrique jusques aux desers de Gaoga.

Division de l'Afrique.

Ceux qui font aujourd'huy profession d'ecrire, divisent l'Afrique en quatre parties : c'est assavoir en Barbarie, Numidie, Libie et terre des Negres.

La Barbarie devers Orient prend son commencement au mont Meïes, qui fait la derniere pointe d'Atlas près d'Alexandrie, environ troys cens milles; de la partie de Tramontane finit à la mer Mediter-

Barbarie.

---

1. Le nom de cette ville, capitale de la province occupée par la tribu des Lamtha, est Noul. « Noul, dit El-Bekri, est située sur l'extrême frontière du pays musulman, là où commence le désert. Le fleuve de Noul se décharge dans l'Océan. A trois journées de Noul, on rencontre le Ouadi-Dera » (*Description de l'Afrique septentrionale*, par El-Bekri, traduite par Mac Guckin de Slane. Paris, 1859, p. 356).

« Noul est une ville du Maghreb el-Aqsa à l'extrémité du deuxième climat. Le territoire de cette ville est arrosé par une rivière grande et célèbre qui descend d'une montagne du même nom, située à l'est, à deux marches de distance. La rivière coule au sud de la ville, se dirigeant vers l'ouest avec une inclinaison vers le nord, puis se jette dans l'océan Atlantique. De la ville à la mer, il y a trois marches » (*Géographie d'Aboulféda*, traduite de l'arabe en français par M. Reinaud. Paris, 1848, p. 183).

ranée, commençant au mont Meïes, et s'etendant au detroit des Colomnes d'Hercules ; et, du coté du Ponant, commence à ce detroit passant outre sur la mer Oceane, jusques à la derniere pointe d'Atlas, c'est assavoir là où il fait chef de la partie Occidentale, sur l'Ocean prochain du lieu auquel est la cité qui se nomme Messa[1] : et devers Midy finit auprès du mont Atlas, et fait front à ladite montagne, laquelle regarde la mer Mediterranée. Cette partie icy est estimée la plus noble d'Afrique, et en laquelle sont situées les villes, et citez des Blancz, qui sont gouvernez et regiz par police de loy et ordre de raison.

Numidie.

La seconde partie qui est des Latins appellée Numidia, et des Arabes Biledulgerid (qui est le pays où croissent les palmes) commence du coté de Levant à la cité de Eloacat[2], qui est distante d'Egipte environ cent milles, et s'etend devers Ponant jusques à Nun, cité située et assise sur le rivage de l'Ocean : et devers Tramontane prend fin au mont Atlas, c'est

---

1. Selon Marmol, « Messa est une ville fort ancienne, bastie par les Africains au pied du mont Atlas sur le bord de l'Océan. On la nommoit autrefois Temest, qui estoit alors fort illustre, mais elle fut détruite par les Arabes Mahometans à la conqueste de Sus » (*L'Afrique*, de Marmol, t. II, p. 29).

2. Le mot el-Ouahat, الواحات, désigne les oasis d'Égypte. La ville de Oacat est probablement la ville de Behnessa des Oasis بهنسى الواحات. On peut lire, sur les oasis et sur les centres de population que l'on y trouve, des détails intéressants dans la *Description de l'Afrique septentrionale* d'El-Bekri, pp. 38 et suivantes.

assavoir à l'opposite du coté qui regarde le Midy, devers lequel se confine aux arenes du desert de Libie. Et les pays produisant les dates sont ordinairement par les Arabes nommez d'un mesme nom, pour ce qu'ils sont tous situez en un mesme endroit.

La tierce partie que les Latins appellent Libia, et en langage Arabesque nommée Sarra[1], c'est-à-dire desert, prend commencement du costé d'Orient au Nil, près les confins de Eloacat, et s'etend vers Occident jusques à l'Ocean : puis du coté de Tramontane, se joint avec la Numidie, au pays mesme là où croissent les dates. De la partie de Midy, se confine avec la terre des Noirs, commençant du coté de Levant au royaume de Gaoga, et suit vers Ponant jusques au royaume de Gualata[2], qui est sus l'Ocean.

La quarte partie, qu'on nomme la terre des Noirs, commence devers Orient, au royaume de Gaoga, et se dresse vers Occident jusques à Gualata : puis du coté de Tramontane se joint avec les desers de Libie, et de la partie du Midy, finit à la mer Oceane, qui

---

1. *Sahra* ou *Sahara*, صحرا, a la significaion de « plaine », d' « espace étendu » : ce mot désigne spécialement le grand désert sablonneux s'étendant au sud des provinces barbaresques et du Maroc.

2. Le pays de Oulata, ولاتة, est situé à trois cents milles au sud de Noul, et à cent milles au ponant et à la tramontane de Tinbouktou. On n'y trouve que trois villages et quelques plantations de dattiers. Les habitants ont le teint extrêmement noir : les hommes et les femmes se couvrent le visage et font bon accueil aux étrangers. Le pays ne produit en fait de céréales que du millet et un grain inconnu en Europe qui ressemble à de pois chiches.

sont lieux à nous incognuz : toutesfoys par les marchans venans de cette part au royaume de Tombut, nous en avons eu tresgrande et ample cognoissance.

Le fleuve Niger. Le fleuve Niger dresse son cours par le milieu de la terre des Noirs, lequel sourd en un desert appelé Seu[1], c'est assavoir du coté de Levant, prenant son commencement dans un grand lac ; puis vient à se detourner devers Ponant jusques à ce qu'il se joint avec l'Ocean. Et selon qu'affirment et nous donnent à entendre noz cosmographes, le Niger est un bras provenant du Nil, lequel se perdant souz terre vient surgir en ce lieu-là, formant ce lac, combien que plusieurs soyent d'opinion qu'iceluy fleuve sourd de quelques montagnes, et courant vers Occident se convertit en un lac. Ce que ne peut estre et n'a aucune apparence de verité, pour ce que nous navigeames du royaume de Tombut vers la partie du Levant, tousjours tournoyans par mer, decouvrans jusques au royaume de Ghinée[2] et de Melli[3] : qui à

1. « Le désert de Seou est situé dans le pays des Nègres : il est borné au nord par la contrée dans laquelle on recueille l'or, à l'est par le pays du Dahomey (Dauma), au sud par des montagnes inexplorées et à l'ouest par le royaume du Benin. Le fleuve du Niger prend sa source dans le désert de Seou ; il sort d'un très grand lac qui s'y trouve » (Livio Sanuto, *Geografia*. Venise, 1588, f° 86 v°).

2. Ghinea est le nom donné par les Portugais au pays de Djenny جني qui s'étend le long du Niger à une distance de deux cent cinquante milles ; il confine à la tramontane au pays de Oualata, à l'est à celui de Tinbouktou et au sud à celui de Melli.

3. La contrée qui porte le nom de Melli ملي s'étend le long d'une branche du Niger sur une superficie de trois cents milles. Elle est bornée au nord par le royaume de Djenny, au sud par le désert et une chaîne de mon

comparaison de Tombut, se retrouvent devers Ponant : et les plus beaux royaumes qui soyent en la terre des Noirs, sont situés sur le fleuve Niger. Et prenez garde que (comme disent les cosmographes) la terre des Noirs qui est là où passe le Nil du coté du Ponant, et qui s'etend vers le Levant jusques à la mer Indiane, et dont aucunes parties d'icelle, du coté de Tramontane, confinent à la mer Rouge, c'est assavoir celle partie qui est hors le detroit de l'heureuse Arabie, n'est point reputée pour une partie d'Afrique, par beaucoup de raisons, en plusieurs volumes contenues, et des Latins est appellée Ethiopie. D'icelle sortent et viennent aucuns moynes, lesquels ont le visage marqué de feu, et s'ecartent parmi l'Europe mesmement à Romme. Cette region icy est soubz le gouvernement d'un chef qui est comme empereur, lequel s'appelle entre nous autres Prete Jan, et est la plus grande partie habitée des Chretiens, combien qu'il y ait un grand seigneur mahometan qui en tient et possede une bien grande partie.

Ethiopie.

Divisions et royaumes des quatre parties de l'Afrique susnommées.

La Barbarie se divise en quatre royaumes, le premier desquelz est celuy de Maroc, lequel se

tagnes arides, à l'ouest par des forêts qui couvrent le sol jusqu'à l'océan Atlantique et à l'est par le territoire de Gaogoa.

divise en sept provinces, qui sont Hea[1], Sus[2], Guzula[3], le territoire de Maroc, Ducale[4], Hascora[5], et Tedle[6]. Le second est Fez : soubz le domaine duquel est comprins semblable nombre de regions qui sont Temezne[7], le territoire de Fez, Azgar[8], Elabath[9], Errifi[10], Garet[11], Elcauz[12].

1. Haha, حاحا, s'étend sur le bord de l'océan Atlantique depuis Mogador jusqu'à Agadir.

2. Sous, سوس, a pour limites au nord l'Atlas marocain, le pays du Dera, درعة, à l'est, le fleuve Dera au sud et l'océan Atlantique à l'ouest. La partie nord de cette région s'appelle Es-Sous el-Adna (le Sous citérieur) et celle du sud Es-Sous el-Aqça (le Sous ultérieur). Le Sous el-Adna est aussi traversé par une rivière portant le nom de Sous qui sort de l'Atlas et se jette dans l'Atlantique à deux ou trois lieues d'Agadir, اغادير.

3. Guezoula, كزولة. Cette contrée forme la partie méridionale du Sous el-Aqça. Guezoula est le nom de la chaîne de montagnes qui traverse cette province.

4. Le district de Dokkala, دكالة, s'étend au nord et au nord-est de la ville de Maroc.

5. Heskoura, هسكورة, est le nom d'un district montagneux occupé par la tribu de ce nom et qui est situé au sud de Tedla et à l'est de Maroc.

6. Tedla, تادلة, est le nom d'un district et d'une ville situés au pied de l'Atlas, entre les deux branches supérieures de l'Oumm-Erreby, ام الربيع.

7. Temsna, تمسني, province maritime du Maghreb el-Aqça est bornée au nord par le Bou-Regrag, بوركراك, et au midi par l'Oumm-Erreby.

8. Le mot Azghar, ازغار, a en berbère la signification de « plaine » : ce nom est celui de la province qui s'étend le long de la mer depuis Titaouin (Tetouan) jusqu'à l'embouchure du Sebou.

9. El-Hebeth, الهبت, est le pays situé au sud de Tetouan entre El-Qaçr, el-Kebir et la contrée des Ghoumasa.

10. On désigne, sous le nom de Rif, ريف, un pays bien arrosé, couvert de cultures et d'arbres : ce nom est appliqué aux contrées qui bordent la mer et plus particulièrement à la partie du Maghreb qui s'étend depuis Tetouan jusqu'au Moulouïa.

11. Garet, غارة, est le nom donné à la partie orientale du Rif qui a le Moulouïa pour limite.

12. Elhauz, الحوز, désigne plus particulièrement le territoire de Maroc.

Le tiers royaume est celuy de Telemsin[1], qui a soubz luy trois regions, c'est assavoir les montz Tenez[2], et Elgezair[3]. Le quart royaume est celuy de Thunes[4] souz lequel sont soubmises quatre régions, Bugie[5], Constantine[6], Tripoly de Barbarie[7], et Ezzab[8], qui est une bonne partie de la Numidie. La region de Bugie a tousjours été en debat, pour autant que le roy de Thunes l'a autrefoys possedée et jadis la souloit tenir le roy de Telemsin. Il est vray que de notre temps, elle s'est reduite d'elle-mesme en un royaume: mais le comte Pierre de Navarre a prins la principale cité, qu'il a mis entre les mains de Ferrand, roy d'Espaigne[9].

Telemsin.

1. Tlemcen ou Tilimsan, تلمسان, ancien royaume qui s'étendait au sud-ouest de la province d'Oran.

2. Tenes, تنس, est le nom d'un district qui s'étend le long de la côte de la Méditerranée à l'ouest de Cherchel.

3. El-Djezaïr, Djezaïr Beni Mazghana, جزائر بنى مزغنا, Alger.

4. Thunes, Tunis, تونس.

5. Bugie, Bedjaïa, بجايا, Bougie.

6. Constantine, قسطنطينة.

7. Tripoli de Barbarie, Tarabolous el-Gharb, طرابلس الغرب.

8. Ez-Zab, الزاب.

9. Pierre Navarre, d'une origine obscure, servit d'abord en Italie puis, à son retour en Espagne, il fit contre les Maures une campagne pendant laquelle il se rendit maître de Velez-Malaga dont il fut nommé gouverneur. Il conquit en 1509, le Peñon de Velez et prêta une aide puissante aux Portugais. Le cardinal Ximenes lui confia le commandement du corps d'armée destiné à agir sur les côtes de la Barbarie. Pierre Navarre s'empara d'Oran, de Bougie et de Tripoli, mais il fut obligé de se rembarquer après avoir éprouvé un échec sérieux en défendant l'île de Djerba. Pierre Navarre, qui avait été créé comte d'Alvieto, fut fait prisonnier à la bataille de Ravenne;

Division de Numidie, assavoir des pays qui produisent les dates.

Il n'y a region en Afrique qui ne soyt de beaucoup preferée à cette-cy, qui est moins noble que toutes les autres, au moyen de quoy noz cosmographes ne luy ont attribué titre de royaume, à cause que les lieux habitables d'icelle sont fort escartez les uns des autres, comme je vous donneray à entendre. Par exemple, Tesset, cité de Numidie, fait quatre cens feus, mais elle est distante de toute habitation par les desers de Libie l'espace de trois cens milles. Parquoy il n'est pas raisonnable qu'elle obtienne titre de royaume. Si est ce que pour cela je ne lairray à vous donner la cognoissance des noms des territoires qui sont habitez, encore qu'il se trouve quelques lieux qui sont en forme des autres regions, comme est le pays de Segelmesse, qui est en la partie de Numidie, qui respond vers Mauritanie, et le domaine de Zeb, regardant vers le royaume de Bugie, et Biledulgerid, qui est du coté du royaume de Thunes. Or, maintenant (me reservant beaucoup de choses en la seconde partie de l'Afrique) je vous decriray les noms des regions occidentales qui sont

---

le roi Ferdinand le Catholique ayant refusé de payer sa rançon, il offrit ses services à François Ier qui les accepta. Il fut fait prisonnier par les Espagnols à la bataille d'Aversa et conduit à Naples où il fut, dit-on, étouffé dans sa prison par ordre de Charles V (Brantôme, *Grands capitaines étrangers*, éd. par M. Lalanne, Paris, 1864, t. I, pp. 155-160).

Tesset[1], Guaden[2], Ifren[3], Hacca[4], Dare[5], Tebelbelth[6], Todga[7], Fercale[8], Segellamesse[9], Benigami[10], Feghig[11], Teguad[12], Tsabit[13], Tegorarin[14], Mesab[15], Teggort[16], et Guarghele[17].

Zeb[18] est une province dans laquelle sont comprinses cinq citez, qui sont Pescara[19], Elborgin[20], Nesta[21], Taolacca[22], et Deusen[23].

Biledulgerid seigneurerie, et gouverne tel autre nombre de citez, c'est assavoir Teozar[24], Capheza[25], Nefreaa[26], Elchama[27], et Chalbiz[28], après cette-cy, devers Levant, est l'isle de Gerbo[29], Garian[30], Messellata[31], Mestrata[32], Teoirraga[33], Gademis[34], Fizzan[35], Augela[36], Birdeua[37], Eloachet[38]. Ces noms-cy sont

---

1. Tesset est la ville de Tessent, نسمت. — 2. Guaden, il faut lire Gouadir, قوادير. — 3. Ifren, إفرن. — 4. Hacca, Akkah, عكة. — 5. Dare, Dera'a, درعة. — 6. Tebelbeth, Teboulbalath, تبوابالت. — 7. Togda, Tegadir, تقادير. — 8. Fercale, Ferkalah, فركالة. — 9. Segelamese, Sidjilmasseh, سجلماسة. — 10. Beni Gami, Beni Goumy, بني كمي. — 11. Feghig, Fighigh, فقيق ou فجيج. — 12. Teguad, Tegrad, تقراد. — 13. Tsabit, ثابت. — 14. Tegorarin, Tegourarin, تغورارين. — 15. Mezab, مزاب. — 16. Teggort, Tegourt, تكورت ou تكرت, Tekkert, capitale du Righ. — 17. Ouargla, Ouarkla, وارڭلي. — 18. Zeb, Zab, زاب. — 19. Pescara, Biskerah, بسكرة. — 20. Elbordjin, Elbourdjeïn, البرجين. — 21. Nesta, Mesta, مسطة. — 22. Taolacca, Taliqa, تعليقة. — 23. Doussen, دوسن. — 24. Teozar, Touzert, توزرت. — 25. Capheza, Qafça, قفصة. — 26. Nefzaoua, نفزاوة. — 27. Echchamah, الشامة. — 28. Chilbiz, الشلبيز. — 29. Djerba, جربة. — 30. Gherian, غريان. — 31. Mousallatah, مسلطة. — 32. Misratha, مصراطة. — 33. Taouraga, تاوراغى. — 34. Ghadams, غادامس. — 35. Fezzan, فزان. — 36. Audjela, اوجلة. — 37. Berdaoua, بردواة. — 38. El-Ouahat, الواحات.

des lieux les plus renommez de Libie, commençant à la mer Oceane, c'est assavoir (comme desjà il a esté dit) de l'Occident et finissant aux confins du Nil.

Division des desers qui sont entre la Numidie et la terre des Noirs.

Ces desers n'ont trouvé entre nous aucun nom, encore qu'ilz soyent divisez en cinq parties, et que chacune d'icelles retienne le nom du peuple lequel y habite, et qui y prend sa nourriture, c'est assavoir des Numides, lesquelz sont semblablement divisez en cinq parties, qui sont Zanega[1], Guanziga[2], Terga[3], Lenta[4], et Berdeoa[5]. Ilz ont auprès d'eux aucunes compagnies prenans noms particuliers, selon que le terroir se trouve bon ou mauvais, comme le desert Azaoard[6], ainsi nommé pour la grande sterilité

---

1. Les Zanegas زناڭة ou Sanhadja occupent dans le Maghreb el-Aqça le pays s'étendant depuis Teza jusqu'au Ouad el-Abid et de là au sud-est de l'Atlas la contrée jusqu'à Sous.

2. Il faut probablement lire, au lieu de *Guanziga*, les *Outzila*, qui dans le Maghreb el-Aqça ont devant eux les Doui Mançour et les Doui Obeïd Allah.

3. Les Terga, ترڭة, au pluriel Touarig, توارڭ, se tiennent vis-à-vis des Soleïm, tribu arabe de l'Ifrikia.

4. Les Lemta, لمطة, se trouvent en face de la tribu arabe des Riah qui occupe le Zab et le pays s'étendant autour de Bougie et de Constantine.

5. Les Berdoua, بردوة, résident dans la contrée qui s'étend entre le Fezzan et le désert de Barqa au sud de la Tripolitaine.

6. L'Erg.

et aspre secheresse qui est en icelluy, et Hair[1], desert aussi, qui retient son nom pour la douceur de son air tempéré.

Division de la terre Noire par chacun royaume.

Outre ce, la terre Noire est divisée en plusieurs royaumes; neantmoins aucuns d'iceux nous sont incognus et loing des lieux où nous trafiquons. Par quoy j'entens seulement parler de ceux auxquels je me suis acheminé, et là où j'ay longuement pratiqué et des autres encore desquels les marchans (qui troquoyent leurs marchandises au païs où j'etoys) m'acertencrent bien et suffisamment. Et veux bien qu'on sache comme j'ay esté en quinze royaumes de terre Noire, et si en ay laissé trois foys davantage là où je ne mis jamais le pied, estant encore chacun d'iceux assez proches des lieux auxquels je me retrouvoys.

Les noms de ces royaumes qui prennent leur commencement à l'Occident, et suivent vers l'Orient: et du côté de Midy, sont tels[2], Gualata[3], Ghinea[4], Melli[5], Tombut[6], Gago[7], Guber[8], Agadez[9], Cano[10], Ca-

1. L'oasis d'Aïr.
2. Les noms de ces royaumes doivent être ainsi rectifiés : 3. Gualata, ولاتة (Oualata). — 4. Ghinéa, جني (Djeny). — 5. Melli, ملي (Mally). — 6. Tombut, تنبكتو (Tinbouktou). — 7. Gago, كوكيا (Koukia). — 8. Guber, جبراوة (Gouberaoua qui est l'ancien nom des Haoussa). — 9. Agadiz, اغادز. — 10. Cano, كنو (Kano, capitale de l'ancien royaume des Haoussa).

sena[1], Zegzeg[2], Zanfara[3], Guangara[4], Burno[5], Gaoga[6], et Nube[7]. Ceux-cy sont les quinze royaumes, dont la plus grande partie est assise sur le fleuve Niger, et est le chemin par lequel passent les marchans qui partent de Gualata pour s'acheminer au Caire. Le chemin est long, mais d'autant plus seur. Et sont ces royaumes assés distans les uns des autres, dix desquels sont ou par l'arene d'aucun desert, ou par le fleuve Niger separés. Il est besoin aussi d'entendre comme un chacun royaume par foys estoyt gouverné par un seigneur particulier : mais, de notre temps, ilz se sont tous soubmis à la puissance de troys roys, c'est assavoir de Tombut, lequel en tient et possede la plus grande partie : du roy de Borno, qui en tient la moindre : et l'autre partie est entre les mains du roy de Gaoga. Mais outre ceux-cy, le seigneur de Ducale en tenoit encore une petite portion. Du côté de Midy se trouvent beaucoup d'autres royaumes qui se confinent avec ceux-cy, qui sont Bito, Temiam, Dauma, Medra, Ghoran, et d'iceux les seigneurs et habitans sont assés riches et expers, administrant justice, et tenant bon regime et gouvernement. Les autres surmontent les bestes brutes en mauvaise condition et perverse nature.

---

1. Casena, كزنة. — 2. Zegzeg, زغزغ. — 3. Zanfara, زانفرة. — 4. Guangara, وانقرة (Ouangara). — 5. Burnou, برنو, Bornou, capitale du Soudan. — 6. Gaoga, كاغو, Kago. — 7. Nouba, نوبة, la Nubie.

Habitations d'Afrique, et signification de ce mot, Barbar.

Les cosmographes et historiens disent l'Afrique avoir esté anciennement inhabitée, horsmis la terre Noire; et tient l'on pour chose certaine que la Barbarie et Numidie par l'espace de beaucoup de temps ayent esté sans habitans; et ceux qui, à present, y font leur residence, assavoir les Blans, sont appellez el Barbar, nom qui est descendu, selon que disent aucuns, de Barbara, vocable lequel en leur langue vault autant à dire comme en notre vulgaire, murmurer, pour ce que la langue des Africans est telle entre les Arabes, comme est la voix des animaux, qui ne forment aucun accent fors le son seulement[1].

[1]. « Leur langage est un idiome étranger, différent de tout autre, circonstance qui leur a valu le nom de Berbères. Voici comment on raconte la chose : Ifricos, fils de Caïs ibn Saïfy, l'un des rois du Yémen appelés Tobba, envahit le Maghreb et l'Ifrikia et y bâtit des bourgs et des villes après en avoir tué le roi, El-Djerdjis. Ce fut même d'après lui, à ce qu'on prétend, que ce pays fut appelé Ifrikia. Lorsqu'il eut vu ce peuple de race étrangère et qu'il l'eut entendu parler un langage dont les variétés et les dialectes frappèrent son attention, il céda à l'étonnement et s'écria : Quel *Berbera* est le vôtre ! On les nomma Berbères pour cette raison. Le mot *berbera* signifie en arabe un mélange de cris inintelligibles ; de là on dit, en parlant du lion, qu'il berbère quand il pousse des rugissements confus..... Les Berbères, dit Malek ibn Morahhel, se composent de diverses tribus himyarites, modarites, coptes, amalécites, cananéennes et coreïchites qui s'étaient réunies en Syrie et parlaient un jargon barbare. Ifricos les nomma Berbères à cause de leur loquacité. Massoudy, Tabary et Souheily rapportent qu'Ifricos forma une armée avec ces gens, afin de conquérir l'Afrique et que ce fut là la cause de leur émigration. Il les nomma Berbères et on cite de

D'autres sont de cette opinion que Barbar soyt un mot repliqué, pour ce que Bar, en langage Arabesque, signifie desert et disent que du temps que le roy Ifricus fut rompu par les Assiriens, ou bien par les Ethiopiens, s'enfuyant devers Egipte, et estant tousjours par ses ennemis vivement poursuivy, et ne sachant comment resister à l'encontre d'eux, prioyt ses gens bien affectionement le vouloir conseiller en peril si eminent, quel party il devoit prendre, pour aucunement trouver remede à leur salut : mais ne luy pouvant donner response comme eperdus qu'ils estoyent, avec une voix confuse, et reiterée, crioyent, El Barbar, El Barbar, qui est à dire, au desert, au desert : voulans par cela inserer qu'à leur salut ne gisoyt autre refuge, fors que traversant le Nil, se retirer au desert d'Afrique. Et cette raison icy ne s'eloigne en rien du dire de ceux qui afferment l'origine des Africans proceder des peuples de l'heureuse Arabie.

Origine des Africans.

Nos historiographes sont entre eux en grand different touchant l'origine des Africans, dont aucuns veulent dire qu'ils sont descendus des Palestins,

---

lui le vers suivant : Le peuple cananéen murmura (berberat) quand je le forçai à quitter un pays misérable pour aller vivre dans l'abondance » (*Histoire des Berbères*, t. 1, pp. 168 et 176).

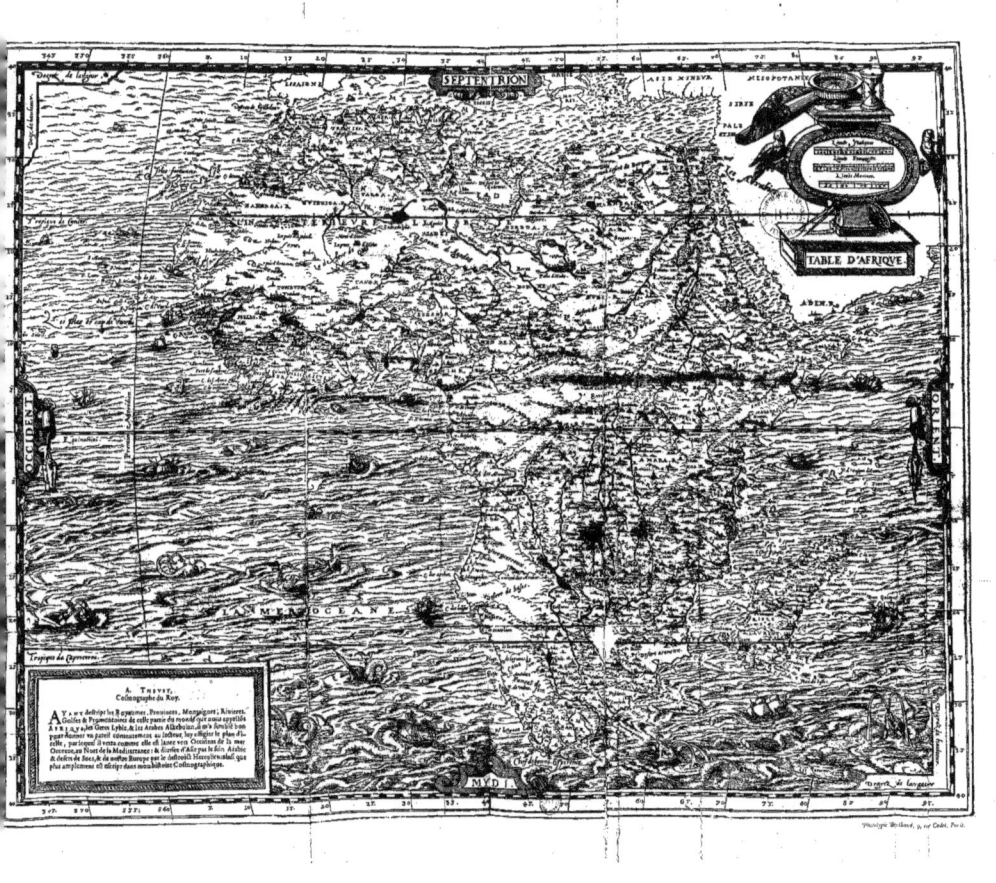

pour autant que, estans anciennement dechassez par les Assiriens, ilz prindrent la fuite devers l'Afrique, laquelle leur ayant semblé tresbonne et fertile, leur vint envie d'y faire leur demeurance. Les autres sont d'opinion qu'ils prindrent leur vraye origine des Sabées, peuple de l'heureuse Arabie (comme il a esté dit), avant qu'ils fussent poursuiviz par les Assiriens ou Ethiopiens. Il y a encore d'autres acertenans que les Africans ayent esté habitans d'aucunes parties d'Asie : pour laquelle chose averer, ils disent que quelques-uns leurs ennemys leur ayant suscité une guerre, s'en vindrent fuyans vers la Grece, laquelle n'etoit pour lors aucunement habitée. Mais ayant esté asprement là chassés de leurs ennemis, furent contrains de vuider, et après avoir passé la mer de la Morée, vindrent surgir en Afrique, là où ils demeurerent, et leurs ennemys en Grece. Cecy se doit seulement entendre pour l'origine des Blans Africans, qui sont ceux lesquels habitent en Barbarie et Numidie.

Les Africans de la terre Noire, à vray dire, dependent tous de l'origine de Cus, filz de Caïn qu'engendra Noé. Donques quelque difference qu'il y ayt entre les Africans blans et noirs, ils descendent quasi tous de mesme tige, pour ce qu'ils viennent des Palestins; les Palestins sont semblablement du lignage de Meraim filz de Cus, et s'ils procedent des Sabées, Saba aussi fut filz de Rhama, qui fut semblablement filz de Cus. Il y a beaucoup d'autres opinions touchant cette genealogie, que je trouve bon de laisser maintenant à part pour ne me sembler servir de beaucoup en ce lieu-cy.

Division des Africans blans en plusieurs peuples.

Les Blans d'Afrique sont divisés en cinq peuples : c'est assavoir Sanhagia[1], Musmuda[2], Zeneta, Haoara et Gumera.

Musmuda habite en la partie Occidentale du mont

1. Abou Mohammed Salah el-Gharnaty nous dit dans son ouvrage intitulé *Roudh el-qarthas* que les Senhadja se divisent en soixante et dix tribus dont les principales sont : Lemtouna, Djedala, Messoufa, Lamta, Mesrata, Telkata, Mdousa, Benou Aoureth, Beni Mchely, Beni Dekhir, Beni Zyad, Beni Moussa, Beni Semas, Beni Fechtal. Chacune de ces grandes tribus comprend plusieurs branches ou divisions qui se subdivisent à l'infini. Toutes ces peuplades appartiennent au Sahara et occupent dans le sud un espace de pays de sept mois de marche de long sur quatre mois de marche de large, qui s'étend depuis Noul-Lemtha jusqu'au sud d'Ifriqya et de Kairouan, c'est-à-dire toute la contrée comprise entre les Berbères et le Soudan. Ces peuplades ne cultivent pas la terre et n'ont ni moissons ni fruits. Leurs richesses consistent en bétail et en chameaux. Ils se nourrissent de viande et de lait et la plupart d'entre eux meurent sans avoir mangé un seul morceau de pain dans leur vie. Quelquefois, cependant, les marchands qui traversent leur pays leur laissent du pain et de la farine. (*Roudh el-qarthas*, traduit par M. Beaumier, Paris, 1860, pp. 163-164.)

2. Ibn Khaldoun nous donne sur la grande tribu des Masmouda, مصمودة, des détails plus précis que ceux de Léon l'Africain. « Les Masmouda, dit-il, enfants de Masmoud, fils de Bernès, fils de Berr, forment la plus nombreuse des tribus berbères. Parmi les branches de cette grande famille, on remarque les Berghouata, les Ghoumara et les peuples de l'Atlas. Pendant une longue série de siècles, les Masmouda ont habité le Maghreb el-Aqça. Lors de l'introduction de l'islamisme et même un peu auparavant, les Berghouata tenaient le premier rang parmi ces tribus ; mais, ensuite la prééminence passa

Atlas, commençant de Hea, et s'etendant jusques au fleuve de Serui[1], puis tient encore cet endroit de la montagne mesme, laquelle regarde devers Midy, et toute la plaine qui est à l'entour : occupant quatre provinces, qui sont Heha, Sus, Guzula et la region de Maroc.

Les Gumera font semblablement leur demeurance aux monts de Mauritanie, c'est-à-dire aux montz regardans sur la mer Mediterranée, tenans et occupans toute la riviere qui s'appelle Rif, laquelle prend commencement au detroit des Colomnes d'Hercules, courant vers le Levant jusques aux confins du royaume de Telemsin, qui est appellé des Latins Cesaria. L'habitation de ces deux peuples icy est separée des autres peuples lesquels sont communement meslez et epars par toute l'Afrique ; mais la cognoissance en est autant facile, comme il est aisé de discerner le natif d'avec l'etranger : et ont tousjours la pique l'un contre l'autre, faisant continuellement la guerre entre eux-mesmes, et se donnant bataille ordinairement et principalement les habitans de Numidie. Il y en a beaucoup d'autres qui disent ces cinq manieres de peuples estre de ceux lesquels ont coutume d'habiter dans les pavillons parmy les campagnes ; et afferment qu'aux premiers siecles,

Gumera.

---

aux Masmouda de l'Atlas, lesquels la conservent encore (Ibn Khaldoun, *Histoire des Berbères*, traduite par M. le baron de Slane. Alger, 1854, t. II, p. 124).

1. Il faut probablement lire Sebou (ancien Subur des Romains).

HISTOIRE

ayant maintenu longuement la guerre les uns contre les autres, et finablement ceux qui se trouverent surmontez estans reduits en servitude, furent envoyez pour habiter aux villes et les victorieux se feirent seigneurs et maistres de la campagne, là où ils commencerent à habiter et bastir leurs maisons. Et la raison est bien vraysemblable, pour ce que plusieurs de ceux qui habitent à la campagne ne different en rien quant au langage à ceux qui font leur residence dans les citez, comme je vous feray cognoistre manifestement par exemple[1].

Zenetes.

Les Zenetes de la campagne usent d'un mesme langage que font ceux des villes, et les autres au cas pareil. Les troys peuples susditz resident en

---

1. La tribu masmoudienne des Ghomara, غمارة, a pour ancêtre Ghomar, fils de Masmoud, ou, selon une autre tradition, Ghomar fils de Mestaf, fils de Melit, fils de Masmoud. Quelques personnes encore représentent Ghomar comme fils d'Assad et petit-fils de Masmoud, pendant que d'autres prétendent que les Ghomara sont des Arabes qui débordèrent غمر sur ce pays de montagnes et que de là leur est venu leur nom. Cette dernière opinion n'a cours que chez le vulgaire.

Les Ghomara se partagent en une quantité innombrable de branches et de familles parmi lesquelles on distingue surtout les Beni Hamid, les Metiana, les Beni Nal, les Aghsoaoua, les Benou Zeroual et les Medjekeça. Cette dernière tribu demeure à l'extrême limite (occidentale) du territoire ghomarien.

Les Ghomara habitent les montagnes du Rif, région qui borde la Méditerranée ; leur pays a une longueur de plus de cinq journées depuis Ghassaça au nord des plaines du Maghreb jusqu'à Tanger et il renferme ces villes ainsi que Nokkour, Badis, Tikisas, Tittawin, Auta et el-Casr. La largeur de ce territoire est aussi de cinq journées, depuis la mer jusqu'aux plaines qui avoisinent Casr Ketama et la rivière Ouerga (*Histoire des Berbères*, t. II, pp. 133, 134).

ET DESCRIPTION DE L'AFRIQUE 21

la campagne de Temesne¹, c'est assavoir Zeneta²,

1. « Le Temsna, تامسنى ou تمسنى, forme le centre du Maghreb el-Aqça et il est la seule partie de ce pays qui soit bien éloignée des routes qui mènent au désert. En effet, le mont Deren, درن (l'Atlas), le protège de ce côté et s'oppose par sa hauteur énorme à toute communication avec ces régions solitaires » (*Histoire des Berbères*, t. I, p. 60).

« Cette province (Teméçen) qui est la plus occidentale du royaume de Fez commence du couchant à la rivière d'Ommrabi (Oumm Erreby) et s'étend vers le levant jusqu'à celle de Bu Regreg (Bou Ragrag) qui entre dans la mer entre Salé et Rabat. Elle a au midi les costaux du Grand Atlas et au septentrion la mer de Gibraltar du costé de l'Océan. La coste a trente lieuës de long depuis Ommirabi jusqu'à Bu Regreg sur vingt lieuës de large et quelquefois plus. Toute ceste étenduë n'est qu'une campagne fertile qui estoit autrefois la fleur de toute la Barbarie et contenoit plus de quarante villes ou bourgades peuplées d'une nation très belliqueuse, de sorte qu'elle est fort célèbre dans les écrits des historiens du Maroc. Le second roi des Almoravides (Youssouf Abou Techfin) la détruisit comme elle estoit possédée par les successeurs d'un tyran dont nous avons parlé au trentième chapitre du second livre, et elle demeura cent quatrevingts ans déserte jusqu'à ce que Jacob Almansor (Yaqoub el-Mançour) la repeupla de quelques Arabes du royaume de Tunis qui l'ont possédée durant tout le règne des Almohades. Ils furent chassés par les Beni Merinis qui mirent en leur place les Zenètes et les Haoares pour récompense des services qu'ils leur avoient rendus à leur establissement. Ces peuples l'ont toujours possèdée depuis et sont ordinairement nommez Chaviens, errant sous des tentes comme les Arabes et parlant un arabe corrompu, quoyque ce soit une nation africaine » (*L'Afrique*, de Marmol, de la traduction de Nicolas Perrot, sieur d'Ablancourt, Paris, 1667, t. II, p. 138).

2. « Depuis une époque très reculée, la race zénatienne a habité le Maghreb où, par son existence actuelle et par les souvenirs de son ancienne gloire, elle s'est assez fait connaître. De nos jours, on remarque chez ce peuple beaucoup d'usages propres aux Arabes; il vit sous la tente, il élève des chameaux, il monte à cheval, il transporte sa demeure d'une localité à une autre; il passe l'été dans le Tell et l'hiver dans le désert; il enlève de force les habitants du pays cultivé et il repousse le contrôle d'un gouvernement juste et régulier; parmi les Berbères, les Zenata, زناتة, se distinguent par leur langage qui diffère en espèce de tous les autres dialectes employés par les peuples de cette grande famille et cependant, ils habitent comme eux les

22 HISTOIRE

Haoara¹ et Sanhagia². Aucunefois, ils demeurent au

diverses contrées de l'Ifrikia et du Maghreb. On les trouve dans les pays des dattiers, depuis Ghadams jusqu'à Sous el-Aqça et l'on peut même dire qu'ils forment à peu près toute la population des villages situés dans la région dactylifère du désert. Dans le Tell, on les rencontre aux environs de Tripoli, au milieu des plaines de l'Ifrikia et dans la montagne de l'Auras... La grande majorité des Zenata habite, toutefois, le Maghreb central. Ils y sont même tellement nombreux que ce pays a reçu le nom de territoire des Zenata. D'autres peuplades de cette race se montrent dans le Maghreb el-Aqça » (Ibn Khaldoun, *Histoire des Berbères*, trad. par M. de Slane, t. III, p. 180).

Ibn Khaldoun rapporte longuement, dans les pages qui suivent, les opinions des généalogistes sur l'origine des Zenata.

1. « Les généalogistes arabes et berbères s'accordent à regarder la tribu des Hooura comme issue de Houar, fils d'Ourigh, fils de Bernès. Nous devons toutefois faire observer que, parmi eux, il y en a qui prétendent rattacher les Hooura aux Arabes du Yémen en les faisant descendre tantôt d'Amila, rejeton de Codâa, tantôt d'El-Misouer, fils d'Essekaak, fils de Ouathel, fils de Himyir... Ils donnent aussi le nom d'enfants de Tiski aux Hooura, aux Sanhandja, aux Lamta, aux Guezoula et aux Heskoura et ils regardent El-Misouer comme l'aïeul de toutes ces tribus...... Lors de la conquête musulmane, toutes les tribus portant le nom générique de Hooura, tant celles qui font remonter leur origine à Abter que celles qui ont Bernès pour ancêtre, habitaient la province de Tripoli et la partie du territoire de Barca qui en est voisine : fait que rapportent également El-Masoudi et El-Bekri. Les unes possédaient des demeures fixes, les autres vivaient en nomades. Parmi elles, il s'en trouva une qui traversa les sables jusqu'au désert et s'établit à côté des Lamta, porteurs du voile qui habitaient auprès de Gaugoua, localité du pays des Noirs, vis-à-vis de l'Ifrikia » (*Histoire des Berbères*, t. I, p. 275).

2. « L'on rapporte, dit Abou Mohammed ibn Hazm, que Sanhadj et Lamt étaient fils d'une femme nommée Tizki et que l'on ignore le nom de leur père. Cette femme devint l'épouse d'Ourigh dont elle eut un fils nommé Hoouar. Quant aux deux autres, Sanhadj et Lamt, tout ce que l'on sait à leur égard se borne au fait qu'ils étaient frères de Hoouar par leur mère. Quelques personnes, ajoute le même auteur, prétendent qu'Ourigh était fils de Khabbouz, fils d'El-Mothenna, ce qui est absurde. Les tribus de Sanhadja, dit Ibn el-Kelbi, n'appartiennent pas à la race berbère, elles sont branches de la population yéménite qu'Ifrikos ibn Saïfy établit en

païs, et quelque foys se mettent à combattre fort asprement, encore stimulez, comme je croy, de l'ancienne
partialité. Aucuns de ces peuples eurent regné jadis par
toute l'Afrique : comme les Zenetes, qui furent ceux
par lesquels la maison d'Idris fut aneantie[1] : de laquelle
estoyent sortis et descendus les legitimes et naturels
seigneurs de Fez, et premiers fondateurs d'icelle cité,
la lignée de ceux-là est appellée Mecnasa[2]. Depuis par
quelque laps de temps vint une autre famille des Zenetes de Numidie, nommée Magraoa[3], laquelle ex-

Ifrikia avec les troupes qu'il y laissa pour garder le pays » (*Histoire des Berbères*, t. I, p. 170).

« Selon la plupart des généalogistes, les Beranes forment sept grandes
tribus : les Azdadja, les Masmouda, les Ouriba, les Adjica, les Ketama,
les Sanhadja et les Ourigha. Sabec ibn Souleyman et ceux qui suivent
son autorité y ajoutent les Lamta, les Heskoura et les Guezoula. »

1. La dynastie des Édrissites fut fondée par l'imam Edris, fils d'Edris, descendant d'Aly ; elle régna sur le Maghreb depuis l'année 172 (788) jusqu'en
375 (985). Le dernier prince Édrissite Hassan ibn Kennoun périt assassiné
et sa tête fut portée à Cordoue et présentée au khalife Omeyyade Mançour.

La ville de Fès fut fondée en l'année 191 (807) par l'imam Edris.

2. Les enfants d'Ouresettif forment trois tribus, les Miknaça, les Ourtnadja
et les Augna appelés aussi Megna.... Les diverses branches de la tribu
d'Ouresettif se sont mêlées avec celles des Miknaça. Elles habitaient les bords
du Moulouïa depuis sa source du côté de Sidjilmessa jusqu'à son embouchure et depuis cette localité jusqu'aux environs de Teza et de Teçoul.....
La désunion se mit dans la tribu : les Miknaça des environs de Sidjilmessa
reconnurent pour chefs les fils de Ouaçoul ibn Maslan ibn Abi Izzoul, pendant que ceux qui habitaient les environs de Teza, de Teçoul, du Moulouïa
et de Mélila placèrent à leur tête les fils d'Abou Afia ibn Abi Tacel ibn
Eddahhak ibn Abi Izzoul. Chacune de ces deux familles parvint à fonder
un État musulman et à se mettre ainsi au nombre des puissances souve-
raines (Ibn Khaldoun, *Histoire des Berbères*, t. I, pp. 259 et suivantes).

3. « Les Maghroua, مغراوة, formaient la plus grande branche de la race zénatienne dont elles étaient aussi la portion la plus brave et la plus puissante.

pulsa celle de Mecnasa du royaume, duquel elle-mesme avoyt debouté les naturels seigneurs : et de là à peu de temps, les Zenetes en furent encore dejetez par quelques autres qui vindrent des deserts de Numidie, et estoyent yssus d'une race des Zanhages, appellée Luntuna[1] par laquelle toute la region de Temesne fut ruinée, et ruina toute sorte de peuple qu'elle peut trouver en icelle, fors seulement ceux qui se trouvoyent estre descendus de leurs ayeuls qu'ils confinerent en la region de Ducale, et par cette lignée

Issus de Maghraou, fils d'Isliten, fils de Mesri, fils de Zakia, fils d'Ourchik, fils d'Adidet, fils de Djana, ils avaient pour frères les Beni Ifren et les Beni Irmàn..... Le pays qu'ils avaient l'habitude de parcourir est situé dans le Maghreb central et s'étendait depuis la ville de Chelif jusqu'à Tlemcen et de là aux montagnes de Mediouna. Les Maghraoua vivaient sous la tente et formaient une nation puissante lorsque l'islamisme vint les surprendre » (Ibn Khaldoun, *Histoire des Berbères*, traduit par M. de Slane, t. III, p. 227). L'origine et les vicissitudes des dynasties qu'ils fondèrent dans le Maghreb sont exposées en détail par Ibn Khaldoun, pp. 228-292.

1. « Les Lemtouna, لمتونة, un des peuples qui portaient le *litham*, لثام, habitaient le désert et professaient le magisme (l'idolâtrie, le fétichisme). Mais dans le IIIe siècle de l'hégire, ils embrassèrent la foi islamique. Ayant fait alors la guerre aux peuples nègres leurs voisins, pour les contraindre à adopter la vraie religion, ils parvinrent à les soumettre et à fonder un puissant empire » (Ibn Khaldoun, *Histoire des Berbères*, t. II, p. 64 et suiv.).

« Le premier qui régna au désert fut Tloutan ben Tyklan le Senhadja, le Lemtouna. Il gouvernait tout le Sahara et était suzerain de plus de vingt rois du Soudan qui lui payaient tous un tribut. Ses États s'étendaient sur un espace de trois mois de marche en long et en large, et ils étaient peuplés partout. Il pouvait mettre sur pied cent mille cavaliers; il vivait du temps de l'imam Abderrahman, souverain de l'Andalousie, et il mourut en 222 (836 de J.-C.), âgé d'environ quatre-vingts ans » (*Roudh el-qarthas*, p. 164). L'histoire abrégée des Almoravides se trouve dans l'ouvrage que je viens de citer, pp. 162-242.

fut edifiée Maroc[1]. Il avint puis après, selon les mouvemens incertains de variable fortune, que un renommé personnage aux choses qui concernoyent leur religion, et predicateur entre eux merveilleusement tenu en grande reputation, appellé Elmahdi[2], se revolta, et ayant convenu, moyennant quelque traité avec les Hargia[3], qui furent de la lignée des Musmuda, dechassa cette famille de Luntuna, et se feit seigneur : après la mort duquel fut eleu un de ses disciples, appellé Habdul Mumen de Banigueriaghel[5], lignage de Sanhagia, et demeura comme pour heritage le royaume à la postérité de celuy-ci par l'espace de cent vingt ans, la famille duquel reduisit en son obeyssance, et assubjetist à soy quasi toute l'Afrique ; puis après, elle fut desvetuë du royaume par les Banimarini[5], qui furent de la lignée

Maroc par qui fut edifiée.

---

1. Youssouf ibn Tachfin fonda la ville de Maroc en 454 de l'hégire (1062).
2. Mohammed ben Toumert qui prit le nom d'El-Mahdy, fondateur de la dynastie des Mouwahhidin (Almohades). mit fin à celle des Almoravides et mourut le 15 du mois de ramazan 524. Cf. *Roudh el-qartas*, p. 257.
3. La tribu de Hargha était une branche de celle des Maçmouda. Le Mehdy en était originaire et il ajoutait à son nom le surnom de Harghy.
4. Abou Mohammed Abd el-Moumin ben Aly el-Koumy Ez-Zenety était Zenète d'origine et son père exerçait le métier de potier. Il naquit à Tadjoura localité située à trois milles de Houneyn. El-Mehdy le désigna pour son successeur et il fut, après la mort de celui-ci, reconnu en qualité d'imam et de khalife, le jeudi 14 ramazan 524 (21 août 1130). Il mourut le 2 du mois de djoumazy et-tany 558 (8 mai 1163), après avoir régné trente-trois ans et cinq mois. Cf. *Roudh el-qarthas*, pp. 261-288. Au lieu de Banigueriaghel, il faut lire Beni Ouriaghel, nom d'une tribu du Rif.
5. Les Beni Merin, بني مرين, durent, après la mort du vizir Abou Souda Khalifa el-Ifreny, s'éloigner du Zab et du Maghreb central et de la partie

des Zenetes, lesquelz durerent environ cent septante ans, et au bout, leur puissance cessa de dominer, pour cause des Baniguatazi[1], lignée des Luntuna. Ces Banimarini ont toujours suscité la guerre contre les Banizeyan, rois de Telensin[2], qui sont yssuz des Zenhagi, et de la lignée des Magraoa. Ils firent guerre contre les Hafaza[3], rois de Thunes, qui descendirent de l'origine des Hantata, lignée des Musmoda.

de l'Ifriquia qui en est voisine et céder ces contrées à la tribu arabe des Beni Hilal.

« Les Beni Merin, les Abd el-Ouad et les Toudjin s'empressèrent alors de quitter le Zab, de rentrer dans le désert du Maghreb central et de reprendre le territoire qui s'étend depuis le Mozab et le mont Rached jusqu'au Moulouïa et de là jusqu'à Figuig et à Sidjilmessa. S'étant mis sous la protection des Oummanou et des Iloumi, tribus maîtresses du Maghreb central, ils se partagèrent les régions du désert et y établirent leur séjour. Les Beni Merin en occupèrent la partie occidentale au sud-est du Maghreb el-Aqça de Tigourarin à Debdou et depuis le Moulouïa jusqu'à Sidjilmessa, s'éloignant ainsi des Ouemannou et des Iloumi, excepté dans les moments où il fallait se secourir les uns les autres » (Ibn Khaldoun, *Histoire des Berbères*, t. III, pp. 307-308). Cf. sur l'origine et l'histoire des Beni Merin le *Roudh el-qarthas*, traduit par M. Beaumier. Paris, 1860, pp. 396-565.

1. Beniguatazi est le nom corrompu des Benou Ouatas.

2. Benou Zian, بنو زيان, est le nom d'une dynastie qui fixa sa résidence à Tlemcen et gouverna cette province depuis l'année 633 (1235) jusqu'en 796 (1393). Le premier prince qui se déclara indépendant fut Yaghmoressen. Les Mérinides enlevèrent le pouvoir au dernier qui portait le nom d'Abou Zian, deuxième du nom.

3. Hafaza est le nom dénaturé de Hafçièh, dynastie qui dut son origine à Abou Hafs Omar ibn Yahia qui appartenait à la tribu des Hintata qui, dans l'empire des Almohades, prenait rang à la suite des Hargha et des Tinmelel.

Abou Hafs, après s'être signalé en Espagne contre les chrétiens, mourut en 571 (1175) à Salé. Ses descendants gouvernèrent la province d'Ifriqia pendant plus de trois siècles, de 625 à 941 de l'hégire (1228-1534).

Il se voit donques apertement comme un chacun de ces cinq peuples a esté en continuel travail, et a eu tousjours quelque chose à racointer en ces regions. Vray est que le peuple de Gumera et Haoara ne se peut jamais acquerir aucun titre de domaine, combien qu'il ayt obtenu quelque seigneurie en aucunes parties particulieres, comme les chroniques des Africans en font mention ; et cetuy-cy saisist la seigneurie depuis qu'il commença à recevoir la loy Mahommetique, pour ce que, par le passé, un chacun peuple separement print la campagne pour demeurance, au moyen de quoy, un chacun favorisoit sa partie et ceux de sa ligue. Or, ayant entre eux compartit les labeurs necessaires pour le soutien de la vie humaine, ceux qui possedoyent la campagne commencerent à s'adonner au gouvernement et paturage du betail. Les autres qui habitoyent aux villes, à exercer les arts manuels et à cultiver les terres. Tous ces peuples icy sont divisés en six cens lignées, comme il est contenu en l'arbre de la generation des Africans, que redigea par ecrit un d'entre eux, appellé Ibnu Rachu[1], les œuvres duquel j'ay leu plusieurs foys. Beaucoup d'historiographes aussi estiment que celuy qui est aujourd'huy roy de

---

[1]. Il faut lire Ibn Rachic. Abou Ishaq Ibrahim ibn El-Qassim ibn Erraqiq fut le chef d'un des bureaux de l'administration de Qairouan, sous la dynastie des Zirides. Il écrivit une histoire du nord de l'Afrique, une histoire généalogique des Berbères et un recueil de poésies consacré à l'éloge des différentes espèces de vin. Ibn Erraqiq vivait encore en 377 (987).

Tombut, celuy qui le fut de Melli, et celuy d'Agadez sont descendus du peuple de Zanaga, c'est assavoir de celuy qui fait sa demeurance au desert.

Diversité et conformité de la langue Africane.

Tous les cinq peuples qui sont divisés en centaines de lignages et en miliers de miliers d'habitations, se conforment ensemble en une langue, laquelle est communement par eux appellée *Aquel amarig*[1], qui signifie noble langue et la nomment les Arabes d'Afrique langue Barbaresque, qui est la naïve Africane, estans differente des autres ; toutesfoys, ilz y trouvent encore aucuns vocables de la langue Arabesque, tellement qu'aucuns les tiennent, en usent pour tesmoignage que les Africans soyent extraits de l'origine des Sabées, peuple (comme je vous ay desja dit), de l'heureuse Arabie. Combien qu'il s'en trouve d'autres qui afferment le contraire, disans que ces dictions Arabesques qui sont en cette langue, furent depuis en icelle apportées et ajoutées quand les Arabes passerent en Afrique, et s'en mirent en possession. Mais ces peuples furent fort grossiers, de rude entendement, et tresignorans ; de sorte qu'ilz ne laisserent aucun livre qui puisse

1. Il faut lire *Aqoual amazigh*, paroles nobles ou berbères.

apporter faveur ny à l'une ni à l'autre partie. Il reste
encore quelque different entre eux, non seulement
en la prononciation, mais en la signification de plusieurs vocables. Et ceux qui sont prochains des
Arabes, et qui les frequentent davantage, suivent de
plus près le naturel de leur langue, de laquelle use
aussi quasi tout le peuple de Gumera, mais c'est un
langage corrompu, et cela avient pour les avoir fre-
quentez par trop long espace de temps.

On parle en la terre des Negres de diverses sortes
et manieres de langages, dont l'une d'icelles est appellée Sungai, de laquelle on se sert en plusieurs
regions, comme en Gualata, Tombut, Ghinea, Melli,
et en Gago. L'autre langue s'appelle entre eux Guber,
laquelle est pratiquée en Guber, Cano, Chesena, Per-
zegreg, et en Guangra. Une autre est observée au
royaume de Borno, qui suit de bien près celle dont
on use en Gaoga. Il y en a encore une autre reservée
au royaume de Nuba, qui participe de l'Arabesque,
du Caldée et de la langue Egiptienne, combien que
les habitans de toutes les citez d'Afrique (comprenant seulement celles qui sont maritimes, situées
sur la mer Mediterranée jusques au mont d'Atlas)
parlent generalement un langage corrompu, fors
qu'en tout le domaine du royaume de Maroc, là où
l'on parle naïvement la langue Barbaresque, et ne
plus ne moins qu'au territoire de Numidie, c'est
assavoir entre les Numides qui sont en Mauritanie,
et prochains de Cesarie ; pour ce que ceux lesquels

s'accostent au royaume de Thunes et de Tripoly tiennent, et usent tous en general de la langue Arabesque corrompue.

Des Arabes habitans aux cités d'Afrique.

Du temps que Otmen, calife tiers, dressa une armée, en l'an quatre cens de l'Hegire [1], il survint en Afrique un tresgrand nombre d'Arabes, qui pouvoyent estre, tant de nobles que d'autres, environ octante mille hommes, dont après avoir subjugué plusieurs provinces et regions, tous les chefz et plus nobles retournerent en Arabie, laissans en cette region d'Afrique, avec le surplus, le capitaine general de l'armée, qui se nommoit Hucba hibnu Nafich [2], lequel avait desja basti et environné de murailles la cité de Cairaoan : pour ce qu'il estoit surprins d'une crainte continuelle que le peuple de la riviere de Thunes ne vint à conspirer contre luy faisant venir occultement quelques secours de Sicile, moyennant

Edification de la ville de Cairaoan.

---

1. Osman, troisième khalife, succéda au khalife Omar en l'année 23 de l'hégire (644) et fut assassiné en l'année 35 de l'hégire (656).

2. Oqba ibn Nafi el-Fihry fut investi du gouvernement de la province d'Ifriqia par le khalife Moawiah en l'année 50 (670). Il fonda la ville de Qairouan dont les travaux furent achevés en l'année 55 (675). Il existait sur l'emplacement de Qairouan un petit château bâti par les Grecs et appelé par eux Camounia ou Qoniah. Nommé une seconde fois gouverneur de l'Ifriqia après Maslamah ibn Moukhallid, Oqbah ibn Nafi périt dans la révolte de Koceila, chef berbère qui avait embrassé l'islamisme.

lequel il s'ensuivit aucune dangereuse guerre[1]. Ce qu'à part luy consideré, après avoir enlevé tout le tresor qu'auparavant il avoit assemblé, se retira vers le desert, qui est du coté de terre ferme, là où il feit batir la cité de Cairaoan, distante de Cartage environ

[1]. Amr ibn El-Ass avait, sous le khalifat d'Omar, dirigé une expédition heureuse contre Barqa qui avait dû consentir à payer un tribut annuel de treize mille pièces d'or, et Oqba ibn Nafi avait, par son ordre, pénétré jusqu'à Zoueilah du Fezzan, dont le territoire était devenu la limite des pays occupés par les musulmans.

En l'année 22 (642), Amr ibn El-Ass avait investi Tripoli et s'en était emparé au bout d'un mois de siège. Le khalife Omar résista à toutes les instances d'Amr ibn El-Ass et ne voulut point lui permettre de faire une expédition dans la province d'Ifriqia : « Je défends qu'on en approche, lui écrivit-il, tant que l'eau de mes paupières humectera mes yeux. »

En l'année 25 de l'hégire (645), le khalife Osman enleva à Amr ibn El-Ass le gouvernement de l'Égypte qu'il confia à son frère de lait Abdallah ibn Saad ben Abi Sarh. Il lui donna l'ordre d'envahir la province d'Ifriqia. Abdallah ibn Saad partit à la tête de dix mille cavaliers ayant sous ses ordres Abdallah ibn Nafi ben Abd el-Qaïs et Abdallah ibn Nafi ben El-Harith qui allèrent le rejoindre. Abdallah ibn Saad ayant témoigné quelque hésitation, Osman lui envoya un renfort de troupes parmi lesquels figuraient des compagnons du Prophète, et parmi eux Abdallah ibn Abbas. Arrivé à Barqah, Abdallah ibn Saad fut rejoint par Oqbah ibn Nafi. On marcha sur Tripoli qui fut pillé. Une première bataille fut livrée à quelque distance de la ville de Sobeithila, après que Abdallah ibn Saad eût sommé Djerdjir (Grégoire), gouverneur de la province au nom d'Héraclius, d'embrasser l'islamisme ou de payer la capitation ; les Grecs furent mis en déroute, et Djerdjir fut, dans un combat, tué par Abdallah ibn Zobeir et sa fille fut faite prisonnière. Sobeithila fut emportée et pillée et chaque cavalier eut pour sa part deux mille dinars et chaque homme de pied mille. La province d'Ifrikia fut ravagée et elle dut payer pour sa rançon la somme de deux millions cinq cent mille dinars. Abdallah ibn Saad rentra en Égypte après être resté dans l'Ifriqia un an et trois mois. La part de butin qui revenait à Osman fut achetée par Merwan ibn El-Hakem au prix de cinq cent mille dinars. Une autre expédition fut conduite, en l'année en 34 (654), par Moawiah ibn Hodeidj qui rapporta un butin immense ; une troisième

cent vingt milles, commandant à ses capitaines, et ministres d'iceux, qui estoyent demeurés avec luy, qu'ils eussent à choisir, et elire les lieus plus fors, et mieux suffisans pour leur deffence, affin d'y habiter, et là où il n'y auroit chasteau ni forteresse, qu'ilz en edifiassent, ce que firent. Alors les Arabes, s'estant rendus asseurés, devindrent citoyens de ce pays, et se meslerent parmi les Africans, lesquels dès ce temps là (pour avoir esté par les Italiens suppeditez, et par plusieurs regiz et gouvernés), retenoyent la langue Italienne : et par mesme moyen pratiquant les Arabes et conversant journellement avec eux, vindrent à corrompre peu à peu leur naturelle langue Arabesque, tant qu'à la fin, elle participa de tous les langages Africans ; par ce moyen de deux divers peuples il s'en fit un. Vray est que les Arabes ne laissent point perdre leur coutume, qui est de prendre tousjours leur origine du coté du père, comme il s'use encore entre nous autres. Et en cecy sont imitez par les Barbares ; car il n'y a homme, tant infime soyt-il et de vile generation, qui n'adjoute avec le sien le surnom de son origine, quel qu'il soit, ou Arabe, ou Barbare.

La langue italienne en Afrique.

eut lieu six années plus tard ; enfin, en l'année 46 (666), Oqba ibn Nafi el-Fihry s'avança jusqu'à Djerma, capitale du grand Fezzan, et à Ghadams.

ET DESCRIPTION DE L'AFRIQUE 33

Des Arabes, lesquels en Afrique, en lieu de maisons, se servent de pavillons.

Tousjours a esté par les pontifes de la loy Mahommetique aux Arabes deffendu de ne passer, avec leurs familles et pavillons, le fleuve du Nil, mais en l'an quatre cens de l'Hegire, ils en obtiendrent licence d'un Calife scismatic, à cause de la rebellion d'un qui estoyt vassal et amy de ce Calife, qui regna en la cité de Cairaoan, en possedant quasi toute la Barbarie ; auquel royaume succeda, encore par quelque temps, la maison d'iceluy, pour autant que (comme j'ay leu aux histoires d'Afrique), au temps d'Elcain calife et pontife de cette maison, la famille amplifia et estendit les limites de ce royaume[1], en accroissant, et multipliant de sorte la secte Mahommetique, qu'il print volonté au Calife d'envoyer un sien esclave, et conseiller (le nom duquel estoit Gehoar[2], de nation

Gehoar, esclave, conquiert toute la Barbarie, Numidie, Egypte et Surie.

1. Le khalife fatimite El-Qaïm biamrillah Aboul Qassem Mohammed succéda à son père Obeïdoullah, mort à Mehdiah le 15 rebi oul-ewwel 323 (22 février 935).
Ses troupes ravagèrent l'Afrique, pénétrèrent en Égypte et s'emparèrent d'Alexandrie. Le règne de El-Qaïm biamrillah fut troublé par la révolte d'Abou Yezid qui s'empara de Qairouan, assiégea le khalife dans Mehdiah et ne fut vaincu que sous le règne de Mançour binaçrillah Ismayl. Abou Yezid mourut de ses blessures, le dernier jour du mois de moharrem 336 (21 août 947). Le khalife El-Qaïm biamrillah était mort, deux ans avant lui, à l'âge de cinquante-quatre ans et neuf mois, le 17 chewwal 334 (22 mai 949).
2. Djauher, général de Mouizz lidinillah Abou Temim Maadd, fils et suc-

esclave) avec un tresgrand exercite du costé de Ponant, lequel subjugua toute la Barbarie et Numidie, suivant tousjours sa pointe tant qu'il parvint jusques à la province dite Sus, en retirant subsides, tribus et tous les profitz lesquelz provenoyent de ces royaumes. Ce que ayant fort bien et tresdiligemment mis en effet, retourna vers son seigneur, entre les mains duquel il remit tout l'or, l'argent, et en somme ce qu'il avoit peu retirer de ces pays là. Pour laquelle occasion, le Calife estant assés acertené de la magnanimité et valeur de cestuy-cy, après avoir veu les choses luy estre ainsi heureusement succedées, luy tomba incontinent en l'esprit l'enhorter de se jetter à plus grandes et hautes entreprinses, ce qu'il feit, quand il luy eut fait entendre son dessein. A quoy l'esclave respondit telles ou semblables parolles :

Harangue de Gehoar au Calife.

« Monsieur, je vous jure et promets, que tout ainsi que par mon moyen vous estes jouyssant de toutes les regions du Ponant, je ne faudray pareillement de

cesseur de Mançour binaçrillah, marcha en 347 (958) contre le Maghreb à la tête d'une armée composée de Ketamiy, de Sanhadja et de troupes auxiliaires. Sidjilmessa succomba et Mohammed ibn el-Feth se réfugia dans Tasguedat, château situé à quelques milles de la capitale. Peu de temps après, il pénétra dans Sidjilmessa sous un déguisement, mais il fut reconnu et dénoncé par un homme de la tribu de Matghara. Djauher le fit arrêter et envoyer à Qairouan avec Ahmed ibn Bekr, seigneur de Fès ; puis il s'y rendit aussi lui-même.

Maqrizy rapporte que Djauher, parvenu à l'océan Atlantique, organisa une partie de pêche après laquelle il fit mettre, dans un vase rempli d'eau, un poisson qu'il envoya à Mouizz lidinillah pour lui faire savoir que ses armes avaient étendu son empire jusqu'au rivage de l'Océan (Maqrizy, *Kitab oul-Khitat*, p. 353).

vous revestir et mettre en possession de l'empire de toutes les regions et provinces du Levant, c'est assavoir de l'Egypte, Surie et de toute l'Arabie ; faisant juste vengeance des offenses et grans outrages, lesquels ont esté fais à vos parens et ayeulx de la maison de L'habus [1]. Vous asseurant que je ne donneray jamais cesse à ma personne de l'exposer à tous les perils et dangers, jusques à tant que je vous aye remis et colloqué à l'antique siege de vos magnanimes ayeulx et nobles progenitures de votre sang illustre. »

Le Calife ayant entendu le grand courage, et la promesse de son vassal, après avoir mis en campagne une armée d'octante mille combatans, le constitua chef d'icelle, pour laquelle il luy delivra vivres, munitions, et grande quantité de deniers pour la soulde de ses gens, puis luy donna congé. Estant donques party le tresfidele et courageus esclave, il feit marcher sa gendarmerie par le desert qui est entre l'Egipte et Barbarie, n'estant pas plus tost arrivé en Alexandrie, que le lieutenant de l'Egipte se retira vers Bagaded, pour unir ses forces avec celles d'Elnir Calife. En ces entrefaites, l'esclave Gehoar en peu de jours, et sans trouver grande resistance, subjuga et rendit tributaires les regions d'Egipte et Surie [2]. Si

Armée de octante mille combattans.

---

[1]. Au lieu de : la maison de L'habus, il faut lire : la maison d'Abbas (la dynastie des Abbassides).

[2]. Le qaïd Aboul Hussein Djauher ibn Abdallah, connu sous le nom de El-katib Erroumy, parce que son grand-père, Grec de naissance, avait été

est ce qu'il n'estoit pas du tout delivré de soupçon, doutant grandement que le Calife de Bagaded, venant de là, accompaigné de l'exercite d'Asie, ne lui dressast quelque grande escarmouche, et qu'il ne fust reduit à cette extremité et peril d'estre prins par l'appuy et gendarmerie des Barbares[1]. Ce qu'estant bien de-

<small>Egipte et Surie subjuguées par Gehoar.</small>

secrétaire du père de Mouizz lidinillah, était un affranchi de ce prince. L'Égypte avait eu à souffrir d'une famine et, à la mort de Kafour el-Ikhchidy, elle avait été le théâtre de troubles suscités par les militaires qui se plaignaient de ne pas recevoir l'arriéré de leur solde et les gratifications qu'ils espéraient obtenir. Un certain nombre d'officiers fit parvenir des lettres à Mouizz lidinillah pour l'engager à faire la conquête de l'Égypte. Le khalife confia à Djauher le commandement d'une armée de cent mille hommes et mit à sa disposition un trésor de vingt-quatre millions de dinars. Djauher se mit en marche le 14 du mois de rebi oul-ewwel 358 (5 février 969) et il reçut la soumission de Misr (le vieux Caire), le 16 du mois de chaaban (5 juillet) de la même année. Djauher gouverna l'Égypte avec un pouvoir absolu jusqu'à l'arrivée de Mouizz lidinillah. Il fut privé de toutes ses charges le 17 moharrem 364 (octobre 974), et il mourut à Misr le 20 zil qaadèh 381 (janvier 992), laissant un fils nommé Hussein qui, pendant le règne du khalife Hakim biamrillah, fut le chef de l'armée égyptienne avec le titre de qaïd oul-qawwad. Il fut mis à mort par l'ordre de ce prince, en l'année 401 (1010). (Maqrizy, Kitab oul-Khitat, éd. de Boulaq, p. 349 ; Ibn Khallikan, Biographical Dictionary, traduit par M. de Slane. Paris, pp. 340 et suivantes.)

1. Le gouverneur de l'Égypte sous la suzeraineté du khalife Abbasside était Aboul Fewaris Ahmed, qui fut le dernier prince de la dynastie des Ikhchidites. Il fut fait prisonnier par Djauher qui envoya en Syrie un corps d'armée qui battit les troupes du gouverneur de Ramlèh, Abou Mohammed, et s'empara de sa personne.

Le khalife Abbasside était Eth-Thay lillah Abou Bekr Abd oul-Kerim. Il naquit en 316 (928), et monta sur le trône au mois de zil hidjèh 363 (août 974) dépouillé du pouvoir au mois de chaaban 381 (octobre 991), il mourut en 393 (1003), à l'âge de soixante-dix-sept ans. Il était le vingt-quatrième souverain de la dynastie des Abbassides et il eut pour successeur Qadir billah Aboul Abbas Ahmed.

batu, delibera de faire dresser un fort, dans lequel, (si besoin en estoit), il se peust retirer avec sa gendarmerie, et soutenir la charge et impetuosité de ses ennemys : à quoi faire il diligenta tellement, que ce qu'il avoit proposé, sortit en effet, faisant edifier une cité environnée de fortes murailles, dans laquelle demeuroyt continuellement pour seure garde d'icelle, un de ses plus feaux avec une partie de son exercite, et la nomma el Chaïra, le renom de laquelle estant puis après divulgué par toute l'Europe, fut appellée le grand Caire, lequel a esté tellement de jour en jour, dehors et dedans, accreu de bourgades et maisons, qu'en toutes les autres parties du monde ne se trouve cité qui à icelle se puisse egaler en grandeur. Or, Gehoar voyant que le Calife de Bagaded ne faisoit aucun semblant ny appareil pour faire mouvoir à l'encontre de luy, avertit lors son seigneur, comme toutes les provinces et regions qu'il avoit subjuguées, luy pretoyent obeissance, estans toutes les choses reduites en bonne paix pour la seure garde et defence qu'il y faisoyt. Et pour autant, quand il plairoyt à Sa Felicité, qu'elle pourroyt se transporter jusques en Egipte, en personne, pour ce que sa presence vaudroit beaucoup plus, pour conquester, ce qui restoit, que ne feroit l'effort de cent mille hommes de guerre; joint aussi qu'il pourroit estre occasion que le Calife quitant le pontificat, abandonneroit le royaume, et prendroit la fuite. Incontinent que le Calife eut entendu par les lettres la belle et magnanime exhor-

Le Grand Caire.

tation de son esclave, sans faire autre project, ny preveoir les grans inconveniens et dangers qui en pourroyent survenir, se rendit plus fier et haultain par le beau semblant que fortune luy faisoit, et mit en campagne une grande et merveilleuse armée, puis fit depart, laissant pour gouverneur et chef de toute la Barbarie, un qui ne lui estoit pas amy seulement, mais serviteur domestique[1]. Le Calife, estant parvenu

C'estoit l'un des princes du peuple de Zanhage.

1. « Quand El-Mouizz se disposa à partir pour l'Orient, il tourna son attention vers les États qu'il allait quitter et chercha, parmi les grands officiers de l'empire, un homme fidèle et capable, partisan dévoué de la secte chiite, auquel il pourrait confier le gouvernement du Maghreb et de l'Ifrikia. Son choix tomba sur Bologguin, fils de Ziry ibn Menad. Ce chef dont la famille s'était attachée depuis longtemps au service des Fatimides, venait de châtier les Zenata, ennemis déclarés de cette dynastie et, tout en vengeant la mort de son père, il avait défendu la cause des chiites et soutenu leur empire.

« El-Mouizz, ayant rappelé Bologguin, qui était alors dans le fond du Maghreb, lui confia l'administration de ce pays ainsi que de l'Ifrikia... A cette occasion, il changea le nom de Bologguin en celui de Youssouf et, lui ayant accordé le surnom d'Aboul Foutouh et le titre de Seïf ed-daulèh, il le revêtit de la robe de lieutenance et d'un habillement magnifique et lui donna les plus beaux de ses propres chevaux richement harnachés. Lui ayant alors conféré le droit de commander les troupes, de percevoir l'impôt et d'administrer les provinces, il lui recommanda de bien observer trois choses, savoir : de tenir le glaive toujours suspendu sur la tête des Berbères ; de ne jamais affranchir les nomades du poids de leurs impôts et de ne jamais confier un commandement à aucun membre de la famille de Ziri. Il le chargea aussi de signaler le commencement de son administration par une expédition dans le Maghreb, afin d'arracher toutes les semences de révolte et de briser les liens qui attachaient encore ce pays au gouvernement des Omeyyades.

« En l'an 362 (973), El-Mouizz partit pour le Caire et Bologguin, qui l'avait accompagné jusqu'aux environs de Sfax, rentra à Cairouan et s'installa dans le palais de son maître. Aussitôt qu'il eut pris le pouvoir en main, il

au Caire¹, fut receu par son esclave avec telle alegresse et humilité que l'affection grande qu'il portoyt à son seigneur le requeroit, et appliquant son esprit à grandes et heroïques entreprinses, assembla un grand nombre de gens de guerre pour marcher contre le Calife. Pendant que ces choses passoyent ainsi, il avint que le gouverneur laissé par le Calife en Barbarie se revolta contre luy, rendant hommage, et obeissance au Calife de Bagaded, lequel, pour cette occasion, recevant une joye indicible, le feit jouyssant de grand previleges, après l'avoir constitué roy de toute l'Afrique. Cette nouvelle parvenue au Caire, et entendue par Elchain², il en sentit une passion presque intolerable, tant pour ce qu'il se retrouvoit hors de ses terres et limites, comme pour avoir consommé et despendu tout son or, et les choses de grand pris

<small>Le Calife Elnir dresse une grosse armée contre le Calife Bagaded.</small>

---

se mit en marche pour le Maghreb, à la tête d'une armée de Senhadjiens et d'un corps de troupes kétamiennes qu'El-Mouizz avait laissé en Ifrikia. Ibn Khazer, seigneur du Maghreb central, s'enfuit à Sidjilmessa pour éviter son ennemi héréditaire : les habitants de Tesert qui avaient chassé leur gouverneur virent détruire leur ville par Bologguin, en punition de leur révolte et les Zenata qui s'étaient rassemblés à Tlemcen s'en éloignèrent précipitamment, quand ils surent que cet émir venait les attaquer. Tlemcen se rendit à discrétion et les habitants furent transportés à Achir. Bologguin reprit alors la route de Cairouan, après avoir reçu une dépêche d'El-Mouizz lui défendant de pénétrer plus avant dans le Maghreb » (Ibn Khaldoun, *Histoire des Berbères*, t. II, p. 10). Bologguin mourut en 373 (984) à Ouarekcen, localité située entre Sidjilmessa et Tlemcen, au retour d'une expédition contre les Zenata qu'il avait refoulés dans désert.

1. Le khalife Fatimite El-Mouizz lidinillah fit son entrée au Caire le 23 ramazan 362 (27 juin 973).

2. El-Chain est ici le nom défiguré du khalife El-Hakim biamrillah.

qu'il avait apportées avec luy ; dont ne sachant bonnement quel party prendre, souventefois alloit maudissant le conseil de son vassal, et soymesme d'y avoir adheré. Or, il tenoit un secretaire, homme bien consommé aux lettres, de fort bel esprit, et prompt en toutes choses [1], lequel estant averty de l'extreme facherie en laquelle son seigneur estoit reduit, et prevoyant à veuë d'œil la soudaine ruine qui luy estoit eminente (si incontinent et en diligence on n'y mettoyt quelque remede), commença à le consoler, et conseiller, usant d'un tel langage : « Monseigneur, cela est tout clair et manifeste que les mouvemens de fortune sont divers et variables, mais pour cela vous ne devés permettre que ce soudain inconvenient par elle avenu prenne tant d'avantage sur vous, qu'il vous fasse desfier de la propre vertu qui vous accompaigne : pour ce que quand il sera agreable à Votre Felicité de preter l'oreille à mes paroles (qui vous suis, et demeureray à perpetuité tresfidele) et au conseil que je vous donneray, je ne doute aucunement que tous les royaumes et provinces qui se sont de Votre Felicité alienées, ne soyent reduites, avant qu'il soyt long temps, sous Votre Seigneurie : et que n'obteniez ce que vous aviez en premiere deliberation, laquelle chose mettrés facilement à fin, sans donner aucune soude au moindre de vos subjetz : mais au contraire, je vous enseigneray le moyen, que

Remontrances de Gehoar au Calife.

---

1. Ce conseiller était le vizir Abou Mohammed Hassan el-Yazoury.

l'exercite lequel je mettray entre vos mains, vous apportera grande somme de deniers, pour les raisons que je vous reciteray maintenant. » Ayant entendu, et bien noté le Calife les propos que luy avoit tenus son vassal, se sentit grandement allegé de la facherie grande qui le tenoit si perplexe, et luy demanda par quel moyen il y faudroit proceder. Continuant donques le secretaire son propos, se print à luy dire : « Monsieur, je croy que vous n'ignorez comme les Arabes sont creuz en si grande multitude, qu'à grand peine est capable l'Arabie pour leur donner à tous demeurance, et que les herbes ne peuvent suffire pour donner pasture au betail, parce que le païs est fort sterile ; au moyen de quoy, ils ne sont seulement molestez de peu d'habitations qu'ils se retrouvent, mais de la continuelle famine qui les oppresse, à cause de quoy ils se feroyent souventefois hazarder de passer en Afrique, s'ils eussent pensé en obtenir congé et permission de Votre Felicité, laquelle sera une chose à son tresgrand avantage, permettant aux Arabes de pouvoir passer ce pas. Vous asseurant d'en tirer une grande somme d'argent en cas que veuillez obtemperer à mon conseil. » Le secretaire, ayant mis fin à ses paroles, laissa le Calife aussi peu joyeus comme il luy avoit donné grande esperance au commencement, considerant que les Arabes feroyent quelque foys occasion de la ruine d'Afrique, tellement qu'il n'en pourroyt avoir (ni celuy qui s'estoyt revolté contre luy) aucunement la jouissance. D'autre coté, discourant que d'une part ou d'autre, il ne pourroyt qu'estre interessé, il estima moindre mal, et trouva plus expedient de recevoir quelque quantité d'argent (comme l'autre luy en avoit ouvert le chemin) et ensemble prendre vengeance de son ennemy que de se laisser reduire au danger de perdre l'une et l'autre chose. Parquoy il dit à son conseiller qu'il feist crier à cry public estre permis et loisible à un chacun Arabe de passer en Afrique, avec ample dispence du Calife, en luy payant un ducat seulement pour teste : mais sous condition de promettre et jurer se montrer et demeurer ennemy du rebelle susnommé. Cela publié, dix lignées d'Arabes, qui estoyt la moitié des habitans de l'Arabie deserte, se mirent en chemin pour passer en Afrique : là où s'achemina encore quelque lignée de l'heureuse Arabie. Le nombre de ceux qui se trouverent estre capables à porter armes et combattre fut de cinquante mille hommes et un nombre infiny de femmes, d'enfans et de bestes, de quoy Ibnu Rachic, historien African, dont nous avons parlé cy-dessus, a tenu bon compte. Or, ayant passé les Arabes le desert dans peu de jours entre l'Egipte et la Barbarie, assiegerent la cité de Tripoli ; entrerent dedans, la mirent à sac, et firent passer au tranchant de l'espée tous ceux qu'ils trouvoyent. Puis vindrent à Cabis, cité qu'ils detruirent. Finablement, assiegerent Elcairaoan, mais le gouverneur qui estoit dedans fit si bonne provision de vivres et autres choses necessaires, pour la deffence

Tripoli de Barbarie assiegée par les Arabes.

Cabis ruinée.

Elcairaoan prinse et saccagée.

ET DESCRIPTION DE L'AFRIQUE 43

du lieu, qu'il soubtint assez bien l'assault l'espace de huit mois qu'elle fut prinse par force, et saccagée et le gouverneur tué[1]. Après ces choses, les Arabes di-

[1]. Léon l'Africain rapporte d'une manière inexacte, soit pour les dates soit pour les détails, l'invasion de la province d'Ifrikia et du Maghreb par les tribus arabes. Le khalife El-Hakim biamrillah investit, en 406 (1015), du gouvernement des Senhadja de Qairouan, El-Moezz ibn Badis. El-Moezz qui avait témoigné du penchant pour les doctrines sunnites fut blessé par les reproches que lui adressa le vizir Hassan el-Yazoury au sujet d'une question d'étiquette ; il reconnut pour suzerain le khalife Abbasside Abou Djafer el-Qaïm biamr illah Abdallah (437 = 1045) et donna l'ordre que l'on cessât de réciter la khoutbêh au nom du khalife Fatimite El-Mostancer billah. Hassan el-Yazoury donna à ce prince le conseil de gagner les tribus de Djouchem, d'Athbedj, de Zoghba, de Riah, de Rebia et de Ad, qui avaient été transportées dans la Haute-Égypte à la suite de la révolte des Qarmathes, et de donner à leurs chefs le commandement des provinces de l'Ifrikia avec l'ordre de les envoyer combattre la dynastie des Sanhadja. Hassan el-Yazoury se rendit lui-même dans la Haute-Égypte et fit remettre à chaque Arabe un ducat et une fourrure. Ceux-ci, excités par l'espoir du butin, franchirent le Nil et envahirent la province de Barqah dont ils s'emparèrent. La partie orientale fut attribuée aux Soleïm et la partie occidentale aux Hilal. Ce fut en l'année 443 (1051) qu'eut lieu cette invasion des Arabes dans l'Ifrikia et Mounis ibn Yahia Es-Sinbery fut le premier chef qui y pénétra. El-Moezz chercha à se concilier et à obtenir son appui ; il le fit venir auprès de lui, se déclara son ami et épousa sa fille. Il lui proposa d'appeler les Arabes des stations éloignées où ils s'étaient arrêtés, afin d'accabler avec leur aide ses parents, les Beni Hammad, qui résidaient dans le Maghreb occidental. Mounis y consentit, mais les tribus qu'il appela à lui dévastèrent le pays et proclamèrent partout l'autorité du khalife Fatimite Mostancer billah. Moezz fit marcher contre eux une armée qui fut battue ; il en rassembla une autre à laquelle vinrent se joindre ses alliés et les Zenata. Les tribus des Riah, des Zoghba et des Ady vinrent prendre position au midi de Haideran, dans les environs de Cabes. Abandonné par ses alliés arabes, par les Zenata et les Senhadja, Moezz essuya une sanglante défaite et se réfugia à Qairouan que les Arabes assiégèrent. Ceux-ci se partagèrent en 446 (1054) les villes de l'Ifrikia. La ville et la province de Tripoli furent dévolues aux Zoghba ; Bedja échut aux Beni Mirdas, branche de la tribu des Riah. En 448 (1056), El-Moezz abandonna Mehdiah et

44   HISTOIRE

viserent et partirent entre eux les campagnes qu'ils eleurent pour leur demeurance, imposant à chacune cité gros subsides et tribuz ainsi s'emparerent et se firent seigneurs de l'Afrique jusques à tant que la succession du royaume de Maroc eschut à Jusef fils de Jessin, qui fut premier roy de Maroc[1]. Cestuy-ci s'adonna de tout son pouvoir à prester secours et aide à tous ceux qui disoyent avoir esté parens ou amys du rebelle deffunct, sans qu'il cessast jusques qu'il eut dechassé les Arabes de leurs citez et osté le gouvernement d'icelles. Neantmoins, les Arabes se jetterent sur la campagne, faisans meurtres et pillans ce qu'ils pouvoyent enlever. Cependant les parens du deffunct rebelle commencerent d'acquerir plusieurs royaumes et seigneuries, mais Mansor, quatrieme roy et pontife de la secte de Muoachedin[2], venant à succe-

Jusef, premier roy de Maroc.

s'embarqua pour se rendre à Tunis. Son fils Mançour fit connaître son départ aux habitants de Qairouan et évacua cette ville. Les Arabes y pénétrèrent, la mirent au pillage, saccagèrent les maisons et détruisirent les édifices publics. Ils se dirigèrent ensuite sur Mehdiah qui dut capituler après avoir mis fin à la domination des Senhadja. Les Arabes enlevèrent aux Zenata tout le pays ouvert (cf. Ibn Khaldoun, *Histoire des Berbères*, t. I, pp. 32 et suivantes).

1. Au lieu de fils de Jessin, il faut lire fils de Tachfin. Cet émir faisait remonter sa généalogie à Himyar; il naquit dans le Sahara, l'an 400 de l'hégire (1009), et mourut l'an 500 (1106), à l'âge de cent ans. Son règne au Maghreb date du jour où l'émir Abou Bekr le nomma son lieutenant en l'an 453 (1061).

Youssouf ibn Tachfin fonda en 454 (1062) la ville de Merakech (Maroc) et s'empara de Fès l'année suivante. Cf. pour le règne de Youssouf ibn Tachfin, quatrième souverain de la dynastie des Almoravides (*el-Merabethin*). *Roudh el-qarthas*, pp. 190-205.

2. Yaqoub ibn Youssouf el-Mançour bifadhlillah succéda à son père Yous-

der au royaume de Maroc, se delibera d'estre contraire aux parens du rebelle deffunct et les priver de leur domaine tout ainsi que ses parents s'estoyent montré pour eux, les remettant en leur premier estat. Pour laquelle chose conduire à meilleure fin, renouvella avec eux l'ancienne amitié et cependant incita couvertement les Arabes à leur faire la guerre, ne faillant par tel moyen à les vaincre et donter. Dont peu de temps après, Mansor mena tous les principaux et plus apparens des Arabes aux regions de Ponant, et donna aux plus nobles pour habitation, Ducal et Azgar; et aux autres qui estoyent de plus basse condition leur assigna la Numidie. Mais par succession de temps, ceux qui estoyent demeurez comme esclaves recouvrerent leur liberté, et maugré les Numides, prindrent possession, et se firent seigneurs de cette partie de Numidie qui leur avoit esté ordonnée par Mansor, en accroissant et estendant de jour en jour leurs limites. Ceux qui estoyent demeurez en Azgar, et autres lieux par la Mauritanie, furent

---

souf, le dimanche 19 du mois de reby ous-sany 580 (30 juillet 1184). Il mourut à Maroc, le jeudi 22 reby oul-ewwel 595 (22 janvier 1199), à l'âge de quarante ans, après un règne de quatorze ans et onze mois. Mançour fut le quatrième prince de la dynastie des Almohades (les Mouwahhidin, les Muoachedin de Léon l'Africain). « El-Mansour, dit Mohammed Salah, l'auteur du *Roudh el-qarthas*, fut le plus grand roi des Almohades, le meilleur et le plus magnanime en toutes choses. Son gouvernement fut excellent, il augmenta le trésor, sa puissance fut élevée ; ses actions celles d'un souverain célèbre. Sa religion fut profonde et il fit beaucoup de bien aux musulmans ». Cf., pour le règne de ce prince, le *Roudh el-qarthas*, traduit par M. Beaumier, pp. 303-326.

semblablement reduits en miserable servitude : car incontinent les Arabes estre hors du desert sont comme les poissons hors de l'eau. Toutesfois, ils avoyent bon vouloir de retourner aux deserts, mais le passage leur estoit clos par la montagne d'Atlas, pour ce que ceux de Barbarie l'ocupoyent, d'autre part, il leur estoit impossible passer par la campagne à cause que les autres Arabes en estoyent seigneurs. Parquoy rabaissans leur outrecuidance, furent contrains à pasturer le betail, à labourer et cultiver la terre, se retirans dans les cabanes et maisons rustiques au lieu de pavillons. Davantage, on leur imposa certain tribut qu'ils seroient tenus tous les ans de payer au roy, comme il auroit esté ordonné. Ceux de Ducale qui estoyent en plus grand nombre furent beaucoup plus favorisez et soutenuz, tellement qu'ils furent exemptz de tout tribut. Quelques-uns de ces Arabes se tindrent à Thunis pour ce que Mansor ne les avoit voulu mener en sa compagnie, de sorte qu'après le deces dudit Mansor, ils prindrent Thunis et se firent seigneurs de tout le païs. Ceux-cy tindrent bon et gouvernerent paisiblement ledit païs jusques à ce qu'aucuns de la lignée de Abu Hafs se banderent contre eux : mais à la fin les Arabes furent contens de leur quitter le païs, par tel si qu'ils en retireroient la moitié des fruis et tributz, ce qui aujourd'huy s'observe encore entre eux. Mais les roys de Thunis ne les sauroyent contenter pour ce que le ressort et le revenu du païs n'est pas assez grand pour tant de gens, dont il avient que ceux qui ont part au revenu sont tenus de rendre paisible et asseurer la campagne : ce qu'ils font sans molester ou donner facherie à personne. Les autres qui sont privez de ceste provision, s'adonnent à piller, ravir, voler, tuer et faire les plus grandes extorsions du monde ; si bien que le plus souvent s'estant embuchez, aussi tost qu'ils aperçoivent un passant, sortent incontinent dehors, et le tuent après l'avoir du tout detroussé, de sorte qu'il fait tousjours dangereux sur les chemins, au moyen de quoy les marchans qui partent de Thunis pour s'acheminer en autres lieux à leurs afaires, menent avec eux une grande bende d'harquebuziers pour leur deffence ; et toutefois ils se trouvent bien empeschés de deux endroits assavoir de païer aux Arabes qui sont à la soulde du roy, grosse gabelle : ou bien d'estre assaillis des autres Arabes, ce qui semble encore plus dangereus, et aucunes fois que leur deffence n'est assez bonne, ils se trouvent à un instant privez de leur bien et de leur vie.

Division des Arabes qui sont venus demeurer en Afrique appellez Arabes de Barbarie.

Les Arabes qui vindrent demeurer en Afrique font trois sortes de peuples : les uns appelez Chachin[1]. Les

---

1. Les Benou Khachin ou Khachna خشين بنو sont une branche des Beni Yezid Abs ben Zoghba.

autres, Hilel[1], et le troisieme, Mahchil[2]. Chachin se divise en trois lignées : Ethegi[3], Sumait[4] et Sahid[5]. Ethegi semblablement se divise en trois autres parties, Dellegi[6], Elmuntefig[7] et Sobair[8] : et se divisent

1. Les Hilal, بنو هلال, sont les descendants d'Ibn Amir.
2. Les Makil, معقل, sont une branche de la grande tribu des Zoghba.
3. Au lieu de Ethegi il faut lire Hedadj, حداج. « La tribu appelée les Hedadj, du nom de son ancêtre Hedadj ibn Mehdy, demeure à l'occident des Kharadj, dans le voisinage des Doui Mansour... Le droit de commander aux Hedadj est exercé par trois de leurs familles : les Hariz ibn Yaqoub ben Heba ben Hedjadj, les Menad ibn Rizq Allah ibn Yaqoub ben Hebba et les Fecroun ibn Mohammed ibn Abderrahman ibn Yaqoub. »
4. Les Soumait, صميت, ou Soumata étaient établis aux environs de Qairouan et sur les frontières de la Tripolitaine. Mondar ibn Saïd, cadi de Cordoue, tirait son origine de cette tribu.
5. Les Saïd, سعيد, forment une branche de la grande tribu de Riah. Ils tiennent leurs terres des Douaouida et s'est à eux qu'ils s'adressent lorsqu'il s'agit d'en obtenir davantage, car ils ne possèdent en propre aucune partie du pays. Ils visitent régulièrement les pâturages situés au fond du Désert et quand les Douaouida se livrent à des querelles intestines, ils ne manquent jamais d'y prendre part. Le droit de commander aux Saïd appartient à une de leurs familles appelée les Oulad Youssouf ibn Zeïd (cf. Ibn Khaldoun, *Histoire des Berbères*, t. I, pp. 77-78).
6. Les Delladj, دلاج, sont une des trois branches de la tribu des Beni Yahia : ils tirent leur origine de Ouf fils de Behtha ibn Soleïm. Ils habitent avec les Mirdas et les Allac la région qui s'étend depuis la rivière de Cabes jusqu'au territoire de Bône (Ibn Khaldoun, *Histoire des Berbères*, t. I, pp. 137-138).
7. Amir, le père de Montefiq, منتفق, était fils d'Oqail. Ses descendants habitent le pays de Teïma dans le Nedjid. Encore aujourd'hui la tribu d'El-Montefiq occupe la portion du territoire de Baçra que forment les marais boisés situés entre cette ville et Koufa et que l'on appelle El-Bataih (les bas-fonds). Les Montefiq sont gouvernés par la famille d'El-Maarouf. On trouve dans le Maghreb quelques tribus sorties de celle d'El-Montefiq et qui entrèrent dans ce pays avec la tribu de Hilal ibn Amir. Elles occupent cette partie du Maghreb el-Aqça qui est située entre les villes de Fès et de Maroc. On les appelle *El-Kholt*, nom, dit Djordjani, qui est commun à tous les descendants d'El-Montefiq (Ibn Khaldoun, *Histoire des Berbères*, t. I, pp. 25-26).
8. Les Beni Zobeyr, بنو زبير, habitaient le pays qui s'étend depuis Thenia-

ces parties en infinies generations. Hilel est divisé en quatre : Benihemir[1], Rieh[2], Sufien[3] et Chusain[4]. Benihemir se divise en Hurra[5], Hucba[6], Habru[7],

Ghania et El-Cassab jusqu'à la contrée où les Beni Yezid, branche de la tribu de Zoghba, font leur demeure. Les Beni Zobeyr y sont établis auprès des Mehayas. Ils obéissent à la amille des Aulad-Difei (Ibn Khaldoun, *Histoire des Berbères*, t. I, p. 55).

1. Les Beni Amir, بنى عامر, occupaient le pays qui s'étend depuis Teçala et Meleta jusqu'au Zidour, et de là, à Guedara, montagne qui domine Oran.

2. De toutes les tribus issues de Hilal, la plus puissante et la plus nombreuse, lors de leur entrée en Ifrikia, fut celle des Riah. Selon Ibn el-Kelbi, Riah était fils d'Abou Rebia ibn Nahik ibn Hilal ibn Amer. A l'époque de leur arrivée en ce pays, ils avaient pour chef Mounès ibn Yahia es-Sinberi, membre d'une famille issue de Mirdas, fils de Riah (Ibn Khaldoun, *Histoire des Berbères*, t. I, p. 70).

3. Les Beni Sofyan, بنى سفيان, sont une fraction de la tribu de Djochem. Cette tribu ayant été déportée par El-Mansour dans le Temsna, elle cessa de fréquenter le désert avec ses troupeaux et, ayant renoncé à la vie nomade, elle prit des habitations fixes dans le Maghreb. Les Beni Sofyan étaient établis à demeure fixe. Ils occupaient les bords de la province de Temsna, du côté d'Anfa (Ibn Khaldoun, *Histoire des Berbères*, t. I, pp. 60 et suiv.).

4. Les Hussein, حصين, sont les descendants de Hakim. Ibn Khaldoun déclare ignorer leur filiation. Les Hakim occupent la région située entre Soussa et El-Djem.

5. Les Oroua (Hurra), عروة, forment deux branches dont l'une se compose des descendants d'En-Nadr ibn Oroua et l'autre de ceux de Homeis ibn Oroua (Ibn Khaldoun, *Histoire des Berbères*, t. I, p. 113).

6. Les Oqbah (Hucba), عقبة, sont une branche de la tribu de Djodam qui parcourait le pays s'étendant au dela de Karak à l'est de la mer Morte et poussait ses courses jusqu'à Médine.

7. Au lieu de *Habru*, il faut lire *Habra*, هبرة. « Aux environs d'El-Batha, dit Ibn Khaldoun, se trouve une autre branche des Soueïd appelée les Habra et que l'on regarde comme descendue de Mohadjir ibn Soueïd, bien qu'ils se disent eux-mêmes appartenir à la famille d'El-Micdad ibn el-Asoued » (un des principaux compagnons du Prophète) (*Histoire des Berbères*, p. 101).

Muslain[1]. Rieh se divise en Deuuad[2], Suaid[3], Afgeh[4], Elcherith[5], Enedr[6] et Garsa[7] : ces six parties sont aussi divisées en autres innumerables generations. Mahchil se divise en trois, Mastar,

1. Les Moslim ou Moscelim, مسلم, sont les descendants de Moslim ibn. Oqail ben Merdas; ils forment, avec les Saïd et les Akhder, une des branches les plus puissantes de la grande tribu de Riah. Les Moslim reconnaissent pour chefs les Oulad Djemaa (Ibn Khaldoun, *Histoire des Berbères*, t. I, pp. 77-78).

2. Les Douaouïda (Deuuad), دواودة, sont les descendants de Douwad ibn Mirdas ibn Riah. La famille d'Amr ibn Riah réclame pour Amr son aïeul l'honneur d'avoir élevé ce Douwad. Cette tribu, après avoir renoncé à la vie nomade, se fixa dans les bourgades et les châteaux du Zab (Ibn Khaldoun, *Histoire des Berbères*, t. I, pp. 52, 72 et 139).

3. Les Beni Soueïd, بنى سويد, étaient une branche de la tribu de Zoghba. Ils s'étaient attachés aux Beni Abd el-Ouad et recevaient d'eux des gratifications payables par les villes de Cirat El-Batha et Hooura (Ibn Khaldoun, pp. 93-94).

4. Les Afdjèh (Aouadjèh عواجة) sont les descendants de Hilal ibn Hamidan ben Mouqaddem ben Mohammed... ben Aouadj. Ils habitent la province de Gharet et les environs de Safy.

5. Les Cherid, شريد, sont une fraction des Beni Soleïm, établie dans les villages des Nefzaoua, dans la province de Castilia. Ils possédaient les terres labourables et les fermes de cette contrée et ils reconnaissaient autrefois l'autorité du seigneur de Touzer (Ibn Khaldoun, *Histoire des Berbères*, t. I, p. 231).

6. Les Nadr ibn Oroua, نضر ابن عروة, ont l'habitude de pénétrer bien avant dans le Désert afin de visiter certains pâturages qui se trouvent au milieu des sables; ensuite, ils montent sur le Tell et en parcourent les bords avec la permission des Dialem, des Attaf et des Hoseni... Leur seule propriété consiste en un petit territoire dont ils se sont emparés dans le Mechentel, montagne située à côté du pays occupé par les Riah et habitée par quelques fractions des Ghamra... De temps en temps, quelques familles des Nadr, trop faibles pour se livrer à la vie nomade, viennent s'établir à demeure fixe chez ces Berbères (Ibn Khaldoun, *Histoire des Berbères*, t. I, pp. 113-114).

7. On donne le nom de Gharsa aux habitants de la plaine de Gharis, غريس.

ET DESCRIPTION DE L'AFRIQUE 51

Hutmen[1] et Hassan[2], dont Mastar est partie en Ruche et Selim[3]. Hutmen se divise en tel nombre, assavoir Elhasin[4] et Chinana[5]. Hassan, en Deuihessem[6], Deuimansor[7] et Deuihbeidula. Deuihessem en Dulien[8],

1. Les Othman, عثمان, ou Outhamna, عثامنة, sont une branche de la tribu des Kharadj. La région occupée par les Othamna touche à la limite occidentale de celle qu'habitent les Beni Mansour. A côté d'eux se trouvent les Aulad Salem. Le Derâ est situé en dehors de leur territoire, mais ils possèdent le désert qui l'avoisine (Ibn Khaldoun, *Histoire des Berbères*, t. I, p. 130).

2. Les Hasasna, حساسنة, ou Hassan, حسن, sont une branche de Chebaba qui ont pour auteur Hassan ibn Chebaba (Ibn Khaldoun, *Histoire des Berbères*, t. I, p. 94).

3. Au lieu de Mastar, il faut lire Moukhtar, مختار, et au lieu de Ruche, Racaïat, رقعيات.

4. Les Hazim, الحازم, sont une fraction de la tribu berbère des Oulhaça qui ont adopté la langue, l'habillement et les usages des Arabes. Ils tirent leur nom de Hazim ibn Cheddad.

5. Au lieu de Chenanat, il faut lire Chebanat. Les Chebanat, الشبانات, sont une tribu établie à côté des Doui Hassan : ils forment deux branches : les Beni Thabet et les At-Aly. Les Beni Thabet demeurent au pied du Sekrioui, une des montagnes qui composent la chaîne de l'Atlas et les At-Aly habitent le désert de Henguiça au pied du mont Guezoula (Ibn Khaldoun, t. I, p. 119).

6. Les Doui Hassan, ذوى حسن, possèdent les contrées situées entre le Dera et l'Océan. Leurs chefs habitent la ville de Noul, capitale de la province de Sous. Bien qu'ils soient maîtres du Sous el-Aqça et des pays voisins, le besoin de trouver des pâturages suffisants pour leurs troupeaux les oblige à parcourir les sables du désert jusqu'aux lieux qu'habitent les tribus porteurs du litham (voile bleu qui couvre la figure de l'homme à l'exception des yeux) (Ibn Khaldoun, *Histoire des Berbères*, t. I, p. 119).

7. Les Doui Mansour, ذوى منصور, et les Doui Obeïd-Allah, ذوى عبيد الله, sont deux fractions des Makil. Les premiers sont établis dans la région qui s'étend vers le midi depuis Taourirt jusqu'au Derâ. Les seconds occupent dans le Tell tous les territoires situés entre Tlemcen et Taourirt (Ibn Khaldoun, *Histoire des Berbères*, t. I, p. 115).

8. Je crois qu'il faut lire Dialem, ديالم, nom d'une fraction de la tribu des Beni Malik ibn Zoghba qui avait pour auteur Dilem ibn Hassan et occupait le pays d'Ouzina (Ibn Khaldoun, *Histoire des Berbères*, t. I, pp. 34, 101, 110 et sq.).

Vodei[1], Berbus[2], Racmen[3] et Hanir[4]. Deuimansor en Hemrun[5], Menebbe[6], Hussein[7] et Abulhusein[8]. Deuihubcidula aussi en Garragi[9], Hedegi[10],

1 Les Bouda (Vodei), بودة, étaient une fraction de la tribu de Ma'qil qui occupaient en même temps que Bouda, les Qouçour du Sous du côté de l'occident et ceux du Touat.

2. Les Benou Bourgous, بنو برغس : cette tribu qui, au moment de l'établissement de la dynastie des Édrissites, se composait de chrétiens, de juifs et de mages, occupait le territoire où s'élève Fès.

3. Deux branches de la tribu d'Eiad, عياد, les Aulad Sakhr et les Aulad Rahma (Racmen) occupaient les deux extrémités du territoire possédé par les tribus descendant d'Athbedj et se trouvaient ainsi voisines des Benou Yezid ben Zoghba (Ibn Khaldoun, *Histoire des Berbères*, t. I, p. 56).

4. Les Beni Hamid, بنى حميد (Hanir), descendent d'Ibn Amir ainsi que les Beni Yaqoub.

5. Doui Amran, ذوى عمران, est une branche des Doui Mançour. « La région qui s'étend vers le midi depuis Taourirt jusqu'au Dera appartient aux Doui Mansour, de sorte qu'ils occupent le pays du Moulouïa, le désert qui se prolonge de là jusqu'à Sidjilmessa et la province de Dera. Ils occupent aussi cette portion du Tell qui correspond par sa position à la partie du désert que nous venons d'indiquer, de sorte qu'ils dominent en maîtres sur les campagnes de Tza, de Ghassaça, de Miknaça de Fès, de Tedla et d'El-Maden » (Ibn Khaldoun, *Histoire des Berbères*, t. I, pp. 119-125).

6. Les Mounabbat, منبات, descendent de Mounabba, frère utérin d'Amran. Les descendants d'Amran et de Mounabba s'appellent collectivement les Ahlaf (confédérés) (Ibn Khaldoun, *Histoire des Berbères*, t. I, p. 125).

7. Voir la note 4 de la p. 49.

8. Abou'l-Husseïn, ابو الحسين, est une fraction de la tribu de Taghleb qu s'est établie dans le Maghreb.

9. Il faut lire Kharadj, خراج, au lieu de Garragi. Cette tribu descend de Kharadj ibn Moutarraf ibn Obeïd Allah. Les Kharadj se subdivisent en plusieurs branches et le droit de les commander appartient aux descendants d'Othman (Ibn Khaldoun, *Histoire des Berbères*, t. I, pp. 121-122).

10. Les Hedadj (Hedegi), حداج, qui tirent leur nom de Hedadj ben Mehdi, demeurent à l'occident des Kharadj dans le voisinage des Doui Mansour. Ils sont les maîtres de la ville et des environs de Taourirt (Ibn Khaldoun, *Histoire des Berbères*, t. I, p. 122).

ET DESCRIPTION DE L'AFRIQUE 53

Tehleb[1] et Gean[2]. Et toutes ces generations cy-dessus sont divisées en plusieurs autres. Lesquelles il ne seroit pas seulement facheux de rememorer et reduire de point en point, mais je croy encore qu'il seroit impossible.

Division des habitations des Arabes susnommez et le nombre d'iceux.

Les Etheges furent les plus nobles et les principaux des Arabes que Mansor mena pour habiter en Ducale et aux plaines de Tedle[3]. Lesquelz ont esté grandement molestez tant par les roys de Portugal que par

Etheges.

---

1. Les Tahleba, التعالبة, forment une tribu sœur des Obeïd Allah. Ils descendent de Tahleb fils d'Ali fils de Meggen. Ils ont leur demeure dans la plaine de la Mitidja près d'Alger. Mais auparavant ils avaient habité Titeri, région occupée maintenant par les Husseïn (Ibn Khaldoun, *Histoire des Berbères*, t. I, p. 123).

2. Il faut lire Djeaouna, جعاونة. « Les Kharadj, dit Ibn Khaldoun, se divisent en plusieurs branches, savoir les Djeaouna, les Ghosl, les Mertafa et les Othamna, familles qui descendent respectivement de Djaouan, de Ghacel, de Motref et d'Othman, tous fils de Kharadj. Le droit de les commander appartient aux desencdants d'Othman » (*Histoire des Berbères*, t. I, p. 122).

3. Je crois qu'il s'agit ici non pas des Hedadj, mais de la puissante tribu d'Athbedj. L'auteur de la tribu, Athbedj, اثبج, surnommé Ibn Abi Rebia, était fils de Nehik et petit-fils de Hilal. La tribu d'El-Athbedj jouissait d'une prééminence marquée sur toutes les autres branches de la grande tribu de Hilal, tant par le nombre de ses membres que par celui des familles dont elle se composait.... Lors de l'entrée des Beni Hilal en Ifrikia, la tribu d'Athbedj se faisait respecter par son grand nombre et par sa puissance. Elle s'était établie dans la partie orientale des montagnes de l'Auras (Ibn Khaldoun, *Histoire des Berbères*, t. I, p. 51).

ceux de Fez ; et sont environ cent mille hommes de guerre, la moitié gens de cheval.

Sumait. Sumait demeure aux deserts de Libie qui sont du costé de Tripoly : ce peuple est bien peu souvent en la Barbarie, pour ce que il n'y a ny place ni domaine ; parquoy, il demeure tousjours au desert avec les chameaux ; et sont environ octante mille hommes, tous bien adroitz aux armes, et la plupart gens de pied.

Sahit. Sahit demeure aux deserts de Libie qui a coustume de trafiquer et hanter avec ceux du royaume de Guargala ; ce peuple nourrit force betail et fournit de chair tous lieux et citez d'alentour. Mais cela se fait au temps d'esté, pour ce que, en yver, ils demeurent en leur habitation sans en sortir aucunement. Ils sont environ cent cinquante mille hommes et se trouvent avec eux peu de chevaux.

Dellegi. Les peuples Dellegi habitent en divers lieux, dont la plus grande partie demeure aux marchés de Cesarie et du royaume de Bugie, contraignans les seigneurs qui sont là auprès, leur rendre tribut. La moindre partie de ce peuple tient les plaines d'Acdesen près de la Mauritanie, avec la montagne d'Atlas, et est tributaire au roy de Fez.

Elmuntafic. Elmuntafic est un peuple faisant sa demeurance aux plaines d'Azgar dit des modernes, Elchalut[1], qui

---

1. Au lieu de Elchalut, il faut lire El-Kholt, الخلط. Les Kholt sont une branche de la tribu des Montefiq ibn Amir. Ils furent déportés par Mançour dans le Maghreb et ils se fixèrent dans les plaines de Temsna. Les Kholt

ET DESCRIPTION DE L'AFRIQUE

rendent aussi tribut au roy de Fez peuvent mettre en campagne huit mille chevaux en bon equipage.

Sobaich[1] (j'entends les principaux et de plus grand valeur), habitent aux frontieres du royaume de Gezeir etans provisionnez des roys de Telensin et tiennent plusieurs villes de Numidie en leur subjection; ils n'ont gueres moins de trois mille chevaux et sont fort adroitz en bataille. Ils ont aussi une coutume en temps d'yver de se retirer au desert à cause qu'ils ont grande quantité de chameaux. L'autre partie habite aux plaines qui sont entre Sala et Mecnessa; ils nourrissent bœufs et brebis, labourent la terre et si payent tribut au roy de Fez, pouvant finer environ quatre mille chevaux, tous en bon point.

Sobaich.

De Hilel peuple et habitation d'iceluy.

La plus grande lignée qui soit en tout ce peuple est Hilel et Benihamiro : lesquels habitent aux

---

étaient dans un état de décadence complète au xve siècle. Cf. Ibn Khaldoun, *Histoire des Berbères*, t. I, pp. 64 et suiv.

1. Au lieu de Sobaic, il faut lire Sobeih, صبيح. Les Sobeih sont une peuplade de pasteurs qui tire son origine de Sobeih ibn Eiladj ibn Malek ibn Zoghba, et se fait respecter par son nombre et sa puissance. Quand les nomades de la tribu de Soueïd se mettent en marche, elle les accompagne et elle s'arrête avec eux aux mêmes lieux de station (Ibn Khaldoun, t. I, p. 101).

frontieres du royaume de Telensin et de Oran, errans de çà et de là par les deserts de Tegorarin[1]. Ils sont provisionnés du roy de Telensin, estans gens de grande prouesse, merveilleusement riches et qui peuvent faire environ six mille chevaux de belle taille et bien en ordre.

Hurua.   Hurua possedent les confins de Mustuganim, hommes de sauvage nature, brigands et mal adroicts : ils ne s'esloignent pas souvent du desert d'autant qu'ils n'ont ny soulde, ny possession en la Barbarie ; toutes fois, ils peuvent mettre aux champs une armée de dix mille chevaux.

Hucba.   Hucba font leur residence aux confins de Meliana, ayans quelque petite provision du roy de Thunis : neantmoins, ils sont brigands, voleurs et fort cruels ; et peuvent faire environ mille cinq cens chevaux.

Habru.   Habru se tiennent aux plaines qui sont entre Oran, et Mustuganim, laboureurs tributaires du roi de Telensin.

Muslim.   Muslim font leur demeurance au desert de Masile lequel s'etend vers le royaume de Bugie : et sont brigands et detrousseurs comme les autres, contraignans ceux de Masile et autres citez circonvoisines de leur payer tribut.

Riech.   Riech (Riah) habitent aux deserts de Libie, qui sont vers Constantine, possedans une grande partie de la

---

1. On peut consulter, sur les Benou Hilal et les Benou Amir, l'*Histoir des Berbères* d'Ibn Khaldoun, t. I, pp. 28 et suiv.

ET DESCRIPTION DE L'AFRIQUE 57

Numidie ; et sont divisez en six parties, là où il ne se trouve homme qui ne soyt vaillant, hardy aux armes et plein de grande noblesse, se tenans en bon equipage, au moyen de quoy, ils ont tous bonne provision du roy de Thunis et acomplissent le nombre de cinq mille chevaux.

Suaid tiennent les deserts lesquels prennent leur etendue vers le royaume de Tenes, gens de grande reputation, possedans un grand et tresample domaine, et provisionnez du roy de Telensin. Ils sont de grand cœur, vaillans et bien equipez de tout ce qui leur est necessaire. — Suaid.

Afgeh (Aouadjèh) sont soubs la puissance de plusieurs Arabes, et en y a beaucoup d'entre eux qui habitent en Garit, avec le peuple Hemram [1]. Il y en a une autre partie laquelle habite avec les Arabes de Ducale, en un lieu prochain de Azefi. — Afgeh.

Elcherit habitent en plaine de Heha, en compagnie de Saidima, se faisant rendre tribut du peuple de Heha ; mais ceux-cy sont piètres et qui se tiennent mal en ordre. — Elcherit.

Enedr habitent aussi en la plaine de Heha, tous les Arabes de laquelle peuvent mettre sus environ quatre mille chevaux, mais fort mal harnachez. — Enear.

Garsa habitent en divers lieux sans chef, ny con- — Garsa.

---

1. Le peuple de Hemran est la tribu des Amarna, عمارنة, dont l'aïeul est Amran; ils se rattachent aux Doui Mançour ou Benou Mançour ibn Mohammed. Les descendants d'Amran et de Monebba s'appellent collectivement Ahlaf (les confédérés) (Ibn Khaldoun, p. 125).

ducteur, estans meslez et dispersez parmy les autres peuples de Manebba et Hemram. Ceux-cy transportent les dates de Segelmesse au royaume de Fez, et de là rapportent les vituailles necessaires pour les mener à Segelmesse.

De Mahchil peuple, les habitations et nombre d'iceluy.

De l'agilité des hommes à pied de ce païs contre ceux de cheval.

Ruche, lignée de Mastar[1], habite aux confins des deserts qui sont auprès Dedes[2] et Farcala, lesquels sont pauvres, pour ce qu'ils ont petit domaine ; mais cela n'empeche en rien qu'ils ne soient fort vaillans et hardis, combatans à pied, tellement qu'ils reputent à grand blame et deshonneur qu'un homme à pied se deigne bouger pour deux estans à cheval. Et n'y a celuy tant soyt il lache et mauvais chemineur, qui ne suive bien de près quel cheval que ce soit, combien qu'il fust question de faire un long voyage. Ils peuvent faire environ cinq cens chevaux et huit mille hommes de pied, tous suffisans pour manier les armes.

1. Au lieu de Ruche, lignée de Mastar, il faut lire Roqaïat fils de Moukhtar. Mohammed fils de Makil eut cinq fils : Moukhtar, Mançour, Djelal, Salem et Osman. Les familles qui en sont descendues s'appellent collectivement Rocaïat et vivent en nomades avec les Doui Hassan (Ibn Khaldoun, *Histoire des Berbères*, t. I, p. 119).

2. Léon l'Africain donne plus loin, au livre II, des détails sur la montagne et le district des Dedes.

Selim habitent auprès du fleuve Dara, errans par le desert auquel ils possedent de grandes richesses ; puis s'acheminent avec leurs marchandises au royaume de Tombut, estans fort favoris du roy, et ont de grandes seigneuries avec amples possessions en Derha, et un grand nombre de chameaux. Ils peuvent faire quatre mille chevaux.

<small>Selim.</small>

Elhasim habitent auprès de la mer Oceane aux confins de Messe, et peuvent estre environ cinq cens chevaux. Ce sont gens qui se tiennent tresmal en ordre, une partie desquels habite en Azgar. Ceux de Messe sont en liberté, mais les habitans de Azgar sont soubs la puissance du roy de Fez.

<small>Elhasim.</small>

Chinana habitent avec le peuple de Elchaluth, estans subjetz au mesme roy de Fez ; et sont gens fort robustes et de belle taille, pouvans faire deux mille chevaux.

<small>Chinana.</small>

Deuihessen se divisent en Duleim, Burbus, Vodei, Deuimansor et Deuihubeidula.

<small>Deuihessen. Duleim.</small>

Duleim habitent au desert de Libie avec le peuple Zanaga, nation d'Afrique : et n'ont là aucun domaine, ny revenu, à cause dequoy, ils sont reduitz à une extreme pauvreté, qui les contraint à devenir larrons. Ils s'acheminent quelque foys à la region de Dara, pour faire echange de leur bestes avec des dates. Ils vont mal vestus et sont environ dix mille personnes, dont il y en a quatre cens à cheval, et le reste à pied.

Burbus habitent au desert de Libie, qui est vers

<small>Burbus.</small>

la province de Sus, estans tous pauvres et coquins, et en grand nombre, toutes foys ils ont force chameaux. Vray est il qu'ils possedent la seigneurie de Tesset; mais le revenu d'icelle n'est pas suffisant pour entretenir les fers aux pieds à ce peu de chevaux qu'ils ont.

Vodées. Les Vodées font leur residence aux deserts qui sont situez entre Guaden et Gualata, occupans le domaine des Guaden et encore retirent quelque tribut du seigneur de Gualata et de la terre des Negres. Ils sont une multitude quasi infinie, pour ce qu'on estime qu'ils excedent le nombre de soixante mille hommes de guerre ; mais ils sont fort necessiteux de chevaux.

Racmen. Racmen tiennent le desert prochain de Haha : possedans aussi des seigneuries et ont coutume d'aller yverner à Tesset pour leurs affaires. Ils sont environ deux mille combatans, mais ils se trouvent avoir petite quantité de chevaux.

Hanir. Hanir habitent au desert de Taganot[1]. La commune de Taganost leur donne quelque petite provision, et vont vagans par le desert jusques à Nun. Ils peuvent estre environ huit mille hommes de guerre.

---

1. A la leçon fautive de Taganot et de Taganost il faut substituer Tagavost. Tagavost est un grand entrepôt commercial du Sous el-Aqça situé sur le Noul. Selon Graeberg de Hemsoe, Tagavost est situé à dix milles de Sous et à soixante milles de la mer.

Déclaration du peuple de Deuimansor.

Dehemran, lignée de Deuimansor, habite aux deserts qui regardent à Segelmesse, tenant tout le desert de Libie, jusques à Ighid[1], et rendant les peuples de Segelmesse, Todga, Tebelbet et Dara, ses tributaires. Elle possede un grand pays qui produit les dates en quantité, tellement que ces peuples peuvent commodement tenir estat de grans seigneurs et vivre bien à leur aise; aussi ne sont-ils pas si despourveuz de sens, qu'ils ne se facent bien valoir, tenans une grande reputation et gravité, et peuvent faire environ troys mille chevaliers. Entre eux, se meslent plusieurs Arabes, hommes mecaniques, nourissans grande quantité de chevaux et betail, comme Garsa et Efgeh. Et y a une autre partie de ce peuple Dehemran, laquelle occupe la seigneurie de quelques terres et bourgades en Numidie, tenant jusques au desert de Fighig, et imposant sur ces terres gros subsides. Ceux icy viennent, en temps d'esté, demeurer en la province de Garet, aux confins de la Mauritanie, en la partie qui regarde devers Orient. Ce sont gens nobles, preus et vaillans, tellement que les roys de Fez ont quasi tous coutume de y prendre à femmes leurs filles, à cause de quoy ils leur sont parents et alliés.

Gens de reputation, puissans et riches par l'abondance des fruitz des dates.

1. « Iguidi (Ighid, ايغيد), est le nom de la principale habitation et Lemta celui des habitans de ce desert qui a au couchant Hayr et s'étend au levant jusqu'à Berdoa; au septentrion, il a les deserts de Tecort, de Guergoula et

62 HISTOIRE

Menebbe.

Menebbe habitent encore au mesme desert, possedans le domaine de Matgagara[1] et de Reteb, provinces en la region de Numidie, et sont semblablement braves hommes, lesquels ont quelque provision du roy de Segelmesse. Ils peuvent faire environ deux mille chevaux.

Husein.

Husein sont encore descendus du lignage de Deuimansor lesquels habitent entre les montagnes d'Atlas, et tiennent en main beaucoup de monts habitables, cités et chateaux qui leur furent donnés par les vice-roys de Marin, en recognoissance de la faveur et bon secours qu'ils leur avoyent preté, lorsqu'ils commencerent à regner. Le domaine de ceux-cy est entre le royaume de Fez et Segelmesse, dont le chef joint d'une cité nommée Garseluin. Ils peuvent aller par le desert d'Eddhra, avec ce qu'ils sont riches et courageux, et sont environ six mille chevaux. Il se trouve encore souventefoys des Arabes en leur compagnie, mais ils les tiennent en guise de vassaux.

Abulhusein.

Abulhusein habitent en une partie du desert d'Eddahra, là où ils tiennent peu de place : au moyen de quoy la plus grande partie d'iceux est reduite à telle extremité qu'ils ne sauroyent avoir la

de Gadamis et au midi ceux qui sont vis-à-vis de Cano au païs des Nègres » (*Description de l'Afrique, traduite du flamand d'O. Dapper*, Amsterdam, 1686, in-f°, p. 217).

1. « Les montagnes de Motagara sont à deux lieues de Tzar et peuplées de Berebères d'entre les Zenetes. C'est un pays de bois et de halliers où l'on voit plusieurs lions et en haut plusieurs fontaines. Il y a beaucoup de terres labourables qu'on arrose par des rigoles et dont l'on tire quantité de

puissance, ny trouver le moyen de se pouvoir maintenir au desert dans leurs pavillons. Il est bien vray que ceux qui habitent dans celuy de Libie ont drecé quelques petites cabanes de terre, mais ils sont journellement oppressez par la famine, supportans une perplexité extreme, pour laquelle encore augmenter, leur cruel destin les a reduits jusques à estre tributaires de leurs parens mesmes.

Du peuple de Deuihubeidulla.

Charrag est une partie du peuple de Deuihubeidulla, qui habite au desert de Benegomi et de Fighig, possedant de grandes terres en la Numidie, et avec ce, il est provisionné du roy de Telensin, lequel se travaille de jour en jour de le reduire en bonne et sainte vie, mais il se travaille en vain, car il est trop accoutumé au pillage et larrecin, ne laissant echaper personne de ceux qui tombent entre ses mains qu'ils ne soyent destroussez. Ils peuvent faire environ quatre mille chevaux, et transportent leurs habitations en temps d'esté aux confins de Telensin, près duquel habitent les Hedeges, en un desert qui est appellé Hangad[1], n'ayant domaine ny provision

---

blé et de lin : ajoutez à cela grand nombre d'oliviers et de vignes et force troupeaux de gros et menu bestial » (Marmol, *L'Afrique*, t. II, p. 137).

1. « Hangad est une grande campagne déserte et si sterile qu'il n'y a ni arbre ni eau particulièrement sur la route de Tremecen à Fez. C'est la partie la plus occidentale de cette province qui a vingt-huit lieues de long

aucune, mais le seul soutien et appuy de leur miserable vie est de brigander : et peuvent faire environ cinq cens chevaux.

Tehleb habitent en la plaine d'Elgezair, errans par le desert jusques à Tegdeat[1]. Sous leur domaine est la cité de Elgezair[2], et celle de Teddelles[3], mais, de notre temps, ces deux citez leur furent emblées par Barberousse qui se disoyt roy. Alors le peuple de Tehleb, noble, vaillant, et qui pouvoit beaucoup, fut detruit, et y furent occis environ troys mille hommes à cheval.

Elgezair et Teddeles occupées par Barberousse.

Gehoan n'habitent tous ensemble, mais separez : dont une partie demeure avec les Garages, et l'autre avec les Hedeges auxquels ils sont assubjetis, comme leurs vassaux, ce qu'ils supportent bien et patiemment.

Gehoan.

Maintenant je veux vous donner à entendre et

---

sur dix-huit de large... Il y a quantité d'Arabes errans dont le metier est de voler sur les grands chemins » (Marmol, *L'Afrique*, t. II, p. 321).

1. Les Thaleba forment une tribu sœur des Obeïd Allah et descendent de Thaleb ibn Aly ben Megguen ben Sokil. Ce Megguen était frère d'Obeïd Allah ibn Sokil, aïeul des Doui Obeïd Allah. Ils ont maintenant leur demeure dans la plaine de la Metidja près d'Alger, mais, auparavant, ils avaient habité Titeri, région occupée à présent par les Hussein (Ibn Khaldoun, t. I. p. 123).

2. Elgezair est le nom de la ville d'Alger.

3. « Tedellez est la dernière ville de la province d'Alger du costé de l'Orient. Elle a esté bâtie par ceux du pays sur la coste de la mer Mediterranée à dix lieuës d'Alger. Elle est fermée de bonnes murailles, mais les maisons y sont méchantes Il y a plus de mille feux et un chasteau où demeure le commandant establi par le gouverneur d'Alger d'où cette ville dépend » (Marmol, *L'Afrique*, t. II, pp. 109-410).

faire savoir que les deux premiers peuples, Cachim et Hilel, sont Arabes de l'Arabie deserte, qui descendent et prennent leur origine d'Ismaël, fils d'Abraham ; et le troysieme (c'est assavoir Mahchil), est de l'heureuse Arabie, sortant de l'origine de Saba, la noblesse desquels (comme beaucoup de Mahommetans l'estiment) est inferieure et moindre que celle des Ismaelites. Et pour ce qu'ils ont voulu determiner ce different par armes, assavoir lequel des deux lignages devoit estre preferé et aller devant en noblesse, ils ont combatu longuement sur cela, et pendant leur combat, il est avenu que tant d'une part que d'autre, ont esté composez quelques dialogues en vers, par lesquels chacun s'employoit à exprimer et rememorer en beau langage les vertus et coutumes honnorables de son peuple. Et fault encore entendre que les anciens Arabes, lesquels furent devant la naissance des fils d'Ismael, sont par les historiographes Africans appelez Arabi Ariba, c'est-à-dire Arabes Arabesques ; et ceux qui descendent de l'origine d'Ismael sont nommez Arabi Mustahraba, qui signifie autant comme en notre vulgaire Arabes d'accident, pour ce qu'ils ne sont pas Arabes naturelz. Ceux qui allerent depuis habiter en Afrique s'appellent Arabi Mustehgeme[1], qui

Les peuples Cachim et Hilel sortiz de l'Arabie deserte, sont descenduz de Abraham et Mahchil de l'Arabie heureuse, de Saba.

---

1. Le peuple arabe a formé quatre grandes races, les Ariba, les Moustariba, les Tabi'a l'il-Arab et les Mousta'djem. « La langue arabe telle qu'on la parlait dans la tribu de Modar et qui, dans le Coran, offre une excellence de style qu'aucun effort humain ne saurait atteindre, s'est corrompue chez

signifie Arabes barbarisez, pource qu'ils avoyent fait leur demeurance avec un peuple etranger, jusques à temps que corrompans leur langage, changerent de coutumes, de meurs et maniere de vivre; au moyen de quoy, ils se rendirent tous barbares. Voilà tout ce que j'ay peu retenir touchant les lignages et divisions des Africans et Arabes par l'espace de dix ans, que je n'ay leu, ny veu aucun livre, auquel fust contenuë quelqu'une de leurs histoires. Et s'il y a d'aventure quelqu'un qui soyt curieux d'en ouyr davantage, et en estre plus amplement acertené, il pourra trouver le surplus dans les œuvres de Hibnu (Ibn Erraqiq), duquel j'ay cy dessus parlé.

Coutume et maniere de vivre des Africans, qui demeurent au desert de Libie.

<small>Quelz peuples sont les Numides.</small>

Les cinq peuples, c'est assavoir Zenaga, Guenziga, Terga, Lemta et Berdeux (Berdoua), sont par les Latins appellez Numidi, lesquels se gouvernent tous par une mesme façon de vivre, et sans regle ny raison aucune, et usent pour leur habit d'un drap de grosse laine avec lequel ils couvrent la moindre partie

<small>les Arabes de nos jours. Ils en ont altéré les inflexions grammaticales, en se laissant aller aux solécismes, bien que, dans l'origine, ils eussent employé les formes correctes. Ces altérations étant des solécismes (*adjema*), ceux qui se les permettent méritent l'appellation d'*Arabes Moustadjem* (barbarisants) » (Ibn Khaldoun, *Histoire des Berbères*, t. I, p. 7).</small>

de leur personne. Avec ce, aucuns ont coutume de porter sus la teste ou à l'environ, une bande de toile noire, quasi en la sorte d'un turban. Les plus gros et principaux, pour estre differens aux autres, portent sus eux de grandes chemises, avec les manches larges, tissues de fil azuré et de cotton qui sont apportées par les marchans qui viennent de la terre Negre.

Ils n'usent d'autres montures que de chameaux, et chevauchent sus certaines selles qu'ils posent entre le relief du dos et le col de ces chameaux. Vous asseurant qu'il les fait fort bon voir quand ils chevauchent, pour ce que, quelques foys, ilz entrelassent leurs jambes et puis les etendent sus le col du chameau et, encore d'autresfois, mettent le pied en certaines estases sans etriez, usans en lieu d'eperon d'un fer, lequel est enté en une piece de boys de la longueur d'une coudée; mais ils n'en piquent le chameau en autre part que aux epaules. Les chameaux qui sont faitz à chevaucher ont tous le nez percé, en la maniere d'aucuns beufles qui sont en Italie et, au lieu qu'est percé, font passer un chevestre de cuir avec lequel ils font voltiger et bondir iceux chameaux, comme on fait autrepart les chevaux avec la bride et le mors[1]. A leur dormir, ils ont

Chameaux à chevaucher.

Chameaux ayant le nez percé.

---

1. L'éducation des chameaux forme leur principale occupation : ces animaux fournissent à leur subsistance et servent aussi à les porter eux et leurs bagages. On ne trouve que très peu de chevaux chez eux, mais ils ont pour monture une espèce de chameau très actif qu'ils appellent *nodjab*. Quand une guerre éclate entre ces peuples, ils combattent montés sur des chameaux.

quelques joncades fort subtiles et faites sans art, sur lesquelles ilz prennent leur repos et sont faits leurs pavillons de peaux de chameaux et de laines que produit le datier entre ses rameaux. Quant au manger, autre que celuy qui s'y est trouvé en presence ne se sauroyt persuader la grande patience qu'ils ont à endurer la faim, car ils n'ont pas accoutumé de manger du pain, ny viande assaisonnée en aucune sorte, mais ils prennent leur refection du laict de leurs chameaux, duquel ils boivent tous les matins une grande tasse ainsi chaut comme ils le tirent, et puis le soir, se passent legerement à leur souper avec un peu de chair seiche et bouillie dans du laict et du beurre ; laquelle n'est pas plus tost mise devant eux, que chacun en arrache ce qu'il en peut avoir et l'ayant mangée, hument quelque brouët dans lequel, par faute de cuilier, ils patrouillent et y lavent leurs mains. Cela faict, ils boivent une tassée de laict, qui leur sert pour le dernier mets de leur souper et pour yssue de table, n'ayant autrement grand soucy d'avoir de l'eau, pourveu que le laict ne leur faille, et mesmement, quand c'est au printemps, durant lequel il s'en trouve entre eux qui ne se sont lavez les mains, encore moins le visage. Et cela avient pour ce qu'ils ne vont pas en cette saison à la campagne là où est l'eau, ayant, (comme il a esté dit), du laict pour etancher

Laine entre les branches des arbres.

Laict de chameaux pour refection.

L'allure des nodjab est un amble qui approche du galop (Ibn Khaldoun, t. II, p. 105).

leur soif et pour autant aussi que les chameaux n'endurent nullement la soif, tandis qu'ils mangent des herbes; au moyen de quoy, l'eau ne leur est pas fort necessaire.

Tout l'exercice auquel ils s'adonnent durant leur vie est employé ou à la chasse, ou bien à embler les chameaux de leurs ennemys, sans s'arreter jamais en un mesme lieu, plus haut de troys ou quatre jours, qui est tant que les chameaux ayent consomé l'herbe qui se trouve là [1].

Ceux encore desquels nous avons parlé qui ne cognoissent ny regle, ny raison, ne laissent pas pourtant d'avoir un prince entre eux, qui leur est comme roy, luy portant tel honneur et reverence que sa grandeur le requiert. L'ignorance de ce peuple icy est fort grande, car il vit sans avoir aucune cognoissance des lettres et moins d'art ou de vertu, vous asseurant que, à bien grand peine, se pourra trouver entre tant de gens un seul juge pour faire droit et administrer justice à un chacun; de sorte que s'il y a aucun qui soyt contraint par quelque debat, ou auquel on ait fait quelque tort ou injure, pour aller

Africans du desert de Libie sans justice.

---

1. « Les Arabes du Désert, rapporte Ibn Khaldoun, et surtout les Beni Said, peuplade nomade qui fait partie de la tribu des Riah, envahissent de temps à autre les contrées appartenant aux porteurs du *litham* et s'en retournent au plus vite après avoir pillé tout ce qui se trouve sur leur passage. Alors, l'alarme se répand dans les campagnes, l'on monte ses chameaux, l'on court occuper les endroits où les ravisseurs doivent s'arrêter pour prendre de l'eau et, presque toujours, on les atteint avant qu'ils puissent rentrer chez eux » (*Histoire des Berbères*, t. II, p. 105).

se plaindre en justice, il luy faut aller trouver le juge bien cinq ou six journées de là. La raison est pour ce que personne d'entre eux n'applique son esprit aux bonnes lettres, n'ayant aucune envie de sortir de leur desert pour etudier, ny aprendre. Et mal voulentiers veulent venir les juges entre telle canaille, pour ne pouvoir comporter bonnement leur sottise et brutale maniere de vivre. Mais, ceux qui s'y veulent acheminer pour les instruire, sont bien recompancés, recevant chacun d'eux par an, mille ducats, aucune foys plus ou moins, selon qu'ils sont estimez suffisans et capables pour exercer entre ce peuple un tel office.

Maniere d'accoustrement des gentilhommes de Afrique.

Les gentilhommes du païs portent en teste (comme j'ay desjà dit), un linge noir, avec partie duquel ils se couvrent le visage, cachant toutes les parties d'iceluy, horsmis les yeux et vont ainsi acoutrez journellement. Parquoy leur venant envie de manger, toutes les foys qu'ils portent le morceau en la bouche, ils la decouvrent, puis soudainement la retournent couvrir ; allegans pour leur raison touchant cette etrange nouveauté, que tout ainsi que c'est grand vitupere à l'homme de jeter la viande hors du corps, le semblable est de la mettre dedans, à la veuë d'un chacun.

Leurs femmes sont fort charnues, mais aucunement brunes, ayans les parties de derriere fort pleines et mouffletées, semblablement l'estomac et les mammelles et estant de gentil corsage et fort plaisantes, tant en parler comme à se laisser toucher et manier, voire que quelque foys elles permettent bien, par courtoisie, d'estre baisées; mais il est tresdangereux de s'avancer plus outre, pour ce que leurs maris, par semblables occasions irritez, se tuent les uns avec les autres, sans mercy aucune. Car ils ne peuvent dissimuler, en sorte que ce soyt, le regret qu'ils ont quand ils s'aperçoivent estre ainsi vilainement outragez, car pour chose du monde, ils ne voudroient porter les cornes. Ils se delectent merveilleusement à se faire cognoitre liberaux, combien que (à cause de la grande secheresse), peu de gens passent par leurs pavillons, joint aussi qu'ils n'habitent sur les grands chemins. Mais les voituriers qui traversent leurs deserts sont tenus de payer quelque gabelle à leurs princes, laquelle est un petit drap ou linge pour chacune charge qui peut monter jusques à la valeur d'un ducat.

Il n'a pas longtemps que j'y passay avec la caravanne et estans parvenus sus la plaine d'Araoan[1], le prince des Zanaga nous vint à l'encontre, acompagné de cinq cens hommes tous montés sur chameaux, auxquels ayant delivré ce qui estoit deu de gabelle à leur seigneur, toute la compagnie fut par lui invitée de se transporter jusques en ses pavillons et là sejourner trois ou quatre jours pour se rafrechir et reposer. Mais pour autant que ses pavillons estoyent

Caravanne qui est une maniere de charz trainez par chameaux.

---

1. Le désert de Araoan s'étend à cent cinquante milles de Tinbouktou sur une superficie de deux cents milles. On ne trouve d'eau que celle qui est fournie par deux puits qui se trouvent à ses extrêmes limites.

hors du chemin par l'espace de octante milles, et noz chameaux trop chargés, les marchans refuserent cette offre le plus honnestement qu'ils peurent. Ce que voyant le prince, pour nous donner meilleure occasion et commodité de demeurer, ordonna que la caravanne avec les chameaux passeroyent outre, suivant leur route et que les marchans s'en viendroyent loger avec luy en ses pavillons, auquels nous ne fumes pas plus tot arrivez, que le bon seigneur feit tuer grande quantité de chameaux jeunes et vieux, avec autant de moutons et quelques autruches qu'ils avoyent prinses par le chemin. Mais les marchans luy firent entendre qu'on ne doit point tuer de chameaux et qu'outre ce, ils n'avoyent accoutumé, mesmement en presence d'autruy, de manger chair de mouton; à quoy il feit responce, qu'entre eux, cela estoyt reputé à grand'honte de faire leurs banquets de petits animaux et specialement pour nous autres etrangers, qui n'avions jamais esté en leurs pavillons. Ce que par les marchans entendu, nous ne feimes plus difficulté de manger ce qui nous estoit presenté et mis au devant. Le banquet fut fait de chairs roties, bouillies, les autruches roties et servies à table taillées, avec des herbes et quantité d'espices de la terre Negre. Le pain estoit fait de millet et graine de navette fort bien pilée. Pour yssue de table, on servit force dates et grans vases pleins de laict. Et pour rendre ce festin encore plus somptueux et recommandable, le seigneur y voulut estre en pre-

Chameaux et autruches aprestez pour viande.

sence, accompagné de quelques-uns de ses parens et plus nobles de sa compagnie, mais ils mangerent separez de nous autres. Il fit encore assister aucuns religieux et toutes les gens de lettres, qu'il avoit avec luy, lesquels, durant le festin, ne toucherent aucunement le pain, mais se repeurent seulement de laict et de chair qu'on avoit servy devant eux. Or, ayant prins garde le prince à noz manieres de faire, et que nous estions etonnés grandement de voir une telle nouveauté, se print à nous dire, avec un gracieux parler, que ceux lesquels s'abstenoyent de toucher au pain, estoyent nés aux deserts qui ne produisent aucuns grains et que, pour cette cause, ils ne goutoyent que de ce qui croissoit aux lieux de leur naissance, faisant provision, chacune année, de grain seulement pour honnorer et recevoir amyablement les etrangers. Mais que les jours des festes solennelles, ils avoyent coutume de se reserver, comme aux jours de Pasques et des sacrifices, pour manger de pain et s'en rasasier. Tant y a qu'il nous retint en ses pavillons par l'espace de deux jours, pendant lesquels il ne cessa jamais de nous entretenir humainement et montrer grand signe de amitié. Le tiers jour, nous prismes congé de luy; mais il voulut luy mesmes accompagner les marchans jusques au lieu où ils estoyent attendus par la caravanne. Vous asseurant veritablement que le pris des bestes qu'il avoyt fait tuer pour nous bien recevoir et traiter, excedoit de beaucoup, et sans comparaison, la valeur de la gabelle qu'il se

<small>Religieux et gens de lettres du desert de Libie ne mangent point de pain.</small>

<small>Grand courtoisie d'un des princes d'Afrique au desert.</small>

feit payer. Et pouvoit-on facilement juger à son gracieux parler et à ses effetz pleins d'humanité naïve, qu'il estoit autant accompagné de noblesse, comme il s'estoit montré envers nous courtoys et liberal, combien que son langage ne nous fut moins incogneu que le notre lui sembloit etrange. Mais cette difficulté estoit par le moyen d'un truchement eclarcie, de sorte que chacun de son coté pouvoit comprendre le sens de ce qui se disoyt. La vie, mœurs et coutumes des autres quatre peuples qui sont ecartez par les deserts de Numidie ne different en rien à la façon de vivre qui vous a esté recitée de ce peuple icy.

De la maniere de vivre et coutume des Arabes habitans en Afrique.

Tout ainsi que les Arabes habitent en divers lieux, semblablement, ils ont diverses mœurs et differentes coutumes de vivre. Donques ceux qui demeurent entre Numidie et Libie vivent fort miserablement et sont attains de grande pauvreté, ne differans en aucune chose aux peuples susnommez qui font leur residence en Libie ; mais ils ont plus de jugement et meilleur esprit, veu qu'ils trafiquent et exercent le train de marchandise en la terre des Negres, là où ils troquent leurs chameaux, et tiennent des chevaux en grande quantité, qu'on appelle en Europe chevaux barbares, s'adonnans journellement à la chasse des cerfs, daims, autruches et autres animaux.

Et fault bien noter que la plus grande partie des Arabes qui sont en Numidie sont rimeurs qui composent de beaux chants, là où ils decrivent leurs combats avecques la maniere de chasser et les passions d'amour, d'une si grande grace et faconde, que c'est merveille. Et font leurs compositions en vers et mesures à la mode des vulgaires d'Italie, comme stances et sonnetz. Ce sont gens fort enclins à la liberalité, mais le moyen deffault à la bonne volonté, ne pouvans se montrer courtoys ny maintenir leur reputation comme ils en ont bien l'envie, pour ce que, dans ces deserts, ils se trouvent mal fournis de toutes choses. Ils vont vestus à la mode des Numides, sinon que leurs femmes retiennent quelque difference d'entre celles de Numidie.

Les deserts auxquels ces Arabes icy font leur demeurance estoyent premierement occupez par les peuples d'Afrique, là où estant passée cette generation de Arabes, dechassa avec armes les Numides, elisant pour sa demeurance les terres et païs prochains de ceux qui produisent les datiers, et les Numides allerent demeurer aux deserts qui confinent avec la terre Noire. Les Arabes habitans dans l'Afrique, c'est assavoir entre le mont Atlas et la mer Mediterranée, sont mieux et en plus grandes richesses que les autres; de quoy rendent assez ample tesmoignage leurs somptueux ornemens, superbes harnoys

Chevaux barbares.

Arabes déchacent les Numides, et occupent leur païs.

des chevaux et l'admirable valeur de leurs magnifiques pavillons. Ils ont encore des chevaux de plus belle taille, mais ils ne sont pas si legers à la course, comme ceux du desert.

Ces Arabes font bien et diligemment cultiver leurs terres, tellement qu'ils en retirent des grains en grande abondance, joint aussi qu'ils ont de beufs et brebis un nombre quasy infiny à cause de quoy il ne leur tourneroyt à profit de s'arreter tousjours en un meme lieu, pour autant qu'un seul endroit de païs ne seroyt pas suffisant (encor qu'il fust bien fertile) à porter pasture pour une si grande multitude de betail. Ils ont une façon de faire qui est vile et mecanique, laquelle les rend plus barbares que ceux du desert; mais nonobstant cela, ils sont fort liberaux et une partie de ceux qui habitent au royaume de Fez est subjette au roy. Il fut un temps que ceux lesquels demeurent tout autour du royaume de Maroc et de Ducale, vivoyent exemps de tribuz et se maintindrent en cette sorte jusques à ce que les Portugalois usurperent le domaine d'Azafi et Azemor[1]. A cette heure-là com-

---

1. Le roi de Portugal, Dom Manuel, profitant de la discorde qui régnait entre Sid Yahia Ibn Tafout et Sid Aly, donna l'ordre au gouverneur de Mazagan et à l'amiral Dom Garcia de Mello de se rendre maître de Safy. Ces deux généraux s'emparèrent de cette ville en 1508. Le Chérif de Maroc tenta de la reprendre trois ans plus tard, mais ses attaques furent repoussées. Les revenus de cette place ne compensant pas les dépenses qu'entraînait sa possession, le roi de Portugal en retira ses troupes en 1541, après avoir embarqué son artillerie et rasé ses fortifications.

Une armée commandée par le duc de Bragance, neveu du roi Dom Ma-

mencerent à se formaliser et bander les uns contre les autres, qui donna grande commodité et moyen au roy de Fez et de Portugal de ruiner et l'une et l'autre partie, avec ce qu'une grande famine survint de ce temps-là en Afrique qui les oppressa et mit tellement au bas, que les miserables Arabes passerent volontairement et de leur bon gré au royaume de Portugal, se reputans bien heureux, quand quelqu'un de entre eux les daignoit recevoir pour esclaves, en leur donnant de quoy ils peussent dechasser la famine qui journellement les molestoyt, et par ce moyen et en mesme temps, Ducale fut delivré de ceux icy. Mais les autres qui possedent les deserts prochains du royaume de Telensin et ceux qui confinent à Thunis ensuivent la façon de faire leurs seigneurs, un chacun desquels a tresbonne et ample provision du roy et icelle distribue à son peuple, pour eviter tous discors et dangers qui en pourroyent survenir et pour les maintenir en bonne paix et amytié. Ceux-cy ont merveilleusement bonne grace à se tenir bien en ordre et maintenir leurs chevaux en bon point et equipage, ayans coustume

Arabes esclaves à ceux qui leur donnent à vivre.

nuel, débarqua à Mazagan et marcha sur Azamor le 29 août 1513. Les musulmans évacuèrent la ville le 2 septembre. Les Portugais restèrent maîtres d'Azamor jusqu'en 1541 et ils évacuèrent cette ville en même temps de Safy. Cf. J. Osorius, *Hitoire du Portugal contenant les entreprises, navigations et gestes mémorables des Portugallois, etc., nouvellement mise en françois par S. G. S.* (Simon Goulard Senlisien), Paris, 1587, pp. 133 et suiv, et 159 et 160; Marmol, *L'Afrique*, t. I, pp. 79 et suiv., et t. II, pp. 92 et suiv.

d'aller querir en temps d'esté leur provision jusques aux confins de Thunis, là où ils se fournissent pour tout le moys d'octobre de tout ce qu'ils savent leur estre necessaire, comme de vivres, de draps et d'armes; puis, se mettent au retour à la route des deserts, là où ils sejournent tandis que l'yver dure : passé l'yver et le printemps revenu, ils vont à la chasse, avec chiens et oyseaux après toute espece de sauvagine. Et ay plusieurs foys esté avec eux là où je me suis aidé de plusieurs choses, ayant trouvé leurs pavillons, (qui sont d'assez bonne grandeur), mieux fournis de draps, d'archal, fer, cuivre, que ne sont plusieurs bonnes boutiques dans les grosses cités mesme. Si est-ce qu'il ne fait pas bon se fier de ces preud'hommes, pour ce qu'ils sont merveilleusesement enclins à derober et brigander. Au reste, vous les trouverez amyables, courtoys et traitables. Ils tiennent grand compte et admirent fort la poesie, à laquelle s'adonnans, ils composent des carmes le plus souvent enrichis de parfaite elegance, combien que leur langue soit en beaucoup d'endrois corrompue, et un poete tant peu soit-il entre eux renommé, est fort bien venu devant leurs seigneurs, lesquels, pour le plaisir qu'ils reçoivent de leurs vers, les recompensent largement. Vous asseurant que ce me seroyt chose impossible de vous pouvoir exprimer la grande grace qu'ils ont en leurs carmes.

Accoutrement des femmes d'Afrique. Leurs femmes se tiennent fort bien en ordre selon le païs, usans pour leurs habits de certaines chemises noires, avec les manches larges, sur lesquelles elles portent un linceul de mesme couleur ou bien azuré qui les environne et l'attachent en telle sorte que, rebracé sus leurs epaules deçà et delà, est crocheté avec certaines boucles d'argent faites assez industrieusement et portent aux oreilles plusieurs anneaux d'argent et aux doits semblablement ; puis avec aucuns petis cercles, s'entortillent les jambes avec le talon, comme c'est la coutume des Africans. Elles portent encore aucuns voiles sur le visage, lesquelz sont percez au droit des yeux et venant à apercevoir aucun qui ne leur soit parent, incontinent avec iceluy se couvrent le visage sans faire autre semblant. Mais s'il avient d'aventure qu'elles se trouvent en chemin devant leurs maris ou parens, tousjours tiennent le voile haucé.

Et quand les Arabes se veulent transporter d'un lieu en autre, ils mettent leurs femmes sus des chameaux, assises sus selles toutes propices qui sont faites en mode de paniers, mais couvertes de tresbeaux tapis et si petis, qu'il n'y a lieu que pour une femme seule. Le jour qu'il leur fault combatre, ils les menent avec eux expressement pour leur reconfort et affin qu'ils soyent moins craintifs. Elles ont encore cette coutume avant que venir au mary, de se peindre la face, l'estomac, les bras et les mains, reputans cela estre fort gentil et plaisant, ce qu'elles ont retenu des Arabes Africans du temps qu'ils vindrent habiter parmy ceux-cy, car ils ne savoyent

Des femmes d'Afrique et comme elles se fardent.

que c'estoyt auparavant. Mais cette façon de faire n'a trouvé lieu entre les nobles et citoyens de la Barbarie, ains les femmes d'iceux prennent plaisir à maintenir seulement le teint que nature leur a donné. Vray est que par foys, elles prennent certains fards composés avec fumée de gale et saffran, de quoy se teignant la moitié de la jouë s'y forme un rond en maniere d'un ducat, puis, entre les sourcils, tracent une figure en triangle et sus le menton, je ne sçay quoy, resemblant à une feuille d'olive, et d'autres encore se teignent les sourcils entierement. Et pour autant que cette coutume est louée par les Arabes et nobles, elles l'estiment de fort bonne grace et gentille. Mais elles ne portent cette espece de fard plus hault de deux ou troys jours, pour ce qu'elles n'oseroyent comparoir, ny se presenter devant leurs parens ainsi atournées, ains seulement devant leurs enfans et maris, à cause qu'elles ne tendent pas cela à autre fin qu'à provoquer les hommes à lasciveté et paillardise, leur semblant, se teignant en cette sorte, que leurs graces et beautés en reçoivent un plus grand lustre.

Des Arabes qui habitent aux deserts qui sont entre la Barbarie et l'Egipte.

Ceux cy meinent une tresmiserable vie et calamiteuse, pour autant que les païs auquels ils habitent sont aspres et steriles, là où ils nourrissent les brebis, mais pour le peu d'herbe qui y croist, ils en font petit profit. Et en tant que se peut etendre la longueur des campagnes, il n'y a aucun lieu là où quelque grain que ce soyt y puisse profiter après y avoir esté semé, fors en quelques petites villettes et places en maniere de bourgades qui se trouvent parmy ces deserts, là où y a aucuns petits clos de datiers, et là peut on bien semer du grain, mais en si petite quantité, que cela se peut quasi appeler rien, qui fait, que ceux qui demeurent en ces bourgades sont continuellement par ces Arabes molestés et combien qu'ils soyent coutumiers de trocquer quelque foys leurs brebis et chameaux avec leurs grains et dates. Neanmoins, ce qu'ils en rapportent est si peu de chose qu'il n'est suffisant à substanter une si grande multitude de personnes. A cause de quoy, il avient que l'on trouve, en tout temps, beaucoup d'enfans de ces Arabes entre les Siciliens, qui leur sont delaissez en gages pour les grains que les pouvres gens prennent à credit, soubs telle condition, que s'ils ne restituent à leurs crediteurs la somme des deniers dont ils leur sont redevables, les enfans delaissez sont detenus esclaves; pour lesquels racheter, il faudroit consigner troys foys autant que le principal monte, de sorte que les peres sont contrains de les laisser en cette miserable servitude. Et de là vient que ces Arabes sont les plus dangereus et terribles voleurs qui soyent sous le ciel, lesquels après avoir

Les Arabes donnent leurs enfans en gage aux Siciliens pour les grains qu'ils prennent à credit.

mis à blanc les etrangers qui tombent en leurs mains et leur avoir volé tout ce de quoy ils les ont trouvés saisis, les vendent aux Siciliens; ayans si bien decrié la riviere de la mer qui environne le desert auquel ils font leur demeurance, par leurs voleries et larrecins, que depuis cent ans en çà, il n'y a passé marchans ny voyturiers, et s'il avenoit que la necessité contraignist quelques-uns d'y passer, ilz ont coutume de s'acheminer par terre ferme, loing de la marine environ cinq cens milles. Ainsi qu'une foys que je vouloys fuyr le danger de leurs ravissantes mains, j'erray par toute cette riviere avec troys vaisseaux de marchans : mais, ils ne nous eurent pas plus tost decouvers, qu'ils vindrent à grande course au port, faisans semblant que leur vouloir estoit de trocquer avec nous aucunes choses dont nous ne recevrions petit profit. Mais eux estans ainsi suspects, personne de nous ne voulut prendre terre que premierement ils n'eussent consigné quelqu'un de leurs enfans entre nos mains; ce qu'ayans fait, nous achetames d'eux des moutons et du beurre, puis soudainement, nous rembarquames et feimes voile, craignans, pour si peu que nous eussions sejourné, d'estre surprins par les coursaires et pyrates de Rhodes et de Sicile. Tant y a qu'ils sont tous difformes, mal vetus, maigres et deffaits pour l'extreme famine qui les moleste, voire et si aspre qu'il semble à veoir que, de tout temps, la malediction de Dieu veuille demeurer sus cette damnable et perverse generation sans jamais s'en departir.

De Soava (assavoir ceux qui pasturent les brebis), nation Africane et qui ensuit la façon de vivre des Arabes[1].

Il y a beaucoup de generations en Afrique, qui s'adonnent à gouverner les bœufs et pasturer les brebis, dont la plus grande partie habite au pied du mont Atlas et dans la montagne mesme. Et quelle que part qu'elles soyent, tousjours demeurent tributaires au roy ou aux Arabes. J'en excepte ceux qui demeurent en Temesne, lesquels sont libres et fort puissans en terre et seigneuries. Ils parlent le langage African et aucuns pour estre prochains des Arabes et pour la continuelle conversation qu'ils ont avec ceux qui demeurent aux campagnes de Urbs[2], aux confins de Thunis, retiennent la forme de la langue Arabesque. Un autre peuple y a qui reside là où confine Thunis avec le païs qui produit les dates, lequel plusieurs foys a bien osé entreprendre de mouvoir guerre contre le roy, comme il advint

---

1. Ce sont les Zaouwawah, زواوة, qui occupent la contrée comprise entre le Djurdjura et le Ouad-Sebaou et se répandent dans tout le Maghreb pour louer leurs services. (Capitaine Devaux, *Les Qabaïls du Djurdjura*, p. 245.)

2. « La ville d'Urbs est une colonie des Romains qu'on appeloit Turridis, située dans une belle plaine à dix-neuf ou vingt lieuës de Tunis vers le midy. On y voit encore de beaux restes de l'antiquité, des statues de marbre, des inscriptions latines sur les portes, des murs de pierre de taille carrée. Il y a un château près duquel passe un ruisseau dont les eaux qui sourdent à un quart de lieuë de là sont portées dans la ville au travers d'un canal bâti de pierres fort blanches » (O. Dapper, *Description de l'Afrique*, p. 196).

ces ans passez, que s'estant party le fils du roy de Constantine pour retirer les tributz de ce peuple icy, le chef d'iceluy qui s'estoit embuché avec deux mille chevaux assaillit ce jeune prince fort vivement, si bien que combatant d'un courage magnanime et de grande hardiessse de cœur, deffit sa compagnie tellement que, à la fin destitué de forces, finit miserablement ses jours. Cela fait, il se saisit de la depouille et s'en alla victorieux en l'an de l'Hegire neuf cens et quinze. Depuis cette deffaite, ce peuple commença à estre renommé et tenu en reputation, recevant les Arabes qui souloyent estre au service du roy de Thunis qui s'en estoyent fuys des lieux qu'il avoyt reduits soubs sa puissance : en sorte que les forces de ce chef sont tellement accruës, qu'il est tenu pour l'un des plus grans terriens qui soyent dedans l'Afrique.

Deffaite et mort du fils du roy de Thunis.

De la joy des anciens Africans.

Au temps passé, les Africans furent quasi tous entachez du peché de idolatrie, comme sont les Persiens qui adorent le feu et le soleil, elevans temples somptueux et superbes en l'honneur et reverence de l'un et l'autre, tenans un feu continuellement brulant; et de nuit, de peur qu'il vienne à s'etaindre, est soigneusement gardé, en cela imitans les Romains quant aux cerimonies de la deesse Vesta, ce qu'est amplement contenu aux histoires d'Afrique et de

Cerimonies des Africans.

Perse. Les Africans de Numidie et Libie souloyent adorer les planettes et à icelles devotement offrir et sacrifier. Aucuns des Noirs eurent en reverence Guighimo, qui vault autant à dire comme seigneur du ciel, sans avoir esté induits à cette bonne creance par docteur ny prophete aucun. Puis de là, à certain temps, receurent la loy et doctrine Judaïque qu'ils retindrent constamment, par long espace de temps, jusques à ce que plusieurs de leurs royaumes furent endoctrinez en la religion chretienne et s'entretindrent en icelle jusques au temps que la damnable secte Mahommetane commença à se divulguer en l'an de l'Hegire deux cens soixante et huit. A cette heure là, estans venus prescher en ces parties aucuns disciples de Mahommet, feirent tant par parolles deceptives et fauces exhortations, qu'ils attirerent les cœurs des Africans à leur mechante et satanique loi, tellement que tous les royaumes des Noirs qui confinent à la Libie, (laissans à part la religion chretienne), adhererent aux commandemens de Mahommet. Toutesfoys, il y a encore quelques royaumes ausquels se sont maintenus constans les habitans d'iceux, qui retiennent jusques à present la doctrine de Jesuchrist. Et ceux qui tenoyent la loy Judaïque furent totalement ruinez par les Chretiens et Africans. Ces autres qui habitent au plus près de la mer Oceane sont tous payens, servant aux idoles, lesquels ont esté veuz par les Portugalois qui ont encore pratiqué quelque foys avec eux.

Les Juifs ruinez par les Africans.

Les habitans de Barbarie demeurerent aussi par un long temps detenus en idolatrie, mais deux cens cinquante ans avant l'advenement du faus prophete Mahommet, ils receurent la loy evangelique, pour ce que cette partie où sont situées Thunis et Tripoly fut subjuguée par quelques seigneurs de la Pouille et Sicile et fut semblablement la riviere de Cesarie et Mauritanie gouvernée par les Gots. En ce temps-là aussi, plusieurs princes chretiens donnans lieu à cette fureur Gottique et abandonnans leurs propres contrées d'Italie tant douce et fertile, vindrent habiter aux terres prochaines de Cartage, là où ils drecerent puis après un domaine. Mais il fault entendre que ces Chretiens de Barbarie ne suivoyent en rien les statuts et ordonnances de l'Eglise romaine, ains observoyent les regles et adheroyent à la doctrine Arianne, et du nombre d'iceux estoyt saint Augustin. Or, du temps que les Arabes vindrent pour conquester la Barbarie, ils trouverent que ces Chretiens l'avoyent subjuguée, s'en estans desjà fait seigneurs : qui fut cause qu'il y eut entre eux de trescruelles et grandes batailles : mais à la fin, (comme c'estoyt le vouloir du Souverain Moteur), les Arabes se trouverent jouissant de la victoire, chassant hors les terres d'Afrique ces Arrians qui passerent les uns en Italie et les autres en Espagne. Mais après le deces de Mahommet, environ deux cens ans, la Barbarie se trouva quasi toute infectée de la secte d'iceluy. Vray est que souventefoys ces peuples se revolte-

Les Gots en Mauritanie.

Chretiens de Barbarie.

Les Arabes chassent les Arrians hors d'Afrique.

rent en delaissant cette doctrine malheureuse, mettans à mort leurs prestres et gouverneurs; neantmoins toutes les foys que cela parvenoyt aux oreilles des pontifes, ils y tenoyent mainforte, expedians de grandes armées pour marcher contre ces barbares; et entretindrent cela jusques au temps que les scismatiques arriverent en Barbarie, c'est assavoir ceux qui s'enfuirent de la main des pontifes de Bagaded. Parquoy, à l'heure, la loy de Mahommet asseura son fondement. Toutesfoys il y a toujours eu et sont demeurez entre eux beaucoup de doutes et heresies. Quant à la loy Mahommetique, mesmement aux choses qui sont de plus grande consequence et de la diversité qui est entre les Africans et ceux de l'Asie, je pense, (Dieu aydant), en parler plus amplement en une autre œuvre, apres avoir premierement donné fin à celuy-cy.

Lettres dont usent les Africans.

Les historiographes tiennent pour tout seur que les Arabes n'avoyent autre sorte de lettres que la Latine, disans que lors que l'Afrique fut par les Arabes subjuguée et mesmement la Barbarie, là où fut et est encore toute la civilité d'Afrique, qu'ils n'y trouverent autre espece de lettres que la Latine. Ils confessent bien que les Africans ont une langue propre et à eux particuliere, mais le plus souvent ils s'aident de la Latine, comme font les Alemans en Europe. Donc toutes les histoires que les Arabes tiennent des Africans ont esté traduites anciennement de la langue Latine, qui sont œuvres antiques, les unes escrites du temps des Arrians et les autres devant, dont les auteurs sont bien nommez, mais je n'en ay pas memoire; je pense que telles œuvres soyent fort prolixes, pour ce que les interpretes allegans souventefoys leurs autorités disent : telle chose est contenuë au septantieme livre. Il est vray que les œuvres susnommées ne furent par les Arabes traduites selon l'ordre des auteurs, mais prindrent le sommaire du nom des seigneurs et selon leur ordre compartirent les temps, les accordans avec ceux des roys de Perse ou de ceux des Assiriens, ou des Caldées ou d'Israël. Et lors que les scismatiques revindrent en Afrique, (ceux-là, dy-je, qui abandonnerent Bagaded), commanderent qu'on eut à bruler tous les livres ausquels estoyent contenues les histoires et sciences des Africans, pour ce qu'ils estoyent de cette opinion que ces livres estoyent occasion de tousjours maintenir et renouveler l'ancien orgueil et superbe acoutumée des Africans et que, par le moyen de la lecture d'iceux, ils ne vinssent à renier la loy de Mahommet. Quelques autres de nos historiographes soutiennent que les Africans avoyent lettres particulieres, mais apres que les Romains mirent le pied en Barbarie la sub-

On doute que ce ne soyent les livres de Tit-Live.

jugant, et par long temps apres que les Chretiens fuitifs d'Italie pour eviter la fureur Gottique, s'en emparerent et la dominerent; qu'alors ils laisserent perdre leurs lettres, pour ce qu'il est necessaire à tous ceux qui sont reduits soubs la puissance de quelqu'un, s'accommoder au vouloir de ceux qui leur peuvent commander, s'ils veulent acquerir leur grace et leur estre agreables, comme il est advenu aux Perses souz le domaine des Arabes, qui ont semblablement laissé aneantir leurs lettres et furent leurs livres tous brulés par le commandement des Mahommetans, qui estimoyent qu'en leur laissant tousjours ces livres où estoyent contenuës les mathematiques, les loix et foy des idoles entre leurs mains, qu'ils ne sauroyent estre bons, ny affectionnez disciples de Mahommet, et leurs livres brulés, les sciences leur furent deffendues. Le semblable fut fait par les Romains et Gots, lorsque, (comme nous avons desjà dit), ils vindrent à usurper la Barbarie. Et me semble que pour bonne et suffisante preuve de cecy, peut suffire qu'en toute la Barbarie tous les epitaphes qui se lisent sus les sepultures ou contre les parois des edifices, tant par les citez maritimes, comme de la campagne, (c'est assavoir celles qui furent anciennement edifiées), sont tous escrits en lettres latines simplement. Et ne sauroys croire que pour tout cela les Africans les eussent pour leurs propres lettres, ne qu'ils eussent en icelles escrit, pour ce qu'il ne fault point douter que quand les

Les Arabes mahommetiques firent bruler les livres des Persiens; et le semblable firent les Romains et Gots des livres arabiques.

Romains, qui leur estoyent ennemys, les rendirent tributaires et subjets, pour leur faire plus grand outrage (comme est la coutume des vainqueurs) leur commanderent de canceler tous leurs titres et lettres en y posant les leurs, pour en effacer ensemble avec la dignité toute la memoire des Africans, et faire celle du peuple Romain florir à perpetuité, comme aussi avoyent proposé les Gots faire des edifices de Romme, et les Arabes de ceux des Persiens : ce que font encore les Turcs pour le jourd'huy aux places qu'ils peuvent gaigner sus les Chretiens, effaçant non seulement la memoire et les honorés titres, mais les images des saints et saintes qui sont aux eglises. Ne se void il pas encore dedans Romme mesme à present, que le plus souvent le commencement d'un bel œuvre et excellent edifice par quelque pape, non sans grands frais et despense bien avancé, et par sa mort puis après, delaissé imparfait, sera par celuy qui succedera au pontificat demoly jusques aux fondemens, pour en redrecer un nouveau batiment ? Ou posé le cas que l'edifice fut parachevé, et qu'il le laisse en son estre, pour peu qu'il y adjoute de nouveau, il veult et commande que les armes du pontife decedé soyent otées et effacées, et en lieu d'icelles, les siennes gravées et eslevées ; ou bien, s'il y a en luy tant de discretion de les y laisser, neantmoins les siennes, avec grans epitaphes bien compassez, tiendront le plus honorable lieu. Il ne se fault donc point emerveiller si les let-

Les Turcs effacent les titres des Chretiens et abattent les images des eglises.

tres d'Afrique sont perdues, ny pour quelle occasion depuis neuf cens ans en çà, les Africans usent de lettres Arabesques. Mais touchant cecy, Ibnu Rachich, historien African, fait en sa chronique une longue dispute, assavoir si les Africans auroyent telles lettres propres ou non ; et conclud que, pour certain, ils les avoyent, disant que qui veult nier cela, pourroit nier semblablement que les Africans eussent eu une langue propre. Il dit encore estre impossible qu'un peuple ayant un langage particulier en choisisse un autre pour en user et s'en servir.

Situation de l'Afrique.

Tout ainsi que l'Afrique est divisée en quatre diverses parties, semblablement elles sont en assiete differentes, dont la riviere de la mer Mediterranée, c'est assavoir depuis le detroit de Zibeltar jusques aux confins d'Egipte, est toute occupée de montagnes qui se jettent au large sus le coté du Midy environ cent milles, en aucuns endroits plus et en d'autres moins. Depuis ces montagnes jusques au mont Atlas, il y a des plaines et petis coteaux et par toutes les montagnes de cette riviere se trouvent plusieurs fontaines qui se convertissent puis après en petis fleuves cristalins, à l'œil fort plaisans et delectables. Après ces plaines et coteaux, le mont

Atlas se vient presenter, qui prend son commencement de l'Ocean vers les parties occidentales, s'etendant devers Levant jusques aux fins d'Egipte, et puis se decouvrent les plaines là où est située la Numidie, où sont produits les datiers, qui est un païs quasi tout sablonneux. Laissant la Numidie, l'on entre aux deserts de Libie lesquels sont tous pleins d'arenes jusques à la terre Noire. Neantmoins, ils ne sont pas du tout exempts de montagnes, et le chemin des marchans ne se drece par iceux, pour ce qu'entre ces montagnes, il y a plusieurs beaux et larges passages. Après les deserts de Libie est la terre Noire dont la plus grande partie est en plaine et sablonneuse, fors que du coté du fleuve Niger et de ces lieux ausquels arrivent les eaux du fleuve de quoy les habitans se servent.

Des lieux raboteux d'Afrique et pleins de neige.

Toute la riviere de Barbarie et les montagnes prochaines d'icelle tiennent plustost du froid qu'autrement, pour ce que la neige y tombe en aucune saison de l'année, et y croissent par tout fruits et grains, en bonne quantité, mais le froment y est rare, à cause de quoy les habitans de ces lieux mangent de l'orge ordinairement. Les fontaines qui y sourdent jettent certaines eaus qui sentent le terroir et

sont aucunement troubles, mesmement aux parties
qui confinent avec la Mauritanie. Il y a aussi sus ces
montagnes de grans boys, où se trouvent des arbres
d'une merveilleuse hauteur, et le plus souvent, on y
void parmy les feuillées plusieurs animaux, dont les
uns sont paisibles et traitables, les autres au contraire tresfiers et dangereux. Les petites plaines et
collines qui sont entre ces montagnes et le mont
Atlas sont toutes fertiles, produisans en grande
abondance de grains et bons fruits; et tous les fleuves qui proviennent du mont Atlas traversent toutes ces collines et plaines; puis, continuans leur
cours de droit fil, s'en vont rendre dans la mer Mediterranée. Mais en cette partie, il y a peu de boys,
et sont plus grasses et fertiles les plaines qui sont
entre le mont Atlas et la mer Oceane, comme est la
region de Maroc, la province Ducale et tout le païs
de Tedle, Temezne avec Azgar jusques au detroit de
Zibeltar. La montagne d'Atlas est fort froide et ste- *Le mont Atlas est si*
rile, produisant peu de grains, estant par toutes ses *froid et les fontaines*
parties chargée de boys obscurs et touffuz; et d'icelle *de autour, que quel-*
descendent quasi tous les fleuves d'Afrique. Les fon- *qu'un mettant la*
taines qui y sourdent sont fort froides au cœur de *main dedans est en*
de l'esté, de sorte que si quelqu'un s'y hazardoyt d'y *danger de la perdre.*
mettre la main pour si peu que ce soyt, il ne fau-
droyt de la perdre. La froidure ne continue pas egalement en toutes les parties de la montagne, pour ce
qu'il y a aucuns lieux qui sont comme temperés, lesquels ne sont moins habitables que habités, ainsi

qu'il vous sera particulierement recité dans la seconde partie de nostre livre. Les parties qui sont inhabitables sont ou trop froides ou trop aspres, ce qui est au devant de Temesne sont les aspres, et ce qui regarde la Mauritanie sont les froides. Si est ce que ceux qui gardent le betail ne laissent à s'y acheminer en temps d'esté, et y conduire leur chevaux pour pasturer, ce que seroyt à eux grande folie et chose impossible d'entreprendre en temps d'yver pensant y pouvoir resider en sorte que ce soyt, pour ce que la neige n'est pas plus tost tombée qu'il se leve un grand vent de Tramontane, si transperçant et dommageable, qu'il tue tous les animaux qui se trouvent en ces lieux-là, et beaucoup de personnes y donnent fin à leurs jours, à cause que là est le passage d'entre la Mauritanie et Numidie. Et comme c'est la coutume des marchans de dates faire leur charge, et se partir à la fin d'octobre, quelques fois, ils sont surprins de la neige, si bien qu'il n'en demeure pas un en vie. Car, si la nuit, la neige commence à tomber, le lendemain l'on trouve les voituriers avec leurs charges plongés et ensevelis dans icelle, et non seulement la caravanne, mais les arbres aussi s'en voyent tous couverts, tellement qu'on ne sauroyt appercevoir sentier ny route, pour savoir en quelle part gisent les corps morts. Vous asseurant que, par deux foys et par grande aventure, je suis echapé d'un tel genre de mort, du temps que je passoys par ces dangereux chemins, au moyen de

Marchans de dates et voituriers qui meurent dans la neige.

Experience de l'auteur qui echappa d'un grand danger.

quoy il vous plaira entendre ce qui m'avint une foys.

A la departie de plusieurs marchans de Fez, nous nous trouvames, environ le moys d'octobre, au mont Atlas, puis à soleil couchant une tresespesse et plus froide neige se va mettre à tomber, et lors plusieurs Arabes, (qui estoyent de dix à douze chevaux), se meirent ensemble, lesquels m'enhortans de laisser la caravanne m'invitoyent de m'acheminer avec eux en un bon logis. Or, me commandant l'honnesteté de ne refuser le gratieux party qu'ils me presentoyent, et toutes foys doutant de quelque cassade, me va soudainement tomber en fantaisie de me decharger d'une bonne somme de deniers que j'avoys sur moy ; et pour autant qu'ils commencerent à s'avancer me pressans de me haster, feys semblant, (mettant pied à terre), d'aler à mes affaires, et me retiray à l'escart sous un arbre, là où au moins mal qu'il me fut possible et comme le temps et le lieu m'en donnerent la commodité, je cachay mon argent entre des pierres et mottes de terre, remarquant avec grande diligence l'arbre auprès duquel je l'avoys laissé. Cela fayt, je me meys à suivre la route des autres, lesquels ayant attaint, chevauchames ensemble en grand silence, et sans prononcer aucune parolle jusques à la minuit. Alors, un de ceux de ma compagnie, (luy semblant avoir temps et lieu oportun pour mettre en execution leur entreprinse), me demanda si l'argent que je portoys ne me blessoyt point, et qu'il m'en dechargeroyt volentiers pour me soulager et faire plaisir. Mais moy, comme celui qui trouvoys ces propos fort etranges, et me sentant un peu plus courtois que je n'eusse voulu, luy feys reponce que le peu que j'avoys estoit demeuré avec la caravanne, et que je l'avoys laissé à un mien prochain parent, à quoi ils n'adjouterent point de foy, et pour en estre mieux acertenez, voulurent faire reveuë sur-le-champ, ne faisans point conscience de me depouiller tout nu jusques à ma chemise, sans avoir aucun egard à la grande froidure et à la neige qui tomboit pour lors. Mais après que ces paillars ne trouverent ce qu'ils cherchoyent, pour m'acoutrer de tous points, commencerent pour toute recompense à se moquer de moy, disans qu'ils ne l'avoyent fait que pour jeu et essayer si j'etoys homme d'assez forte complexion pour endurer le froid à un besoing. Or, suivans notre chemin tousjours à l'obscur, tant à cause du temps comme de la nuit, nous entreouymes, (par le vouloir de Dieu), beller des brebis, là où nous nous adreçames, traversans par boys touffuz et par scabreux rochers, tellement que nous pensions bien estre en un grand danger; mais nous feimes tant, qu'à la fin, estans parvenus en certaines cavernes hautes, nous trouvames aucuns bergers qui bien à malaise et à grand' peine y avoyent conduit leurs brebis et, ayant alumé un bon feu, estoyent à l'entour se chaufant, jusques qu'ils nous eurent decouvers et cognus pour Arabes, ceux de ma compagnie

L'auteur estant entre les mains des brigands fut dépouillé tout nu et moqué d'eux.

furent de prime face effrayez, craignans de recevoir d'eux aucun outrage et desplaisir; depuis commencerent à s'asseurer sur l'indisposition du tems et, montrans assez bon visage, nous feirent un tresjoyeux accueil, nous donnans à manger de ce peu de pain et fromage qu'ils avoyent. Après que nous eumes soupé, tremblans tretous de froid, mais moy plus que les autres à qui on avoyt mis le derriere au descouvert un peu auparavant, avec la peur qui m'estoyt encore en partie demeurée, nous nous meimes à dormir. Mais, continuans tousjours le temps de mal en pis, fusmes contrains de demeurer avec ces bergers, deux jours et deux nuits. Car tandis la neige ne cessa de tomber, laquelle au tiers jour prenant cesse, les pasteurs se meirent en grand' diligence à oter celle qui avoyt bouché l'entrée de la caverne; ce qu'ayant fait, ils nous menerent là où ils avoyent mis nos chevaux, qui estoyent en d'autres cavernes prochaines, là où ils n'endurerent aucun mesaise, ny faute de foin; et les ayans trouvés tous en bon point, montames dessus et feimes depart. Ce jour-là, le soleil se decouvrit fort clair, exhalant les vapeurs, et chassant partie de la froidure des jours precedens. Les pasteurs nous accompagnerent une bonne piece de chemin, nous enseignans certains petis sentiers et detorces là où ils presumoyent que la neige ne pouvoit estre gueres haulte, mais avec tout cela, les chevaux y estoyent tousjours jusques aux sangles. Or, estans parvenus aux confins de Fez, en une ville, on nous donna nouvelles certaines que les voituriers estoyent demeurez dans la neige etoufés et ensevelis. Alors les Arabes hors de toute esperance d'estre salariés de leur peine pour avoir accompagné et asseuré la voiture, saisirent un Juif qui estoyt en nostre compagnie, lequel ils retindrent prisonnier en leurs pavillons, faisant compte de le detenir là jusques à tant qu'il eust payé pour tous; et m'osterent mon cheval, me commandant à Dieu. Parquoy, ayant prins un mulet à louage avec un certain bast de quoy ils usent en ces montagnes, je suivys la route de Fez, là où j'arrivay le tiers jour, et trouvay qu'on estoit desjà averty de la triste aventure, au moyen de quoy mes gens croyoyent que j'y eusse fini mes jours comme les autres. Mais j'en echapay, ainsi qu'il pleut au Seigneur Dieu, avec un tel danger que vous avez ouy reciter.

Or, maintenant, laissant à part mes defortunes, je retourneray sur mes brisées et à la matiere interrompue. Donques, par delà le mont Atlas, il y a des païs qui tiennent du froid et du chault, auquels se trouvent peu de fleuves prenant leur origine à cette montagne, mais ceux qui y passent drecent leur cours par les deserts de Libie, là où ils s'epandent par l'arene, formant, les aucuns d'iceux, un lac. Et en ces païs ne se trouvent gueres de terres qui soyent bonnes pour semer, mais elles produisent des plantes de datiers infinies. Il y a encore quelques autres arbres portans fruits; toutes foys, ils sont rares et en petit nombre. Et aux lieux de Numidie qui confinent avec la Libie,

ET DESCRIPTION DE L'AFRIQUE

y a certaines montagnes aspres ne produisant arbre que ce soit, ayans au pied, des lieux où sortent des arbres couverts d'espines et qui ne portent point de fruit. Semblablement, il n'y a ny fleuves, ny fontaines, sinon aucuns puis qui ne se peuvent trouver qu'à bien grand'peine entre ces montagnes et deserts.

Il se trouve parmi le païs de Numidie plusieurs scorpions et serpens, qui font par leur venin et morsure mourir tous les ans une grande multitude de personnes. Libie est un païs qui est fort sec, desert et en tout ce qu'il s'etend sablonneux, sans qu'il y ayt fleuves, fontaines, ny eaux, fors seulement quelques puys, dont l'eau est plus tost sallée qu'autre chose, et s'en trouve encore bien peu. Il y a aucuns lieux par lesquels on chemine bien par l'espace de cinq ou six jours sans trouver de l'eau, à cause de quoy, il fault que les marchans en portent avec eux sur les chameaux dans aucuns grans barraux, mesmement par le chemin qui va de Fez à Tombut, ou de Telensin à Agadez. Et est beaucoup plus facheux le chemin retrouvé par les modernes, qui est pour aller de Fez au grand Caire par le desert de Libie, toutesfoys, en faisant ce voyage, l'on passe à coté d'un grand lac, à l'entour duquel habitent les peuples de Sin et Ghorran. Mais pour aller de Fez à Tombut se trouvent quelques puys qui sont fourrés par dedans de cuirs de chameaux ou murez avec les os d'iceux. Et n'y a pas petit danger pour les marchans quand

Dangereux scorpions et serpens de Numidie, Libie.

Puys d'eau sallée.

Puys fourrez de peaux de chameaux ou murez de leurs os.

ils se mettent sur les chemins en une autre saison que d'yver, pour ce que le Siloch se leve, souflant avec d'autres vens meridionaux, lesquels enlevent l'arene si dru qu'elle remplit et couvre ces puys, tellement que les marchans qui partent sous esperance de trouver l'eau aux lieux acoutumés, ne pouvant discerner en quel lieu ils puissent la rencontrer, ces puys estans cachez sous le sable, sont contrains par faute d'eau demeurer roides en la place, là où les passans voyent souvente foys les os d'iceux et de leurs chameaux blanchir en divers lieux, parmy le desert. A ce grand peril gist un seul remède et fort etrange qui est tel, qu'ayans tué un de leurs chameaux et epuisé l'eau qu'ils trouvent dans les boyaux, la boivent, et la departent entre eux jusques à tant qu'ils arrivent en quelque païs habitable; mais leur desastre estant si grand qu'il ne puisse trouver de l'eau, la seule mort donne fin à la soif. On peut encore veoir deux sepultures au desert d'Azaoad[1] elevées d'une pierre etrange, en laquelle sont gravées quelques lettres, qui donnent à entendre comme deux corps sont là dessous gisans, l'un desquels, durant ses jours, fut un tresriche marchant, qui traversant le desert avec une soif extreme, et à la fin par icelle abatu, acheta une tassée d'eau d'un voiturier qui

Etrange remède à faute d'eau.

Un marchant pour la grande soif qu'il avoit acheta une tassée d'eau dix mille ducats.

---

1. Azaoad est le nom d'un desert dans le pays occupé par les Sanhadja : il commence au puits de ce nom et il se termine au puits d'Aroan. L'eau fait absolument défaut sur une étendue de deux cents milles. Azaoad a la signification de stérile, sec.

estoyt avec luy, la somme de dix mille ducats : ce nonobstant, il ne laissa de mourir pour n'avoir d'eau suffisamment et le voiturier aussi qui s'estoyt deffait de son eau.

Il y a en ce desert un grand nombre de dommageables animaux, et d'autres aussi qui n'offencent personne. Mais je me deporteray pour le present d'en parler, pour vous declarer l'espece et nature d'iceux au quatrieme livre, auquel je traiteray de Libie, ou bien là où je feray mention particuliere des animaux, qui se trouvent en Afrique. J'espere encore de vous raconter autre part les perils et grans inconveniens auxquels je suis encouru en errant par la Libie, mesmement sur les chemins de Gualata, tellement que vous en demeurerez merveilleusement etonnez, pour autant que, souvente foys, ayant perdu la route des puys, nostre guide mesme s'egaroit, et quelques foys nous reconnoissant estre parvenus aux puys, nous les trouvions tous etoupés de sable. Et du temps que les ennemys empeschoyent le passage de l'eau, il nous fut bon besoin d'epargner ce peu que nous en avions, le mieux qu'il nous fut possible, en departant celle de nostre provision pour cinq jours, par l'espace de cinq autres. Mais si je me vouloys etendre sus la particularité d'un voyage seulement, il faudroyt que ma plume ne fust ententive à autre chose. Et pour passer outre, il y a en la terre des Noirs des païs qui sont fort chaleureux, tenans toutes foys encore de l'humide pour estre prochains du fleuve Niger dont

Terres tresfertiles près le fleuve Niger.

toutes les regions qui sont autour d'iceluy ont fort bonnes terres qui produysent des grains en grande abondance, et du betail une infinité : mais il n'y croist aucune espece de fruits, fors quelques-uns que portent certains arbres d'une merveilleuse grandeur, et ressemble leur fruit aux chataignes, tenant quelque peu de l'amer. Ces arbres croissent assez loing de la mer en terre ferme, et le fruit duquel je vous ay parlé,

Goro, fruit.

est nommé en leur langue, Goro. Il est vray qu'ils ont grande quantité de coucourdes, oignons, citrouilles et autres fruits; et ne sauroit-on trouver le long du fleuve Niger, encore moins aux confins de Libie une colline ou montagne, mais bien plusieurs lacs delaissés par l'inundation du fleuve. Et y a, au contour d'iceux, de grans boys auxquels se nourrissent plusieurs elephans et autres animaux, comme aussi particulierement et par rang on en traitera.

Mutations de l'air naturelles en Afrique et de la diversité qui provient d'icelles.

La moitié d'octobre n'est pas plus tost passée, que les pluyes et froidures commencent à venir quasi par toute la Barbarie, et environ le moys de decembre et janvier, le froid y est plus vehement (comme il avient aussi aux autres lieux), mais le matin seulement, de sorte que personne n'a besoin de s'aprocher du feu pour se chaufer. En mars, il se leve des vents terribles et si impetueux du coté de Ponant et Tramontane, qui font boutonner les arbres et avancer les fruits de la terre, lesquels en avril prennent leur forme naturelle, tant qu'aux plaines de Mauritanie au commencement de may et encore à la fin d'avril, on commence à manger des cerises nouvelles, et ainsi qu'on est dans le moys de may environ troys semaines, on se met à cueillir les figues qui sont meures, comme si c'estoyt au cœur de l'esté, et troys semaines dedans juin, les raisins commencent à taveler et devenir meurs, de sorte qu'on en y mange dès ce tems-là. Les pommes, poires, abricots et les prunes meurissent entre juin et juillet. Les figues de l'automne deviennent meures au moys d'aoust, semblablement les jujubes ; mais, au moys de septembre, vient l'abondance des figues et pesches. Passée la my aoust, ils s'adonnent à faire secher les raisins, les mettant au soleil, et, si d'aventure, il pleut en septembre, de ce qui leur est resté de raisins, ils en font des vins et mousts cuits, principalement en la province de Rif, comme plus particulierement et au long, il vous sera recité. A my moys d'octobre, les habitans de ce païs cueillent les pommes, les grenades et les coins ; puis venant le moys de novembre, les olives, non pas avec l'echelle comme c'est la coutume en Europe, mais les prenant avec la main. Car on ne pourroyt trouver echelle pour longue qu'elle fust, qui seut atteindre à la hauteur des arbres, qui sont excessifs et d'une merveilleuse grosseur, mesmement ceux de Mauritanie et Cesarie : mais les oliviers qui croissent au royaume de Thunis sont de telle hauteur que ceux de l'Europe. Et lorsque les habitans veulent aller cueillir les olives, ils montent sur les arbres avec longs batons en main et ramenant de toute leur force sur les rameaux, font tomber les olives en bas, et ils s'aperçoivent, en y procedant de la sorte, de combien ils font leur dommage et tort aux arbres, car le coup vient à briser les rejetons qui sont encore tendres. Il y a telle année que les olives sont à bon marché en Afrique, et en y a en grande abondance, aussi de autres foys, avient qu'elles s'achetent cherement, et s'en y trouve de grosses, lesquelles ne sont bonnes à faire de l'huile, mais elles sont singulières à manger confites. Aussi en toutes les saisons, termes et qualitez de l'an coutumierement les troys moys de la primevere sont temperés, et commence la primevere le quatrieme de fevrier, puis finit le dix-huitieme de may, durant laquelle saison l'air se rend doux, le ciel clair et serain. Mais si le temps n'est pluvieux depuis le vingt et cinquieme d'avril, jusques au cinquieme de may, la cueillette de l'année sera petite, et l'eau qui tombe à cette saison est par les habitans de cette region apelée *naisan*[1], laquelle ils

Olives de Afrique.

---

[1]. Nissan نيسان est le nom du mois solaire du calendrier syrien qui correspond au mois d'avril. La pluie appelée Nissan et à laquelle on attribue toutes sortes de qualités commence à tomber le 27 de ce mois et cesse le 3 mai. On prétend qu'elle tient lieu de levure dans la fabrication du pain (Dozy, *Le calendrier de Cordoue de l'année 961*, Leyde, 1873, pp. 48 et 52).

estiment estre benite de Dieu ; tellement que, suivant cette opinion, plusieurs en gardent soigneusement dans des vases et fioles en leurs maisons, par une tresgrande et singuliere devotion.

L'esté dure jusques au sixieme d'aoust, durant lequel il fait de grandes et extremes chaleurs, specialement au mois de juin et juillet, pendant lesquels il fait tousjours beau. Mais, si d'aventure, il vient à pleuvoir par le moys de juillet ou d'aoust, les eaux engendrent une tresgrande corruption d'air, tant que plusieurs en tombent malades avec une fievre continue dont l'on en voit peu rechaper. *L'eau de pluie gardée par dévotion dans de fioles au païs d'Afrique.*

La saison de l'automne selon l'usage de ces peuples entre au dix-septieme d'aoust finissant au seizieme de novembre, et sont ces deux moys, assavoir aoust et septembre moins chaleureux, combien que les jours qui sont entre le cinquieme d'aoust et le quinzieme de septembre ont esté par les anciens apellez le four du temps, pour ce que le moys d'aoust fait venir en maturité les figues, grenades, pommes de coing, et seiche les raisins. Au quinzieme de novembre, le temps d'yver commence, et s'etend jusques au quatorzieme de fevrier. A l'entrée de cette saison, l'on commence à semer les terres qui sont en la plaine, et celles qui sont en la montagne à l'entrée d'octobre.

Les Africans sont d'opinion qu'il y ayt en l'an quarante jours fort chaleureux qui commencent au douzieme de juin ; aussi, par le contraire, ils trouvent pour chose certaine qu'il y en ayt autant de froids en toute l'extremité, qui commencent au douzieme de decembre, et aprouvent aussi les equinoxes estans au seizieme de mars et decembre. Ils croyent encore que le soleil retourne au seizieme de juin et de decembre. Aussi cette reigle est entre eux gardée et diligemment observée, tant pour acenser leurs possessions, semer, et recueillir, comme à naviger et trouver les degrez et revolutions des planettes, faisant instruire leurs enfans aux ecoles en plusieurs choses à cecy appartenantes, et à iceux plus profitables avec grande cure et diligence. Il se trouve encore des païsans Arabes et autres, lesquels, (sans avoir jamais feuilleté ny manié livre aucun pour aprendre les lettres), parlent assez suffisamment de l'astrologie, amenant raisons de leur dire bien vives et apparentes. Les reigles et cognoissance qu'ils ont sont tirées de la langue Latine, et mises en langue Arabesque, avec la description des moys à la mesme mode et forme des Latins. Outre ce, ils ont un grand volume divisé en troys parties, qu'ils apellent en leur langue « Le tresor de l'agriculture », qui fut traduit de langue Latine en Arabesque à Cordouë, du temps que Mansor regnoit en Grenade[1], et traite de toutes choses qui peuvent

Africans et Arabes non lettrez devisans bien de l'astrologie.

Ce livre pourroit estre celuy de Magon Carthaginois qui traite de l'agriculture.

---

[1]. Il s'agit dans ce passage ou du Traité d'agriculture d'Ibn Wahchiah ou du Traité d'agriculture intitulé *Kitab el-felahah*, كتاب الفلاحة, dû à la plume de Abou Zekeria Yahia ibn Mohammed plus connu sous le nom d'Ibn el-Awwam.

Ce traité qui se compose de trente-quatre chapitres est divisé en deux parties. Il a été traduit en français par M. Clément Mullet, Paris, 1864.

servir et qui appartiennent à la cognoissance de l'art d'agriculture : c'est assavoir au temps qu'il fait bon, et comme il fault proceder à semer, planter, enter les arbres, et faire produire au terroir toute espece de fruit, grain et legumage. Et ne me puis assez emerveiller que les Africans ayent plusieurs livres traduitz de Latin en leur vulgaire, desquels il n'est fait aujourd'huy aucune mention entre les Latins.

Le compte et les reigles que tiennent les Africans, et encore les Mahommetans pour les choses concernantes leur foy et religion, sont toutes selon le cours de la lune, faisans l'an de troys cens cinquante quatre jours, pour ce qu'ils ont six moys de trente jours, et autres six de vingt et neuf, ce qu'estant reduit en un, revient à ce nombre mesme. Donques, l'an des Africans et Arabes est plus court que n'est celuy des Latins d'onze jours, lesquels font retourner notre an en arriere. Leurs festes et jeusnes viennent en divers temps de l'année ; et fault encore noter, qu'à la fin d'automne et le long de l'yver et partie de la primevere, surviennent des tempestes, emouvans de terribles greles, foudres et eclairs, et se trouve beaucoup de lieux où la neige tombe epesse. Et là sont fort dommageables troys vens : Siloch, Midy et Levant, mesmement au moys de may, pour ce qu'ils gatent et consomment tous les grains, empeschant iceux de recevoir leur nourriture de la terre, et les fruits de venir en leur parfaite maturité. Outre ce, les brouillards sont fort contraires aux grains, mes-

L'an des Africans et Arabes est de 354 jours. Des moys.

Des festes et jeunes.

Des vens qui sont dommageables en Afrique.

mement ceux qui tombent quand ils viennent en fleur, car le plus souvent ils durent tout le long de la journée.

Au mont Atlas, l'an n'est que de deux saisons, à cause que depuis octobre jusques en avril ce n'est qu'yver, et d'avril jusques en septembre, eté : mais à la sommité de cette montagne, les neiges y sont continuelles. En Numidie, le cours des saisons est plus soudain qu'aux autres lieux pour ce que les grains se cueillent en may et les dates en octobre. Depuis la moitié de septembre jusques en janvier est la plus grande froidure de l'année. S'il tombe de la pluye en septembre, tous les datiers ou la plus grande partie se gatent : au moyen de quoy il s'en fait une bien pauvre et maigre cueillette. Toutes les terres de Numidie veulent estre arrousées pour la semence, dont il avient que, ne tombant point de pluye au mont Atlas, tous les fleuves de la region demeurent quasi à sec, de sorte que le terroir d'iceux ne peut estre arrousé, et avenant encore que le moys d'octobre ne soyt pluvieux, alors on rejete toute esperance de pouvoyr semer le grain en terre. Semblablement que l'eau vient à manquer au moys d'avril, on ne sauroyt recueillir aucun grain en la campagne, mais on fait tres-bonne cueillette de dates, ce qu'avient mieux aux Numides, que non pas avoir des grains en abondance, pour ce que, quand ils auroient bien du grain, il ne leur suffiroit pour la moitié de l'année. Mais ayant recueilli les dates en grande quantité, le grain pour lors ne leur sauroyt manquer, à cause que les Arabes et voituriers de chameaux qui en font marchandise apportent une infinité de grains pour troquer contre icelles dates. Outre plus, si le temps se change à la my aoust aux deserts de Libie, et que les pluyes ne cessent jusques au moys de novembre, et au semblable pour tout decembre, janvier, et quelque peu de fevrier, elles causent une grande abondance d'herbes, d'où provient qu'on n'a faute de laict; et trouve l'on plusieurs lacz par la Libie ; à cause de quoy les marchans de la Barbarie se transportent en la terre Noire, là où les saisons sont un peu plus avancées, et commence à y pluvoir à la fin de juin : mais c'est si peu que rien, ayant toutesfoys la pluye telle proprieté en la terre Noire, qu'elle ne nuit ny ayde en rien, pour ce que les eaux du Niger sont suffisantes à arrouser le terroir, lesquelles debordant engressent et rendent fertiles toutes les campagnes, non autrement que fait le Nil en Egipte. Il est vray que quelques lieux de ce païs-là ont besoing de pluye; et croist le Niger au mesme temps que le Nil se deborde, qui est au quinzieme de juin ; il s'enfle et se fait gros par quarante jours, et demeure autant à retourner en son entier. Et quand il se deborde, on pourroyt facilement aller par toute la terre des Noirs avec une barque. Les fossez et vallées s'emplissent, mais il est fort dangereux de naviger avec aucunes barques, dont on use en ces païs-là, comme nous donnerons suffisamment à entendre à la cinquieme partie de notre œuvre.

<small>Le debordement du fleuve Niger rend les terres fertiles comme fait le Nil.</small>

<small>Quand et pour combien de jours le Nil et le Niger se debordent.</small>

Qualité des aages.

Le plus hault aage que puissent attaindre les habitans de toutes les citez et lieux de Barbarie n'est que de soissante à septante ans, et s'en trouve bien peu qui surpassent ce terme-là; toutesfoys, il y en a aux montagnes de cette region qui accomplissent et passent encore les cent ans, et sont tels personnages fort gaillars et de robuste vieillesse. Vous asseurant que j'ay veu moy-mesme des vieillars de quatre-vints ans labourer et cultiver la terre, fossoyer aux vignes, et faire d'une promptitude et dexterité incroyables tout ce qui estoyt necessaire : et, qui plus est, je me suis trouvé au mont Atlas avec aucuns personnages aagés de quatre-vints ans venir au combat et s'eprover contre de jeunes hommes fors et puissans desquels ils se savoyent merveilleusement bien defendre, où la plus grande partie desdits vieillars faisoyt quiter la place à l'ennemy, obtenans bravement la victoire de luy.

En Numidie, au terroir des dates, les habitans y sont de longue vie, mais les dens leur tombent bien tost, et ont la veuë courte : ce qui procede d'un vent souflant du Levant, qui les moleste fort, à cause qu'il enleve tant de arene en hault que la poussiere leur vient à entrer aux yeux le plus souvent et leur gate la veuë ; et le trop continuel manger de dates est cause que les dens ne leur demeurent longuement

Vieillars de 80 ans fort dispoz au labourage et au combat.

Trop user de dates fait tomber les dens.

dans la bouche. Ceux de Libie ne sont de si longue
durée que les habitans des autres regions ; mais ils se
maintiennent gaillardement et sains jusques à l'aage
de soissante ans, encore qu'ils soyent maigres et de
petite corpulence. Les habitants de la terre Noire sont
de plus courte vie que ceux des autres contrées, mais
ils se maintiennent tousjours robustes, sans estre sujets à douleurs de dens, estans fort enclins à luxure,
de quoy ne sont aussi exemptz ceux de Libie et Numidie, ny ceux de Barbarie qui sont ordinairement
plus foibles.

Maladies des Africans.

Coutumierement, en la teste des petis enfans et en
celle des vieilles matrones vient à naistre une espece
de tigne, qui ne se peut guerir que avec bien grande
difficulté. Plusieurs hommes sont grandement sujets
à douleur de teste, qui les surprend, aucunes foys, sans
aucun acces de fievre. Il s'en trouve qui sont merveilleusement tormentez du mal de dens et estime l'on que
cela leur vient de boire l'eau froide incontinent après
avoir mangé leur potage tout chault. Ils sont semblablement molestés de douleur d'estomac, laquelle
ils appellent, (comme ignorans), douleur de cœur. A
plusieurs avient grans tourmens et coliques, passions
fort vehementes, quasi journellement, et cela pour ce
qu'ils boivent de l'eau trop fresche. Sciatiques et

douleurs de genous y sont assés souvent, provenant de se coucher ordinairement par terre et de ne porter point de chausses. Il y en a bien peu qui deviennent goutteux, sinon quelques seigneurs, pour ce qu'ils s'acoutument à boire du vin, manger hetoudeaux et autres viandes delicates. Par trop manger olives, nois et telle maniere de viandes grossieres, plusieurs sont le plus souvent rongneux, ce qu'ils supportent tresimpatiemment. Ceux qui sont de complexion sanguine, pour trop souvent se seoyr en terre, ils prennent une toux qui leur apporte un grand ennuy et facherie; au moyen de quoy les gens prennent un singulier plaisir de s'assembler le vendredy, (le mesme jour qu'ils se transportent dans leurs temples à milliers pour ouyr la presche), lorsque le prestre est fort affectionné à poursuivre sa matiere encommencée, pour avoir le passe-temps de ceux qui ont cette

Le passe-temps de ceux qui toussissent aux presches. toux. Car s'il avient que quelqu'un prenne envie de toussir, il est par un autre secondé, que le tiers ensuit, puis le quart, et ainsi consequemment à la file, que toute l'assemblée se met à toussir, comme si c'estoit à l'envy, de sorte qu'on ne cesse jusques à ce que la predication soit parachevée; et s'en va l'on du temple aussi bien instruit comme quand l'on y

Mal de Naples ou mal d'Espagne. entra. Et quant à ce mal qu'on apelle communement en Italie mal françoys, et en France mal de Naples, je me pense que la dixieme partie de toutes les villes de Barbarie en soyt eschapée; et vient avec douleurs, aposthumes et playes tresprofondes; toutes-

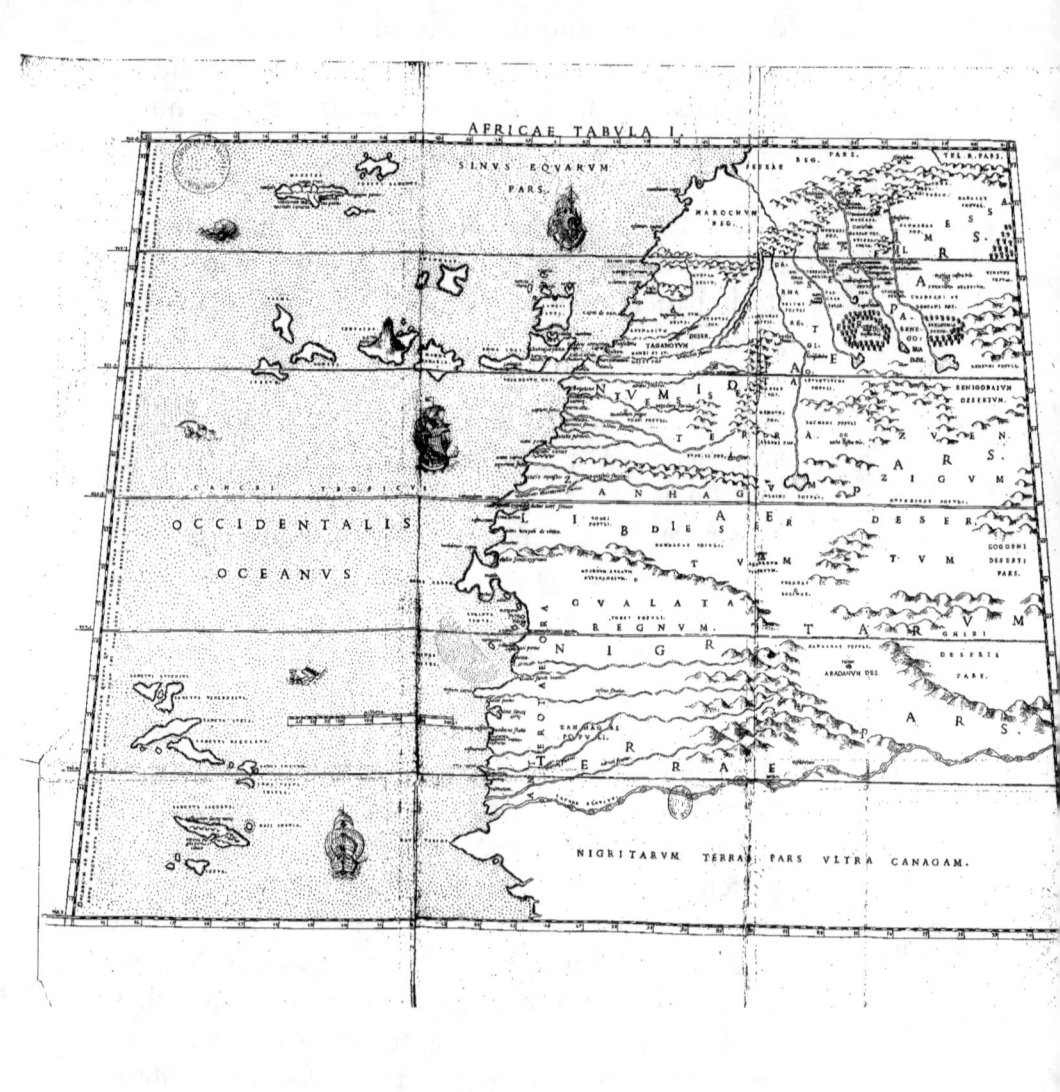

foys plusieurs en ont trouvé le remede et en guerissent. Mais au territoire et montagnes d'Atlas, ce mal est incognu des habitans d'icelles; semblablement, par toute la Numidie, (j'entends du païs seulement où sont produites les dates), il n'y a personne qui en soyt attaint, encore moins en la Libie ny en la terre Noire ne s'en parle aucunement. Et s'il se trouve aucun qui en soyt entaché et qui s'achemine en la terre Noire, il n'a pas plus tost senty l'air de celle region qu'il retourne soudainement en sa premiere santé et convalescence, demeurant aussi net comme si jamais il n'en eust esté malade. Vous asseurant que j'ay veu de mes propres yeux plus de cent personnages, qui, sans chercher autres remedes, pour le seul changement de l'air ont recouvré entiere guerison. Cette espece de maladie n'avoit point couru auparavant par l'Afrique, mais elle print son commencement du temps que Ferrand, roy des Espagnes, expulsa les Juifs hors les limites de son royaume, lesquels s'en vindrent de là habiter en la Barbarie, là où quelques mechans Maures et de perverse nature se couplerent avec les femmes de plusieurs de ces Juifs qui estoyent entachez de cette maladie que print cette canaille. De là, suivant d'un à autre, et à la file, commença d'infecter toute la Barbarie, tellement qu'il ne se trouve generation que ce mal n'ait entaché. Et tiennent les Africans pour tout seur qu'il a prins son origine des Espagnes, suivant laquelle opinion plusieurs l'appellent mal d'Espagne, mais ceux de Thunis le nomment mal françoys en imitant les Italiens, sur lesquels il a bien fait cognoitre, par aucun temps, comment il fait miner jusques aux entrailles. Pareillement il a eu son cours en l'Egipte et Surie, là où il a retenu encore un autre nom. Les aucuns sont sujets au mal de coté.

En Barbarie, bien peu se sentent grevez de ce mal qui est par les Latins appellé hernia, mais en l'Egipte plusieurs s'en trouvent vexez ; à aucuns s'enflent les genitoires si fort que c'est piteuse chose à veoir et estime l'on que cela vienne pour manger trop de fromage salé. Les enfans d'Afrique sont souvent surprins du mal caduque, mais venant à croitre, il decroit et se passe. Ce mal mesme survient à plusieurs, et mesmement en la Barbarie, là où, par sottise et ignorance, on estime que ceux qui en sont entachez soyent vexez du maling esprit. La peste se jette coutumierement sus la Barbarie au bout de dix, quinze et vint-cinq ans ; mais quand on la sent venir, beaucoup de personnes abandonnent le païs, pour autant qu'on ne fait autre remede pour la fuyr et s'en garder, sinon qu'avec certains oignemens et terre d'Armenie dont ils oignent l'apostume tout autour. Les Numides ne savoyent ce que c'estoyt, sinon depuis cent ans en çà, mais la terre Noire en est totalement exempte.

Remède contre la peste en Barbarie.

Des vertus et choses louables qui sont entre les Africans.

Les Africans, c'est assavoir ceux qui demeurent aux villes et citez de Barbarie et mesmement sur la riviere de la mer Mediterranée, sont gens qui se delectent grandement de savoir; au moyen de quoy, ils vaquent avec grande cure et diligence aux lettres; et l'etude de l'humanité et des choses, qui concernent leur foy et loy, tiennent le premier rang parmy eux, qui se souloyent fort adonner aux mathematiques et à la philosophie semblablement. Mais depuis quatre cens ans en çà, (comme avons desjà dit), plusieurs sciences leur furent deffendues par les docteurs et par leurs seigneurs aussi, comme la philosophie et l'astrologie judiciaire. Ceux qui habitent aux citez d'Afrique sont fort devotieux et pleins de religion touchant leur foy, pretans obeyssance en toute humilité à leurs prestres et docteurs; et mettent grande peine à aprendre et savoir les principaux points de leur foy. Ils vont ordinairement en leurs temples pour en iceux faire leurs oraisons accoutumées, quoy faisant, ils ont des apprehensions qui leur causent de grandes facheries, pour ne pouvoir se persuader que leurs prieres soyent suffisantes pour leur purger tous les membres, et parfoys se lavent tout le corps entierement, comme j'ai deliberé de vous faire entendre au premier et second livre de la foy et loy Mahom-

<small>Folle apprehension des Africans.</small>

métique. Aux citez de Barbarie se trouvent encore des habitans fort ingenieux, comme en rendent assez ample tesmoignage plusieurs somptueux ouvrages sortans de leurs mains ; et ne sont moins de bonne nature, comme innocens en malice, sans qu'ils proferent jamais une parolle qui contrairie à ce qu'ils ont dans le cœur, encore qu'on les eust anciennement, (comme en font foy les histoires romaines), on estime autre que bonne, et du tout contraire à la naïve bonté qui les accompagne. Maintenant sont gens vaillans et courageux, mesmement ceux qui habitent aux montagnes, ayans la foy, sur toutes les choses du monde en singuliere recommendation, en observant diligemment toutes les cerimonies et ordonnances d'icelle : avec ce que plus tost permettoyent la vie leur estre otée que de contrevenir en rien à leur serment et promesse. Mais ils sont merveilleusement enclins à jalousie, au moyen de quoy, ils endureroyent plus tost quelque grande injure que de suporter qu'on leur feist aucune honte ou vergongue procedant du coté de leurs femmes : et sont convoiteux de richesses, et ambitieux d'honneur outre mesure, errans et s'acheminans par toutes les parties du monde en etat de marchans, et outre ce, sont bien receus pour lecteurs et maistres en diverses sciences. Ils frequentent par l'Arabie, l'Egipte, Ethiopie, Perse, Inde et Turquie ; là où ils sont tresbien venus, voire fort honorablement receus quelle que part qu'ils se puissent trouver, pour ce que l'art auquel ils s'adonnent est si bien par

Les habitans de Barbarie ingenieux et loyaux aujourd'huy bien que les anciennes histoires disent le contraire.

eux pratiqué, qu'ils en font une tresparfaite et suffisante yssue. Outre ce, ils sont honnestes, honteux, L'honnesteté et mo-
et modestes, ne s'oubliant jamais de tant que de pro- destie des Africans.
ferer, en quelque part qu'ils soyent, une parolle des-
honneste. Le moindre rend honneur au superieur,
soyt en parlant ou en toute autre particularité : et
ont un tel respect, que l'enfant en presence du pere,
ou de l'oncle seulement, n'oseroyt prendre la hardiesse, ny s'aventurer à tenir propos lubriques ou
d'amour lascif, ayans encore grand'honte de chanter
chansons amoureuses là où ils voyent leurs superieurs : telles sont les bonnes et louables coutumes
que tiennent les citoyens de Barbarie. Quant à ceux Des citoyens de Bar-
qui habitent aux pavillons, c'est assavoir les Arabes barie.
et pasteurs, ce sont gens grandement adonnez à Des Arabes.
liberalité, plaisans, pitoyables et de joyeuse nature.
Ceux qui font leur residence aux montagnes sont
semblablement liberaux, courageus, modestement
honteux et honnestes en conversation commune.
Les Numides sont plus ingenieus que ceux-cy, Des Numides.
pour ce qu'ils s'adonnent aux vertus et etudient en
leur loy, mais ils n'ont pas grande cognoissance des
sciences naturelles. Ils sont magnanimes, pleins de
grande humanité, tresadroits, et experimentés aux
armes. Ceux qui resident en la Libie, c'est assavoir Des Libiens.
les Africains et Arabes, se delectent à montrer une
grande liberalité, à estre plaisans et s'employer pour
les affaires d'un leur amy, et caressent grandement les
etrangers.

Des Noirs.   Les Noirs meinent une bonne vie, sont de fidele nature, faisans volontiers plaisir aux passans, et s'etudient de tout leur pouvoir, à se donner tous les plaisirs de quoy ils se peuvent aviser à se resjouir en danses, et le plus souvent en banquets, convis et ebas de diverses sortes. Ils sont fort modestes, et ont en grand honneur et reverence les hommes doctes et religieux, ayans meilleur temps que tout le reste des autres peuples, lesquels demeurent en Afrique.

Des vices et sotte maniere de vivre des Africans.

Il n'y a point de doubte que cette nation ne soit entachée de plusieurs vices à elle particuliers, de mesme qu'elle est ornée et illustrée de beaucoup de vertus. Mais je vous donneray à cette heure matiere suffisante pour pouvoir discerner et juger si la grandeur des vices pourroyt egaler le nombre des vertus. *Les Africans superbes et depiteux.* Les habitans des villes de Barbarie sont pauvres et superbes, et plus que le devoir ne le comporte, dedaigneux outre mesure, tellement que la moindre injure qu'on leur sauroyt faire est par eux gravée, (comme on dit en commun proverbe), en marbre, sans que par laps de temps ou autrement ils la puissent mettre en oubly, ny effacer de leur cerveau, quand elle y est une foys imprimée ; et sont si deplaisans et mal gratieux, qu'il n'y a nul etranger qui puisse, (qu'à bien grande peine), estre en la grace d'eux, ny aquerir leur amytié. Avec cela, ils sont simples, croyans toutes choses et y ajoutans foy, encore qu'elles semblent estre impossibles. Le populaire est fort ignorant des choses naturelles, tant qu'il estime le mouvement des cieux et l'influence d'iceux n'estre d'un cours naturel, mais comme un miracle et fait divin. Ils sont autant extraordinaires à prendre leur refection, comme inconsiderez à pourveoir à leurs affaires, et grandement coleres, ne parlans gueres qu'ils n'usent d'une voix arrogante, et de parolles braves et superbes : et en voit on journellement en-my les rues, à grans coups de poing, demelans leurs querelles et differens. Davantage, ils sont de vile nature, mecaniques, et peu estimez de leurs seigneurs, qui tiennent communement plus de compte d'une beste brute qu'ils ne font de l'un de leurs citoyens mesme, qui n'ont nuls gouverneurs ny superieurs pour les conseiller touchant leur regime et maniere de vivre. Semblablement, ils sont peu experimentez à exercer le train de marchandise, n'ayans nuls changes ny banquiers, encore moins personne qui, d'une cité en autre, face expedition des affaires. Mais qui veult trafiquer, il se fault tousjours tenir près de sa marchandise, et la suivre en tous lieux. Ils sont par trop avaricieux de sorte qu'il y en a beaucoup qui ne voulurent jamais loger ny recevoir etrangers par courtoisie, encore moins par charité; toutes foys, il s'en trouve aucuns qui recognoissent les plaisirs qu'on leur a faits. Ils sont, la plus part du temps, pleins de melancolie, ne s'adonnans volontiers à ebat, ny aucun passe-temps que ce soyt; et leur avient cela pour estre incessamment occupez et detenuz par leurs affaires : pour ce que leur pauvreté est grande et le gain petit.

Les pasteurs, tant de la montagne comme de la campagne, vivent fort miserablement au labeur de leurs mains, estans en necessité et misere continuelle; et s'en trouve bien peu qui ne soyent brutaux, larrons et ignorans, qui ne payent jamais la chose qu'ils prennent à credit, et y en a plus de couars et timides que d'autres.

<small>Les filles de Barbarie ne se soucient de garder leur virginité aux maris qu'elles ont après.</small>

Là est permis à toutes les jeunes filles avant que se marier de choisir un amant tel que bon leur semble et jouyr du fruit de leurs amours, tant que le pere mesme caresse l'amoureux de sa fille, et le frere de sa seur ; de sorte qu'il n'y en a pas une qui se puisse vanter d'avoir porté sa virginité à son mary. Il est bien vray qu'elles estans mariées ne sont plus suivies, ny sollicitées par leurs amans, qui vont chercher pature et faire l'amour avecques d'autres. La plus

<small>Gens sans secte, sans foy, ni religion.</small>

grande partie de ceux-cy n'est ny Mahommetique ny de la secte Judaïque, encore moins de la religion Chretienne : mais sans foy, sans religion et sans aucune ombre d'icelle, tellement qu'ils ne font oroison, ny batissent eglises, vivans comme bestes brutes. Et si, par cas fortuit, il avient, (ce qui ne se voit gueres souvent), qu'il se trouve quelqu'un lequel soyt le moins du monde touché de religion, à faute de reigle et des prestre, il est contraint d'ensuivre les autres en leur brutale maniere de vivre.

Les Numides sont fort elongnez de la connoissance des choses, et ignorans de la façon et mode du vivre naturel, traitres, homicides et larrons sans mesure; ils sont de vile nature, au moyen de quoy, ils ne se sauroyent employer sinon à choses viles, comme à estre cure retrais, à cuisiner, fouillarder, et le plus souvent se mettent à estre valets d'etable. Tant y a que pour argent, on leur fera mettre la main à tout labeur, tant vil soyt il. *Les Numides.*

Ceux de Libie sont ruraux, ignorans, larrons, voleurs, brigans et hors de toute connoissance des lettres, ne differans en rien leur maniere de vivre à celle des animaux sauvages. Ils vivent aussi sans reigle, ny statuts et ont tousjours mené une tres-miserable vie, ne se trouvant si grande et enorme trahyson qu'ils ne machinent et commettent pour en recevoir recompense ; et n'est animal qui soyt mieux ramé, ny qui porte plus longues cornes que fait cette canaille, qui employe tout le temps à chasser, faire mal et guerroyer les uns contre les autres, ou à mener paitre les bestes au desert, tous nus et dechaus. *Les Libiens.*

Ceux de la terre Noire sont gens fort ruraux, sans raison, sans esprit ny pratique, n'estans aucunement experimentez en chose que ce soyt, et suivent la maniere de vivre des bestes brutes, sans loy, ny ordonnances. Entre eux y a une infinité de putains, *Les Noirs.*

et par consequent de cornars, et sont bien habiles ceux qui en peuvent echaper, sinon aucuns de ceux qui sont aux grandes cités ayant meilleur jugement et sens naturel que les autres. Je suis par trop asseuré que ce ne me devroit estre peu de reproche de publier et decouvrir les vices vituperables des Africans, veu que j'ay eu l'Afrique pour ma nourrice, là où j'ai esté elevé, et en laquelle j'ay consommé la meilleure et plus belle partie de mes ans; mais en cecy me servira et sera suffisant, (pour me purger de tout blame que l'on me pourroit touchant cecy imputer), l'office d'historien, qui est de ne tenir la verité des choses sous silence, ains tacher de toutes ses forces à la decouvrir, sans s'accommoder, ny complaire au vouloir particulier des personnes, qui est cause que je suis contraint de publier cecy, ne desirant de pallier les choses, ains tachant tant qu'il m'est possible de ne m'eloigner en rien de la verité, laissant à part l'embellissement des paroles et ornement de langage. Et je prie bien fort à un chacun de gentil esprit qui voudra tant se travailler que de faire lecture de ce mien petit œuvre et travail, suffire l'exemple de cette brieve nouvelle pour excuse.

L'autheur en s'excusant.

On dit donques qu'en mon païs y eut une fois un jeune homme de basse condition, de mauvaises mœurs et mechante vie, lequel estant attaint et convaincu d'un larrecin de petite valeur, fut condamné à estre foueté. Or, le jour venu qu'il devoit estre puni par justice, après avoir esté livré entre les mains du

Nouvelle d'un qui fut fouëtté et des parolles qu'il eut avec le bourreau.

ministre de la justice, il recognut le bourreau comme pour celuy qui auroit esté un de ses plus grans amys, à cause dequoy il se tenoyt tout asseuré qu'il useroit d'autre traitement envers luy qu'il n'estoyt acoutumé d'user envers les autres. Mais, au contraire, il commença à le charger, et fouëter cruellement, luy donnant des cinglades cuisantes et demesurées; ce que sentant le pauvre compagnon, tout etonné, commença à s'ecrier, et lui dire : « Frere, certes tu me traites assez rigoureusement pour un amy tien. » Alors le bourreau recommençant de plus belle et à l'etriller de plus aspre sorte, luy repondit : « Compagnon mon amy, je suis tenu et obligé d'exercer mon office, sans varier et ainsi qu'il appartient, au moyen dequoy l'amytié d'entre nous deux n'a point icy de lieu »; et continuant, luy donna tant comme il avoyt esté par le juge ordonné.

Ce que consideré, en taisant les vices des Africans, je pourroys encourir une juste reprehension, donnant grande matiere à plusieurs de se persuader que je m'en seroys deporté, me sentant moy mesme entaché de semblables tares et n'ayant les vertus dont les autres sont enoblis. A quoy, (puisqu'il ne me reste autre chose pour mes defences), je fais mon compte de me gouverner selon l'exemple d'un petit oyseau, l'histoire duquel vous voulant faire entendre, il fault que je m'aide d'une autre briève et plaisante nouvelle qui est telle.

Du temps que les animaux exprimoyent par parolles leurs conceptions à l'imitation des humains, il se trouva un tresplaisant oyseau et de merveilleuse nature, lequel avoyt cest avantage qu'il pouvoit autant bien vivre dessoubz les eaux entre les poissons, comme sus la terre avec les oyseaux, qui pour lors estoyent tenus de payer et rendre par chacun an à leur roy un certain tribut. Ce qu'estant parvenu aux oreilles de cet oyseau, delibera du tout s'en afranchir : et, (suivant son projet), quand le roy envoya vers luy un de ses officiers pour recevoir le tribut, donnant parolles en payement, print sa volée, laquelle il ne cessa jusques à tant qu'il fut parvenu à la mer, là où il se cacha sous les ondes. Ce que voyans, les poissons emerveillés au possible d'une telle nouveauté, l'environnerent tretous à grandes bandes, pour s'enquerir et savoir de luy l'occasion qui l'avoyt meu de s'en venir retirer en leurs regions et seigneurie. « O bonnes gens (dit-il), est-il possible que n'ayés encore esté avertis comment le monde est maintenant reduit à telle extremité que c'est chose impossible qu'on y puisse plus vivre, ny faire sejour ? Je dy cecy, nobles seigneurs, pour ce que notre roy, pour je ne say quelle reverie qui luy est montée en la teste, me fait poursuivre vivement pour m'ecarteler tout vif, piece par piece, nonobstant ma preud'homie qui est telle, qu'entre tout le genre des oyseaux il ne s'en trouvera un moins vitieux, ny autant honnorable gentilhomme que moy, et sus lequel il y ayt moins à redire. Parquoy je vous prie gens de bien, si aucune

Les propos de l'oyseau aux poyssons.

pitié et benignité a trouvé dans vos cœurs lieu, de me vouloir permettre que je puisse heberger avec vous, à celle fin que je me puisse vanter et faire etendre la renommée par toutes regions d'avoir trouvé plus de pitié et amitié avec les etrangers qu'entre les miens propres. » L'oyseau par ses mensonges palliés et parolles alechantes seut si bien persuader à la multitude des poyssons, qu'ils luy accorderent liberalement sa requeste et demeura parmy eux sans estre aucunement molesté, ny recevoir aucun outrage. Or, il y sejourna par l'espace d'un an, à la fin duquel, voulant le roy des poyssons recevoir son tribut ordinaire, envoya un de ses domestiques vers le petit oyseau pour luy demander son droit, luy faisant entendre la coutume. « Cela est bien raisonnable » (repondit l'oyseau), mais en disant cecy, et ebranlant ses ailes, se meit hors de l'eau et s'envola : laissant le messager avec une grande honte et le plus scandalisé du monde. Tant y a que si le roy des oyseaux luy demandoit tribut, il s'en alloyt sous les eaux : là où estant sollicité par semblable demande du roy des poyssons, il s'en retournoyt sur terre. Je veux inferer par cecy, que l'homme tire le plus droit qu'il peut là où il cognoist son avantage. Parquoy si les Africans viennent à estre vituperez, je diray que je suis natif de Grenade et non en Afrique : et si mon païs reçoyt aucun blame, j'allegueray en faveur de moy que l'Afrique est le païs auquel j'ay prins ma nourriture, et là où j'ay esté endoctriné, mais je seray en cecy aux Africans favorable, qu'en publiant leurs vices, je raconteray seulement ceux que je penseray estre à un chacun notoires et manifestes.

LIVRE SECOND

Proëme.

YANT decrit en la premiere partie de mon œuvre generalement les citez, termes, divisions et les choses des Africans qui m'ont semblé dignes de memoire perpetuelle à la posterité, j'ay deliberé de vous bailler particuliere information de diverses provinces, des citez, montagnes, assietes des lieux, loix et coutumes d'iceux, n'obmettant rien, et de ne laisser en arriere chose que je penseray meriter d'estre redigée par ecrit. Et pour avec meilleur ordre parfaire, je commenceray du coté de ponant, suivant de lieu à autre, jusques à ce que je viendray donner fin à cette decription, à la terre d'Egypte. Ce que je diviseray en huit parties, auxquelles j'en adjouteray une autre, et en icelle, (moyennant la bonté et permission de Celuy par le vouloir duquel toutes choses sont regies et gouvernées, baillant perfection à toutes choses),

mon intention est de decrire les fleuves notables, la diversité des animaux, plantes, fruits et herbes qui se trouvent en Afrique, avec leurs vertus et proprietez.

De l'assiete et qualité de Hea, region occidentale.

Hea[1], region du Maroc, du coté de ponant et septentrion confine avec la mer Oceane; devers le midi se joint avec le mont Atlas; de la partie orientale se termine au fleuve d'Esifnual[2], lequel sourdant en cette montagne, entre dans le fleuve Tensift[3], qui separe Hea d'avec l'autre region prochaine. Cette region est assise en païs aspre, qui est remply de montagnes fort hautes et scabreuses, de boys, valées, et petites rivieres, encore qu'il soyt bien peuplé et habité. Il y a autant grande quantité de chesvres et asnes comme le nombre des brebis y est petit, et encore moins celuy des beufs et chevaux. On y trouve aussi peu de fruits, ce qui ne procede aucunement par le desfault de la terre, mais de l'ignorance et sottise des habitans, car j'ay veu plusieurs lieux qui produisent des figues et pesches en grande abondance. Le froment y est bien rare, mais

---

1. حاحة, Haha.
2. ا‍ـڧو ل. On me donne la leçon Esifenmal اسفانمل avec cette note: واد ما هو كبير, cours d'eau peu considérable.
3. نـسفت. Tansift.

ET DESCRIPTION DE L'AFRIQUE

l'orge, millet et graine de navette y croissent en assez bonne quantité et le miel aussi que les habitans du pays mangent ordinairement. Et pour autant qu'ils ne se sauroyent servir de la cire, ils n'en tiennent compte. Là se trouvent plusieurs arbres epineux, lesquels portent un gros fruit comme sont les olives qui viennent d'Espagne, et est appellé ce fruit en leur langue Argan, lequel est de forte et puante odeur ; neantmoins, les habitans en mangent et en font de l'huile[1].

Arbres epineux.

Argan fruit.

Maniere de vivre de ce peuple.

Les peuples qui habitent en cette region ont coutume d'user quasi en tout temps de pain d'orge, lequel est plus tost fait en forme de gateaux qu'autrement, et sans levain, le faisans cuire d'une terrible maniere ; car ils le mettent en certaines poiles de terre faites à la mode de celles dont on couvre les tartes en Italie, et s'en trouve peu qui le facent cuire

---

1. « L'huile de hergan, helgan ou argan, est un des produits du pays de Sous ; l'arbre qui la fournit ressemble au poirier, si ce n'est qu'il s'élève seulement à la hauteur du bras et qu'il n'a pas de tronc ; les rameaux sortent immédiatement de la racine et sont garnis d'épines. Ses fruits ressemblent à des prunes noires. On les met en tas et on les laisse jusqu'à ce qu'ils se décomposent, puis on les place dans une poêle de terre que l'on met sur le feu. Alors on peut en extraire de l'huile dont le goût ressemble à du blé grillé. C'est un aliment sain et agréable, qui échauffe les reins et facilite l'écoulement des urines » (El-Bekri, *Description de l'Afrique septentrionale*, pp. 357-358).

dans le four. Ils ont encore une autre usance de faire le pain, lequel est tresord et sans saveur, qu'ils appellent en leur langue *Elhasid*[1], pour lequel apreter font bouillir de l'eau dans une grande chaudiere là où ils mettent de la farine, et avec un baton la remuent souvent, jusques à ce qu'elle soyt cuite, puis la renversent dans un grand bassin, ou autre chose, et après y avoir fait une fosse au milieu, la remplissent de telle huile qu'ils ont. Lors, toute la famille de la maison se met tout autour, assise ou autrement, et sans s'aider de cuilieres, chacun ravit à belles mains ce qu'il en peut avoir, ne cessans de devorer cette viande, jusques il n'y en demeure un seul morceau. Mais quand ce vient à la saison de primevere, ils ont coutume de faire bouillir la farine avec du laict, et en lieu d'huile, ils y mettent du beurre, faisans cecy au souper seulement, pour ce qu'en temps d'yver, à l'heure du disner, ils saucent leur pain dans le miel, et l'esté, le mangent dans le laict et avec le beurre. Ils usent de chair bouillie avec des feves et oignons ou bien avec une autre viande qui est par eux appellée *Cuscusu*, et à leur repas ne s'aident de napes, tables, ny treteaux, mais etendent sus la terre quelques cuirs en forme ronde, sus lesquels ils prennent leur refection.

Elhasid, une sorte de pain que mangent ceux de Hea.

Des cuirs dont usent ceux de Hea au lieu de napes.

---

1. *El-a'cidèh*, العصيدة, est une bouillie épaisse faite avec la farine d'une espèce de sorgho appelé *bechna*, بشنة. Elle est généralement assaisonnée à l'huile. C'est le mets national des Berbères du Maroc.

Des habits et coutumes du mesme peuple.

La plus grande partie de cette nation porte pour habillement un gros drap de laine, qu'ils appellent *Elchise*[1], lequel est fait à la semblance d'un simple loudier, de quoy l'on couvre les lits en Italie, et se l'entortillent autour d'eux bien etroitement, se ceignans au-dessous des hanches avec un bandeau de laine, duquel ils se couvrent les parties secrettes; sur la teste, portent quelques petites bandes de laine, qui ont cinq coudées en longueur et deux en largeur, qu'ils teignent avec l'ecorce qu'ils tirent de la racine des noyers, et s'en envelopent la teste, en les attachant de maniere que le sommet leur vient à paroitre, qui demeure tousjours decouvert; et ne se trouve personne qui use de porter bonnets, sinon les vieillars et gens de savoir s'il y en a, et sont ces bonnets doubles, ronds, et de mesme hauteur que ceux lesquels portent les medecins en Italie. Il s'en trouve bien peu qui portent chemises, tant pour ce que les terres de ce païs là ne produisent point de lin, comme pour n'y avoir personne qui les sache acoutrer ni ourdir. Leurs sieges sont de certaines couvertures pelues, et de joncs, sans estre tissues : leurs litz sont faits de quelques esclavines pelues, qui ont

---

1. *El-kissa*, الكسا, est le nom générique du vêtement; *el-khichèh*, الخشة, désigne, en Algérie et dans le Maghreb, une sorte de toile grossière.

en longueur de dix à vint coudées, dont une partie sert de materas, et l'autre de linceul et couverture; et en temps d'yver, mettent le poil par dedans, et l'esté par dehors. Les coussins et oreillers sont faits en sorte de petits sacs, pleins de laine, fort gros et aspres, en maniere des couvertures de chevaux qui viennent de Turquie.

Les femmes, pour la plus grande partie, vont la face decouverte, et use ce peuple de vases de boys qui sont faits non pas au tour, mais avec le couteau ou burin; et les potz et chauderons sont tous de terre.

Ceux qui n'ont encore prins femme ne portent point de barbe. Neantmoins, après s'estre mariez, ils la laissent croitre. Ils ont peu de chevaux; toutes foys, ils sont usitez à courir et galoper parmy ces montagnes d'une course si prompte et agile, qu'ils ressemblent à chats, et n'ont point de fers aux pieds. On ose de labourer les terres avec asnes et chevaux en cette region, et y a grand'quantité de cerfs, chevreuils et lievres, à la chasse desquels les habitans du païs ne s'adonnent aucunement. Et une chose semble fort etrange, qu'il ne s'y trouve nuls moulins, veu qu'il y a assez de fleuves et rivieres, ce qui avient à cause que chacun a dans sa maison des instrumens tous propres pour faire moudre le blé, et les femmes gouvernent et tournent ces instrumens avec leurs propres mains.

Là n'y a moyen de pouvoir aprendre science aucune; et ne se trouve personne qui en ayt la cognoissance, sinon quelque simple legiste, lequel n'est chargé d'aucune autre vertu, ny savoir que bien à la legere. Il n'y a semblablement homme qui entende un seul point en medecine, ny qui face profession de barbier, encore moins d'apoticaire. Et le seul point où consiste la plus grande partie de leurs remedes est à cauteriser avec le feu, comme les bestes. Vray est qu'il y a aucuns barbiers, mais ils ne se meslent d'autre chose que de circuncire les enfans. En ce païs-là, ne se fait aucun savon, en faute de quoy on use des cendres. Finablement, ce peuple est tousjours en guerre, laquelle est demenée en telle sorte que tous les etrangers peuvent s'acheminer en leurs païs à seureté, sans qu'il leur soyt dit ou fait aucun outrage. Et avenant que quelqu'un d'entre eux se vousist transporter d'un lieu en autre, il fault que l'un de ceux de la partie adverse, (femme ou religieux, qui que ce soyt), luy face escorte et serve de guide.

Quant à la justice, ceux-cy ne savent ce que c'est, et ne s'en parle en leur païs en sorte que ce soyt, mesmement entre ces montagnes, là où il n'y a prince, ny seigneur pour les gouverner; et à peine peuvent tenir les principaux et apparens quelque apparence de magistrat dans les murailles des citez, lesquelles sont en petit nombre; mais il y a plusieurs petites villes, chateaux et bourgades, dont les unes sont plus grandes, les autres plus petites, et commodement situées, comme je vous feray entendre le tout particulierement.

Des villes et citez contenuës en la region de Hea, et premierement de Tednest.

Tednest[1] est une ancienne cité située en une assez

> 1. تدنست. « Tednest, dit Marmol, est la principale ville de la province de Hea qui a esté fondée par les anciens Africains de la tribu de Maçammoda et est bastie à l'entrée d'une belle plaine. Elle a plus de trois mille habitations ; ses murailles sont de bois et de carreaux de terre liez avec du plastre, qui rendent la cloison plus forte. Ses maisons sont basties de mesme. Elle est bordée d'une rivière dont la source n'est pas loin et les bords remplis d'arbres fruitiers et de toutes sortes d'herbes potagères. La plupart des habitans sont bergers et laboureurs qui vont travailler et mener leurs troupeaux aux champs. Il y a aussi quelques gens de mestier comme cordonniers, tailleurs, serruriers, charpentiers, quantité d'orfèvres juifs et des marchands qui ne vendent que des estoffes fort grossières de la façon du païs ou qui trafiquent en toile que l'on apporte de Safi où les marchands chrétiens la vont échanger contre de la cire et des cuirs...... Il y a un hospital pour les pauvres qui passent où ils sont nourris un jour, des aumosnes des particuliers, et au milieu de la ville, une grande mosquée bastie par Jacob ben Joseph, roy de Maroc, de la race des Almoravides......... Cette ville a été ruinée plusieurs fois, mais particulièrement lorsque les Almohades se rendirent maistres du royaume de Maroc et qu'Abdulmumen l'alla assieger, car, ne s'estant pas voulu rendre, il la reduisit en tel estat après l'avoir forcée, qu'elle ne pouvoit plus servir que de retraite aux bestes farouches. Mais comme le païs est fertile et agréable, elle fut incontinent rebastie et repeuplée. Depuis quarante ans, elle s'est rendue fort illustre par la faveur des Chérifs à cause qu'elle a esté l'une des premières qui a pris leur parti. Nous dirons à cette heure comme le roy de Portugal la prit et la garda quelque temps et comme les Chérifs la recouvrèrent.
>
> « L'an 1514, le Chérif Mahomet et ses deux enfans qui furent rois de la Tingitane s'estant rendus maistres de la province de Hea, le père establit sa demeure dans la ville de Tednest et y bastit un palais sompueux accompagné de quantité de jardins et de réservoirs d'eau pour l'arroser. C'estoit comme sa place d'armes contre les Chrestiens de Safi et d'Azamor qui couroient toutes ces provinces sous la conduite d'un capitaine africain (Yahia ibn Tafouf), vassal du roy de Portugal, qui avoit la plus grande partie

belle et plaisante plaine, toute ceinte de murailles qui sont faites de bricque et craye. De mesme matiere sont baties les maisons et boutiques de la cité, qui

des Arabes de Garbié et des Africans à sa dévotion et pouvoit faire quinze mille chevaux et cent mille hommes de pied. Il estoit ennemi mortel des Chérifs et grand ami d'un chevalier portugois qui commandoit dans Safi, appelé Nugno Fernandez d'Atayde, l'un des plus braves capitaines de son tems en Afrique. Ces deux chefs, ayant eu advis que le Chérif estoit dans la ville de Tednest avec ses deux fils et la fleur de ses troupes, résolurent de l'assiéger et de luy donner bataille s'il sortoit, pour luy faire perdre son crédit et sa réputation. Prenant donc avec eux quatre cens cavaliers chrestiens, trois mille chevaux maures et huit cens fantassins arabes de Duquela, ils marchèrent contre Tednest, mais cela ne peut se faire si secrétement que le Chérif n'en fut averti. Il sort aussitôt au devant d'eux avec quatre mille chevaux et comme il fut dans une rase campagne à quatre lieuës de Tednest et à dix-huit de Safi, il rencontre l'avant-garde que conduisoit le capitaine africain dont nous avons parlé et quoyqu'il fust déjà tard, il luy donne bataille ; mais il fut vaincu avant mesme que Nugno Fernandez arrivast avec l'arrière-garde et poursuivi jusqu'à la nuit avec grand carnage. Les Chrestiens s'estant mis de la partie et ayant fait plus de deux cens prisonniers, il y mourut huit cens hommes des ennemis sans que le capitaine africain en eût perdu que cent douze et les Chrestiens pas un seul. Le butin fut grand de plus de trois cens mille pieces de gros et de menu bestail avec quantité de chevaux, de chameaux et de mulets, et le Chérif se sauva avec ses enfans à toute bride. Après cet exploit, les victorieux s'estant approchés de la ville de Tednest s'en emparèrent sans aucune résistance, parce que le Chérif n'étoit pas d'humeur à sousteinr un siége, et que la plupart des habitans à son exemple s'estoient retirez dans les montagnes. Nugno Fernandez y demeura quelque tems à traiter avec ceux de la contrée qui se venoient soumettre à luy. Sur ces entrefaites, arriva Dom Juan de Meneses, gouverneur d'Azamor, avec six cens chevaux et mille hommes de pied pour estre de la partie. Ils ravagèrent donc ensemble les terres des Maures qui ne vouloient pas composer et se retirèrent aussi bien que leurs alliez après en avoir pris et tué un grand nombre. Ainsi Tednest et plusieurs lieux de la contrée demeurèrent au roy de Portugal jusqu'à ce que le Chérif eut remis une armée sur pied et fait soulever la ville qui a toujours esté depuis à luy ou à ses enfans, comme elle est encore aujourd'huy » (Marmol, *L'Afrique*, t. II, pp. 7-9).

peut contenir environ deux mille cinq cens feux et plus. Hors d'icelle sourd un petit fleuve qui cotoye les murailles, où se voyent quelques boutiques de marchans de draps qui se portent en ces parties-là et de toiles qu'on y transporte du royaume de Portugal. Là il n'y a point d'artisans autres que marechaux, couturiers et de Juifs orfevres. Il n'y a point d'hoteleries, etuves ny boutiques de barbiers en aucun endroit de cette cité, qui fait que, passant par icelle, un etranger va loger en la maison de quelque sien amy ; et n'y ayant aucune cognoissance, les gentils hommes de la ville jettent par sort qui sera tenu de l'heberger ; tellement, que par ce moyen, tous etrangers ne sauroyent avoir faute de logis, à cause que les habitans se delectent merveilleusement de caresser un passant et luy faire honneur, en recognoissance duquel, par honnesteté et courtoisie, l'etranger est tenu de laisser quelque present à celuy qui, avec humanité grande, l'a receu en sa maison. Et s'il y a aucun passant lequel ne se mesle de marchandise, il est en son liberal arbitre d'elire et prendre tel logis de gentilhomme qui meilleur luy semblera et y loger, sans payer aucune chose, s'il ne luy vient à gré. Mais si, par cas fortuit, un pauvre homme survient, il luy est ordonné un hopital, qui n'a esté fait à autre fin que pour y recevoir et heberger les pauvres.

La maniere de loger les etrangers en la ville de Tednest.

Hopital.

Au milieu de la cité, y a un temple fort grand et tresantique, assez bien edifié de pierre et chaux, lequel fut bati du temps que ce païs icy estoit reduit sous la puissance du roy de Maroc; et y a une grande citerne au milieu de ce temple où est ordonné un grand nombre de prestres et autres gens pour la garde et gouvernement d'icelle. Il y a bien encore d'autres temples et lieux pour faire oroison, mais ils sont petis, etrois, enlevés et illustres, toutesfois d'une belle fabrique et avec tresbon ordre et police gouvernez.

En cette cité y a cent maisons de Juifs, qui ne sont sujets à payer tribus ordinaires, mais, en donnant honnestes presens, sont favorisez et suportez des gentils hommes. Il n'y a guere d'autres habitans que de Juifs, qui tiennent le logis de la monnoye et en font batre qui est d'argent, une once duquel suffira pour faire jusques à la quantité de cent soisante aspres, qui sont semblables à certaine monnoye qui court en Hongrie, ne differant en rien à icelle sinon en quadrature; et n'y a en la cité douane, gabelle, ny aucun autre office pour lever les droits seigneuriaux. Mais s'il avient que, pour aucune urgente affaire, la commune soyt contrainte de faire quelque depence, alors tous les gentils hommes s'assemblent et compartissent egalement l'impot, selon que la qualité des personnes le peut comporter.

Cette cité fut ruinée l'an neuf cens dix-huit de l'Hegire : au moyen de quoy tous les habitans d'icelle gaignerent les montagnes de vitesse, et de là se transporterent à Maroc. La cause de cette prinse fut que le peuple s'aperceut comme les Arabes voisins

Cent maisons de Juifs en Tednest.

Aspres, semblable monnoye que celle de Hongrie.

de cette cité avoyent fait complot et arreté avec le capitaine des Portugalois (qui demeuroyt en Azafi), de la livrer entre les mains des Chretiens. Et je veys cette cité après qu'elle fut demolie, dont les murailles estoyent toutes par terre, et les maisons qui servoyent de nids aux corneilles et autres oiseaux, qui fut en l'an neuf cens et vint (A. D. 1514).

<small>La cité de Tednest ruinée.</small>

<small>De Teculeth.</small>

TECULETH[1] est une cité assise en la cote d'une montagne et contient environ mille feux. Elle est prochaine de Tednest du coté d'occident dix-huit milles, et à coté d'icelle prend son cours un petit fleuve, le long duquel, sur toutes les deux rives, sont

1. تكرت (Tegouret). Teculet a été fondée par la lignée de Muçamoda et contient plus de quinze cens habitans. Elle est sur la pente d'une montagne et a un petit port assez proche avec un vieux chasteau nommé Aguz où est l'embouchure de la Drine. La place n'est pas forte et les murailles ne sont que de terre avec force brèches que le tems y a faites. Les maisons sont basties de mesme et fort mal agencées..... Cette ville fut détruite par Abdulmoumen de la race des Almohades et demeura longtems sans habitans. En l'an mille cinq cens quatorze, Nugno Fernandez accompagné de Yahaia ben Tafuf la saccagea et envoya en Portugal quantité d'esclaves de l'un et de l'autre sexe. Les Cherifs la repeuplèrent depuis et y firent retourner les habitans qui s'estoient sauvez dans les montagnes et d'autres gens de divers endroits..... Le peuple est fort civil envers les estrangers et plus riche que celuy de Tednest parce que le païs est meilleur et qu'il y a des plaines très fertiles au-dessous de la place. Il y a force ruches d'abeilles le long de la pente de la montagnes d'où ils tirent quantité de cire qu'ils vendent aux marchans de l'Europe. A l'un des costez de la ville est une synagogue où il y a plus de deux cens maisons tant de marchans que d'artisans qui sont plus riches et mieux traitez que ceux de Tednest. La forteresse de la ville est une tour fort antique attachée contre la muraille au lieu le plus éminent et qui commande à toute la place. C'est là aussi bien que dans la mosquée que les habitans se retiroient dans les alarmes, comme en lieu de seureté contre des combats de main » (Marmol, *L'Afrique*, p. 14).

assis plusieurs jardins pleins de diverses sortes de fruits. Dans la cité se trouvent plusieurs puys d'eau douce et claire. Outre ce, il y a un temple d'assez belle prospective, avec quatre hopitaux pour les pauvres et un autre pour les religieux. Les habitans de cette cité sont plus opulens que ceux de Tednest, pour autant qu'elle est fort prochaine d'un port qui est sur la mer Oceane, lequel est appellé Goz[1], et vendent là du grain en grande quantité, à cause qu'il y a devers un des cotés d'icelle une tresbelle et spacieuse plaine. Ils vendent semblablement et delivrent de la cire aux Portugalois; au moyen de quoy, ils vont assez bien en ordre et maintiennent leurs chevaux fort bien en harnoys et bon equipage. Au temps que je fus en ce païs-là, il y avoit un gentilhomme en cette cité, qui avoyt telle preeminence sur le conseil que sauroyt avoir un prince; et s'appuyoit-on sur luy de tout le gouvernement, tant pour distribuer les tribus dont ils sont redevables aux Arabes, comme à traiter paix et passer accord entre iceux et le peuple de la cité, dans laquelle celuy-cy possedoyt de gran-

---

1. Goz est le Ribath Khouz, aujourd'hui en ruines, qui s'élevait à l'embouchure du Ouad Tensift. Cf. Carette, *Description géographique de l'empire du Maroc*. Paris, pp. 200-201. « Couz, dit el-Bekri, est le port d'Aghmat et possède un ribath occupé par des gens dévots » (*Description de l'Afrique*, traduite par le baron Mac Guckin de Slane, Paris, 1859, p. 202) et il ajoute plus loin : « le *ribat* de Couz, situé sur l'Océan environnant, sert de port à Aghmat. Les navires y arrivent de tous les pays, mais ils ne peuvent reprendre la mer que dans la saison des pluies, lorsque le ciel est obscurci et l'atmosphère brumeuse. »

des richesses qu'il dependoyt liberalement à se faire bien vouloir et acquerir les cœurs d'un chacun s'il eut peu, et convoiteux au possible de se veoir en la grace de tous. Avec cela, il avoyt les pauvres en singuliere recommandation, aidant et survenant avec le sien propre aux affaires du peuple, tellement qu'il n'y avoyt celuy qui ne luy portast affection telle que de fils à pere. Et de cecy je puis rendre bon et suffisant temoignage, car je ne fus seulement, à la verité, acertené de ces choses, mais encore je logeay par plusieurs jours en la maison de ce bon seigneur, là où je veys et leus beaucoup d'histoires et chroniques d'Afrique. Neantmoins, quelque temps après, il perdit la vie avec un sien fils en une guerre qu'ils eurent contre les Portugalois. Cecy avint en l'an de Mahommet neuf cens vint et troys, et de Jesuchrist mil cinq cens dix sept. Cette cité aussi fut mise en ruine, et partie du peuple prinse, l'autre passée par le trenchant de l'epée, et le reste gaigna le hault, comme nous en avons amplement traité aux histoires modernes d'Afrique.

Des vertuz d'un gentilhomme de Teculeth.

Fin et ruine de la cité Teculeth par les Portugalois.

HADECHIS [1]

De Hadechis.

Huit milles près de Teculeth en la plaine, est

---

1. اسكنا. « Hadequis est une petite ville fermée de hautes murailles et de tours basties de chaux et de moilon. On tient qu'elle a été fondée par les naturels du païs... A l'un des costez de la ville est le quartier des Juifs où il y a plus de cent cinquante maisons, tant de marchans que d'artisans qui ont

assise la cité Hadechis du coté de midy, laquelle fait environ cent feux ; et sont faites les murailles d'icelle, aussi les temples, boutiques et maisons de pierre vive et dure. Il y a un fleuve qui traverse cette cité, sus les rives duquel y a plusieurs vignes et treilles, et dans le circuit d'icelle se trouve un grand nombre de Juifs artisans.

Les habitans y font batre la monnoye d'argent, et vont assez bien en ordre avec ce qu'ils se delectent fort d'avoir de beaux chevaux, à cause qu'ils trafiquent tousjours et exercent le train de marchandise, ayans coutume une foys l'année de faire entre eux une foire où s'assemblent ceux des montagnes circonvoisines qui ont plutot, (à dire vray), conformité avec les bestes brutes qu'aucune apparence de raison humaine : et se trouve, en cette foire qui dure l'espace de quinze jours, une grande quantité d'animaux, beurre, huile d'argan et aussi du fer et des laines et draps du païs. Parmy ce

Belles et gratieuses femmes : hommes bestiaux et jaloux.

liberté de conscience... Il n'y a pas de lieu dans la province où les femmes soient plus belles ni plus blanches et de meilleure grâce et où elles se piquent plus de gentillesse et de galanterie, mais elles aiment fort les estrangers et leurs maris sont bien jaloux. Quoyqu'ils soyent assez propres à leur mode et que quelques-uns aillent à cheval, ils sont neantmoins fort brutaux et s'entretuent pour la moindre occasion. Nugno Fernandez d'Atayde accompagné d'Yahia prit cette ville d'assaut l'an 1514 et emmena les plus belles esclaves qu'il y ait eu depuis longtems en Portugal. Les Chérifs la repeuplèrent depuis, et les habitans sont fort riches à cette heure, parce qu'ils ne sont plus incommodez des courses des Chrestiens depuis que le roy de Portugal a quitté la ville de Safi et labourent et moissonnent en toute asseurance. Du reste, il n'y a ni forteresse ny aucun bastiment considérable dans toute la ville » (Marmol, *L'Afrique*, t. II, p. 16).

peuple icy, il se trouve des femmes douées d'une parfaite beauté, blanches, mediocrement replettes, et surtout plaisantes et de bonne grace. Mais les hommes sont bestiaux et eguillonnés d'une jalousie demesurée, tellement qu'ils ne seront jamais à leur aise que premierement, ils n'ayent tiré la vie du corps de ceux qui ont affaire avec leurs femmes. Il n'y a juge entre eux ny homme de lettres qui puisse obtenir le maniement des offices civils, pour ce que le tout est remis entre les mains des principaux, qui gouvernent selon que leur vouloir les guide et comme ils l'entendent ; toutesfoys, ils ont des prestres et autres ministres pour se prendre garde aux choses spirituelles et icelles administrer. Les impots et gabelles n'y sont plus grieves qu'aux autres citez.

Je logeay aussi une foys en la maison d'un de ces prestres qui estoit homme de prompt et subtil entendement, se delectant merveilleusement de la rhetorique Arabesque ; et pour cette seule occasion, il me retint en sa maison plusieurs jours, pendant lesquels je luy leus un petit œuvre qui en traitoyt amplement ; au moyen de quoy, il ne me pouvoit assez carresser, ny montrer suffisant signe d'amitié ; et ne me laissa departir, que premierement, il ne me feist plusieurs dons et presens. De là je feys retour à Maroc, là où il me fut dit que les Portugalois avoyent ruiné cette cité dont les habitans se retirerent aux montagnes en l'an neuf cens vingt et deux de Mahommet, au commencement de l'année que je feys depart de mon

<small>Hadechis ruinée par les Portugalois.</small>

païs, courant l'an de Jesuchrist mil cinq cens et seize.

HEUSUGAGHEN[1] est une petite cité faite en forme d'une forteresse sur une grande montagne, distante de Hadechis deux milles devers midy, pouvant contenir environ quatre cens feux ; et court un petit fleuve au-dessous de la cité, dans laquelle, ny au dehors, ne se voyent aucunes vignes, jardins, ny arbres portans fruits; et la raison est que les habitans sont si peu soigneux et tant laches, qu'ils se contentent de peu, se passans legerement avec un peu d'orge et d'huile d'argan ; et vont nus pieds, fors quelques-uns qui ont coutume de porter souliers de cuir de beuf et de chameau. Ils sont en continuelle

Heusugaghen.

1. اسوغاغن. « Eusugaghen est une place forte à trois lieuës de la ville de Hadequis du costé de midy. Elle a esté bastie par ceux du païs et est fort ancienne et d'une situation tres avantageuse. Car elle est sur une haute montagne au pied de laquelle passe un ruisseau qui pourroit bien servir pour le jardinage, mais les habitans sont si sauvages qu'ils ne s'amusent pas à dresser des jardins. Ils vivent de farine d'orge, de l'huile d'erquen et de chèvres. Les hommes et les femmes brossent sans souliers à travers ces montagnes et ont des crevasses qui vont jusqu'à l'os... Leur commerce est de miel et de cire qu'ils vendent aux marchans chrestiens, encore ne savoient-ils ce que c'étoit que de la cire avant la venuë des Portugois et la jettoient. Ils n'ont ni honneur ni connoissance du bien et ne songent qu'à se venger de leurs ennemis et à les tuer s'ils peuvent en trahison, qui est ce qu'ils estiment le plus. Enfin, ce sont les plus cruels et les plus brutaux de toute la Barbarie et celuy qui n'a pas tué douze ou quinze hommes n'est pas tenu pour brave. Comme leur montagne est si roide qu'on n'y sauroit aller qu'à pied, ils n'apprehendoient pas les courses des Portugois, aussy n'ont-ils ny chevaux, ni bœufs, ni autre bestail que des chevres et font plus de trois mille combattans, quoy qu'il n'y ait pas plus de cinq cens maisons dans la ville » (Marmol, *L'Afrique*, t. II, p. 16).

guerre avec ceux de la campagne, là où ils se tuent l'un l'autre sans s'epargner en sorte que ce soyt. Là il n'y a ny juges, ni prestres, encore moins homme de reputation pour rendre droit à ceux qui le requierent, pour ce qu'ils n'ont ny foy, ny loy, sinon au bout de la langue.

En toutes les montagnes de leur pourpris, ne se trouve aucun fruit, sinon force miel, duquel ils usent et mangent; puis ils vendent le reste à leurs voisins, jetant la cire avec les autres immondices. Il y a un petit temple où ne sauroyent resider plus de cent personnes, à cause qu'ils ne se soucient grandement de devotion ny de honnesteté; et en quelque part qu'ils s'acheminent, ils portent poignars, picques ou autres longs bois dont ils font plusieurs homicides, etans traitres et mechans. Je fus une foys en cette cité avec le prince Serif[1], de la region d'Hea, lequel y vint pour pacifier le peuple; et ne vous sauroys exprimer com-

---

1. Le prince Chérif dont parle ici Léon l'Africain est le Chérif Mohammed qui prétendait faire remonter sa généalogie jusqu'à Aly fils d'Abou Thalib. Il était connu sous le nom de Ech-Chérif el-Housseiny. Il mourut en 926 (1519) et eut pour successeurs ses fils les Chérifs Ahmed et Mohammed qui enlevèrent aux Portugais les places qu'ils possédaient sur les côtes du Maroc, à l'exception de Tanger, de Ceuta et de quelques autres points. Le Chérif Ahmed enleva la ville de Merrakech à Mohammed ibn Nassir Hentaty et se rendit maître de Fès après la défaite et la mort de Maulay Yahia. Il mourut en 942 (1535).

On peut consulter, pour cette période de l'histoire du Maroc, l'*Histoire des Chérifs* de Diégo Torres, traduite par le duc d'Angoulême et insérée par Marmol dans sa *Description de l'Afrique*, t. I, pp. 443 et suivantes, et la *Nouzhet el-Hady, Histoire de la dynastie saadienne au Maroc* (1511-1670), publiée par M. Houdas, Paris, 1889.

ET DESCRIPTION DE L'AFRIQUE 145

bien de noises, discors, querelles, meurtres, brigandages et voleries forge cette canaille. Or, ne se trouvant auprès du prince aucun juge, ny docteur, il me pria tresinstamment que je voussisse prendre la peine de les accorder et terminer leurs differens. Parquoy comparut incontinent devant moy une grande assemblée de gens, entre lesquels tel y avoyt qui, se plaignant, disoyt qu'un autre avoyt tué huit hommes de sa lignée, et luy de en avoir mis à mort de la famille de l'autre jusques au nombre de dix, dont, pour estre d'accord et faire paix, demandoyt telle somme de ducas que la coutume ancienne le portoyt. L'autre repliquoyt qu'à meilleur droit, la quantité de l'argent en l'ordonnance contenue luy devoit estre adjugée, consideré qu'il avoit moins fait mourir des gens de celuy qui contestoyt à l'encontre de luy, qu'il n'avoit fait des siens.

Le premier alleguoyt et mettoit en ses defences, que, irrité de juste querelle, il les avoit occis, pour autant que par fraude, ils luy avoyent fait perdre et enlevé une possession, qui luy estoit echeuë par droit hereditaire ; et que suivant cecy, l'autre, à grand tort, avoit contaminé ses mains du sang de ses parens, seulement pour faire injuste vengeance de ceux qui à grand raison avoyent esté meurtris, pour autant que, contre tout droit, ils s'usurpoyent le bien d'autruy, là où ils n'avoyent que contester. Cette cause icy ne seut prendre fin encore qu'elle fust debatue jusques à la nuict, et ainsi que plus je me

<small>L'auteur prié du prince Serif pour juger du different de quelques-uns du peuple de Ileusugaghen.</small>

efforçoys de tout mon pouvoir à les accorder et mettre en bonne paix, n'en pouvant nullement jouyr, environ l'heure de minuit, voicy arriver l'une et l'autre partie qui vont donner commencement à une fort aspre et dangereuse meslée, voire jusques à s'entrebatre. Ce que voyant le prince, et se doutant de quelque trahyson, fusmes tous de cet avis, que etoit pour le mieux, de nous absenter de là; au moyen de quoy le deliberer et mettre en effect fut quasi tout un, car nous prismes incontinent la route d'Ighilinghighil. Et a esté cette cité tousjours jusques à present habitée de gens qui craignent bien peu les outrages des Portugalois, sans estre en rien intimidés par leurs menaces, à cause que les montagnes leur servent de rampart.

De Teijeut.

Teijeut[1]

Entre les montagnes dedans la plaine il y a une

---

1. نجوت, Tidjout. Cette ville est appelée Téchevit par Marmol. « C'est, dit-il, une ville ancienne qui a des murailles de brique et est peuplée de naturels du païs. Elle est bastie dans une plaine environnée de montagnes à quatre lieuës de l'Eusugaguen du costé du couchant. Les habitans sont riches et ont beaucoup de terres où ils sement de l'orge et nourrissent des troupeaux... Les habitans sont fort courtois aux estrangers et il y a parmi eux trente familles d'artisans juifs qui vivent en toute liberté. Les Portugais prirent cette place en 1514, après la prise de Tednest et la venue de dom Jean de Meneses, gouverneur d'Azamor; pour n'estre pas aperceus, ils gagnèrent, avec beaucoup de peine, le haut d'une montagne fort roide d'où ils vinrent fondre sur la ville, mais leur marche ne pût estre si secrette que les habitans n'en eussent le vent, de sorte qu'ils se sauvèrent avec leurs femmes et leurs enfans. On en prit pourtant plus de cin-

petite ville qui s'appelle Teijeut, distante de Ileusughaghen environ dix milles, laquelle contient troys cens feux, estant fermée et ceinte de bricques; et sont les habitans d'icelle tous laboureurs, dont le terroir est bon pour y semer de l'orge et non autre grain. Ils ont assez de jardins qui sont pleins de vignes, figuiers, peschers, et avec cela, ils nourrissent des chevres en grande quantité. Il s'y trouve aussi plusieurs lyons qui devorent beaucoup de leurs bestes. Nous y demeurasmes, par cas d'aventure, une nuict et prismes pour logis une petite cabane qui estoit à peu près ruinée, là où ayant mis bonne provision devant noz chevaux, et après les avoir attachez là où nous pensions qu'ils deussent estre mieux, nous etoupames l'entrée de l'huis avec force epines. Ce qu'ayant fait à cause de la grande chaleur qui nous pressoyt, (estant le moys d'avril), nous deliberames de grimper au plus hault de la maison prendre la frescheur et dormir decouvers. Or, il avint, qu'environ la minuit, vont arriver deux lyons, grans et gros outre mesure, lesquels s'efforçoyent d'oter les epines, sentant à l'odeur des chevaux qui commencerent à hannir, ronfler et jeter ruades, de telle sorte que nous doutions grandement que cette foible maison renversast, et que nous vinsions à

<small>L'auteur fut en grand danger par les lyons.</small>

quante dans la fuite, et après avoir pillé la ville on y mit le feu et l'on retourna aux Aduares (douars) ou habitations de Yahaïa fils de Tafuf. La ville fut repeuplée incontinent après, et l'on y vit plus en repos depuis que les Portugais ont abandonné Safic » (Marmol, *L'Afrique*, t. II, p. 17).

tomber dans la gueule de lyons, servans de proie et viande à ces cruelles et ravissantes bestes, qui enfin s'ecarterent ainsi que l'aube du jour commença à paroitre, laquelle nous n'eusmes pas plus tost apperceuë, que après avoir sellez et bridez les chevaux, nous reprimes nos erres, suivans le prince à la trace et à peine fusmes nous gueres eloignez de là, que la ruine de la cité s'ensuivit, dont le peuple fut en partie occis, et le reste mené en captivité au royaume de Portugal, qui fut en l'an de Mahommet neuf cens et vingt.

Tesegdelt

Tesegdelt. Tesegdelt[1] est une assez grande ville, assise sur une montagne, contenant environ huit cens feux,

---

1. تسكدلت. Le nom de cette localité se trouve cité sous la forme Tasegdlat dans Edrissi (édition de MM. Dozy et de Goeje, p. 87 de la traduction parue à Leyde en 1866) : elle est occupée par les Sekdal qui forment une des branches de la tribu des Sedouîkich (*Histoire des Berbères*, t. I, p. 294). « Cette ville, dit Marmol, est fort ancienne et a esté bastie par ceux du païs sur une haute montagne à quatre lieuës de Téchevit. Elle est ceinte d'une roche escarpée qui la rend comme imprenable. Il y a plus de mille feux et au pied de la ville passe la rivière de Téchevit qui est bordée de quantité d'arbres et dont la source n'est pas loin. Les habitans sont riches et ont de petits chevaux qu'on ne ferre pas, qui grimpent comme des cerfs parmy ces rochers. Ils se défendirent bravement des Arabes et des Chrestiens durant les guerres des Portugais, par l'avantage de leur situation. Mais le prétexte de la religion les soumit au Chérif qui en fit grand cas à cause de la force de la place et de leur valeur. Ils sont fort civils et reçoivent bien les estrangers, les entretenant et traittant agréablement. Il y a une belle mosquée au milieu de la ville, où il y a force *Alfaquis* dont le principal est juge tant au temporel qu'au spirituel. Mais il y a un gouverneur

ceinte et environnée de treshauts et inaccessibles rochers, tellement qu'elle n'a autrement besoin de murailles. Elle est distante de Teijeut environ douze milles du coté de midy et embellie d'un petit fleuve qui prend son cours par dessous iceux rochers, là où il y a un grand nombre de vergers abondans en toute sorte d'arbres fruitiers et mesmement en noyers.

Les habitans de cette cité sont fort opulens, ayant des chevaux une bonne quantité et en bon equipage, tellement qu'ils ne rendent aucun tribut aux Arabes avec lesquels ils sont continuellement à s'escarmoucher, si bien que le plus souvent, ils font de grans carnages d'iceux, pour la crainte desquels le peuple, qui fait sa residence en la campagne, transporte tous les grains dans la cité. Les habitans sont assés civils et bien moriginez mesmement à se montrer autant courtoys et affables, comme ils etendent volontiers leur liberalité ; car ils commandent expressement aux gardes des portes, qu'aussi tost qu'ils voyent arriver un etranger, de savoir de luy s'il a aucune cognoissance ou amys dans la cité ; et s'il repond que non, ils sont tenuz de l'heberger en leur logis ; et combien que tous etrangers sont exemptz de payer aucun tribut, ne laisse l'on pour cela à leur faire un tresgratieux et doux

<small>Gratieuseté envers les etrangers.</small>

<small>de la part du Chérif qui garde cette place comme la clef du pays et a soin de recevoir le revenu de la province et d'administrer la justice dans les causes qui sont de son ressort » (Marmol, L'Afrique, t. II, p. 17).</small>

accueil. Ce peuple est fort sujet à jalousie, mais au demeurant gardant sa foy inviolable. Au milieu de la ville, y a un somptueux temple entretenu par aucuns prestres et ont les habitans un juge docte et expert en la loy, lequel a coutume d'administrer justice en toutes choses, fors à l'endroit des criminels, sus lesquels il n'a nulle cognoissance.

Le terroir où l'on seme est tout sur les montagnes. Je fus aussi en cette ville par plusieurs jours avec le prince Serif en l'an de Mahommet neuf cens et dix neuf (A. D. 1513).

TAGTESSA[1]

Sur une haute montagne et ronde est edifiée une

---

1. تكزة. « Tegteza est encore une ancienne ville qui a esté bastie par les Africains de la tribu de Muçamoda, sur le faiste d'une montagne si roide qu'on n'y peut monter qu'en tournoyant et par un petit sentier qui est si étroit et si droit, qu'en quelques endroits, on monte par degrez creusez dans le roc. Cette place est à cinq lieuës de la précédente du costé du midy et n'a point d'autre eau que celle d'une rivière qui passe au pied de la montagne, et qui paraist proche de la ville quoyqu'elle en soit éloignée de plus de deux lieuës. Les femmes y descendent comme par une échelle pour laver et pour puiser de l'eau, car ce sont de petits degrez qu'on a taillez à coups de marteau. Ces habitans sont les plus fiers et les plus grans voleurs du païs, qui ne se soucient point de l'alliance de leurs voisins, parce qu'on ne sauroit grimper jusqu'à eux et que tant leurs troupeaux que leurs semailles sont au haut de la montagne. Enfin, c'est un peuple belliqueux et méchant dans une place imprenable. Ils n'ont point de chevaux parce qu'ils n'en ont de point besoin et le Chérif Mahomet disoit qu'ils luy avoient donné plus de peine que tout le reste du pays, car ils estoient libres alors et exigeoient tribut des Arabes qui passoient par là, ou les voloient » (Marmol, L'Afrique, t. II, p. 18).

ET DESCRIPTION DE L'AFRIQUE 151

ancienne cité nommée Tagtessa, pour à laquelle parvenir il fault monter comme par une viz en tournoyant autour de la montagne, qui est distante de Tesegdelt par l'espace de quatre milles. Au-dessous de cette cité prend son cours une petite riviere de laquelle boivent les habitans qui en sont elongnez environ de six milles, combien qu'il sembleroit à qui seroyt sur la rive que la cité ne fust pas qu'à un mille et demy de ce fleuve, et pour y parvenir les femmes sont contraintes de descendre par un bien etroit chemin, dont les degrez ont esté taillés à force de pics et autres ferremens. Les habitans de cette cité sont tous voleurs et hays de leurs voisins. Ils tiennent leur betail sur la montagne, estant tous leurs boys pleins de sangliers, et leur ville vuide de chevaux, si bien qu'on n'en y sauroyt trouver un seul. Les Arabes ne sauroyent passer par dedans la cité, ny au pourpris d'icelle, sans premierement avoir saufconduit et licence expresse par les habitans. Je y arrivay, en un temps qu'un grand nombre de locustes se posa sur le froment qui estoit pour lors epié ; mais la multitude d'icelles surpassoyt le nombre des epis de plus de la dixieme partie, tellement qu'à grand peine pouvoit on appercevoir la terre. Et ce avint en l'an neuf cens de l'Hegire (A. D. 1494).

Citoyens de Tagtessa voleurs.

EITDEUET[1] est une cité fort ancienne, edifiée par

Eitdeuet.

---

1. آيت داود. Il faut lire, au lieu de Eit devet, Aït Daoud ou Aït Diouit. Aït a, en berbère, la signification de tribu, clan, famille.

« Cette ville est aussi ancienne que les précédentes, fondée par ceux du les Africans sur une haute montagne, ayant à la sommité une belle et spacieuse plaine. Elle contient environ sept cens feux, et est elongnée de Tagtessa quinze milles, ou peu s'en fault, du coté de midy. Au milieu sourdent des fontaines d'eau vive et fresche, et elle est environnée de boys touffus epouventables et de haults rochers sur lesquels croissent des arbres en grande quantité. Il y a plusieurs Juifs artisans, comme marechaux, chaussetiers, teinturiers de drap et orfevres. On dit qu'anciennement les habitans de cette cité furent Juifs de la lignée de David, mais puis, les Mahommetans s'estant emparez de ce païs les reduirent à leur secte. Plusieurs d'entre eux

païs, à cinq lieuës de la dernière du costé du midy. Elle est dans une belle plaine au haut d'une montagne fort roide et environnée de deux rivières et de deux roches escarpées. Il y a dedans plusieurs sources d'une eau très-froide qui descend par des rochers couverts d'une forest de noyers et d'autres arbres à fruits. Quelques auteurs Africains disent que ce sont des Juifs de la tribu de Juda qui ont fondé cette ville, lorsque la loy de Moïse estoit establie en Afrique et qu'elle y demeura jusqu'à la venuë des Arabes qui l'obligèrent à prendre par force celle de Mahomet. Il y a des écoles et des collèges remplis de personnes savantes dans leur loy, et l'on y accourt de tous costez pour vuider les différends et pour passer des contrats et des transactions, parce qu'il y a des juges, des advocats, des procureurs et des notaires. La terre y est fort maigre et ne produit point de bled, de sorte qu'on y vit de farine d'orge et de chèvre, et c'est les régaler que de leur donner du mouton et de la farine de froment. Les femmes y sont belles et ont le teint blanc et vermeil, aussi les maris sont-ils fort jaloux. Les hommes sont disposts et robustes et se piquent de franchise et de libéralité. Les gens de lettres vont sur des cavales qu'ils font venir d'ailleurs, car il n'y en a point au païs. Il y a des marchans et des artisans Juifs qui demeurent en un quartier séparé et quelques teinturiers du drap du païs. Cette ville est fort bien traitée par les Chérifs, parce qu'elle prit leur parti d'abord et favorisa leur établissement » (Marmol, *L'Afrique*, t. II, p. 19).

sont merveilleusement doctes et expers en la loy, dont la plus grande partie d'iceux a les textes et decrets de la loy entierement imprimés dans la memoire. Et entre les autres, je y cogneus un vieillard qui savoit par cœur tout un grand volume intitulé *Elmudeuuaua* qui signifie autant comme le recueil des loix, là où sont contenus troys volumes : et dans iceux, sont les plus subtils et difficiles points de la loy, avec les conseils de Melie sur icelle[1].

Cette cité se pourroit quasi appeler un plaidoyer ou parlement où l'on donne expedition de toutes les causes et differens, car on y fait citations, criés, accors, instrumens et autres choses semblables, tellement que tous les peuples prochains y accourent. Ceux qui font profession de legistes ont le gouvernement, tant des choses qui concernent la spiritualité comme la temporalité. Mais le peuple ne leur rend pas grande obeyssance quant aux choses criminelles, ayant en cecy bien peu d'egard à leur autorité et savoir. Du temps que je passay par cette cité, je fus logé en la maison d'un advocat là où, un soir entre les autres, avint que plusieurs docteurs et legistes s'assemblerent, où à l'issue de table, fut meuë une telle question et

Des loix de Eitdeuet.

---

1. Il s'agit, dans ce passage, du *Kitab el-Mouwatta fil hadis*, كتاب الموطا في الحديث, composé par l'imam Malik ibn Ans, mort en 179 (795). Cet ouvrage a été l'objet de très nombreux commentaires. Hadji Khalfa a donné la liste de ceux qui sont le plus estimés dans le t. VI, pp. 264 et suivantes de son Dictionnaire bibliographique, publié par les soins de M. Flügel. Leipzig, 1835-1858.

dispute, assavoir s'il estoit licite de vendre et aliener ce que possedoit un seul citoyen en particulier, pour generalement subvenir aux affaires publiques; et là se trouva un vieillard qui, après en avoir donné son avis, l'honneur luy en fut adjugé pour avoir bien opiné sur toutes les autres, et s'appella Hagazzare[1], dont l'entendant ainsi nommer, me voulus enquerir d'aucuns quelle signifiance avoit ce nom, à quoy il me fut repondu qu'il denotoit autant comme boucher. Car tout ainsi (me dirent ils) qu'un boucher est tresexpert à trouver la jointure des os d'une beste, ainsi est il tressubtil et prompt à trouver le nœud des argumens, et soudre l'ambiguité d'une question appartenant à la loy. Ce peuple icy meine une vie fort austere et aspre, n'usant d'autre viande que de pain d'orge, huile d'argan et chair de chevre, sans qu'on fasse aucune mention de froment. Les femmes sont belles et colorées, et les hommes fort agiles et maniables de leurs personnes, ayant naturellement l'estomac fort pelu, et sont tresliberaux, mais jaloux outre mesure.

Comparaison d'un advocat à un boucher.

CULEIHAT ELMURIDIN[2]

Culeihat elmuridin est une petite forteresse située

1. الجزار, El-Djezzar.
2. قلعيات المريدين, Qouleyat el-mouridin (les petits châteaux des disciples religieux).

« A six lieuës de la ville que nous venons de dire, du costé du nord, est sur le sommet d'une treshaute montagne entre deux autres qui l'egalent en grandeur, où se trouvent de treshaults rochers et boys enserrez par tout leur tour; et ne sauroyt on monter en la forteresse, sinon par un etroit et bien petit sentier, qui est sur l'un des cotez de la montagne, dont d'une part sont les rochers, et d'autre le mont Tesegdet, qui est distant de Culeihat un mille et demy, et d'Eitdevet environ dix-huit milles. Cette forteresse a esté de notre temps edifiée par un nommé Homar Seiief[1], rebelle, chef et

une place forte sur une haute montagne qui en a plusieurs autres aux environs. On y monte par un chemin étroit et fort roide qui va en tournant et il n'y a point d'autre abord du costé du septentrion. Mais vers le midy, on y entre par la montagne de Tésegdelt qui vient jusqu'à demi-lieuë. Cette ville a esté bastie depuis cent ans par un Maure de Tésegdelt, nommé Omar qui devient en si grande reputation de sainteté, qu'à la faveur de ses sectateurs il se rendit presque maistre de la province et bastit cette ville pour leur servir de retraite et aller prescher de là leur nouvelle doctrine... Les habitans sont des Bérébères du païs qui ont quantité de troupeaux de chevres, mais peu d'autres, de sorte que leur principal exercice est de voler les passans, c'est pourquoy le seigneur du lieu entretenoit quelques arquebusiers et quelques gens de cheval. Cela les rendoit si odieux aux autres Africains et aux Arabes qu'ils les tuoient et brûloient où il les pouvoient attraper et faisoient le dégast aux environs de la place, de sorte qu'ils n'osoient semer, ni paistre leurs troupeaux dans la plaine. Le sépulcre de cet imposteur est dans la ville où son petit-fils a establi un pèlerinage qui dure encore, tant la brutalité de ces peuples est grande, d'aller faire leurs dévotions au sépulcre d'un homme qui a esté tué pour ses vices et d'adorer ses reliques » (Marmol, *L'Afrique*, t. II, p. 20).

1. « Omar Elmeghitî Echchiâdhmî, connu sous le nom de Esseyyâf (le bourreau), avait pris les armes après la mort du cheikh Eldjezoulî sous le prétexte de tirer vengeance de ceux qui avaient empoisonné le cheikh, celui-ci ayant, en effet, succombé aux effets du poison. Omar s'était présenté au peuple comme prétendant au trône, puis ayant retiré le corps du cheikh de sa tombe, il l'avait fait transporter à sa suite, et avait été vain-

conducteur des heretiques, qui fut predicateur pour son commencement; et ayant attiré à soy, par l'amorce de ses paroles alechantes, plusieurs disciples qui luy estoyent fideles et obeyssans, ce predicateur dissimulé exerça publique tyrannie et l'entretenant, il regna par l'espace de douze ans, auquel temps de luy proceda la ruine du païs; mais enfin, il fut occis par une sienne femme qui le trouva gisant et paillardant avec sa fille qu'elle avoyt conceuë d'un autre mary; à quoy la grandeur de cet execrable vice montra evidemment de combien sa mechanceté, qui le faisoyt vivre sans foy et sans loy aucune, deroguoyt à la religion qu'il dissimuloyt par une hypocrisie palliée, en laquelle il se maintenoit du commencement. Parquoy, après sa mort, le peuple se mutina, faisant passer par le fil de l'epée tous ses disciples et quiconque se trouvoyt avoir esté de la secte adherant à sa fauce doctrine : et après, un sien neveu la soutenant, s'empara de cette forteresse, s'en faisant seigneur et maitre, et soutint le siege de ses ennemys et du peuple d'Hea par l'espace d'un an entier, au bout duquel ils abandonnerent le siege et leur entreprinse, cognoissant à veuë d'œil leur effort estre de nul effect.

Ce seigneur icy est fort mal voulu de ses voisins à cause qu'il ne vit d'autre chose que de larrecins et

Un predicateur estant trouvé couché avec sa fille fut occis par sa femme.

queur de tous ses adversaires tant qu'il avait été accompagné de cette relique. Omar avait fini cependant par être tué à la suite d'événements qu'il serait trop long de raconter » (Eloufrâni, *Nozhet-Elhadi*, traduit par M. Houdas, pp. 35-36).

voleries, et pour cet effet, a certains chevaux dont il fait des courses sur les passans, leur otant le betail et le plus souvent les detient encore prisonniers; et avec certains fauconneaux, (á cause que le grand chemin est prochain de la forteresse environ un mille), il tue souventefoys les pauvres etrangers et passans, quoy faisant, il a tellement irrité le peuple du contour et acquis la malvueillance d'un chacun, qu'il ne sauroyt labourer, semer, ny tenir en sa puissance un demy pied de terre seulement hors le circuit de sa montagne, là où le corps de son oncle a esté par luy honorablement inhumé dans la forteresse, où il le fait adorer comme saint. Une foys, je ne say quelle fortune ou destin empecha que je ne fusse, en passant par là, attaint d'un boulet; au moyen de quoy, je me feys amplement informer de la vie et foy de cet heretique et des raisons qu'il avoyt contre le commun sentiment de la foy, de quoy j'ay fait un recueil sur l'abreviation de la chronique des Mahommetans.

Danger où l'auteur se trouva.

Ighilmghighil[1] est une petite cité qui fut anciennement edifiée par les Africans sur une montagne distante d'Eitdeuet environ six milles du coté de midy, contenant environ troys cens feux; en icelle plusieurs artisans font leur residence. Le terroir de cette cité est fort bon pour les orges et produit des huiles en grande quantité, semblablement du miel abondam-

Ighilmghighil.

---

1. اغل مغليل, Ighil Mighilil.

ment. Pour monter à la ville, on ne sauroyt autre chemin prendre qu'une bien etroite sente à coté de la montagne, si tresdifficile qu'à grande peine y sauroyt on aler à cheval. Les habitans sont fort liberaux, courageux et vaillans avec les armes en main, ayans continuelle guerre contre les Arabes, desquels ils rapportent ordinairement la victoire, à cause de la situation et qualité du lieu, qui est tresfort et quasi de nature inexpugnable, et se fait en ce lieu là grande quantité de vases qui se vendent, et transportent en divers lieux et croy que ce soit la seule place où ils se font entre toutes ces autres regions.

Tefethne, cité de port[1]

Tefethne est une forteresse qui fut edifiée en la

---

1. تفتنت, Teftent. Cette ville est appelée Teftana par Marmol. « Cette ville, dit-il, a esté bastie par les habitans du païs : les murailles et les tours sont de brique et de pierre de taille : tout auprès, il y a une rivière qui entre en la mer et c'est là que les vaisseaux se mettent à couvert pendant la tempeste. Elle est ceinte de grandes montagnes, où l'on fait paistre les troupeaux et où l'on seme de l'orge. C'estoit autrefois une république et il y avoit une doüane, où l'on prenoit dix pour cent de toutes les marchandises qui entroient et sortoient et l'on y chargeoit quantité de cire, de cuirs non conroyez et d'indigo pour la teinture des laines, ce qui servoit à l'entretien de la garnison. Elle est maintenant au Chérif qui y met un gouverneur avec quelques mousquetaires. Le peuple y est fort blanc et grand amy des estrangers à qui il fait plus d'honneur qu'à ceux du païs, et les loge et traite chez soy liberalement. Il n'y a pas plus de sept cens feux dans la ville. On y nourrit quantité de chèvres et l'on a de grans lieux à mettre des ruches » (Marmol, L'Afrique, t. II, pp. 21-22). Teftana de Marmol et Tefethne

province de Hea par les Africans sur l'Ocean, du coté de ponant, distante d'Ighilmghighil environ quarante milles, contenant jusques à six cens feux, et là où il y a un bon port pour petites navires, auquel aucuns marchans Portugalois ont coutume d'aborder pour trocquer leurs marchandises contre de la cire et peaux de chevres. La campagne qui l'environne est toute montagneuse et produit de l'orge en grande abondance. A l'un des cotés de la cité passe un fleuve assez spacieux pour recevoir les navires, lorsque fortune court sur la mer. Cette cité est ceinte de murailles, faites de bricque et de pierres entaillées, où il y a douane avec gabelle, dont le revenu est distribué à tous les habitans qui sont capables et suffisans à la tuition et defence de la cité, en laquelle y a assez de prestres et juges qui n'ont que veoir sur ceux qui commettent homicides, ou qui font blessures; ains si quelqu'un tombe en l'un de ces deux crimes, et qu'il soit trouvé par les parens de celuy qui est blecé ou tué, ils le mettent incontinent à mort: ce que n'avenant, la commune de la ville bannit pour sept ans celuy qui a perpetré le delict: et puis en payant ce qui est ordonné aux parens du defunct, il est absous de l'homicide.

Les habitans sont fort blancs, traitables et plaisans, honnorans plus tost un etranger qu'ils ne fe-

de Léon l'Africain est le port et la petite ville de Teftent, non loin d'Agadir ou Santa-Cruz. Teftent fut enlevé aux chrétiens en 1511 par le Chérif Abou Abdallah el-Qaïm biamrillah (Eloufrâni, *Nozhet-Elhâdi*, p. 30).

ront un de la cité mesme ; et tiennent un grand hopital pour respect des passans seulement qui y sont receuz, combien que la plus grande partie soit logée le plus souvent aux maisons des citoyens mesmes. Je fus en cette cité en la compagnie du prince Serif, là où je sejournay par l'espace de troys jours, qui me semblerent autant d'années, à cause de l'infinité des puces qui y sont, s'engendrans de la putrefaction de l'urine et fumier des chevres, que les citoyens nourrissent en grande quantité, les envoyans le jour paistre et brouter en leurs patis, et la nuict, les mettent aux galeries et allées de leurs maisons, là où elles se mettent à dormir tout auprés des portes et entrées de leurs chambres.

Des montagnes, contenuës en la region de Hea : et des habitans d'icelles.

Puis qu'ainsi est que j'ay parlé jusques icy particulierement des nobles citez qui sont en la province d'Hea, il m'a semblé bon de decrire ce que j'ay veu de recommendable par les montagnes de cette province mesme, n'obmettant rien que je penseray digne d'estre presenté devant tout benivole lecteur. Donques, la plus grande partie du peuple habite en ces montagnes, batissant journellement plusieurs maisons et edifices. La premiere partie du mont

<small>Premiere partie du mont Atlas.</small>

Atlas (qui est le lieu auquel les habıtans d'Ideuacal[1], font leur demeurance) prend son commencement à la mer Oceane ; et s'etendant du coté du levant jusques à Ighilinghilghil, separe la province d'Hea d'avec celle de Sus, estant située la cité de Tefethne sur le coupeau de sa cote auprès de la mer, devers tramontane, dont de cet endroit-là jusques à l'autre pointe de la partie du midy entre cette cité et Messa, y a troys journées que j'ay chevauchées moi mesme.

Ce mont icy est bien habité et enrichy de villes et bourgades, dont les habitans ne sont sustantez d'autre chose que de leurs chevres, orge et miel. Ils n'usent pour habillement d'aucune chemise, ny d'autre chose faite à l'eguille, pour ce qu'entre eux il ne se trouve personne qui sache l'art de couture ; mais portent des draps autour d'eux attachés au moins mal qu'ils peuvent et savent. La coutume des femmes

---

1. « Cette montagne s'estend vingt-deux lieuës du costé de levant jusqu'à celle de Nefise qui est frontière de celle de Maroc, et son costé méridional divise cette province de celle de Sus, comme l'autre dont nous venons de parler. Le grand chemin de Maroc à Tarudant passe entre ces deux montagnes et a un detroit en un lieu appelé Mascarotau, très-fort d'assiette et fameux par la bataille des deux Chérifs lorsque Muley Mahamet prit son aisné et son neveu..... L'an mille cinq cens trente neuf, on y découvrit une mine de cuivre qu'on transporta à Maroc par morceaux pour faire de l'artillerie. La première qui en fut fonduë fut par un Morisque renégat, né dans Madrid, qui fit une coulevrine d'environ seize pieds de long et quantité d'autres petites pièces, et forgeoit outre cela des arbalestes, des épées, des fers de lance et autres armes de fort bonne trempe. En mesme tems, un Maure de Sus, de la province de Gésula, trouva le secret de fondre le fer, dont il faisoit des boulets de canon, ce qui estoit inconnu avant luy en Afrique » (Marmol, *L'Afrique*, t. II, p. 26).

est de porter quelques anneaux ou bagues d'argent et massives aux oreilles, en chacune desquelles il s'en trouve beaucoup qui en y portent jusques à quatre, et usent semblablement de certains anneaux en forme de boucle, de telle grosseur, qu'ils viennent à peser une once, et avec iceux attachent leurs habillemens sur les epaules, puis portent encore aux doits et jambes certains cercles d'argent, mais les nobles et riches seulement, pour ce que les pauvres n'ayans le moyen de charger si gros etat, n'en portent que de fer ou cuivre. Il y a quelques chevaux de petite taille qui ne sont jamais ferrez; neantmoins, ils sont tant agiles et legers qu'ils sautent contre bas à guise de chats. Là y a force gibier, cerfs et chevreuils; mais les habitans n'en tiennent compte, et avec ce, plusieurs fontaines y sourdent en grande quantité. Il y croît des arbres innumerables dont la plus grande partie est en noyers. Ce peuple icy est comme les Arabes, se transportant de lieu à autre. Leurs armes sont poignars larges et tors, de la mesme forme desquels sont les epées, qui ont l'echine grosse comme celle d'une faux à faucher l'herbe. Et quand ils veulent aller en quelque combat, ils prennent en main troys ou quatre pertuisanes. Là ne se trouve aucun juge, prestre, temple, ny homme qui sache aucune doctrine, et sont generalement traitres et malins. Il fut dit au prince Serif en ma presence que le peuple de cette montagne pouvoit faire jusques au nombre de vingt mille combatans.

Les armes des habitans du mont Atlas.

Demensera[1]

Demensera est une autre partie d'Atlas commençant aux confins d'iceluy, et s'etend du coté de levant environ cinquante milles jusques au mont de Nifisa en la region de Maroc, separant la plus grande partie de la province d'Hea d'avec celle de Sus, et à ses confins est le passage pour aller en icelle province. Cette partie est habitée d'une fort bestiale et barbare nation, mais fort propre quant aux habillemens, et tresbien fournie de chevaux, suscitant souventes foys guerre fort aspre contre ses voisins et Arabes, empeschant de toutes ses forces qu'ils n'ayent à faire entrée dedans ses terres; et n'y a sur la montagne, cité, ny chateaux, mais assez de bourgades et petites villes, habitées d'un grand nombre de gentilhommes à qui le populaire s'assujetit et porte grande obeyssance. Le territoire est fertile au possible en orges et millets, et y sourdent plusieurs fontaines qui drecent leur cours entre les valées, qui viennent à se joindre au fleuve de Siffaia. En cette montagne là se tire du fer en grande quantité que les habitans transportent et vendent en divers lieux, pour la delivrance duquel ils reçoivent une grande somme d'argent. Il s'y trouve beaucoup de Juifs, qui sont volontaires jusques à là d'exposer leur personne aux hasardeux

Mines de fer.

---

1. دمنسرة, Demensira.

combatz, et prendre la querelle en main, en faveur de leurs maitres, qui sont les habitans de cette montagne, mais ils sont par les autres Juifs de l'Afrique tenus et reputez heretiques, qui s'appellent Carraum[1]. Cette montagne produit de grans et gros arbres de lentisque et de buys et noyers d'une merveilleuse grosseur, dont les habitans ont coutume de mesler les noys avec l'huile d'argan, de quoy ils tirent une certaine liqueur tenant plustôt de l'amer qu'autrement, et s'en servent à brûler et à manger. Je me suis laissé dire par plusieurs que, dans cette montagne, se peuvent lever de vingt à vingt-cinq mille combatans, tant de gens de pied comme de cheval.

A mon retour de Sus, je suivys la route de ce païs là, où (à cause des lettres de faveur que j'avoys du prince Serif) on me feit de grandes caresses, et fus receu fort humainement, en l'an neuf cens et vingt de l'Hegire[2].

Gebel elhadid, autrement montagne de fer[3].

Cette montagne ne depend pas proprement de celle

---

1. Les juifs Caraïtes, appelés par quelques-uns juifs épurés, rejettent les traditions consignées par les rabbins dans le Talmud. On les rencontre dans quelques provinces de l'empire ottoman, à Constantinople, en Crimée et dans le Maghreb.

2. 1514 de l'ère chrétienne.

3. جبل الحديد, Djebel el-Hadid. « Cette montagne commence à l'Océan

d'Atlas, pour ce qu'elle commence sur le rivage de la mer Oceane, du coté de tramontane, s'etendant devers midy à coté du fleuve Tensift, et sepáre la province Hea d'avec la region de Maroc et Ducale. En icelle reside un peuple appellé Regraga, et y a de tres-grans boys, beaucoup de fontaines, du miel en quantité, et force huile d'argan. Quant au grain, il y est bien clair semé, dont voulans les habitans en avoir à suffisance, il fault qu'ils le facent charrier de Ducale. Ils sont pauvres, mais fort gens de bien et tres-devotieux. A la sommité de cette montagne se trouvent plusieurs hermites qui vivent d'eau et du fruict

du costé du nort et s'estend vers le midy le long du Tansift, divisant cette province de celle de Duquéla et puis de celle de Maroc. Quoyqu'elle soit de la province de Hea, elle ne fait pourtant pas partie du mont Atlas et est peuplée d'une ancienne race d'Africains de la tribu de Muçamoda, nommée Recrec... On y recueille peu de bled, mais on n'en manque pas, à cause du voisinage de Duquéla qui en abonde. Ce sont gens pauvres et fort religieux, il y a parmi eux quantité d'hermites qui se retirent dans les roches les plus affreuses, où ils vivent en sauvages d'herbes et de fruits champestres. Le peuple y est fort civil et facile à croire ce qu'on luy dit, pourveu qu'on le paye de raison. Comme j'y estois, l'an mille cinq cens quarante-deux, voyant qu'ils estoient bien aises d'entendre parler de religion, je les entretins de nos religieux et comme je fus tombé sur la vie, l'abstinence et l'humilité du bienheureux Saint François, ils demeurèrent fort estonnez et les Alfaquis s'écrièrent : que c'estoit un grand Saint et qu'on ne pouvoit sans crime parler mal d'un si grand serviteur de Dieu. Et veritablement tout le tems que j'ay esté en Afrique, je n'ay point trouvé de nation moins entestée de sa religion que celle-là ni plus docile. Ils sont plus de douze mille combattans, ce qui n'empesche pas qu'ils n'ayent payé en mesme tems tribut aux rois de Fez, de Maroc et quelquefois mesme au roy de Portugal, pour se garantir des Arabes sujets de la couronne du roy de Portugal. Ils sont maintenant plus en repos, depuis que Safi est aux Maures et sont vassaux du Chérif » (Marmol, *L'Afrique*, t. II, p. 27).

des arbres. Les habitans sont fideles, amateurs de paix et simples outre mesure, tellement que si quelque hermite, par accident, ou autrement, vient à faire quelque œuvre ou chose tant soit peu admirable, ils la reputent et tiennent pour un grand miracle. Et s'il se trouve aucun qui soit accusé de larrecin, qui commette homicide, ou face quelque autre mal, incontinent il est par la commune banny du païs par quelque espace de temps.

Les Arabes qui sont leurs voisins les tormentent et molestent grandement, voire de jour en jour : pour laquelle chose pacifier et amortir, desirans demeurer en une vie plus tranquille, ont coutume de leur rendre quelque tribut. Mahommet, roy de Fez, se banda une foys contre ces Arabes, ce que eux voyans, prindrent la fuite et gaignerent les montagnes pour refuge ; mais les montagnards se fortifierent et leur vindrent au devant, et suportez par la faveur du roy de Fez, leur firent une charge, au detroit des passages, si rude, que moyennant icelle et la gendarmerie du roy, les Arabes furent tous acablez et mis en pieces ; trois mille et octante chevaux furent menez au roy, et par ce moyen, les habitans du mont s'affranchirent du tribut. Je me trouvay pour lors au camp du roy qui fut en l'an neuf cens vingt et un de Mahommet[1]. Ceux-cy peuvent mettre en campagne de dix à douze mille combatans.

Guerre de Mahommet contre les Arabes.

---

1. 1515 de l'ère chrétienne.

De la region appellée Sus[1].

Venant maintenant à parler de la region de Sus, elle est par delà le mont Atlas du coté de midy, à l'endroit de la province Hea, aux dernieres fins d'Afrique, et commençant sur l'Ocean, de la partie du ponant, se termine devers midy aux arenes du desert. Du coté de tramontane, se jette jusques sur le mont Atlas, aux confins d'Hea ; de la partie occidentale se joint au grand fleuve appellé Sus, duquel elle a prins et retient son nom. Je commenceray du coté du ponant pour vous decrire par le menu toutes ces citez et les lieux plus notables qui sont en icelle.

---

1. سوس, Sous. « Tous les habitans sont Bérébères de la tribu de Maçamuda et plus illustres que ceux de Hea, parce qu'ils sont plus riches et se traitent mieux, particulièrement ceux des villes qui s'employent aux sucres et aux labourages. Quand les Chérifs eurent conquis la Mauritanie Tingitane, l'aisné donna en partage cette province à son cadet qui se fit appeler roy de Sus. Mais il en faisoit hommage à son frère, ce qui dura quelque tems pendant lequel il rebastit Tarudant et y establit sa cour, prit le cap d'Aguer sur le roy de Portugal et fit plusieurs autres choses qui lui acquirent l'amour de ces peuples. A la fin, tournant ses armes contre son propre frère, il conquit le royaume de Maroc et ensuite celuy de Fez et se fit seigneur de toute la Mauritanie Tingitane et de plusieurs autres provinces de Numidie et de Libye. On tire de Sus le bon indigo qui sert aux teintures, l'alun et le meilleur laiton que l'on nomme Susi, sans parler des esclaves du Geneara et de l'or de Tibar que les nègres nomment Nacnaqui, que les caravanes vont enlever tous les ans en ces quartiers » (Marmol, *L'Afrique*, t. II, p. 28). Cf. la description de la province de Sous, d'après les géographes arabes, placée à l'Appendice.

Des villes et citez contenuës en la region de Sus.

Messa, cité [1]

Souz ce nom de Messa sont contenuës troys petites citez prochaines l'une de l'autre l'espace d'un mille, edifiées par les anciens Africans, sur le rivage de l'Ocean, souz la pointe qui fait le commencement du mont Atlas, estans ceintes de pierre crue, et entre icelles prend son cours le grand fleuve Sus, qui en temps d'esté se peut passer à gué, ce qui ne se peut faire en la saison d'yver, au moyen de quoy les citoyens ont certaines barques, mais elles ne sont pas fort commodes pour traverser en tel endroit. Le lieu auquel sont situées ces petites citez est dans un boys non pas sauvage, mais embelly de belles palmes, que les habitans tiennent pour leur usage. Vray est que les dates qui y sont produites ne sont pas fort exquises, pour ce qu'on ne les peut garder en leur perfection tout le long de l'année.

Les habitans sont tous laboureurs nourrissans peu de betail, mais ils labourent la terre lorsque le fleuve

---

1. ماسة, Masat. « C'est une ville fort ancienne bastie par les Africains au pied du mont Atlas sur le bord de l'Océan. On la nommoit autrefois Temest qui estoit alors fort illustre, mais elle fut détruite par les Arabes mahométans à la conqueste de Sus. Elle est composée de trois villes qui font un triangle à un quart de lieuë l'une de l'autre, chacune fermée de bonnes murailles et le fleuve de Sus passe entre deux et se va rendre dans la mer près des habitations de Guer Tesen » (Marmol, *L'Afrique*, t. II, p. 29). On peut consulter sur cette ville la note placée par M. René Basset dans sa traduction de la *Relation de Sidy Brahim de Massat*. Paris, 1882, p. 5.

croît, qui est en septembre et à la fin d'avril ; puis en may recueillent le grain, que si la riviere ne venoit à croitre l'un de ces deux moys, ils n'en pourroyent recueillir en sorte que ce soyt. Dehors de Messa, sur la marine, y a un temple, lequel ils tiennent en grande devotion ; et disent plusieurs historiens que d'iceluy sortira le juste pontife prophetisé et promis par Mahommet[1]. Et outre ce, racontent que Jonas fut jetté sur la plage de Messa après avoir esté transglouty par la balene. Les petites través de ce temple sont toutes de cotes de balene, et avient souvent que la mer en jette sur la greve de fort grosses et monstrueuses, dont la grandeur cause aux regardans une grande merveille avec terreur. L'opinion du populaire est que toute balene qui passe au droit de ce temple, (pour la vertu que Dieu luy a donnée), est incontinent privée de vie ; à quoy j'eusse ajouté peu de foy, sinon que voyant, le jour mesme, une balene flotant sans vie dessus les ondes me feit demeurer quelque peu suspens. Mais comme je tenoys propos un jour à un Juif de cette matiere, il me dit que ce n'estoit chose dont on se deut aucunement etonner, pour ce qu'il y a dans la mer, environ deux milles près du rivage, aucuns gros rochers et pointus, et estans les ondes par les vens agitées, les balenes sont portées de lieu en autre, au moyen de quoy, celles qui heurtent

De la plage où Jonas fut jetté ayant esté englouti par la balene.

---

1. Cette mosquée est sous le vocable de Sidy Bahloul. Cf. Juynboll et de Goeje, *Descriptio al Maghribi sumta e libro Descriptio regionum al Iaqubii*. Leyde, 1860, p. 22 du texte arabe.

trop lourdement contre ces rochers, se tuent facilement, puis la mer les jette sur le rivage, telles que nous les voyons. Cette raison me sembla trop plus apparente et vraysemblable que non celle du populaire. J'arrivay en cette cité lors que le prince Serif y estoyt, là où je fus invité par un gentilhomme à luy faire compagnie à disner en un jardin qui estoit hors le circuit de la cité, et par cas d'aventure, trouvasmes en nostre chemin la cote de l'une de ces balenes courbée en façon d'un arc, sous laquelle passans sur deux chameaux, nous n'y pouvions toucher de la teste, tant elle estoit de haulteur demesurée, et, dit-on qu'il y a cent ans passez qu'elle demeure en ce mesme estre, dont le peuple la tient comme pour une chose tresadmirable. Sur la greve et lieux plus prochains de la mer, on trouve de l'ambre gris tresparfait, lequel se vend aux marchans de Portugal, ou à ceux de Fez, à petit et vil pris, qui est quasi moins d'un ducat pour once et plusieurs sont de cette opinion qu'il provienne de la fiente de la balene ; d'autres veulent dire qu'il se forme du sperme qui distile des genitoires du masle, quand il veult se coupler avec la femelle, et qu'il est par l'eau endurcy et congelé.

Ambre gris.

Teijeut[1].

Teijeut est une cité anciennement par les Africans

---

1. تيكوت, Tigouit. Cette ville est appelée par Marmol Teseut, Techeit ou

edifiée en une belle plaine, ayant d'un coté le fleuve
Sus, et est divisée en troys parties distantes l'une de
l'autre quasi par l'espace d'un mille, lesquelles ensemble forment le trait d'un triangle, et peut son tour
contenir environ quatre mille feux. Le terroir d'icelle
est fort abondant en froment, orge, legumage et
autres grains, avec ce qu'il produit des dates et sucre Sucre noir.
en grande quantité ; mais les habitans ne le font pas
bien cuire, ny purger, à cause dequoy, il ne vient à
prendre sa parfaite blancheur, ains demeure noir aucunement ; neantmoins, plusieurs marchans de Fez
et Maroc en viennent acheter en cette cité, en laquelle Monnoye d'or pur.
ne court autre monnoye que l'or tout pur comme ils
le tirent de la terre, et semblablement par tout le territoire d'icelle ; et est la coutume des habitans à de-
pendre et acheter, d'employer certains petis draps
ou bandes de la valeur d'un ducat pour piece. L'ar-

Tiguiut. « Les habitans sont Africains Bérèbères qui estoient toujours en Petites pièces de fer
querelle et en division lorsqu'ils vivoient en liberté, car ils sont fort orgueil- pour monnoye.
leux. Mais depuis cent ans, quelques-uns d'entre eux avoient usurpé la domination et quand les Chérifs commencèrent à s'establir, celui qui y régnoit
s'appeloit Chohan et n'avoit qu'une belle-fille qu'il maria à un Génois qui
trafiquoit au pays et qui se fit Mahométan. Ce marchand fut si aimé du
peuple, qu'après la mort de son beau-père, il succéda à la couronne, et
comme il estoit amy des Chérifs, il leur donna passage par son Estat pour
entrer en la province de Hea. Il laissa pour successeur son fils aisné, le
plus brave de tous les Maures qui vinrent au service des Chérifs et celuy
auquel ils avoient plus de confiance. Son petit-fils est maintenant seigneur
de Chechuan. Ce sont ces princes qui ont fort embelli cette ville dont les
habitans sont maintenant riches et vivent à leur aise sans rien faire. Mais
il y a parmy eux plus de deux cens marchans ou artisans Juifs » (Marmol,
L'Afrique, t. II, p. 31 et t. I, p. 446).

gent y est bien rare, et encore ce peu qu'ils ont est par les femmes porté pour ornement, usans en lieu de deniers ou menue monnoye de petites pieces de fer qui pesent environ une once.

Il y croît peu de fruits, sinon raisins, peches et dates et en grande abondance. Les oliviers n'y croissent aucunement, mais vont querir l'huile en aucunes regions de Maroc, et se vend en la region de Sus, quinze ducats le quintal qui fait cent cinquante livres d'Italie, là où la livre est de douze onces ; mais ils font la leur de dix-huit, qu'ils appellent rethl, dont il fault cent pour parfaire le quintal. Le pris de la voiture lorsqu'elle n'excede la raison, est de troys ducats pour charge de chameau, pesant sept cens livres Italiennes, et cela se fait en yver ; car en esté, on ne chargeroit moins de cinq ou six ducats.

Marroquins de cordouan. En cette cité se courroyent ces beaux cordouans qu'on appelle marroquins qui se vendent six ou huit ducats la douzeine, tous portés en la cité de Fez. Du coté qui regarde vers la montagne d'Atlas, se trouvent beaucoup de villages et petites bourgades ; mais devers midy, le païs est tout inhabité, pour ce que la plaine est sur les appertenances des Arabes leurs voisins.

Au milieu de la cité se voit un beau temple qui s'appelle le temple majeur, par dedans lequel ils font passer un bras du fleuve. Les habitans sont de nature si terrible et sanguine, qu'ils font journellement la guerre entre eux-mesmes, tellement qu'ils ne demeurent guere souvent en paix. Une chacune des troys parties crée un recteur, dont les troys ensemble ont le gouvernement de la cité ; et ne demeurent en leur magistrat plus hault que troys moys seulement.

La plus grande partie de ce peuple use de tels habillemens que font ceux d'Hea ; et tel y a qui s'habille de drap et chemise avec un turban de toile noire. L'aune de gros drap comme est la frise, coute un ducat et demy; la toile Portugaloise ou de Flandres qui est un peu deliée se vend quatre ducats, et contiennent toutes les pieces vint et quatre brasses de Toscane.

On tient dans la cité juges et prestres, n'ayans autre preeminence ny autorité que sur les choses spirituelles; quant aux temporelles, ceux qui sont de plus grande autorité ont plus de faveur. Et avenant que quelque citoyen en tue un autre, si les parens du defunt peuvent user de mesme vengeance envers l'homicide, on n'en fait autre poursuite, et se pouvant garentir de ceux qui le guettent, il est banny par l'espace de sept ans, s'il ne veult tenir bon dans la cité contre ses aversaires, ce qui luy est permis ; sinon, estant banny et retournant au terme, il fait un festin ou banquet à tous gentilshommes de la ville, au moyen de quoy il se pacifie avec ses ennemys en payant ce qui est ordonné, comme il me souvient vous avoir recité par cy devant. En cette cité y a plusieurs Juifs artisans, sans qu'on leur impose aucun tribut, sinon que par foys, ils font quelque petit present aux gentilshommes qui les rendent quites de toute imposition.

Tarodant.

Tarodant[1]

Est une assez grande cité edifiée par les anciens Africans, contenant environ troys mille feux, distante de la montagne Atlas un peu plus que quatre milles devers le midy, et trente-cinq de Teijeut du coté de levant. Cette cité en coutumes et abondance se peut accomparer aux autres, sinon qu'elle est de plus

1. تارودنت, Taroudant. « Tarudant, que les Maures nomment Teurant, a esté bastie par les anciens Africains à douze lieuës de Teseut du costé de l'orient et à deux du grand Atlas, vers le midy. Quoyqu'elle soit moindre que les autres en habitans, elle ne l'est pas en commerce et en magnificence. Elle a esté autrefois libre, mais elle fut assujetie par les Benimérinis lorsqu'ils se rendirent maistres de la Mauritanie Tingitane, et ils en firent la capitale de la province et des contrées voisines et l'embellirent fort ; car le gouverneur y faisoit sa résidence à cause du commerce des Nègres et l'on y bastit une forteresse où il y a de beaux appartemens. La ville recouvra sa liberté par la cheute des Benimérinis et se gouvernoit par quatre des principaux habitans qui se changeoient tous les six mois. Elle estoit de la sorte, lorsque les Chérifs s'en emparèrent, sous prétexte de faire la guerre aux Chrestiens du cap d'Aguer. Les habitans sont de bonnes gens qui s'habillent de drap et de toile, comme ceux du Maroc, et il y a plusieurs marchands et artisans parmy eux. Le territoire de la ville est grand et du costé du mont Atlas, il y a de grands villages de Bérébères Maçamudins et vers le midy plusieurs Aduares ou habitations d'Arabes avec une communauté de Bérébères qui vivent sous des tentes et qui sont riches et belliqueux et font plus de cinq mille chevaux » (Marmol, L'Afrique, t. II, pp. 32-33). — Taroudant est le lieu de naissance du sultan Abou Mohammed Abdallah surnommé el-Ghalib billah. M. René Basset a inséré une longue note sur cette ville dans sa traduction de la Relation de Sidi Brahim de Massat. Paris, Leroux, 1882, p. 7.

petite etendue, mais d'autant plus civile : pour ce que du temps que la maison de Marin possedoit le royaume de Fez, la province de Sus etoit encore sous l'obeyssance d'icelle, au moyen de quoy cette cité etoit le siege du lieutenant du roy, et encore peut-on appercevoir jusques à present une forteresse ruinée, qui fut jadis par ces roys edifiée. Mais depuis que ce royaume commença à s'ebranler et laisser la seigneurie de cette famille, elle retourna à sa premiere liberté. Il y a beaucoup d'artisans, et les habitans se vestent de toile et de drap noir. La puissance de gouverner et mettre police aux choses appertient à quatre gentilshommes qui tiennent le magistrat tous ensemble, mais ils n'y demeurent pas davantage de six moys. Ce sont gens pacifiques, craignans merveilleusement d'offencer et faire tort à leurs voisins. Au territoire du coté d'Atlas, y a plusieurs villages et hameaux. Les plaines qui sont à l'objet du midy sont patis au domaine et territoire des Arabes, ausquels le peuple de cette cité rend un gros tribut, tant pour leurs terres (à la mode du païs de Sus) que pour maintenir les chemins en seureté. De notre temps ils se sont revoltez contre les Arabes, se soubmettans à la seigneurie du prince Serif l'an de l'Hegire neuf cens et vint[1].

---

1. 1514 de l'ère chrétienne.

Guarguessem.

GUARGUESSEM[1]

Est une forteresse assise sur une pointe du mont Atlas, qui est au dedans de l'Ocean, tout auprès du lieu où s'y embouche le fleuve de Sus. Autour d'icelle y a fort bon terroir, lequel depuis vingt ans en çà a esté occupé par les Portugalois, ce qu'estant venu à la notice du peuple d'Hea et Sus, ils s'acorderent ensemble pour r'avoir cette forteresse, et vint à leur secours une grande fanterie de loingtaines regions, elisant pour capitaine et chef de l'armée un gentilhomme Serif, c'est assavoir noble, de la maison de Mahommet, lequel s'estant campé devant la forteresse avec tout l'exercite, y eut de grandes tueries tant d'un coté que d'autre; à cause de quoy, partie des assaillans, ennuyez de si long siege, feit retour en ses païs, laissant avec le Serif quelques compagnies qui demontroyent estre assez affectionnées à la poursuite des Chretiens. Ce que voyant, le peuple de Sus s'accorda de delivrer telle somme de deniers au Serif qui seroit suffisante à soudoyer cinq cens chevaux, lequel, après avoir touché plusieurs payes et s'estre emparé de tous les lieux du païs, se revolta en occupant la tyrannie. Et alors que je feys depart de luy, il tenoyt plus de troys mille chevaux, avec une infinité d'argent et grande multitude de souldats, comme nous avons donné à entendre en noz abbreviations.

1. كوارڭسم, Gouvarguessem.

ET DESCRIPTION DE L'AFRIQUE   177

Tedsi[1]

Tedsi.

Est une grande cité contenant environ quatre mille feux, batic anciennement par les Africans, distante de Tarodant du coté de levant environ trente milles, de l'Ocean soissante, et vingt de la montagne Atlas, estant située en païs tresfertile et abondant en graines, sucres et guede ; au moyen de quoy il s'y trouve plusieurs marchans de la terre des Noirs qui y sont habitans. Le peuple d'icelle s'etudie de vivre en paix, à estre civil et honneste,

---

1. تدسى. « Son terroir est grand et abondant en bleds et en troupeaux. La rivière de Sus, qui passe à une lieuë de la ville, a ses bords garnis de quantité de cannes de sucre avec des moulins pour le préparer. C'est pourquoy l'on trouve ordinairement dans la ville plusieurs marchans de Barbarie et du païs des Nègres... Il y a un grand quartier de marchans et d'artisans juifs fort riches, car il s'y fait un marché tous les lundis, où se rendent les Arabes et les Bérébères de ces contrées avec du bestail, de la laine, des cuirs et du beurre, en échange de quoy ils achetent du drap, de la toile, des chaussures, des ferremens, des harnois de chevaux et le reste dont ils ont besoin..... La ville estoit libre avant que les Benimérinis s'en emparassent et recouvra sa liberté dans le déclin de leur empire. Elle payoit seulement aux Arabes de la campagne la disme de ses bleds et de ses légumes et se gouvernoit par six des principaux habitans que l'on changeoit tous les seize mois. Elle passa volontairement au pouvoir des Chérifs (1511) qui l'ont renduë fort illustre et y ont establi un tribunal où il y a juges, advocats, notaires et procureurs pour vuider les différens du païs et d'ordinaire un gouverneur qui a quatre cens chevaux » (Marmol, *L'Afrique*, t. II, p. 40).

C'est à Tedsi que Abou Abdallah el-Qaim biamr illah reçut le serment de fidélité du peuple, avant de marcher à la conquête de Teftent occupé par les Portugais (Eloufrâny, *Nozhet Elhady*, traduit par M. Houdas, p. 32).

tenant le gouvernement et la cité en sorte de republique ; la seigneurie d'icelle est entre les mains de six qui sont créez par sort, puis exercent l'office de magistrat par l'espace de seize moys. Le fleuve Sus cotoye la cité et en est distant par l'espace de troys milles. Il y a plusieurs Juifs artisans comme orfevres, marechaux et autres ; puis un temple, au service duquel sont ordonnez plusieurs prestres et ministres. Outre ce, il y a des juges et lecteurs en la loy qui sont stipendiez par la commune de la cité, où se fait un marché le lundy, là où s'assemblent les Arabes païsans et montagnars. En l'an neuf cens et vingt, ce peuple se reduisit sous la puissance du prince Serif, lequel tenoyt sa chancelerie en cette cité[1].

Tagauost.

TAGAUOST[2]

Est une cité la plus grande qui soyt en la province de Sus, contenant huit mille feux, environnée de

1. A. D. 1514.
2. كشت‎, Tegagoucht. « Elle a plus de huit mille maisons dont il y en a plus de trois cens de Juifs, tant artisans que marchans, qui demeurent en un quartier séparé..... Les campagnes du costé de la Numidie estoient autrefois habitées d'Arabes fort puissans qui tenoient le parti des Chérifs, mais Mahomet estant roy de Maroc les transporta avec leurs troupeaux et leurs familles dans la province de Temécen, soit pour récompense de leur service ou pour ne les avoir pas si proches de soy, et leur donna un fort bon païs à habiter. Mais lorsque Buhaçon défit le fils du Chérif, ils furent tous taillez en pieces par ceux de Fez, sans qu'il soit rien resté d'une nation si belliqueuse » (Marmol, *L'Afrique*, t. II, p. 41).

pierre crue, distante de l'Ocean environ soissante milles, et du mont Atlas cinquante du coté de midy. Elle fut edifiée par les Africans, loin du fleuve Sus environ dix milles. Au milieu de icelle, y a des places, boutiques et artisans. Le peuple est divisé en troys parties, et le plus souvent ils suscitent guerre entre eux-mesmes, appellans à leur secours et à la ruine des uns et des autres les Arabes qui prennent le party, et bataillent pour la partie qui leur presente plus grosse soude. Dans le pourpris de la cité, il y a des terres fort fertiles et beaucoup de betail, mais la laine s'y vend à petit pris, et y fait on des draps en grande quantité qui sont transportez par les marchans de la cité une fois l'an à Tombut et à Gualata, païs des Noirs. Le marché s'y tient deux foys la sepmaine, et vont les habitans assez proprement en leur maniere de vestir, ayans des femmes tresbelles et gracieuses. Il s'y trouve plusieurs personnes qui sont de couleur brune, à cause que les noirs et blancs les ont engendrez. Là n'y a point de seigneurie determinée, mais celuy gouverne qui, en puissance et avoir, excede les autres. Je sejournay par l'espace de treize jours en cette cité avec le secretaire du prince Serif, expressement pour luy acheter des esclaves, en l'an neuf cens dix neuf[1].

1. 1513 de l'ère chrétienne.

De Hanchisa[1] et Ilalem[2], montagnes en la province de Sus

La montagne d'Hanchisa depend quasi de celle d'Atlas devers ponant, et s'etend environ quarante milles du coté de levant. Au pied d'icelle est située la cité de Messa et autres païs de la province de Sus. Ceux qui y habitent sont gens fort hardis à pied et belliqueux, tellement qu'un simple soldat ne craindra point d'exposer sa personne au hasard du combat contre deux hommes à cheval, et marchent contre avec certaines petites pertuisannes qu'ils ont coutume de porter. Cette montagne ne produit nuls fromens, mais l'orge et le miel y croissent en grande abondance, et y tombe la neige en tout temps de l'année. Les habitans font bien semblant de ne craindre gueres le froid, pour ce que, tout le long de l'yver, ils sont vetus fort à la legere. Le prince Serif a souventes foys essayé de les rendre ses tributaires, mais ses dessaings ne sortirent jamais leur effet.

Ilalem.

Ilalem prend son commencement du coté de ponant aux confins de l'autre montagne et se termine à la region de Guzzula devers levant; de la partie du midy, finit aux plaines de Sus. Les habitans sont nobles et magnanimes, ayans grande quantité de

---

1. حنكزة, Hankizah.
2. الالم, Elalem.

chevaux, et y a tousjours entre eux une guerre civile, pour cause d'une veine d'argent qui est en la montagne, etans contrains les vaincuz de quiter la jouyssance d'icelle à ceux qui ont le dessus et demeurent vainqueurs[1].

Veine d'argent.

Assiete de la region de Maroc.

Cette region de Maroc prend son commencement du coté de ponant au mont de Nefisa, suivant de la partie du levant jusques à celuy de Hadimei, puis descend tout au plus près du fleuve Tensift, tant qu'il vient se joindre avec le fleuve d'Asifinual[2], là où

---

1. « Il n'y a dans cette province que deux branches du grand Atlas qui sont peuplées toutes deux de communautez de Bérébères de la tribu de Maçumoda... Ses habitans sont plus braves que ceux de Hea, parce qu'ils sont plus libres et plus courageux et ils ont quelques arquebuziers ; mais ils sont fort superbes quoy qu'ils soyent fort pauvres..... Ils vivoient autrefois en liberté, conformément aux autres peuples de la province, parce que la montagne est fort roide et les Chérifs eurent bien de la peine à les assujétir, encore fut-ce plus par amour que par force. De quelque cinq mille d'entre eux qui estoient allez au cap d'Aguer, il en mourut plus de la moitié, à ce que nous apprismes dans Maroc. »

La montagne de Laalem Gésula « est habitée des Bérébères de la tribu de Muçamoda qui se piquent d'une ancienne noblesse, pour s'estre mieux garantis de l'alliance des autres peuples, que le reste de leur nation..... Ils font six mille hommes de combat, parmi lesquels il y a plusieurs cavaliers et plusieurs arquebuziers. Les Gasules qui gardent les portes de Fez, de Maroc et de Tarudant et ceux que le Chérif tient pour la garde de sa personne, sont de cette montagne, parce qu'à l'exemple de son père, il se fie plus en eux qu'à pas un autre » (Marmol, *L'Afrique*, t. II, p. 42).

2. Il faut lire Asif Inmal, اسف إنمال.

du coté du levant, on entre dans les fins et terres de la province Hea. Cette region est quasi en forme triangulaire et fort abondante en froment et autres sortes de grains, betail, eau, fleuves, fontaines et fruits, comme dates, raisins, figues, pommes et poires de toute espece, et est cette province quasi toute en plaine comme la Lombardie. Les montagnes sont tressteriles et pleines de grandes froidures, qui empeschent qu'elles ne puissent produire autre chose qu'orge. Or maintenant, commençans du coté de ponant nous viendrons à decrire les particularitez de toutes ses montagnes et citez, en suivant l'ordre encommencé.

Des villes et citez de cette mesme region.

ELGIUMUHA[1]

Elgiumuha.

Est une petite cité en la plaine, auprès du fleuve

---

1. Elgiemaha (El-Djouma'ah), الجمعة.

« C'est une ancienne ville qui a esté bastie, à ce qu'on dit, par les Africains : elle est dans une plaine, sur le bord d'une rivière (la Chachouaia) à deux lieuës du mont Atlas du costé du nord. Elle estoit dans sa splendeur sous le regne des Almohades et avoit plus de six mille maisons; mais elle fut détruite sous les Bénimérinis et par son gouverneur Elmuchot, et les Arabes de ces quartiers ne la laissèrent point retablir depuis, pour pouvoir jouïr en paix de ses terres. On voit encore les ruines des murs et des édifices, où il ne demeure que quelques pauvres gens que les Arabes employent à la garde de leurs moissons. Le païs d'alentour est fort bon, mais les Arabes n'en cultivent qu'autant qu'il leur en faut par an, le reste

appellé Sesseua¹, distante environ sept milles du mont Atlas, edifiée par les Africans, mais depuis occupée par quelques Arabes, au temps que la famille de Muachidin fut privée de son royaume et domaine. Il n'apparoit aujourd'huy autre chose de cette cité sinon quelques vestiges, mais bien rares. Les Arabes ensemencent si grand païs de terres qu'elles produisent assez de grains pour le vivre de tous les habitans, laissans le demeurant sans cultiver. Mais, du temps que cette cité estoyt habitée, elle contenoit environ six mille feux, et souloit rendre tous les ans de profit cent mille ducats. Je passay à coté d'icelle, et logeay avec les Arabes où je trouvay une fort grande liberalité, mais ils sont pleins de grande tromperie et desloyauté.

IMEGIAGEN²

Imegiagen forteresse.

Est une forteresse située sur une montagne

---

sert à paistre leurs troupeaux, car la terre est si fertile que la disme valoit autrefois plus de cent mille ducats de revenu » (Marmol, *L'Afrique*, t. II, p. 45).

1. La prononciation exacte est Chachouia, شاشوية.

2. إيمجياغن, Imeguiaghen. « Umégiague est une place forte sur le haut d'une montagne du grand Atlas à huit lieuës de la précédente, du costé du midi et dans une situation si avantageuse qu'elle n'a pas besoin de murailles pour sa seureté. Aussi servoit-elle autrefois de forteresse et de retraite à la noblesse de la tribu de Muçamoda. Les historiens du païs en parlent fort et disent qu'elle a esté bastie par les Africans et qu'elle estoit autrefois fort peuplée. Quand Omar, dont nous avons parlé... se souleva dans ces montagnes et y bastit la

d'Atlas, et n'est aucunement ceinte de murailles, dequoy elle n'a aussi besoing, veu qu'elle l'est de la nature et assiette du lieu, et distante de l'autre cité du coté de midy environ vint et cinq milles. Elle estoit tenue jadis par les nobles de ce païs-là, mais puis après Homar Essuef heretique (duquel nous avons par cy-devant fait mention) s'en empara et la reduisit sous son obeyssance, y usant de grandes inhumanitez, mettant à mort jusques aux enfans innocens, et faisoyt ouvrir le coté aux femmes qu'il pensoyt estre enceintes, puis tiroyt les petites creatures qu'il demembroyt sur l'estomac des meres mesmes, leur faisant gouter l'amertume et dur passage de la mort premier qu'ils eussent essayé la douceur de la vie. Ainsi est demeurée cette forteresse inhabitée en l'an neuf cens[1]. Il est vray que l'an neuf cens et vingt, on commença quelque peu à y batir et faire demeure, mais il n'y a terre qui soyt labourable autre part que sur les ailes de la montagne, ny là où l'on sut semer et cultiver les fruits qui sont necessaires à la vie humaine, pour ce qu'on n'oseroyt passer par la plaine, tant pour crainte qu'on a du coté des Arabes, comme de celuy des Portugalois.

Grande cruauté de Homar Essuef sur les femmes et petis enfans etans encores au ventre de leur mère.

ville que nous avons dite, il attaqua celle-cy qui le contrequarroit et l'ayant prise après un long siége, y exerça de grandes cruautez. Elle demeura donc dépeuplée jusques en mille cinq cens quinze, que quelques-uns s'y habituèrent après la mort de ce tyran » (Marmol, *L'Afrique*, t. II, p. 45).

1. 1494 de l'ère chrétienne.

Tenezza[1]

Est une forte cité, anciennement edifiée par les Africans, en une cote de l'une des parties du mont Atlas qui s'appelle Ghedmina[2], distante de Asifinual quasi par l'espace de huit milles du coté de levant. Au-dessous de icelle y a de grandes plaines fort fertiles en grains : mais les habitans, (pour estre trop molestez des Arabes), ne peuvent cultiver le terroir, au moyen dequoy, ils sement seulement sur les traverses et detrois de la montagne, entre le fleuve et la cité, payans aux Arabes pour cette occasion la tierce partie du revenu des biens de l'année.

Tenezza.

Delgumuha[3]

Cité neuve, est une grande forteresse assise sur

Delgumuha.

---

1. تنزة. « Teneza est une petite ville d'une situation avantageuse, bastie par les anciens Africains sur la pente d'une montagne du grand Atlas, à trois lieuës de la rivière Ecifelmel, vers le levant....... Les habitans sont braves et grans ennemis des Arabes à cause des guerres passées, où ils venoient courre sur eux en la compagnie des Portugais et les tuoient ou faisoient prisonniers » (Marmol, L'*Afrique*, t. II, p. 46).

2. غدمينا, Ghadmina.

3. « Gama Jedid (Djouma'at el-Djedidèh, جمعة الجديدة) est une forte place bastie sur une haute montagne qui en a encore d'autres aux environs. Elle doit sa fondation aux Hentètes de la tribu de Muçamoda qui s'y habituèrent, il y a quelque deux cens ans. La rivière d'Ecifelmel prend sa source au bas de la ville et s'appelle ainsi d'un mot africain qui signifie bruit, parce qu'elle se

une treshaute montagne environnée de plusieurs autres, sous laquelle sourd Asifinual qui, en langue Africane, est interpreté fleuve bruyant, pour ce qu'il tombe d'une montagne de telle impetuosité qu'elle rend merveilleusement grand bruit, cavant et formant un lieu profond comme l'enfer de Tivoli au territoire de Romme. Cette forteresse, qui contient environ mille feux, fut edifiée par aucuns

<small>L'enfer de Tivoli au contad de Romme.</small>

précipite avec grand bruit du haut de la montagne et fait un estang large et profond, d'où elle coule paisiblement dans la plaine. Les Hentètes possèdent encore la ville, et quand les Chérifs commencèrent à régner, Muley Idris en estoit maistre aussi bien que de Temmelet et se faisoit appeler roy de la montagne, parce qu'une grande partie relevoit de luy; aussi prétendoit-il à la couronne d'Afrique pour estre descendu des Almohades. Il s'allia avec les Chérifs dont il redoutoit la puissance; mais voyant qu'ils s'estoient emparez de la ville de Maroc et qu'ils avoient usurpé l'empire aprez la mort du roy Nacer Buchentuf qui estoit Hentète aussi bien que luy, il fit alliance avec le roy de Portugal, par l'entremise de Nugno Mascaregnas, gouverneur de Safi. Il arriva que Muley Hamet régnant dans Maroc, ce gouverneur envoya une lettre du roy son maistre à Muley Idris, par un Juif qui trafiquoit là. Ce marchand avant que de l'aller trouver s'arresta quelque temps à Maroc pour donner ordre à ses affaires, après quoy il tira vers la montagne et venant trouver ce prince, luy donna la lettre qu'il avoit cousuë entre deux semelles de son soulier. Muley Idris luy demanda quand il estoit parti de Safi, et où il avoit esté depuis, et ayant su qu'il avoit esté quelque temps dans Maroc et qu'il s'estoit entretenu avec le Chérif, il renvoya porter la lettre à ce prince sans la lire et luy écrivit qu'il prist garde à soy et que les Chrestiens luy tramoient quelque trahison, tant il craignoit qu'il ne luy eust découvert cette intrigue. Le Chérif l'en remercia fort et fit donner la question au Juif pour en tirer quelque instruction, mais voyant qu'il ne confessoit rien, il le fit attacher à la queuë de quatre chevaux qui le démembrèrent. Ces seigneurs de la maison d'Idris sont à demy Maures et ont la couleur de coing cuit. Mais ils se tiennent pour les plus nobles de l'Afrique et sont versez dans la secte de Mohaydin qui y est en grande vénération » (Marmol, *L'Afrique*, t. II, pp. 47-48).

seigneurs de notre temps, et puis occupée par un tyran de la famille du roy de Maroc; neantmoins, elle peut bien encore mettre en equipage grand nombre de chevaux et fanterie, retirant des villages et bourgs du mont Atlas bien près de dix mille ducats de revenu par chacun an. Le peuple d'icelle a fort grande amitié avec les Arabes, qui reçoivent d'iceluy souventefoys de fort beaux presens, dequoy le seigneur de Maroc en a esté plusieurs foys irrité. Les habitans sont civils tant en leurs habillemens qu'autrement, et est la cité bien habitée et garnie d'artisans, pour ce qu'elle est prochaine de Maroc environ cinquante milles. Entre les montagnes des appartenances de cette cité y a de beaux jardins en toute perfection, produisans des fruits en grande abondance. Les habitans ont coutume de semer lin, orge et chenevé, et ont des chevres en grande quantité. Outre ce, ils ont des prestres et juges; mais, au reste, ce sont gens de fort lourd entendement et merveilleusement enclins à jalousie. Je logeay dans cette cité en la maison d'un mien parent, lequel estant en la cité de Fez se trouva redevable d'une grosse somme de deniers pour s'etre voulu adonner à soufler l'alquemie, au moyen dequoy necessité le contraignit à venir demeurer en ce lieu icy, là où avec le temps vint à estre secretaire du seigneur.

De Imizmizi, cité grande[1]

Imizmizi est une assez grande cité edifiée par les anciens, assise sur le rocher d'une montagne d'Atlas, d'où elle est distante environ quatorze milles du coté du ponant; et au-dessous d'icelle, y a un pas qui traverse la montagne d'Atlas par où l'on se peut acheminer à la region de Guzzula, et est appelé Burris, c'est-à-dire pluvieux, pour ce que la neige y bat continuellement, retenant puis après aucune semblance de la plume blanche qu'on voit voler d'aucunefoys en l'air. Il y a encore sous la cité de grandes plaines et spacieuses, qui sont joignantes à Maroc, ayans trente milles en longueur, et produisent le grain gros et beau, rendant la plus belle et parfaite farine

---

1. امزميز, Imizimiz. « C'est une ancienne ville bastie par les Africains sur la pente de la montagne de Guidimiva, du costé qui regarde le levant et près du grand chemin qui relie le mont Atlas pour aller de Maroc en la province de Gésula. Ce chemin est perpétuellement couvert de neige et s'appelle à cause de cela Barrix. Du costé du septentrion, il y a plus de onze lieuës de plaine jusqu'à la ville de Maroc où croist le meilleur bled qui soit dans la Barbarie aussi bien que l'orge et le millet, le tout en si grande abondance que si le païs estoit bien cultivé, il y en auroit pour toute la province. Devant que les Chérifs prissent Maroc, cette ville estoit à demy dépeuplée par les courses des Arabes, quoy qu'elle appartinst à Muley Idris : maintenant, elle est fort peuplée, et les habitans ont esté bien traitez à cause d'un Morabite appelé Cidi Canon qui en estoit, que les Portugais prirent à Amazor depuis qu'ils eurent abandonné cette place aux Maures » (Marmol, *L'Afrique*, t. II, p. 49).

que je pense avoir jamais veue; mais les habitans de cette cité sont trop oppressez par les Arabes et seigneurs de Maroc, tellement que la plus grande partie de cette belle campagne en est deshabitée; voire et de sorte que les citoyens commencent à abandonner la cité mesmes pour se veoir necessiteux d'argent, au demeurant riches en grains et possessions à merveilles. Je y logeay avec un hermite appelé Sedicanon[1], homme de grande estime et reputation.

De Tumeglast[2], nom de trois chateaux

Tumeglast sont trois petits chateaux en la plaine, distans d'Atlas environ quatorze milles et trente de Maroc, qui sont tous environnez de dates, raisins, et autres fruits, avec une belle campagne qui s'etend tout autour, estant tresfertile en grains, mais elle demeure sans estre cultivée pour la trop grande im-

---

1. سيدي كنون, Sidy Guennoun.
2. Il faut lire Toumedlast, تمدلست.
Marmol désigne cette localité sous le nom de « Tamdegost qui est une habitation de Bérébères. » « Ce sont, dit-il, trois villes fermées dans une plaine, à cinq lieuës du grand Atlas du costé du nord, et environnées de vignobles et de lieux plantez de palmier et d'autres fruits, avec une belle campagne qui fournit quantité de blé. Quand les Portugais régnoient en ces quartiers, ces habitans leur payoient tribut et quelques-uns mesme au roy de Fez et aux Arabes, et furent contraints à la fin d'abandonner le païs à cause qu'on les traitoit trop mal; mais ils sont revenus depuis que les Chérifs ont esté les maistres » (Marmol, *L'Afrique*, t. II, p. 50).

portunité et moleste des Arabes. Ces chateaux sont quasi tous inhabitez, pour ce qu'il n'y a plus de dix ou douze familles qui facent leur residence, et sont toutes prochaines en consanguinité à l'hermite susnommé, en faveur duquel il leur est permis de cultiver une bien petite partie de la campagne, sans que les Arabes leur en demandent aucun tribut. Mais quand il leur prend envie de s'acheminer en ces chateaux (dont les eaux sont salées), les habitans sont tenus de les recevoir et loger en leurs maisons, fort petites et mal commodes, ayant plutot la forme d'étables d'anes que d'habitations de personnes, tellement qu'elles sont toujours pleines de puces, punaises et d'autre telle vermine, ordure et punaisie. Je logeay en iceux avec Sidi Iehie qui estoit venu recevoir les tribus de ce païs au nom du roy de Portugal, duquel il avoit esté fait capitaine de la compagnie des Azafi.

Tesrast[1]

T'esrast est une petite cité assise sur la rive du

---

1. تسارت, Tesarot. « Tazarot est une petite ville à cinq lieuës de Maroc, du costé du couchant et à sept du mont Atlas vers le nord. Elle n'est forte ni par nature ni par art et s'étend comme un village dans un vallon sur le bord d'une rivière. Le païs d'alentour est fort fertile en bled et en troupeaux, et les bords du fleuve garnis d'arbres fruitiers. C'est pourquoi tous les habitans s'occupent aux jardins et au labourage. Mais tout leur travail est emporté quelquefois par le débordement du fleuve qui entraine jusqu'aux arbres. Cette ville a esté longtemps tributaire du roy de Portugal et c'est là que les Chérifs s'établirent d'abord et que leur père mourut Les Ara-

fleuve Asifelmel, distante de Maroc devers ponant par l'espace de quatorze milles, et vint du mont Atlas, environnée de terres fort fertiles en grains et de jardins produisans dates en abondance, au moyen dequoy tous les habitans se mettent à estre jardiniers pour les cultiver, et n'ont autre incommodité, sinon que ce fleuve venant parfoys à deborder, gate à peu près tous les jardins, avec ce que les Arabes se transportent en temps d'esté dans iceux, ravissans et mangeans tout ce qu'ils y trouvent de bon. Je sejournay en cette cité autant que les chevaux meirent à manger leur avoine, et fus bien pour lors fortuné quand je peus eviter d'estre volé par les Arabes.

De la grande cité de Maroc

Maroc est estimée et tenue pour l'une des grandes villes qui soyent au monde et des plus nobles d'Afrique, située et assise en une grande plaine distante de la montagne d'Atlas environ quatorze milles, et fut edifiée par Iusef fils de Iesfin, roy sur le peuple de Lontune, avec l'avis et conseil des plus industrieus architectes et expers ouvriers qui se trouvassent du temps qu'il entra avec ses gens en cette

bes d'Uled Ambran (Aulad Amran) s'estant faits vassaux depuis du roy de Portugal, elle paya des contributions au gouverneur de Safi, jusqu'à ce que les Chérifs estans devenus puissans s'en rendirent maistres et l'affranchirent de ce tribut » (Marmol, *L'Afrique*, t. II, p. 46).

region, la deputant au siege presidial de tout son royaume, à coté du pas d'Agmet qui traverse le mont Atlas, suivant jusques là où sont les habitations dudit peuple. Son circuit est d'une merveilleusement grande etendue, où (durant le regne de Hali, fils de Iusef, roy) estoyent comprins environ cent mille feux, et plus tot davantage que moins. Il y avoit vint et quatre portes, et estoyt ceinte de fortes murailles, dont la maçonnerie estoyt à chaux vive et à sable, puis cotoyée d'un fleuve qui estoyt distant par l'espace de six milles.

Il a plusieurs temples, colleges, estuves et hoteleries selon la coutume d'Afrique, dont les aucuns de ces temples ont esté edifiez par les roys de Lontune et les autres par leurs successeurs, c'est assavoir des Elmuachidin. Mais entre les autres si somptueux, il y en a un qu'on peut acertener (sans aucunement s'elongner de la verité) estre admirable et beau en toute perfection, qui fut erigé par Hali, fils de Iusef, premier roy de Maroc, qui le nomma le temple d'Hali-ben Iusef. Toutefois, il fut demoly et puis redrecé par un qui succeda au royaume, seulement pour en oter les premiers titres d'Hali et y apposer les siens; mais il travailla en vain, car cet honoré titre ancien est demeuré eternel à la posterité. Il y a aussi tout au plus près de la forteresse un autre temple, que Habdul Mumen (qui fut le second à s'emparer du royaume) commanda estre razé; et depuis par Mansor, son successeur, fut accreu de cinquante coudées de chacun coté, l'enrichissant de plusieurs belles colomnes qu'il feit transporter des Espagnes en cette cité. Et feit encore iceluy une citerne voutée de telle grandeur qu'estoyt le plant du temple, voulant que les couvertures fussent faites de plomb avec gargouiles selon le plant des cornices, en maniere que toute la pluye qui s'ecouloit de dessus la couverture venoyt à se vuider par ces goutieres dans les tuyaux, par où elle descendoit dans la citerne. Outre ce, il feit drecer une tour dont la maçonnerie estoyt de pierres fort grosses et entaillées, comme celles du Colisée qui est à Romme, et contenant de circuit environ cent brasses de Toscane, et est plus haute que la tour des Asemels à Bolongne la grasse[1]. La vis par où on y monte est plaine et large de neuf paumes, la grosseur de la muraille de dehors de dix, et le fond de la tour de cinq autres ayant au dedans sept chambres, fort commodes et aisées pour aller, ayant assez de clarté, à cause que le long de la vis jusques à la sommité de icelle sont de belles et grandes fenestres, compassées avec une industrie grande, estans plus larges au dedans que par dehors. Et ainsi qu'on est parvenu jusques sur le cube de la tour, on en trouve une autre petite, fondée sur icelle, dont la pointe est en forme d'une eguille, ayant de tour vint et cinq

<small>Tour de cent brasses de circuit.</small>

---

1. Il faut lire « la tour des Asinelli » au lieu de « la tour des Asemels », qui est la plus élevée de toutes celles de l'Italie. Elle a servi quelquefois, à cause de sa hauteur, à des observations astronomiques. Elle fut bâtie, vers l'année 1110, par un membre de la famille des Asinelli.

coudées, quasi autant comme le comble de la principale, et est de la hauteur de deux lances, puis y a au dedans troys architraves courbés en voute, là où on est conduit par certaines echeles de boys. Sur la pointe y a un epieu fort bien anté et fiché, où sont enfilées troys pommes tousjours augmentans en grosseur, à commencer par celle de dessous. Et ainsi qu'on est parvenu au plus hault etage, il fault tourner la teste comme quand on est dans la gabie d'un navire ; d'où jettant la veuë contre bas, les hommes de la plus grande stature n'ont montre que de petis enfans. Et de ce lieu mesmes, se peut veoyr la montagne d'Azafi qui en est distante environ trente milles, puis se decouvrent aussi de là toutes les plaines qui sont à l'entour, jusques à cinquante milles. Le temple n'est pas fort bien paré par dedans, fors que les colonnes sont toutes de boys, toutefois avec une merveilleuse architecture, comme nous en avons veu plusieurs aux eglises d'Italie. Et est ce temple icy l'un des plus grans qui soyent en tout le monde ; mais il est aujourd'huy abandonné pour ce que les habitans n'ont coutume d'y faire leurs oraisons autre jour que le vendredy seulement, estant la cité fort diminuée de maisons, et mesmement aux rues qui sont plus prochaines de ce temple, où à bien grand peine peut on parvenir, à cause des ruines et masures qui occupent et tiennent tout le chemin. Souz le porche, souloyent estre cent boutiques de libraires à chacun coté, vis-à-vis l'une de l'autre ;

Le porche du temple souloit avoir cent boutiques de librai-

mais maintenant on feroyt beaucoup d'en pouvoir trouver une seule dans toute la cité, dont les deux tiers sont deshabitez, et ce qui est vuide dans icelle, est planté de palmes, de vignes et d'autres arbres fruitiers, pour ce que les habitans ne sauroyent estre jouyssans hors la ville d'un seul pied de terre, pour estre trop outrageusement par les Arabes molestez, tellement qu'on peut bien dire avec verité que la cité soyt venue en decadence devant son temps. Car il n'y a pas encore cinq cens ans accomplis qu'elle fut edifiée; mais les guerres avec la mutation des seigneuries sont la seule occasion de de son malheur. Iusef, fils de Iesfin, commença à l'edifier; et à sa seigneurie succeda Hali son fils, et après luy le royaume parvint entre les mains d'Abraham fils de Hali[1], mais durant ce temps se revolta un predicateur appellé Elmaheli, homme qui estoyt né et nourry aux montagnes. Cettuy-cy, ayant assemblé un bon nombre de souldats, suscita guerre contre Abraham, le tenant si court qu'il le contraignit de sortir en campagne avec sa gendarmerie, qui avec le roy experimenta ce jour là fortune luy estre peu favorable, car tous deux furent rompus; joint aussi que cet Elmaheli feit trancher chemin au roy

res à chacun coté, vis-à-vis l'une de l'autre.

Elmaheli prescheur s'empare de Maroc à belles armes.

1. Il faut lire Youssouf ibn Tachfin. L'émir Youssouf ibn Tachfin mourut à Maroc le 1er du mois de moharrem 500 (2 septembre 1106), à l'âge de cent ans, après un règne de plus de quarante ans. Son fils Aly, né à Ceuta en 477 (1084), lui succéda et mourut en 537 (1142); l'émir Aly eut pour successeur son fils Tachfin et non Abraham, qui périt en 539 (1144) dans les environs d'Oran.

et aux siens, tellement qu'il luy fut impossible se retirer ny sauver dans la cité, au moyen dequoy fut contraint tirer du coté de levant, et en s'enfuyant cotoyoit tousjours la montagne d'Atlas avec le petit nombre de gens qui luy estoyt demeuré. Mais El-maheli, ne se contentant de ce premier hazard de fortune, donna charge à l'un de ces disciples qui estoyt nommé Habdul Mumen, de poursuivre le roy avec la moitié de son exercite, luy demeurant avec l'autre moitié campé devant Maroc. Cependant le roy ne peut trouver lieu de defence et refuge jusques à ce qu'il parvint dans Oran cité, là où avec le reste de ses gens il print peine à se ramparer et fortifier au mieux qu'il peut; mais Habdul Mumen le assiegeant, (ainsi que son cruel destin le permettoyt), luy feit entendre par la commune qu'on n'etoyt pas deliberé de recevoir aucun outrage pour son fait, dont par ces parolles le pauvre et miserable roy, intimidé et destitué de toute esperance, ne sachant plus à qui avoir recours, monta la nuict à cheval, sur la croupe duquel il feit mettre sa femme, puis sortit d'emblée hors la porte de la cité et se dreça vers une haute roche qui estoyt vis-à-vis de la mer, et estant parvenu jusques au dessus, talonnant le cheval, se precipita en bas, de sorte que tombant de lieu en autre, se demembra luy et sa femme, et fut trouvé sur un petit rocher, là où il receut pauvre sepulture.

Miserable mort du roy de Maroc et de sa femme.

Or Habdul Mumen, se estant emparé de la cité, triomphant de la victoire, feit retour à Maroc, là où

ET DESCRIPTION DE L'AFRIQUE 197

(comme voulut sa bonne fortune) trouva Elmaheli trepassé; au moyen de quoy, il usurpa son lieu et fut eleu roy et pontife par quarante disciples et dix secretaires du defunt (coutume nouvelle et en la loy de Mahommet auparavant inusitée)[1]. Or cetuy-cy maintint bravement le siege devant la cité, puis, l'an revolu, la subjugua, et estant entré dedans, saisit le petit Isaac, fils unique d'Abraham, qu'il meurtrit cruellement de ses propres mains, puis feit tuer la plus grande partie des souldats qui estoyent dedans avec plusieurs citoyens. La lignée de cet Habdul Mumen regna successivement depuis l'an cinq cens et seize jusques en l'an six cens soixante et huit de l'Hegire[2], et au bout elle fut expulsée du royaume par la famille de Marin ; et par ces novalitez et grandes mutations se peut cognoitre combien sont grans et incertains les effets de l'inconstante fortune. Cette famille icy s'entretint en son domaine jusques en l'an sept cens octante et cinq[3].

Depuis fut encore Maroc mise au bas et dominée par certains seigneurs qui estoyent en la

Elmaheli mort, le cruel Habdul Mumen, son disciple, lui succeda, et assura sa lignée cent quarante-quatre ans.

---

1. Il faut, dans tous ces passages, substituer le nom de El-Mehdy à celui de Mahely. Il s'agit de Mohammed ibn Toumert, surnommé El-Mehdy, qui mit fin à la dynastie des Almoravides.

2. La dynastie des Almohades (El-Mouwwahidoun) compte treize souverains qui régnèrent depuis l'année 524 (1130) jusqu'en 668 de l'hégire (1269).

3. Les Beni Merin, qui étaient les maitres des hauts plateaux et des montagnes de Maroc depuis 591 (1195), mirent fin à la dynastie des Almohades en 667 (1269). Ils régnèrent jusqu'en 875 (1470). Cette dynastie a fourni au Maghreb vingt-six souverains.

vieille montagne prochaine de la cité. Mais en tant de changemens elle ne receut si grand dommage, ny ne fut tant affligée de nul autre que de la famille de Marin, qui transporta le siege royal de Maroc pour le colloquer en la cité de Fez, là où se tenoyt la court, et en Maroc demeuroit le lieutenant du roy ; tellement que Fez obtint le titre de la cité capitale du royaume et metropolitaine de toute la region Occidentale : dequoy nous avons parlé plus amplement en l'abreviation ou epitome des Chroniques Mahommetiques. Maintenant pour nous estre aucunement elongnez du droit fil de notre matiere, il est temps de reprendre nos erres, et retourner à la description de la cité, où il y a une forteresse de la grandeur d'une ville, estans les murailles bien fortes et epesses, avec belles portes faites de pierre Tiburtine et toutes ferrées[1].

Sur la tour du temple un epieu de fer, perçant troys pommes d'or du poix de 130,000 ducats.

Au milieu de cette forteresse se trouve un beau temple, sur lequel y a une tour et à la sommité un epieu de fer, transperçant troys pommes d'or, pesantes cent trente mille ducats Africans, la plus basse d'icelles est la plus grosse et la dessus plus petite, dont la valeur incitant les cœurs avares de plusieurs à leur jouyssance a fait que se sont trouvez beaucoup de seigneurs qui les ont voulu oter de là, pour s'en aider à leur besoing ; mais il leur est tous-

[1]. Léon l'Africain donne le nom de forteresse à la qasbah ou qaçaba de Maroc. Le nom de qaçaba désigne, au Maghreb, le principal palais d'une ville, ordinairement entouré de murailles crénelées.

jours survenu quelque sinistre accident par lequel ils ont esté contrains de n'attenter plus à chose si hazardeuse, de sorte qu'ils ont estimé à mauvais presage pour quiconques les voudroit enlever et bouger de leur place. L'opinion vulgaire est que ces pommes furent là posées sous telle constellation qu'elles ne peuvent jamais en estre bougées; d'autres disent outre cela, que celuy par qui elles y furent fichées feit une certaine conjuration magique, contraignant aucuns esprits les garder à perpetuité. Et pour confirmer ce commun dire, plusieurs acertenent que de notre temps, le roy Mansor pour prevenir aux inconveniens et necessitez qui luy eussent peu survenir par les assaux impetueux qui luy estoyent journellement donnez des Chretiens Portugalois, vouloyt, quoy qu'il en fust (meprisant et se moquant au possible de cette vulgaire opinion) les oter d'où elles estoyent, ce que les habitans de Maroc, tous d'un commun consentement, luy denierent franchement, ne luy voulans, en sorte que ce soyt, permettre, alegans icelles estre la plus grande noblesse de Maroc.

<small>Opinion vulgaire que constellation ou art magique conserve les dites pommes d'or.</small>

Nous lisons aux histoires que la femme de Mansor pour (entre les ornemens et choses plus rares du temple qu'avoyt fait eriger son mary) laisser encore quelque memoire d'elle mesmes à l'avenir, vendit ses propres bagues et autres joyaux, tant d'or comme d'argent, avec autres dorures et pierreries qui luy avoyent esté données par sondit mary lorsqu'il l'epousa et en feit faire troys pommes pour rendre

200   HISTOIRE

Les trois pommes d'or faites par le commandement de la royne de Maroc. (comme nous avons recité) cette sommité tresriche et decorée[1]. Semblablement, il y a en cette forteresse un tresnoble college, là où plusieurs ecoliers estoyent entretenus; et se trouvent en iceluy trente chambres, puis au plant, une sale où l'on souloyt lire anciennement. Tous ceux qui estoyent receuz avoyent leurs depens et estoyent vetus une foys l'an, autant bien que les docteurs avoyent leurs salaires qui montoyent à la valeur de cent ducats ordinairement; toutefoys, il y en avoyt d'aucuns qui en recevoyent deux cens, les uns plus, les autres moins, selon la qualité de leurs lectures. Et ne pouvoyt là estre admis ny receu pour ecolier, nul qui ne fut bien fondé et instruit, dès le commencement, aux bonnes disciplines. Ce lieu là est enrichy de belles mosaïques ; et où il n'y a des mosaïques, le pan des murailles est revetu par dedans de certaines pierres

---

[1]. La femme de l'émir Yaqoub, surnommé El-Mansour bi fadhl Allah, portait le nom de Immet Allah, أمة الله, Dieudonnée. Elle était la fille du Seyyd Abou Ishaq ibn Abd el-Moumin ben Aly. L'émir Mansour fit placer le même ornement sur la tour de la grande mosquée de Séville. Après avoir conquis les châteaux d'Elbalath et de Terdjala (Albalete et Truxillo), il fit reprendre à son retour à Séville, au mois de safer 593 (janvier 1197), les travaux de la grande mosquée : il fit élever un *tefafih* تفافح (pommes superposées), d'une grandeur surprenante, c'est-à-dire que la moyenne des pommes ne put pas entrer par la porte du muezzin et que, pour l'y faire passer, il ne fallut rien moins que démolir la partie inférieure en marbre de cette porte. Le pivot en fer, sur lequel ces pommes étaient montées, pesait à lui seul quarante rouba (mille livres). L'artiste qui fondit ces pommes et les éleva au haut du minaret fut Aboul Leith Es-Sekkaly ; il employa pour les dorer cent mille dinars. (Cf. *Roudh el-Kartas*, p. 323 et p. 326.)

cuites en lozenges entaillées, avec feuillages subtils et autres ouvrages diversifiez, mesmement la salle où l'on souloyt lire, et les allées toutes couvertes, estant le niveau de ce qui reste decouvert, tout pavé à careaux emaillez, qui s'appellent Ezzuleia[1]; comme l'on en use encore dans les Espagnes. Au milieu du corps de cet edifice y a une fontaine construite de marbre blanc, subtilement ouvré, mais basse à la mode d'Afrique. Jadis un grand nombre d'ecoliers souloyent aller à ce college comme je puis entendre, mais pour le jourd'huy ne s'y en trouvent que cinq ou six, qui sont enseignez par un tresignorant lecteur et legiste, entendant bien peu en l'humanité, et moins ès autres disciplines.

Quand j'estoys à Maroc, je m'acointay et prins familiarité avec un juge, homme qui (à dire vray) estoit autant docte ès histoires Africanes, comme bien fondé en richesses et biens de fortune, mais peu experimenté en la loy, comme ne s'y estant aucunement adonné, pour vaquer à la pratique qu'il avoyt exercée par l'espace de quarante ans, pendant lesquels il avoyt esté notaire, et obtint cet office du

---

[1]. Ces carreaux de faïence portent en arabe le nom de *zélidj* زليج, mot dont les Espagnols ont fait *azulejo*. Ces faïences sont connues en Perse et dans l'Iraq sous le nom de kachany, كاشاني ou de kachy, كاشي et en Syrie sous celui de قيشاني, keïchany, parce que les plus belles étaient fabriquées dans la ville de Kachan. Ibn Batouta, parlant des zaouïah, des couvents et des collèges de Mechhed Aly, dit : « Leurs murailles sont revêtues avec une sorte de faïence appelée kachany qui ressemble à notre zélidj. » (Ibn Batouta, *Voyages*, t. I, p. 415.)

roy duquel il avoyt esté grandement favori. Les autres qui administroyent les offices publics me semblerent gens fort rudes d'esprit, selon l'experience que j'en feys, quand je fus avec ce seigneur en la campagne où je le trouvay la premiere foys que j'arrivay en la region de Maroc.

<small>Onze palais en la susdite forteresse.</small> Davantage, il y a encore dans la forteresse onze ou douze palais somptueux et excellens, qui furent edifiez par Mansor. Au premier qui se presente de front, estoyt posée la garde des arbaletiers chretiens, qui souloyent estre cinq cens, toujours cheminans devant le seigneur en quelque part qu'il allast. Au palais (qui est à coté de cetuy-cy) y avoyt un tel nombre d'archers. En l'autre (qui estoyt un peu plus outre) demeuroyent les chanceliers et secretaires, et est ce palais en leur langue apellé la maison des etas. Le tiers est nommé le palais de la victoire, pour ce qu'en iceluy estoyent les armes et munitions de la cité. Le quart qui est encore plus avant, estoyt ordonné pour la residence du grand ecuyer du roy, et tout joignant, y a trois etables à voutes, et, en chacune, peuvent loger deux cens chevaux. Il y en a deux autres pour les mulets, l'une de telle grandeur que cent mulets y peuvent chevir, et l'autre estoyt expressement pour les jumens et mulets que le roy chevauchoyt. Auprès de ces etables, y avoyt des greniers faits à voutes et à deux etages, dont l'un estoit pour tenir la paille; en celuy de dessouz se mettoyt l'orge pour les chevaux, et

au dernier se tenoyt le froment, estant si ample qu'il en pouvoyt tenir plus de trente mille setiers, et tel nombre pouvoit chevir encore dans l'autre, sur le couvert duquel y a certains pertuis qui sont faits expressement, avec des degrez de pierre fort unis, par où les bestes montent leurs charges jusques à l'egal du couvert, sur lequel se mesure le froment qu'on jette puis après dans le grenier par les pertuis; et le voulant mettre dehors, il y a autres trous par le dessous du plancher qu'ils detoupent; et ainsi le y peuvent mettre et tirer hors, sans grande peine. Plus outre encore, se voit un beau palais qui y avoit eté construit pour y endoctriner les enfans du roy et autres de sa famille; et en cetuy-ci y avoit une belle chambre dont le diametre est compassé en quadrature, ceinte de certaines galeries et fenetrages à claires vitres de diverses couleurs, avec aucunes tables et armoires autour d'icelle, entaillées, peintes et dorées de fin or et pur azur en plusieurs parties. Il y a encore un autre palais où semblablement estoyt assise une autre garde de corselets; et un autre fort grand où le seigneur de la cité donnoyt publique et generale audience. En un autre logeoyent les ambassadeurs et secretaires quand il les vouloit ouyr. En un autre (dont la masse de l'edifice estoit divisée en plusieurs corps et parties) estoyent les fils dudit seigneur un peu grandets.

En un autre plus elongné, et après les murailles

de la forteresse qui repondoyent à la campagne, y a un tresplaisant jardin, produisant arbres et diapré de toutes fleurs colorées et odorantes, là où se trouve une loge carrée toute enlevée de marbre et profonde de troys pieds et demi ; au milieu est erigée une colonne qui soutient un lyon fort industrieusement taillé sur une base à la sommité d'icelle, qui de sa gueule degorge assez abondamment une eau tresclaire et deliée qui vient à s'epandre par l'aire de la loge et à chacun angle est posé un liepard de marbre blanc, martelé de taches verdes et rondes de nature, tellement qu'il ne s'en trouve de tel en un autre lieu, fors qu'en un endroit du mont Atlas, qui est distant de Maroc cent cinquante milles. Joignant ce jardin, y a un parc où souloyent estre encloses plusieurs bestes sauvages, comme girafes, elephans, lyons, cerfs et chevreuils ; mais les lyons estoyent separez d'avec les autres animaux, et est appellé ce lieu encores à present la demeurance aux lyons. Ce peu donques qui demeure en estre dans cette cité peut faire foy, rendant tresample temoignage de la pompe, grandeur et magnificence dont elle estoit decorée regnant icelluy Mansor. Mais aujourd'hui en toute la forteresse n'y a d'habité que le palais de la famille, et celuy des arbaletiers où font residence les portiers et muletiers du seigneur qui y est à present demeurant. Tout le reste est pour retraite des pigeons, corbeaux, corneilles et autres oyseaux. Le jardin jadis tant plaisant, où nature employoyt tous ses

marginalia: Liepard de marbre blanc martelé de marques verdes et rondes.

ET DESCRIPTION DE L'AFRIQUE 205

tresors, est aussi receptacle des immondices de la cité. Le palais où estoyt entretenue bien soigneusement la librairie, est en partie occupé pour jucher les poules, et le reste est converty en colombiers pour attirer les pigeons qui font leur nid dans les armoires où l'on tenoyt jadis religieusement les livres où les bonnes sciences etoyent comprinses.

Certainement ce Mansor icy fut un tresgrand et puissant seigneur, pour ce qu'il dominoyt depuis Messa jusques à Tripoly de Barbarie, qui est la plus noble partie d'Afrique, et de si grande etenduë qu'elle ne peut estre tenue d'un bout à autre en moins de nonante jours, ni traversée en moins de quinze. Et occupoit davantage en Europe cette partie des Espagnes que l'on nomme Grenade, qui contient Tariffa jusques en la province d'Arragon, une bonne partie de la Sicile et de Portugal[1]. Toutefoys, il ne fut pas seul souz la puissance de qui fussent sujettes tant de regions et provinces. Car elles furent semblablement

Mansor fut celuy auquel Rasis, medecin, dedia son livre.

---

1. Abd el-Moumin, second émir de la dynastie des Almohades, monta sur le trône le jeudi 14 ramazan 524 (21 août 1130) et mourut, après avoir régné trente-trois ans, cinq mois et vingt-trois jours, le vendredi 2 djoumazy eth-thany 558 (8 mai 1163). L'émir Youssouf, fils d'Abd el-Moumin, fut reconnu comme émir des musulmans le 11 djoumazy eth-thany 558; il mourut pendant l'expédition de Santarem, le 18 reby eth-thany 580 (29 juillet 1184), après un règne de vingt et un ans et un mois.

Yaqoub El-Mansour, fils de l'émir Youssouf, fut proclamé Émir el-moumenin le lendemain de la mort de son père Youssouf; il mourut le 22 reby el-ouwwel 595 (22 janvier 1199).

L'émir Nassir, fils de Yaqoub el-Mansour, mourut empoisonné le 11 cha'aban 610 (26 décembre 1213) après un règne de quinze ans et quatre mois et demi.

souz son ayeul Habdul Mumen, son pere, Iusef, Iacob Mansor et son fils Mahommet Enasir, qui fut defait et rompu avec son exercite au royaume de Valence, et furent accablez et meurtris de ses gens tant de pied que de cheval jusques au nombre de soissante mille hommes, après laquelle route, il feit retour à Maroc¹. Mais les Chretiens ausquels cette victoire par eux ainsi glorieusement obtenue avoyt augmenté avec le courage les forces, et animés au possible, suivirent leur pointe et leur fortune ensemble, au moyen de quoy, en moins de trente ans, ils recouvrerent Valence, Denie², Alicante, Murzie, Cartage la neuve³, Cordoue, Sivile, Jaen et Ubed⁴. Par cette recommandée et memorable deconfiture, la famille de ces seigneurs commença à decliner et amoindrir. Si que après le deces de Mahommet demeurerent dix enfans siens, hommes parfaits, qui chacun à part soi ayant envie de dominer, furent eux-mesmes (se meurtrissans l'un l'autre) cause de leur perdition et occasion de la ruine du peuple : donnans moyen à ceux de Marin s'emparer de la seigneurie de Fez⁵. Pendant ces novalitez et muta-

Deffaite de soissante mille hommes.

---

1. La bataille dont parle Léon l'Africain est celle d'Hisn el-Oukab ou de Tolosa, gagnée le 6 juillet 1212, par Alphonse VIII, sur les musulmans qui perdirent, dit-on, dans cette journée, cent mille hommes.
2. Denia, sur la côte du royaume de Valence.
3. Carthagène.
4. Ubeda, au royaume de Valence.
5. Les fils de Mohammed en-Nacir furent Youssouf El-Moustancir billah, qui mourut en 620 (1223), Abou Mohammed Abd el-Ouahed, sur-

tions, les habitans de Habduluad se revolterent, saisissans le royaume de Telensin, elisans un recteur à Thunis, et donnans le royaume à qui leur fut plus greable¹. Voilà la fin que prindrent les successeurs

nommé El-Maklou (le Détrôné), qui ne régna que huit mois (621=1224), Abou Mohammed Abdallah el-Adil fi-ihkam illah, qui occupa le trône pendant trois ans et périt étranglé le 21 chewwal 624 (4 octobre 1227).

Les conjurés l'avaient mis à mort pour confier le pouvoir à son frère Mamoun, mais ils proclamèrent émir des musulmans Yahia, qui fut assassiné à Rabat Thaza au mois de ramazan 633 (mai 1236).

Idris, surnommé Aboul Ala et El-Mamoun, succéda à son frère Yahia. Il mourut du chagrin que lui fit éprouver la prise de Ceuta par Ben Houd, à Ouad el-Abid, le dernier jour du mois de zoul hidjèh 629 (17 octobre 1232). Il avait régné cinq ans et trois mois. Il eut pour successeurs les émirs Abou Mohammed Abd el-Ouahed, Aboul Hassan Aly El-Moutamid billah, Abou Hafs Omar El-Mourtedha, Idris Aboul Ala, surnommé Abou Dabbous el-Ouatiq billah. La dynastie des Almohades avait eu une durée de cent quarante-quatre années lunaires.

1. Les Beni Abd el-Ouad descendaient de Badin ibn Ibrahim et leur tribu était sœur de celles des Toudjin, des Mazab, des Zerdal et des Beni Rachid. Ces tribus possédèrent longtemps les campagnes de Tlemcen et du Maghreb central. Elles vivaient en nomades, jouissant des concessions que le gouvernement almohade leur avait accordées. Le territoire possédé par les Abd el-Ouad s'étendait depuis El-Bathia jusqu'au Moulouïa et depuis la mer à travers le Rif jusqu'à l'intérieur du Désert.

Le fondateur de la dynastie des Abd el-Ouadites à Tlemcen fut Yaghmoracen fils de Zian, fils de Thabet, qui en 633 (1235) succéda dans le commandement de la tribu des Abd el-Ouad à son frère Abou Ezza Zekdan ibn Zian.

Ibn Khaldoun a consacré plusieurs chapitres à l'histoire des princes Abd el-Ouadites (*Histoire des Berbères*, traduite par M. de Slane, t. III, pp. 332 et suiv.). Une fraction de cette tribu, dit Ibn Khaldoun, se rencontrait dans l'Aurès, montagne de l'Ifrikia. « Elle y a habité depuis une époque très reculée, s'y étant trouvée au moment de la première invasion musulmane et elle jouit d'une certaine considération parmi les populations qui l'avoisinent. Quelques historiens racontent que ces Abd el-Ouad accompagnèrent Ocba ibn Nafé dans son expédition en Maghreb, lorsque, devenu gouverneur de l'Afrique pour la seconde fois, il pénétra dans le Sous,

Maroc bien rabaissée.

de Mansor le domaine desquels parvint puis après entre les mains de Iacob, fils de Habdulach, premier roy de la famille de Marin[1]. Tant y a que la pauvre cité de Maroc a esté à grande extremité et tenue en peu de reputation, estant continuellement molestée et opresée par l'aspre violence des importuns Arabes, pour le moindre refus qu'elle face d'obtemperer à leur insatiable vouloir. Tout ce que vous avez entendu de Maroc j'ay veu en partie, et de ce que le temps ne m'a permis avoir la cognoissance, ayant recours aux histoires d'Ibnu Habdul Malich[2], chro-

---

parvint jusqu'à l'océan Atlantique et se fit tuer au moment de rentrer en Ifrikia » (Ibn Khaldoun, *Histoire des Berbères*, t. III, p. 305).

Les Beni Abd el-Ouad réunis à Tunis élurent pour chef Abou Saïd Osman, l'aîné de ses quatre frères. Celui-ci marcha contre Tlemcen et entra dans cette ville où Ibn Djerrar s'était emparé du pouvoir et avait pris le titre de sultan. Cette conquête eut lieu au mois de djoumazy oul-ewwel 749 (août 1348).

Le nom d'Abd el-Ouad semble être une corruption berbère de Abd el-Ouahed (le serviteur du Dieu unique).

1. Abou Mohammed Abd el-Haqq, premier souverain de la dynastie des Beni Merin, fut tué ainsi que son fils Idris dans une bataille qu'il livra aux Arabes Riah dans le mois de djoumazy eth-thany 614 (septembre 1217).

2. L'historien que Léon l'Africain désigne sous le nom de « Ibnu Habdul Malich » est Aboul Qassim Khalef ibn Abd el-Melik plus connu sous celui de Ibn Bachkoual. Il naquit à Cordoue au mois de zoul hidjèh 494 (octobre 1101) et mourut à l'âge de quatre-vingt-trois ans et neuf mois lunaires, à la fin de ramazan 578 (janvier 1183). Ibn Bachkoual dit avoir composé plus de cinquante ouvrages parmi lesquels il faut citer, outre l'ouvrage cité par Léon l'Africain, son Histoire d'Espagne intitulée التاريخ الصغير فى احوال اندلس (Petite histoire d'Espagne) et son Dictionnaire biographique الصلة qui a été publié par les soins de M. Fr. Codera à Madrid en 1883. Ibn Bachkoual était un traditioniste qui a joui de la plus grande considération.

niqueur de Maroc, divisées en sept parties, j'ay esté bien acertené de ce que j'ay redigé dans mes abreviations des chroniques mahommetanes.

AGMET, CITÉ EN LADITE REGION DE MAROC

Agmet[1] est une cité prochaine de Maroc environ

---

1. Aghmat, اغمات. « Le nom d'Aghmat est porté par deux villes situées chacune dans une plaine. L'une s'appelle l'*Aghmat des Ilan* et l'autre l'*Aghmat des Ourîka*. Le chef de ces peuples réside dans cette dernière ville, et c'est là que descendent les marchands et les voyageurs ; car il n'est permis à aucun étranger d'habiter Aghmat Ilan. Une distance de huit milles sépare les deux villes. On y voit une petite rivière qui coule du midi au nord et dont l'eau est saumâtre ; elle se nomme Taghîrout. Tout autour d'Aghmat Ourika s'étendent des jardins et des forêts de dattiers. Ce canton est très grand ; il est occupé par des tribus masmoudiennes qui demeurent dans des bourgs fermés (*cosour*) et dans les lieux où elles parquent leurs bestiaux. Une grande abondance règne dans ce pays et tout y est à bon marché. On y porte de la ville de Niffis de grosses pommes, dont on peut acheter, pour un demidirhem, de quoi charger un mulet. Nous devons cependant ajouter que l'air de cette contrée est malsain ; que les habitants ont tous le teint jaunâtre et qu'il s'y trouve beaucoup de scorpions dont la piqûre est mortelle. On y tient plusieurs marchés qui sont très fréquentés ; dans celui d'Aghmat qui a lieu chaque dimanche, on vend toute espèce de marchandises et d'effets de ménage. En ce jour, on tue et on consomme plus de cent bœufs et mille moutons. Autrefois à Aghmat, les habitants se transmettaient entre eux la charge d'émir ; celui qui en avait exercé les fonctions pendant un an était remplacé par un autre que le peuple choisissait dans son sein » (El-Bekri, *Description de l'Afrique septentrionale*, traduite par M. Mac Gukin de Slane, pp. 339-340).

Ibn Hauqal donne d'intéressants détails sur Aghmat et sur les deux partis religieux qui s'y faisaient une guerre continuelle. (Ibn Hauqal, *Viæ et regna*, publié par M. de Goeje, Leyde, 1873, pp. 65-66.) Les tombeaux

vingt et quatre milles, edifiée par les anciens Africans sur la cote d'une montagne de celles d'Atlas contenant environ six mille feux ; et fut du temps de Mansor fort adonnée à civilité, à cause dequoy elle estoyt appellée la seconde Maroc. Le tour d'icelle donne contentement fort grand aux personnes, pour cause de la diversité des fruits savoureux qui sont produis (avec grande abondance de raisins) dans les jardins situez en la plaine et montagne. Sous cette cité, y a un païs qui traverse la montagne d'Atlas jusques en la region de Guzzula, là où prend son cours un beau fleuve descendant de la montagne

Agmet seconde Maroc.

des saints personnages enterrés à Aghmat étaient des lieux de pèlerinage très fréquentés. Cf. *Nozhet-Elhâdi*, pp. 192, 204, 205.

« Cette ville qui est à huit lieuës de Maroc, sur la pente d'une des montagnes du grand Atlas, estoit autrefois fort peuplée et ceinte de hauts murs avec une bonne forteresse. Aussi, estoit-ce le siege de l'empire avant que l'autre fut bastie. On en attribue la fondation aux anciens Africains et l'on dit que quand les Almoravides passèrent de Numidie en Barbarie avec Abou Techifien, il y avoit plus de sept mille maisons comme dans la capitale de la province. Mais elle diminua peu à peu, depuis la fondation de Maroc, tant qu'elle fust presque deserte. Depuis le règne des Almoravides, les Almohades la peuplèrent et la rétablirent, de sorte qu'on la nommoit le second Maroc ; mais les Benimérinis la démolirent, ouvrirent les murs en plusieurs endroits, ruinèrent les maisons et la laissèrent pour retraite aux bestes farouches... Le chasteau est habité par des Morabites de la tribu des Muçamoda qui vivent comme des anachorètes et font subsister par là quelques habitans qui demeurent dans la ville, à cause du respect qu'on leur porte, si bien que ceux de Maroc, ni les Arabes ne les incommodent point. Une des choses des plus remarquables du lieu, c'est le lac où se rassemblent toutes les eaux de la montagne, qui est également creux partout et effroyable pour sa grandeur et sa profondeur qui le rendent fort sujet aux tempêtes » (Marmol, *L'Afrique*, t. II, pp. 66-67).

Aghmat est sur le territoire des Messoufa au sud de la ville de Maroc.

d'Atlas, se venant joindre avec celuy de Tensest, l'eau duquel tire sur le blanc. Et y a, outre ces deux fleuves, une merveilleusement belle et beaucoup plus fertile campagne rendant le plus souvent au semer (comme l'on dit) cinquante pour un. Cette cité avec le fleuve qui la cotoye ressemble à celle de Narne[1] et à la Noire, fleuve d'Umbrie, qui (ainsi qu'aucuns afferment) va jusques à cette cité, là où se fondant, est conduit par certains canaulz souz terre, sans qu'on en puisse veoyr aucune trace ny canal jusques à la cité de Maroc. Plusieurs seigneurs voulurent une foys experimenter de quel coté pouvoyt venir cette eau, au moyen de quoy ils feirent entrer dans ce canal aucuns hommes, leur faisans porter pour leur eclairer une lanterne, avec de la lumiere, et après s'estre quelque peu avancez, pour la force d'un merveilleux et terrible vent, se sentirent repoussez d'une impetuosité si vehemente, qu'il leur sembloyt ne s'estre jamais trouvé en telle affaire; tellement que, leur lumiere eteinte, se trouvoyent en danger, et sur le point de ne jamais pouvoir faire retour d'où ils estoyent venus, pour ce que le cours de cette riviere estoyt souvent interrompu par tresgrosses et grandes pierres, contre lesquelles hurtans, les ondes tressailloyent deçà et delà par un elancement si rude qui venoyt à rendre dans cette concavité un epovantable et horrible son. Si que, ayans

---

1. La ville de Narni, située sur la Nera.

trouvé plusieurs cavernes qui les rendoyent incertains de ce qu'ils desiroyent savoir, furent contrains d'abandonner leur entreprinse, dont voulans poursuivre à icelle, ne se trouva depuis personne qui s'y vousist hazarder.

Il y a aucuns historiens qui disent que celuy par qui fut Maroc edifiée, avec la doctrine de savans astrologues, preveit que plusieurs guerres lui devoyent survenir; ce que ayant cognu, il feit par art magic que telle nouveauté fut là-dedans, à fin que la source de l'eau estant occulte à ses ennemys, ne peut estre par moyen aucun d'iceux detournée. Cette cité sert maintenant de spelonque et caverne aux loups et regnars et de nids aux corbeaux et à tels autres oyseaux, sinon que de mon temps y residoyt un hermite accompagné de cent disciples, qui estoyent tous fournis de beaux chevaux, commançans à s'en vouloir faire seigneurs, mais ils ne trouvoyent personne sur qui ils peussent dominer ny user de commandement. Je logeay par l'espace de dix jours avec cet hermite, qui avoyt un frere qui estoyt fort mon amy, pour ce que nous avions esté en la cité de Fez compagnons d'etude, là où nous ouïmes ensemble l'epitre de Nensefi en theologie[1].

---

1. L'épître de Nensefi est l'ouvrage de Hafiz eddin Aboul Berekat Abdallah en-Nessefy qui a pour titre عمدة عقيدة اهل السنة و الجماعة. Le pilier

De Hanimmei, cité.

Hanimmei[1] est une petite cité sur la cote du mont Atlas devers la plaine, distante de Maroc environ quarante milles du coté de levant, au passage de la cité de Fez, c'est assavoir de ceux qui veulent cotoyer la montagne; et le fleuve d'Agmet passe à coté de Hanimmei distant quinze milles, depuis lequel jusques à la cité y a une bonne campagne pour semer, comme est celle d'Agmet; et ce qui se trouve depuis Maroc jusques audit fleuve est tout souz le domaine

---

de la croyance des Sunnites. Le texte de ce catéchisme musulman a été publié à Londres en 1843 par M. W. Cureton.

1. اناماي, Animay. « Animmey est une petite ville peuplée de Bérébères de la tribu de Muçamoda et bastie par les anciens Africains sur la pente d'une des montagnes du grand Atlas, qu'on nomme Animmey, du costé du septentrion, à treize lieuës de Maroc vers le levant, par le chemin de Féz qui borde le costau... Elle n'est forte ni par art ni par nature, estant commandée de la montagne et n'ayant que de méchantes murailles. Le Tansift prend sa source près de là et court vers le septentrion, d'où il tourne vers le couchant, toujours à travers des plaines, jusqu'à ce qu'il entre dans l'Océan en la contrée de Safi. Il n'y a point d'autre ville dans la province de Maroc, et les lieux qui sont autour de la ville au quartier de Hauz, où le païs est de grand rapport et fournit la ville de tout, sont les suivants : Hauz, Astar, Izquineden, Sor el-Giohora, Cort Tuben, Terguin, Hara et Sor el-Focora. Il y a une bourgade ou petite ville près de Maroc qu'on nomme Mérémer, qui est environnée de grandes plaines où sont ces arbres dont on fait l'huile d'erquen. Il y en a une autre à cinq lieuës de la ville du costé du nord qui se nomme Chauchava, du nom d'une rivière qui passe auprès. Le Chérif la fit fortifier lorsqu'il avoit à se défendre contre Maroc et Safi et la ferma de hauts murs de terre batuë qui sont maintenant en ruines » (Marmol, *L'Afrique*, t. II, pp. 67-68).

du seigneur de Maroc, et ce qui est entre Maroc et Hanimmei, est en la puissance du seigneur d'Hanimmei, vaillant et courageux, pour ce qu'il maintient bravement la guerre contre le seigneur de Maroc, ce qu'il peut faire facilement, estant seigneur de plusieurs peuples aux montagnes, joint aussi la grande magnanimité et liberalité qui luy fait compagnie. Et n'avoit encore ataint la douzieme année de son aage, que laissant la vie, un sien oncle s'empara de ses seigneuries; au moyen dequoy ainsi jeune qu'il estoyt, voulut faire preuve de sa personne et montrer evident signe de sa valeur. Car une grande multitude d'Arabes, avec troys cens chevaux legers de Chretiens, vindrent faire une course à l'impourveu jusques aux portes de la cité. Ce que voyant, le jeune prince se deffendit avec un tel courage et les repoussa si rudement, qu'après avoir deffait la plus grande partie des Arabes, usa d'un si doux traitement à l'endroit des Chretiens, qu'il les contraignit de demeurer tous en la place acablez, de sorte que le plus brave d'eux n'eut loisir d'aller porter les nouvelles en Portugal, de leur tant soudaine route, qui leur avoyt esté causée par le trop peu de pratique et cognoissance qu'ils avoyent du païs; et cela fut en l'an neuf cens et vingt. Or, ces choses ainsi passées au grand honneur et avantage de ce seigneur, le roy de Fez luy envoya demander tribut, qui luy estant refusé, feit marcher un gros exercite de gens à cheval et arbaletiers, dont la presence d'iceux n'amoindrissant en rien la grandeur du courage et magnanimité de ce petit prince, sortit bravement en campagne; mais se rengeant en bataille, son cruel destin ou desastre envieux de son bien et gloire, permirent qu'il fut frapé d'un boulet d'arquebute en le estomac, qui le feit renverser froid et mort entre les siens, qui par cet infortune et à eux dommageable accident, se rendirent tributaires, avec ce que la femme de ce seigneur rendit plusieurs nobles prisonniers enchenez au capitaine du roy, qui après avoir delaissé un gouverneur en cette cité, feit retour, en l'an de l'Hegire neuf cens et vingt.

Le seigneur de Hanimmei tué en bataille.

Des montagnes contenuës en la region de Maroc premierement Nisipha.

Puisque nous avons traité de la region du Maroc, comme il nous a semblé assez amplement, maintenant nous viendrons à la description de l'assiete des plus renommées montagnes ; pour à quoy donner commencement, nous traiterons du mont de Nisifa[1],

---

1. Il faut lire Nefusa qu'on nomme maintenant Deren.
Le mot de Deren, au rapport de M. de Slane, paraît être une altération d'Idraren, pluriel berbère du mot *adrar*, montagne. « Pour se rendre, dit Edrisy, de Taroudant du Sous à la ville d'Aghmat-Warica, on passe au pied de la grande montagne de Daran, remarquable par sa hauteur, par la fertilité du terrain, par le grand nombre d'habitations dont elle est couverte et par son étendue : elle se prolonge en ligne droite vers l'Orient, depuis le Sous occidental, sur les bords de l'Océan jusqu'aux montagnes

lequel, devers le ponant, a en teste la province de
Maroc qu'il separe d'avec la province d'Hea. Il est
fort habité, et combien que le plus souvent les neiges

de Nafousa où elle s'appelle Djebel Nafousa : elle se confond ensuite avec
la chaîne des montagnes de Tripoli au bout de laquelle le terrain devient
tout à fait plat. Plusieurs personnes assurent cependant que cette montagne s'étend jusqu'à la Méditerranée et qu'elle se termine par le cap Autsan. Quoi qu'il en soit, elle produit toutes sortes de fruits et est couverte
de toutes espèces d'arbres rares. Les sources d'eau y jaillissent de toutes
parts et ses flancs sont embellis de plantes toujours vertes..... Parmi les
fruits que produit la montagne de Daran, on compte des figues d'une
douceur et d'une grosseur extraordinaires, des raisins de forme oblongue,
d'un goût sucré et presque toujours sans pépins ; séchés, ces raisins prennent place parmi les meilleures confitures sur la table des rois de Maghrib,
parce que la peau en est tendre et que leur usage est aussi salutaire
qu'agréable. Il s'y trouve également des noix et des amandes. Quant aux
coings et aux grenades, l'abondance en est telle, que pour un kirat, on
peut s'en procurer une charge. Les prunes, les poires, les pêches, les citrons et la canne à sucre sont tellement abondants que les habitants n'en
font entre eux aucun commerce. Ils possèdent, en outre, l'olivier, le caroubier, le mochtaha et diverses espèces d'arbres parmi lesquelles on remarque celle qui s'appelle arcan » (*Description de l'Afrique et de l'Espagne*,
pp. 74-75).

[De Néfusa]. « C'est une branche du grand Atlas qui borde du costé du
couchant celle de Tenzère, dans la province de Hea. Il y neige ordinairement
parce qu'elle est fort haute, mais on ne laisse pas d'y recueillir quantité
d'orge. Elle est peuplée des communautez de Recrec, de Hascure, de Ianface
et autres Bérébéres de la tribu de Muçamoda, nations vaillantes, nombreuses et superbes, mais d'autre costé, si simples et si rustiques, qu'ils croyent
tout ce qu'on leur dit en matière de religion... Ils ont quantité de troupeaux de chèvres et beaucoup de miel, de cire et de ces fruits dont on fait
de l'huile. Leur façon de vivre et de traiter avec les estrangers est des plus
méchantes gens du monde. Ils n'ont pas de ville fermée et leurs maisons
sont faites de pierres sèches ou de méchans quarreaux de terre et couvertes
d'une espèce d'ardoise ou de branches d'arbres et éparses, de ci, de là, par
la montagne. La principale habitation n'est pas de plus de cinquante maisons et la plupart n'en ont que huit ou dix, qui sont placées dans des fonds
qui se trouvent sur les plus hautes montagnes. L'an mil cinq cens qua-

tombent sur la sommité d'iceluy, on ne laisse pourtant d'y semer de l'orge. Les habitans sont tous gens de sauvage nature, ignorans ce que c'est de civilité; et

rante-trois, le Chérif Mohamet, estant roy de Maroc, Cidi Abdala, alfaqui ou prédicateur morabite de la secte de Mohaydin, se souleva dans cette montagne et assembla plusieurs barbares, mais le Chérif envoya aussitost contre luy sept cents arquebuziers turcs et quatre mille Maures à cheval, sous le commandement d'un Persan. Les Turcs grimpèrent sur la montagne après avoir laissé en bas leurs chevaux; et parce qu'elle est fort droite et qu'il y a des endroits fort difficiles, ils grimpèrent peu à peu jusqu'au haut avec beaucoup de peine et de danger, parce que ces barbares, sans se soucier des coups d'arquebuzes, passoient d'une montagne à l'autre à la veue des ennemis et dans les destroits et dans les destours, rouloient sur eux de grandes pièces de rocher et les prenant en flanc, les mettoient en désordre avec leurs hurlemens et leurs cris, si bien qu'ils en tuèrent plusieurs tant de jour que de nuit. Avec tout cela, les Turcs tinrent un si bon ordre que, faisant toujours soutenir un peloton par un autre aux endroits les plus escarpez, ils gagnèrent peu à peu le dessus jusqu'à ce qu'ils arrivèrent au plus haut de la montagne, qui estoit leur dernier asyle et l'emportèrent d'assaut. Abdala se retira au lieu le plus élevé, mais comme les montagnes voisines estoient à la dévotion du Chérif et qu'il n'espéroit secours d'aucun endroit, il se rendit, à la charge de pouvoir se retirer au royaume de Fez avec ses enfans et sa suite. Mais le Chérif, suivant la maxime de Iacob Almanzor qu'on n'estoit pas obligé de garder la foy à un traistre, luy fit couper la teste en sa présence sitost qu'il fut arrivé en Maroc. Il estoit grand magicien ou le contrefaisoit, car quand il se voulut soulever, il assembla d'autres Bérébères de la montagne de Chauchava et leur dit qu'il viendroit aisément à bout de ses ennemis par son savoir, de sorte que les troupes du Chérif arrivant dans la montagne, trouvoient au milieu du chemin des moutons égorgez dont la laine estoit grillée, les pieds coupez et mis dans leurs yeux avec d'autres sortilèges aux passages difficiles, ce qui les épouvantoit et leur faisoit appréhender quelque chose de sinistre ; mais le Persan qui les commandoit fit avancer quelques Chrétiens qu'il avoit avec luy et brûler tous ces sortilèges, ce qui fit dire à Abdala que c'estoient les Chrestiens qui l'avoient vaincu et non pas les Maures, contre qui il avoit dressé ses enchantemens et non pas contre les autres. La plus belle fille et la plus recherchée de la province estoit là et, voyant fuir ces montagnars, délia ses beaux cheveux qui estoient tressez et

venant à appercevoir aucun citoyen, ne s'emerveillent moins de sa presence que de son habillement, comme je leur causay un grand ebayssement par l'espace de deux jours que je sejournay en ce lieu là, durant lesquels ils ne peurent jamais recevoir assez de contentement, tant pour contempler ma personne comme pour toucher et manier l'habillement que je portoys, qui estoyt une robe blanche et longue en ecolier : de sorte qu'avant que me pouvoir deffaire d'eux, ils me la laisserent toute telle qu'un torchon de cuisine, tant grande fut la multitude de ceux qui la voulurent toucher. Et s'en trouva un entre les autres auquel mon epée revint si bien, et luy print si grande envie de la veoir sienne, que m'importunant jusques à l'extremité, me contraignit de la trocquer contre un cheval, qui pouvoyt valoir dix ducats beaucoup plus raisonnablement, que mon epée un et demy que j'en avoys payé dans la cité de Fez ; et ne sauroys croire que cette sottise leur procede d'autre part, que pour

fort longs, et prenant deux dards à la main, commença à crier à la jeunesse : Courage, qui m'aime me suive, ne souffrez point que d'autres jouissent de ce que vous aimez, ni que je sois en proye à des brigands. Et ayant rassemblé autour de soy une bonne troupe, elle fit jour à travers les ennemis et si elle n'eust esté tuée d'un coup d'arquebuze, elle leur eust fait de la peine, en ayant déjà tué un de sa main. Quelques-uns de ses amans se firent tuer avec elle, après quoy le lieu fut emporté d'assaut et saccagé sans pardonner à personne. Cela obligea, comme nous avons dit, le Morabite à se rendre avec ceux qui l'avoient suivi et le Chérif demeura maistre de la montagne, qui ne laissa pas de se révolter plusieurs fois depuis et est encore aujourd'hui dans la révolte. C'est là que prend sa source la rivière de Nefusa qui se joint après au Tansift » (Marmol, *L'Afrique*, t. II, pp. 69-71).

ne trafiquer aucunement et ne se transporter en nulle partt à quoy ils sont quasi contrains, estans les chemins tous batus de larrons, brigans et mechante canaille. En ce mont icy se trouve grande quantité de chevres, miel et huile d'argan que l'on commence à trouver de là en avant.

Semede[1].

Cette montagne prend son origine aux confins de l'autre, estans separées par le fleuve Sefsaua, et s'etend cette cy du coté de levant environ vingt milles. Dans son pourpris, y a assez de fontaines et grandes neiges en tout temps de l'année; les habitans sont fort rustiques, pauvres et mecaniques, sans avoir entre eux aucun qui puisse decider leurs controverses, sinon que parfoys, ils retiennent quelque etranger passant, qui leur semble estre personne suffisante et entendue.

---

1. اسمد, Esmed. « [De Cemmede]. C'est encore une branche du grand Atlas qui a sept lieuës de longueur, du levant au couchant, commençant à la précédente, dont elle n'est séparée que par la rivière Chauchava, et finissant à celle de Guidimiva. Elle est habitée de pauvres gens de la tribu de Muçamoda et son sommet est toujours couvert de neige, mais on ne laisse pas d'y recueillir beaucoup d'orge et de ces fruits dont on fait de l'huile. Il y a force troupeaux de chèvres et plusieurs fontaines, mais les habitants sont si brutaux qu'ils ne voudroient quitter pour rien leur païs, croyant qu'il n'y en a pas de meilleur. Abdala avoit aussi assemblé ces peuples et l'on en fit un si grand carnage que la montagne en fut inhabitée cette année-là » (Marmol, L'Afrique, t. II, p 71).

Et m'y retrouvant une foys, je logeay avec un religieux qui avoyt entre ce peuple les premiers honneurs et preeminences, là où il me convint contenter (pour ny pouvoir remedier) des viandes qu'ils ont acoutumé de manger : c'est assavoir farine d'orge detrampée dans l'eau bouillante, avec chair de bouc, que je discernoys mieux avec les dents estre tresdure, que je n'eusse jugé à la veuë si elle estoyt vieille, combien que je me rendys assez certain de l'une et l'autre chose, car je trouvay la chair fort vieille, mais l'experimentay beaucoup plus dure au macher, essayant, après cela, comme il faisoyt bon coucher sur la dure, d'où m'estant levé sans avoir affaire de valet de chambre, faisant mon compte de deloger à bonne heure (comme celuy qui ignoroit totalement leur coutume et maniere de faire) me trouvay environné de plus de soissante personnes qui vont commencer à me faire un grand discours et long procés de leurs differens, non autrement que si j'eusse esté leur juge ordinaire et expressement deputé pour decider leurs debas. Ce que voyant, je ne seus autre chose faire, sinon m'excuser pour dire que je ne vouloys avoir cognoissance de cause, veu mesmement que je ne savoys rien de leurs affaires. Mais troys gentilshommes des plus honorés s'avancerent, dont l'un commença à m'user d'un tel langage : « Pourroyt bien estre, seigneur, que vous ignorés nostre coutume ; parquoy je vous la feray maintenant entendre, et est elle, qu'il n'est permis à nul etranger de quelque

Viande de farine d'orge avec chair de bouc.

qualité qu'il soyt, passant par icy, de se deplacer que premierement, il n'ait diligemment ecouté, et puis selon ce qu'on luy a proposé, determiné les differens de noz causes. » Il n'eut pas plustot mis fin à ses paroles, qu'il me vint saisir mon cheval et qu'il me fut force de passer neuf jours en cette montagne et neuf nuits avec autant de regret et grand mesaise qu'il est possible d'endurer, tant pour la mauvaise saveur des viandes qui me sembloyent de tresdure digestion, que pour le dormir qui ne m'estoyt moins ennuyeux. Et avec ce (chose qui me sembloit bien etrange), outre leurs debats intrinseques, on n'eut peu trouver entre eux tous un seul qui eut tant d'esprit que de former une seule lettre, au moyen dequoy il me falloit exercer la dignité de juge et office de grefier tout ensemble. Or, les huit jours acomplis, la commune s'assembla, et me dirent les plus apparens qu'ils avoyent bonne envie, en recompense de mes labeurs, de me faire un present, qui ne seroit de moindre valeur qu'honnorable, dont l'envie que j'avois d'avoir et voir ce notable et magnifique present me feit encore sembler la nuit plus longue de la moitié qu'elle n'avoit de coutume, discourant en moymesmes quelle grande somme de deniers je pourroys recevoir ; et de fait, faisoys desja mon compte d'estre tout plongé en or, quand, le matin, me menerent seoir souz le portique du temple, là où après qu'ils eurent presenté leurs vœus et oroisons, commencerent l'un après l'autre et de rang en rang à me

Presens à l'auteur pour recompense de sa peine et du sejour qu'il avoit fait.

baiser le chef, me presentans, l'un un poulet, l'autre une ecaille de noix, l'un une liasse d'ongnons, l'autre des aus, et le plus noble d'entre eux m'offrit un bouc bien mignonnement, et avec une grace et façon de faire qui me sentoit tout plein sa court. Voyant cette grande abondance, si je me trouvay lors bien etonné, je le remets à votre jugement, veu mesmement que toutes ces choses n'avoyent pas bonne vente, et ne savoys comment en retirer profit, à cause qu'il n'y a point d'argent en ce lieu là, et pour ne trainer toutes ces tracasseries après moy, je vins trouver mon hote en sa maison, auquel je feys present de mon salaire, que j'avois receu en recompense des travaux et mesaises que j'avoys endurez et soutenus pendant que je sejournay avec cette canaille, qui me donna cinquante hommes qui m'accompagnerent une bonne partie du chemin, à cause qu'il n'estoit pas fort seur.

Sevsava[1].

Après qu'on a passé la montagne susdite, on vient

---

1. شفشاوة, Chefchaoua, montagne de la chaîne de l'Atlas au sud de Maroc et à l'ouest de la rivière Niffis; elle est habitée par une tribu du même nom. La rivière Chefchaoua ou Chouchoua y prend sa source et coule vers le nord pour se jeter dans le Tenkift. (De Slane, *Histoire des Berbères*, t. I. Index géographique, p. LXXVIII.)

« [De Chauchava]. Cette montagne est au midy de la précédente, et des dépendances aussi du grand Atlas. Il en sort une rivière du même nom, et

à trouver cette cy, de laquelle sourd un fleuve dont elle retient son nom, estant batue de neige quasi en tout temps de l'année. Le peuple qui y habite est fort bestial, neantmoins, il mene continuelle guerre contre ses voisins, usant pour ses armes offensibles de gros et pesans caillous qu'ils ruent depiteusement avec des frondes. Ils vivent d'orge, de miel et chair de chevre, et se trouvent parmy eux plusieurs Juifs, qui exerçans l'art de marechal, forgent des marres, epieux, faucilles et fers de cheval, se melans outre ce de maçonnerie, combien qu'ils ayent peu de besongne entre les mains, pour ce qu'il n'y a que les murailles qui se facent de pierre et craye, car le couvert est de paille, sans qu'on puisse trouver dequoy faire de la chaux, tuilles, ny brique; et en cette façon sont batis tous les autres edifices des montagnes precedentes. Entre ces habitans y a plusieurs legistes, usant de leur conseil en certaines choses; et en ay cognu plusieurs d'iceux

elle est habitée de Bérébères de la mesme tribu qui sont belliqueux et ont guerre perpétuelle avec leurs voisins. La plupart sont armez de frondes dont ils tirent de grosses pierres, si juste qu'ils en tuent les oiseaux, et c'est leur principal exercice. Cette montagne est fort froide et toujours couverte de neige vers le sommet, mais elle ne laisse pas d'estre abondante en orge, en miel, en cire et en menu bétail; car, du reste, il n'y a pas beaucoup de vaches et les chevaux ne sont pas fort bons. Il y a quelques massons et serruriers juifs, mais ils ne travaillent pas beaucoup du premier mestier, parce que les murs sont de pierre seiche ou qui n'est qu'enduite par dehors et les toits couverts de chaume ou d'ardoise, car ils ne se servent ni de tuiles, ni de briques, ni de chaux. Il n'y a pas d'autres bastimens parmi ces montagnes, si ce n'est quelque vieille tour ou mosquée » (Marmol, *L'Afrique*, t. II, p. 72).

que j'avoys veu etudians à Fez, lesquels, après m'avoir receu fort humainement, s'offrirent assez de me vouloir acompagner.

Secsiva[1].

Secsiya est une montagne fort sauvage, haute et revetue de grands boys, là où sourdent plusieurs fontaines et pleins de neiges, au moyen dequoy la froidure n'y fault jamais : et ont coutume les habitans d'icelle de porter en la teste certaines perruques blanches. Là prend son origine le fleuve Assifinual où se trouvent plusieurs cavernes larges et profondes où ils ont coutume de tenir leur betail troys

---

1. سكسيوة « Secsiva est une montagne fort haute et fort froide, au septentrion de celle de Chauchava. Il sort plusieurs fontaines des valons et la rivière d'Ecifelmel en tire sa source. La cime est toujours couverte de neige et il y a partout de grans rochers escarpez et des cavernes où l'on renferme des troupeaux l'hiver de peur du froid et on les y nourrit de foin et de branches d'arbres. Les habitans ne recueillent ni froment, ni orge, ni autre grain, à cause que la terre est trop froide, et en font venir d'ailleurs; mais ils ont quantité de lait, de beurre et de fromage tout le printemps et l'esté et ne manquent point de viande toute l'année. Ils vivent comme des sauvages et dans une grande santé; de sorte qu'à cent et six-vingts ans, ils ne paraissent pas encore vieux. C'est une merveille de voir comme ils sont peu vestus contre un si grand froid, car ils n'ont qu'une mante qui les enveloppe, avec des bottines de cuir cru et des torchons autour de leurs pieds, et sont si glorieux qu'ils ont toujours guerre avec leurs voisins et s'entretuënt pour des occasions fort légères. Il ne fréquente parmi eux ni juge, ni alfaqui, ni bourgeois de ville, parce qu'ils ne sont pas sur le grand chemin, aussi n'ont-ils ni loy, ni règle et vivent comme des bestes parmi ces rochers » (Marmol, *L'Afrique*, t. II, p. 73).

moys de l'année, qui sont novembre, decembre et janvier, avec du foin, quelques feuilles et ramée de grans arbres. S'ils veulent avoir des vivres, il fault qu'ils en pourchassent aux autres prochaines montagnes, pour ce que cette-cy ne produit aucune chose. En la saison de primevere, ils ont du laict, beurre et fromage ; et sont gens qui vivent longuement, parvenans jusques à l'aage de quatre vings et de cent ans, avec une vieillesse robuste et totalement delivrée de mille et mille incommodités qui acompagnent les anciens ; et jusques à tant que la mort les vienne surprendre, ils ne cessent de suivre les troupeaux des bestes sans jamais veoyr passer, ny avoyr la cognoissance de personne que ce soyt. Ils ne portent jamais des souliers, mais seulement quelque chose souz le pied qui les garde de l'apreté et rudesse des pierres et graviers, avec certaines pieces entortillées autour de la jambe et gros bourras qui deffend de la neige[1].

1. « Les Sekcioua forment la section la plus considérable de la tribu des Guenfiça, laquelle est la plus grande de celles dont se compose le peuple masmoudien. Les autres sections guenficiennes épuisèrent leurs forces pour soutenir l'autorité de l'empire almohade et perdirent ainsi tous leurs guerriers, sort analogue à celui des peuples qui, avant eux, prêtèrent appui aux dynasties sorties de leur sein ; mais les Sekcioua conservèrent toujours un haut rang parmi les populations almohades tant par la force qu'ils tiraient de leur nombre, que par la domination qu'ils exerçaient sur les tribus voisines. Aimant les usages de la vie agreste, jamais ils n'adoptèrent les habitudes que le luxe avait introduites parmi les autres peuples almohades ; jamais ils ne cédèrent comme eux aux séductions de l'aisance et aux douceurs de la mollesse. La montagne qu'ils habitent forme la cime la plus élevée de l'Atlas et leur offre un asile que des châteaux forts, des

Tenmelle, montagne et cité

Tenmelle[1] est un mont autant merveilleux pour sa demesurée hauteur comme les froidures y sont rochers sourcilleux et des pics élevés rendent inviolable ; elle touche à la voûte céleste et cache dans un voile de nuages sa tête couronnée d'étoiles. Ses flancs servent de retraite aux orages ; ses oreilles entendent les discours qui se prononcent dans le ciel ; son faîte domine l'Océan, son dos sert d'appui au Désert du Sous et dans son giron reposent les autres montagnes du Deren. »

A la suite de cette notice, Ibn Khaldoun donne l'histoire des chefs de cette tribu jusqu'en l'année 788 — 1386 (*Histoire des Berbères*, t. II, pp. 269-274).

1. تِينْمَالِّى, Tynmalely ou, selon l'auteur du *Roudh el-Qartbas*, Tynmal, تِنْمَال. Ce nom a, en berbère, la signification de « puits blanc ». Il a été donné à cette montagne à cause des neiges qui couvrent son sommet. « Cette montagne est aussi fort haute et fort froide et peuplée de Bérébères de la tribu de Muçamoda. Au plus haut est la ville de Temmelet où sont enterrez les premiers rois des Almohades. C'est une meschante nation qui se pique de doctrine pour avoir estudié dans la secte du Mehedy qui estoit de leur païs. Ils sont mal vestus, à cause qu'il n'y passe point de marchans par là, mais ils ont toute sorte de bestial et beaucoup d'orge, quantité de noix et de pignons et font de l'huile d'olive. Quand le Chérif se rendit maistre de Maroc, Muley-Idris qui se disoit de la lignée des Almohades, estoit maistre de cette montagne et des autres qui sont proches, et pour avoir tenu son parti fut confirmé dans ses Etats, tant luy que ses descendans, moyennant quelque redevance » (Marmol, *L'Afrique*, t. II, p. 73). C'est à Tynmalely que sont enterrés le Mehdy et ses successeurs et que fut portée la tête du dernier prince Almoravide. Tinmelel fut le berceau de la puissance et la résidence d'Abd el-Moumin. C'est dans cette ville que ce prince fit transporter les trésors des Almoravides dont il s'empara à la prise d'Oran. Les tombeaux des souverains Almohades furent violés par Abou Aly el-Milyany qui s'était réfugié à la cour du sultan Abou Youssouf et avait obtenu de lui la souveraineté de la ville d'Aghmat. Les corps de Youssouf et de son fils Yakoub el-Mansour furent tirés de leurs cercueils et décapités (cf. Ibn Khaldoun, *Histoire des Berbères*, t. IV, pp. 27 et 83).

trop grandes et excessives, combien que pour tout cela, il ne laisse d'estre bien peuplé et habité dans toutes ses parties; et sur la sommité d'iceluy est située une cité qui retient le nom du lieu où elle a esté construite, qui est semblablement bien remplie d'habitans, et non moins reparée par le cours d'un plaisant fleuve qui la traverse, comme embellie par l'excellente architecture et industrieux compartimens d'un somptueux temple d'icelle, là où gisent Elmaheli, predicateur, et Habdul Mumen, son disciple, dont nous avons auparavant fait mention[1]. Les habitans qui resident en ce lieu là sont tresmalins et pervers, se contentans assés de leur savoir pour ce qu'ils ont tous etudié en la theologie et doctrine de ce predicateur heretique. Et n'est pas plus tost arrivé un passant, qu'ils le mettent expressement en propos pour avoir occasion de disputer à l'encontre de luy. Ils se tiennent mal en ordre quant aux habillements, à cause qu'il y frequente beaucoup d'etrangers et vivent bestialement en tant que concerne

---

[1]. Ibn Khaldoun nous apprend aussi que « le tombeau du Mehdi existe encore chez eux, aussi honoré, aussi vénéré que jamais ; on y récite le Coran matin et soir; les hommes continuent à s'y rendre et un corps de gardiens, conservant la même organisation et suivant le même cérémonial que du temps de l'empire almohade, reçoit les aumônes des pèlerins des pays éloignés et les introduit dans le sanctuaire avec un ordre et une solennité qui leur inspirent un profond respect. Les Tinmelel, ainsi que les autres tribus masmoudiennes, croient fermement que la domination de leur secte renaîtra un jour pour embrasser tous les peuples de l'Orient et de l'Occident et pour remplir ainsi toute la terre. Le Mehdi le leur avait prédit et ils ajoutent à cette promesse une foi entière » (*Histoire des Berbères*, t. II, p. 260).

le gouvernement et police de la cité où ils ne tiennent qu'un prestre; et se sustantent communement d'orge et d'huile d'olive; mais le terroir leur produit grande quantité de pignes et noyers.

Gedmeua[1].

Gedmeua est une montagne qui commence au mont Semmeda du coté de ponant, s'etendant devers levant environ vingt et cinq milles, tant qu'elle vient à se joindre avec Imizmizi. Les habitans d'icelle sont pauvres païsans, estans tributaires aux Arabes, pour autant que leurs habitations sont auprès de la plaine, à l'aspect du midy, là où est assis le mont Tenmelle[2]. Sur les cotes et pendans de cette

---

1. جبل كيدموية, Djebel Guidmouia. « Guidimiviva commence à celle de Cemmede du costé du couchant et finit vers le levant à la ville d'Amizimizi ayant au midy la montagne de Temmelet. Elle est peuplée de Bérébères de la tribu de Muçamoda et de la lignée des Hentètes qui sont fort pauvres et avoient accoustumé d'estre vassaux des Arabes, parce qu'ils demeurent près de la plaine et sur la pente de la montagne qui regarde le midy où sont les villes d'Amizimizi et de Teneza. Toute la coste est remplie d'oliviers et de terres labourables où l'on seme de l'orge. Il y a des forêts de pins et de noyers et du faiste descendent plusieurs petits ruisseaux qui arrosent quelques petits coins de terre dans la plaine. Le peuple est plus civil que dans les autres montagnes à cause de la communication qu'il a avec les estrangers, car c'est le passage de Numidie en Barbarie, comme nous avons dit en la description de la ville d'Amizimizi » (Marmol, *L'Afrique*, t. II, p. 73).

2. « Cette tribu (celle des Guedmîoua) prenait rang à la suite des Hintata et des Tînmelel. La montagne qu'elle habite est située auprès de celle des Hintata. Dans le temps de la dynastie Almohade, elle obéissait à la famille Sâd Allah. Quand les Mérinides travaillèrent à subjuguer les peuples masmoudiens et à les soumettre aux impôts, Yahia, fils de Sâd Allah, leur offrit

montagne y a assés d'oliviers et terres pour semer de l'orge, avec des boys de haute futaye, et plusieurs fontaines qui sourdent à la sommité d'icelle.

Hantera[1], *montagne treshaute.*

Cette montagne cy est d'une si merveilleuse et

quelque résistance dans Taferga et Tisekht, forteresses situées dans la montagne des Guedmioua. Yahia fils de Sâd Allah mourut en 694 (1294-1295) » Ibn Khaldoun a donné une notice relative aux Guedmioua, t. II, pp. 266-268 de la traduction de M. de Slane.

1. Il faut au lieu de Hantera lire Hintata هنتاتة. « Dans l'organisation de l'empire almohade, cette tribu prenait rang à la suite des Hergha et des Tinmelel. Sa force numérique, sa bravoure et l'autorité qu'elle exerça sur les populations masmoudiennes à cause de la haute dignité de son cheikh Abou Hafs Omar Ibn Yahia, disciple du Mehdy, la mirent au-dessus des autres peuplades qui se rallièrent ensuite à la même cause. Elle fonda, en Ifrikia, la dynastie des Hafsides et, pour la soutenir, ainsi que celle du Maroc, elle dépensa le sang d'une foule de ses guerriers. »

« Un débris de ce peuple reste encore dans son ancien territoire et habite cette partie de la chaîne atlantique qui avoisine Maroc et à laquelle on donne le nom de *Djebel Hintata* (la montage des *Hintata*). Bien qu'il ne soit pas complètement indépendant, il n'est pas totalement asservi; aussi continue-t-il à exercer de l'influence sur les autres peuplades de la même race et cela d'autant plus facilement qu'il occupe une position presque inabordable d'où il domine la ville de Maroc » (Ibn Khaldoun, *Histoire des Berbères*, t. II, pp. 260-261).

Hentète. « C'est icy la plus haute montagne du grand Atlas qui commence à celle de Guidimiva du costé du couchant et s'estend vers le levant jusqu'à celle d'Animmey, par l'espace de seize lieuës. Elle est peuplée de Bérébères de la lignée des Hentètes, de la lignée de Muçamoda, peuple riche et belliqueux qui se pique d'estre des plus nobles de l'Afrique, et a quantité de cavalerie et une place forte bastie depuis peu par les principaux, d'où ils faisoient la guerre aux Chérifs avant qu'ils fussent maistres de Maroc. Mais Muley Idris s'accorda depuis peu avec ceux-cy qui luy confirmèrent son estat » (Marmol, *L'Afrique*, t. II, p. 74).

demesurée hauteur, que je ne pense point (ou ma veuë me deçoyt) en avoir jamais veu une autre qui s'y puisse egaler de bien loing, prenant son origine du coté de ponant aux confins du Gedmeua, se jetant sur le levant, environ quarante cinq milles, jusques au mont Adimmei. Les habitans sont fort opulens tant en chevaux comme en autre chose. Et se trouve en cette montagne là une forteresse que tient un seigneur parent de celuy de Maroc ; mais posposans tout respect de parentage, ils s'efforcent de mettre fin à leur querelle avec les armes et armées qu'ils mettent souventesfoys en campagne, à cause d'un certain village et territoire qui est entre leurs confins.

Plusieurs Juifs artisans resident en cette montagne, rendans tribut à ce seigneur, approuvans tous en leur loy l'opinion des Carrains, et sont comme (il a esté desja dit) vaillans et courageux avec les armes au poing. Le sommet est tousjours couvert de neige, de sorte que l'ayant la premiere foys aperceu, me sembloyt à veoir pour tout seur, que ce fut une nuée bien haute en l'air, estant deceu pour la terrible et quasi incroyable hauteur dont les cotes sont vuides de tous arbres et steriles en herbes. Mais il y a plusieurs lieux où l'on pourroit tirer beaucoup de marbre de parfaite blancheur, de quoy on tient peu de compte pour ce que les habitans ignorent l'usage de le savoir tirer et polir. Davantage, il s'y trouve plusieurs lieux là où il y a des colonnes, chapiteaux, fragmens et fort grans vases propres pour faire fontaines qui furent taillez du temps que ces grans et puissans seigneurs (dont nous vous avons desja parlé) regnoyent; mais les guerres survindrent qui rompirent leurs desseins. Je veys encore des choses autant merveilleuses à ouyr, comme le croire en est difficile, qui ne me peuvent estre toutes par la memoire representées, mesmement l'ayant desja detenuë et occupée en choses plus necessaires et de plus grand profit.

Adimmei[1].

Adimmei est une montagne treshaute, qui commence aux confins du mont Hantera de la partie du ponant, et s'etend devers levant jusques au fleuve du Teseut. Là est située la cité où residoyt et dominoyt ce magnanime seigneur que nous avons dit avoir esté tué en la guerre contre le roy de Fez. Cette montagne est peuplée de plusieurs boys de noyers, d'oliviers et de coigniers, et semblablement de plusieurs peuples fort courageux, se delectans au possible de nourrir quantité et à force sortes d'animaux, pour autant que l'air y est bien temperé, le terroir merveilleusement bon, et où sourdent des fontaines en quantité, avec deux fleuves dont nous ferons mention au livre là où nous avons reservé à

---

1. ادماى Adimay.

en parler particulierement. Or, puisque nous avons mis fin à la description du païs de Maroc, qui est des termes d'Atlas de la partie du midy, nous viendrons maintenant à decrire les particularitez de la region de Guzzula qui traverse la montagne, d'où elle se va joindre au royaume de Maroc et qui separe Atlas d'entre les deux regions.

De la region de Guzzula[1].

La region de Guzzula est fort peuplée et confine avec Ilda, montagne de Sus, de la partie du ponant, devers tramontane avec Atlas, quasi aux pieds de la montagne, et du coté du levant se joint avec la province d'Hea.

Les habitans sont gens bestiaux et legers de pecune, mais fort abondans en orge et betail.

---

1. Guezoula, جزولة ou كزولة est le nom de la tribu berbère qui occupe cette province. Ibn El-Bekri parle des brigandages que les Lemtouna et les Guezoula exerçaient sur les routes qui conduisaient au Soudan (*Description de l'Afrique*, p. 347). « Les Gésules, dit Marmol, sont fort bien traitez depuis que les Cherifs règnent dans Maroc parcequ'ils s'en servent de gardes à pied qui portent des arquebuses et qu'ils les ont toujours trouvés fidelles outre qu'ils rendoient de bons services au Cherif Mohamet, lorsqu'il étoit roy de Tarudant. Il y a entre eux de bons forgerons et ce sont les premiers qui ont seu fondre le fer et le mettre en boule, lorsque le Cherif Hamet regnoit dans Maroc; ce secret étoit alors inconnu aux Africains » (Marmol, *L'Afrique*, t. II, pp. 76-77).

Là se trouvent plusieurs minieres de fer et cuivre, faisant avec iceux des vases, qu'ils font puis après transporter en divers lieux et païs, les trocquans contre draps, chevaux, epices et toutes choses qu'ils voyent leur estre necessaires. En toute cette region, il n'y a ny ville, ny chateau, mais bien de bons et grans villages, qui communement ne contiennent pas moins de mille feux, les uns plus et d'aucuns moins. Les habitans n'ont point de seigneur, mais se gouvernent d'eux mesmes ; si que le plus souvent, ils sont en dissension et guerres, dont les treves (si aucunes en y a) ne durant pas plus hault de trois jours en la sepmaine ; cependant, ils peuvent traffiquer les uns avec les autres, s'acheminans d'une à autre cité ; mais s'ils se rencontrent les treves expirées, ils se tuent sans remission aucune. Et fut auteur de ces treves (du temps que je traversoys ce païs là) un bon hermite qui est entre eux reputé et estimé saint, n'ayant le bonhomme qu'un œil dont il se voit conduire et le trouvay tout pur, innocent et rempli de charité. Ce peuple use de certaines chemisolles faites de laine, courtes, sans manches, qu'ils portent par en hault assez etroites portans en teste une maniere de chapeaux faits de feuilles de palmes. Leurs poignars sont tors et larges, mais fort minces et agus devers la pointe, taillans des deux cotez. La forme de leurs epées est comme celles que portent les habitans d'Hea.

Et ils font une foire en ce païs là qui dure par l'es-

Minieres de fer et cuyvre.

Treves de trois jours.

pace de troys moys, où tous les etrangers qui y abordent sont par les habitans receuz et traitez fort humainement, sans qu'ils payent autre chose, ny qu'il leur soyt rien demandé, encore qu'ils fussent bien dix mille. Et le jour venu que la foire se doit ouvrir, ils font treves entre eux, elisans pour chacune partie un capitaine auquel ils donnent cent hommes de pied pour garde et seureté d'icelle; et vont ces gardes tournoyans, punissans les malfaiteurs et delinquans avec une telle peine qu'elle peut egaler la grandeur de leurs demerites. Mais ceux qui sont attains et convaincus du crime de larrecin sont, sans nul delay ny remission aucune, traversez de part en autre de certaines pertuisannes, qu'ils portent partie pour semblable effet, laissans les corps gisans qui demeurent pour pature aux animaux. Cette foire se fait en une plaine, entre certaines montagnes là où les marchans tiennent leur marchandise dans des pavillons ou petites loges et ramées, divisans les especes de marchandise l'une d'avec l'autre, tellement que là où sont parquez les marchans de draps, ceux qui vendent les merceries en sont eloignez et hors de leur rang et ainsi consequemment ceux qui vendent le betail sont hors du circuit des pavillons. Auprès d'un chacun y a une petite ramée, là où logent les gentilshommes et se donne à boire et manger à tous les etrangers. Et combien que cela leur cause grand'depence, neantmoins, à la vente et delivrance de leur marchandise ils rapportent double profit, parce que tous les habitans de cette region se transportent à cette foire, semblablement ceux de la terre Noire qui y demenent des affaires de grande importance. Toutefoys, les peuples de Guzzula sont gens de lourd entendement mais admirables à maintenir en paix le peuple et garder qu'il n'y ait sedition en la foire, qui entre au jour de la Nativité de Mahommet, qui est le douzieme jour du moys Rabich, troysieme de l'an Arabesque, selon leur compte[1]. Je me trouvay en cette foire avec le prince Serif, en la compagnie duquel je sejournay quinze jours par maniere d'ebat.

De la region de Ducale[2].

La region de Ducale, de la partie du ponant, commence à Tensift, devers tramontane se termine à l'Ocean ; du coté de midy, au fleuve d'Habid, et à celuy de Ommirabih devers ponant. Cette province peut contenir en longueur troys journées et deux en largeur, estant fort habitée, mais d'un peuple fort

---

1. Les musulmans célèbrent l'anniversaire de la naissance du Prophète le douzième jour du mois de rebi oul-ewwel.

2. Doukkala, دكالة. « Dokkala est le nom d'une tribu qui occupe le territoire qui s'étend vers le couchant depuis le pied septentrional de la montagne qui avoisine Maroc jusqu'à l'Océan. C'est là où se trouve le *ribat* d'Asfi, poste fortifié qui porte aussi le nom des Beni Maguer, famille dokkalienne. L'origine des Dokkala est encore un problème à résoudre : les uns les regardent comme Masmoudiens et les autres comme Sanhadjiens » (Ibn Khaldoun, *Histoire des Berbères*, t. II, p. 274).

maling et ignorant; et y a peu de citez. Toutefoys, nous parlerons de ce que nous avons veu en icelle, de lieu à autre digne d'estre publié.

Des villes et cités contenues en la region de Ducale, premierement Azafi[1].

Azafi est une cité assise sur le rivage de la mer Oceane, edifiée par les anciens Africans, bien peuplée, là où il y eut jadis grande quantité d'artisans, jusques au nombre de cent maisons de Juifs, et contient environ quatre mille feux, mais elle est peu civile. Le terroir est tresbon, fertile, etans les habitans gens de gros esprit; à cause qu'ils ne sauroyent trouver le moyen de le cultiver ny planter la vigne, ils s'adonnent à faire jardinages. Et dès lors que les forces des roys de Maroc commencerent à caler, la cité vint à estre gouvernée par une certaine famille, appellée la famille de Farhon; si que, de mon temps, elle estoit entre les mains d'un vaillant seigneur, se faisant appeller Hebdurrahman, qui avoyt tué un sien oncle par trop grande convoitise de regner, dont après, sa mort pacifia tellement le peuple qu'il regna paisiblement. Cetuy de quy je vous parle avoyt une fille accompagnée d'une merveilleuse et rare beauté, laquelle estant fort affectionnée à l'endroit d'un

---

1. Le lecteur trouvera à l'Appendice les détails relatifs à la ville de Safy extraits des auteurs orientaux et occidentaux.

homme de basse condition, et chef d'une grande
faction, appellé Haly, fils de Guesimen, qui, par le
moyen d'une esclave et la mere de ce seigneur, feit
tant qu'il eut commodité de se coupler avec sa dame,
dont entre ses bras (estant conduit par celuy mesme
qui doucement avoyt navré leurs cœurs) se trouva
jouyssant du principal point en amour pretendu et
par luy si longuement souhaité. Dequoy estant averty
le pere par l'esclave, reprint fort aigrement sa femme,
ajoutant de rigoureuses menaces ; mais, par laps de
temps, faisoyt semblant que l'ardeur de sa colere fut
du tout amortie. Elle neantmoins, cognoissant le
peu d'amitié qu'il luy portoyt et la haine occulte
qui l'enflammoyt de plus en plus envers Haly, le
feit secrettement avertyr qu'il se tint sur ses gardes.
Ce qu'ayant entendu, d'un courage constant et non
intimidé, feit son compte de le priver plustot de vie,
que de se laisser oter la sienne, et ayant decouvert
son project à un jeune homme son amy fort hazardeux et semblablement capitaine d'une grande fanterie, sur la fidelité duquel il se pouvoyt asseurement
reposer, tous deux, d'un mesme courage et vouloir,
n'attendoyent autre chose, sinon que le temps leur
donnat occasion de faire sortir heureux effet à leur
desseing projeté. D'autre part, le seigneur ayant fait
entendre à Haly le jour d'une feste solennelle, qu'il
avoit envie (après les cerimonies accomplies) d'aller
prendre l'air et chevaucher quelque espace de temps
avec luy par maniere d'ebat, et pourtant qu'il l'allat

attendre à un certain lieu, où il avoyt bien deliberé de donner fin par mesme moyen à sa vie et à son amour trop outrecuidé, s'en ala au temple. Haly, après avoir bien ententivement ecouté ce message, cognut incontinent où le seigneur visoyt, à quel effet tendoyent ces parolles, et là où gisoyt la ruse; au moyen dequoy, il appella secrettement son compagnon, luy faisant entendre que le temps s'estoit offert le plus commode et mieux à propos qu'ils l'eussent seu souhaiter, pour donner fin à ce qu'ils avoyent proposé. Après qu'il luy eut fidelement remontré toutes ces choses, ayant prins avec eux dix de leurs domestiques et plus familiers pour escorte et bien armez, (non toutesfoys sans premierement faire apreter un brigantin, souz ombre de le vouloir faire devaler en Azamur, afin qu'ils eussent meilleur moyen de prendre la fuite s'ils ne se voyoyent avoir du meilleur), s'acheminerent au temple droitement, sur le point que le seigneur y estoyt entré, qui faisoyt oroison, estant le temple tout comblé de peuple dont la presse par les courageux et fideles compagnons fenduë et traversée, s'accosterent du seigneur, qui estoyt prochain du prestre, sans qu'ils fussent en rien par la garde detournez ny repoussez; laquelle sachant combien ils estoient favoris et bien venus auprès de sa personne, ne se douta de rien, tellement que l'un passa devant le seigneur, et l'autre (qui fut Haly) demeurant derriere, luy traversa le corps de son epée, le faisant

La mort du roy de Azafi.

expirer et mourir. Dont le peuple appercevant ce meurtre, s'emeut grandement, et s'avança la garde pour assaillir ces deux ; mais estant devancé et prevenu par les dix autres avec les epées nues, estima estre une emotion populaire, qui le feit mettre en fuite, et le semblable feirent les autres qui estoyent au temple, où les conspirateurs se trouverent tous seuls. Ce que voyant, sortirent hors d'iceluy emmy la place, là où par vertu d'argumens et longues harangues, seurent si bien pallier leur deffaut par l'apast de leurs parolles alechantes, et persuader au peuple, qu'ils l'inciterent à croire que non sans cause, ains à bon droit, ils avoyent fait mourir leur seigneur, pour autant qu'il avoyt eu propos ferme et deliberé de leur faire gouter les passions de la mort. A quoy la commune ajouta foy et consentit que ces deux icy succedassent à la seigneurie qu'ils tindrent bien peu de temps d'acord, à cause que l'un se montroit affectionné envers un personnage et l'autre à l'endroit d'un autre.

Or est il que les marchans Portugalois, lesquels journellement et en grand nombre, frequentoyent dans la cité, persuaderent à leur roy de mettre sus une armée, par le moyen de laquelle il se pourroit facilement emparer de la cité. Mais il ne voulut tenter l'entreprinse, jusques à tant qu'après la mort du seigneur defunt, les marchans luy feirent entendre comme la ville estoyt pleine de ligues, avec le chef de l'une desquelles ils avoyent fait complot, moyennant aucuns dons, tant que par l'aide d'iceluy il pourroyt facilement reduire la cité en son obeyssance. Et de fait, les marchans avoyent seu tant bien dire qu'ils avoyent induit le chef à consentir qu'ils feissent une maison forte du coté de la mer, pour pouvoir retirer leur marchandise, disans qu'à la mort du seigneur ils furent saccagez et privez d'une bonne partie de icelle. Pour à quoy obvier à l'avenir, commencerent à jetter les fondemens avec une si grande diligence, qu'en peu de temps, ils la rendirent en sa perfection et forte ainsi qu'ils la desiroyent, puis donnerent ordre que bonne quantité de pistolets et haquebutes y furent portées secrettement, empaquetées dans des bales de marchandise, qui ne furent aucunement revisitées en payant la gabelle. Et se sentans assez bien munis d'armes offensives et defensives, ils vont tacher peu à peu d'emouvoir le peuple à l'encontre d'eux, suscitans novalitez avec ces Mores, de sorte qu'un domestique des marchans, en achetant de la chair, provoqua si bien le boucher, que tout embrasé de colere, fut contraint, impatient, de luy decharger un souflet ; au moyen dequoy, le serviteur meit la main à un poignard, duquel il luy transperça l'estomac, dont il tomba mort en la place. Ce qu'ayant fait, se sauva de vitesse en la maison des marchans.

La commune emuë par la mort de cetuy-cy, se leva en armes et courut vers la maison pour la saccager et accabler tous ceux qui s'y trouveroyent. Mais après que les plus braves ou temeraires se furent accostez, ils sentirent un son d'arquebusades, un siflement de boulets avec une pluye de traits d'arbalete si drue, que cette maniere d'accueil les rendit un peu plus froids et moderez qu'ils n'estoyent venus et mesmement après qu'ils eurent veu terrasser devant eux de leurs gens, environ cent cinquante hommes. Neantmoins, ils ne furent si intimidés pour cette premiere touche, qu'ils ne se meissent aux aproches, combatans la maison par plusieurs jours, jusques à tant qu'il survint une armée de Lisbonne que le roy de Portugal avoyt fait expressement drecer, avec toutes sortes d'armes, grosse munition de vivres, cinq mille hommes de fanterie et deux cens chevaux, lesquels estans par les Mores decouvers, surprins d'une crainte soudaine, fuyans tretous à vau de route, gaignerent les montagnes de Benimegher, après avoir quité la ville, où ne demeura autre, fors ceux de la famille du chef qui avoyt consenty à la fabrique de la maison.

> Secours du roy de Portugal contre les Mores.

Ces choses ainsi passées, le general de l'armée s'empara de la cité et envoya le chef appellé Jahia au roy de Portugal, qui luy donna honneste provision et vingt serviteurs, puis le renvoya en Afrique pour gouverner la campagne de cette cité, pour ce que le capitaine ne savoit pas la coutume de ce peuple ignorant, ny la betise d'iceluy.

Je me suis un peu etendu sur cette histoire, mais je l'ay fait pour vous donner à cognoistre comme une femme et les factions et novalitez d'une cité furent non seulement cause qu'elle vint en ruine, mais de la perdition totale du peuple et païs de la province Hea. Vous avertissant, que de ce temps là, je pouvoys avoyr environ douze ans ; mais puis, ayant attaint la quatorzieme année de mon aage, je fus parler au gouverneur de la campagne susdite, au nom du roy de Fez et du Serif, prince de Sus et Hea, lequel gouverneur vint avec une armée de cinq cens chevaux portugalois et environ douze mille chevaux arabes contre le roy de Maroc, retirant tout le revenu du païs pour le roy de Portugal, en l'an neuf cens et vingt comme nous avons dit aux abbreviations des chroniques.

De Conte et Tit, citez en la mesme province.

Conte est une cité distante d'Azafi environ vingt milles, edifiée par les Gots, au temps qu'ils regnerent sur celle riviere, mais elle est maintenant ruinée, et tout son territoire reduit souz la puissance des Arabes de Ducale[1].

---

1. Conti. « Cette place, à ce que disent les historiens, a esté bastie par les Gots, lorsqu'ils estoient maistres de la Mauritanie Tingitane. Elle est sur le bord de la mer, à sept lieuës de Safie du costé de l'orient, et estoit autrefois fort peuplée, car il s'y faisoit grand trafic. Mais les Arabes la ruinèrent sous le gouvernement de Taric qui passa à la conqueste de l'Espagne et les Portugais achevèrent de la démolir. On voit encore quelques restes de ces vieux murs et les Arabes de Garbie qui errent par la province de Duquéla sont seigneurs de cette contrée » (Marmol, *L'Afrique*, t. II, p. 94).

Tit[1] est une ancienne cité, loing d'Azamur environ vingt et quatre milles, edifiée par les Africans sur la marine de l'Ocean, environnée d'une belle campagne, produisant de bon grain et en grande abondance. Le peuple est de tresrude esprit, ne sachant par quel moyen il faut proceder à cultiver les jardins, n'y faire aucune gentillesse. Vray est qu'il va assez honnestement en ordre, pour avoir continuelle conversation avec les Portugalois. Et du temps qu'Azamur fut prinse, cette cité se rendit par composition au capitaine du roy, en luy rendant tribut. De mon temps, le roy de Fez alla donner secours au peuple de Ducale, mais voyant son effort estre de nul effet, après avoir fait prendre un Chretien tresorier, et un Juif son commissaire, feit passer le peuple de cette province au royaume de Fez, luy donnant pour habiter un petit païs de terre, qui estoit inhabitée, prochaine de la cité de Fez environ douze milles.

1. Le mot berbère Tit, طيط, a la même signification que le mot عين (œil) en arabe. « Tite est une ancienne ville dont on voit maintenant les ruines sur le bord de la mer, à quatre lieuës de Mazagan, du costé du couchant. Elle doit sa fondation, à ce qu'on dit, aux premiers habitans de l'Afrique et estoit autrefois fort peuplée, parce que les campagnes d'alentour sont très fertiles. Quand les Portugais prirent la ville d'Azamor, elle se rendit par composition et fut quelque temps tributaire du roy de Portugal, mais Muley Nacer, frère de Mohamet Oataz, roy de Fez, estant allé dans cette province pour affranchir les Mahométans de la servitude des Chrestiens et n'ayant rien fait que prendre un trésorier du roy de Portugal avec un Juif qui l'aidoit à recevoir les contributions, on enleva tous les habitans et on les plaça en un petit bourg qui estoit désert à trois lieuës de Fez, sans que cette ville ait jamais esté repeuplée depuis. Les maisons et les tours

De Elmedina, cité

Elmedina[1] est une cité en Ducale, et comme capitale de toute la region, environnée de telles quelles murailles. Le peuple (qu'on peut dire ignorant, sans repugner aucunement à la verité) s'habille de draps de laine, qui se font en ce païs-là, et les femmes se parent de divers atours et ornemens d'argent. Les habitans sont vaillans, ayans grande quantité de chevaux, et furent appellez par le roy de Fez en son

de la ville sont encore debout, mais les Arabes cultivent le païs avec beaucoup de traverses de la garnison de Mazagan » (Marmol, *L'Afrique*, t. II, pp. 94-95).

1. Elmedinah, المدينة. « C'est une ville fondée par les anciens Africains dans une belle plaine entre Safie et Azamor et ceinte de vieux murs accompagnez de tours. Elle estoit autrefois riche et peuplée et la capitale de la province, parce qu'il n'y a point de païs dans tout le royaume de Maroc qui soit plus fertile en bleds et en pasturages. Comme elle a esté fort longtemps sujette au roy de Portugal, le frère du roy de Fez la ruina au voyage qu'il fit dans la province, mais elle se repeupla depuis. Toutefois, dans l'agrandissement des Chérifs et dans l'extrême famine de l'année mil cinq cens vingt et un, les habitans n'en pouvant plus, se vendirent, la pluspart, eux et leurs enfans pour avoir du pain, de sorte qu'elle est maintenant déserte. Les Arabes d'Abda et quelques-uns de ceux de Garbie errent aujourd'hui par les campagnes dont ils se trouvent si bien qu'ils ne souffrent pas qu'on la repeuple et n'y veulent pas demeurer parce qu'ils n'aiment pas à estre renfermez. Depuis qu'on a abandonné Safie et Azamor, ils ont toujours eu guerre avec ceux de Mazagan, couru souvent jusques aux portes et pris ou tué plusieurs Portugais, parce que ces Arabes sont vaillans et ont beaucoup de cavalerie. C'est une pitié de voir une si belle ville si bien située et accompagnée de tant de jardinages, estre maintenant ruinée et les murs tout ouverts, car les Arabes mesme n'y sont pas en seureté dans leurs tentes à cause des Chrestiens de Mazagan » (Marmol, *L'Afrique*, t. II, p. 112).

royaume, pour le doute qu'on avoit des Portugalois, pour ce que Sa Majesté fut avertie, comment un vieillard, chef de faction, etoit de cet avis, et persistoyt grandement qu'on deut rendre tribut au roy de Portugal; et je le veys mener lié et garroté, nus pieds, dont la gravité de son aage, accompagnée de cette misere et captivité, m'emeut merveilleusement à compassion; veu mesmement qu'il avoyt esté contraint à faire ce qu'il en feit, eguillonné par l'affection grande envers la commune, consyderant comme homme sage et bien experimenté qu'il estoyt beaucoup meilleur s'assujetir au tribut, que de se trouver au hasard de perdre, en un mesme instant, les personnes et les biens. Et en y eut plusieurs qui s'employerent du meilleur de leur cœur, priant instamment le roy de Fez pour sa delivrance, tellement, qu'avec importunité grande, moyennerent sa liberté; mais depuis ce temps là, cette cité est demeurée sans habitans, en l'an neuf cens vingt et un.

De Centopozzi, cité.

Centopozzi[1] est une petite ville sur une colline,

1. Marmol a conservé dans son récit le nom arabe de cette localité, *Miat bir ou bir, c'est-à-dire cent et un puits*, مائة بير وبير. « C'est, dit-il, un membre du grand Atlas où l'on voit encore, sur la cime, les ruines de grans bastimens qui semblent avoir esté fa ts par les Romains et tout auprès, un puits très profond. Les coquins de Fez y viennent chercher des tresors comme aux

dont le roc est de pierre tivertine ; et hors d'icelle y a plusieurs fosses, là où les habitans souloyent etuyer leurs grains, qu'il (comme disent ceux de ce païs-là) s'y gardoit sans moysir, ny corrompre, par l'espace de cent ans continuels, et de la grande quantité de ces fosses la ville en a retenu ce nom Centopozzi, qui vault comme autant à dire comme cent puys. Le peuple d'icelle est de petite valeur et d'autant moins estimé, pour ce qu'il ne s'y trouve nul artisan, fors quelques marechaux, qui sont de nation Judaïque. Et du temps que le roy de Fez appella le peuple d'Elmedine, voulut semblablement conduire cetuy-cy en son domaine pour y faire residence, là

Fosses où les grains s'y gardent cent ans.

autres dont nous avons parlé et descendent dans ce puits avec des cordes, tenant en main des lanternes bien bouchées. Il y a plusieurs estages où l'on passe de l'un à l'autre, et au dernier, une grande place creusée dans le roc à coups de pic et fermée tout autour d'un gros mur qui a quatre entrées fort basses, lesquelles vont rendre à d'autres petites places où il y a quelques puits d'eau vive. Mais il y a tant de tours et de retours dans ce creux, que plusieurs y sont morts de froid, outre qu'il accourt autour d'eux une si grande multitude de chauves-souris que la chandelle s'en esteint, après quoy ils ne savent plus où ils sont, et ne sauroient retrouver l'endroit par où ils sont entrez. Il n'y a pas longtemps qu'un de ces chercheurs de tresors s'y estant égaré, alla tant de lieu à autre pour trouver quelque ouverture, qu'il trouva un de ces animaux qu'on nomme *dabu* (dabbèh, hyène) qui avoit apparemment là ses petits et le suivit pas à pas jusqu'à une fente de rocher qui estoit en un bois fort épais, au pied de la montagne. Cette ouverture estant découverte, il y accourut tant de gens pour y creuser, qu'à force de faire des fossez, tout se remplit d'eau. ce qui a donné le nom de Cent puits à cette montagne, où il n'y a, du reste, aucune habitation » (Marmol, *L'Afrique*, t. II, p. 309). Cette localité est citée dans l'*Histoire du Maghreb* d'Abou'qâsem ben Ahmed Ezziâni, publiée par M. Houdas, Paris, 1886, p. 9 du texte arabe.

ET DESCRIPTION DE L'AFRIQUE 247

où ne voulant se transporter ny changer d'air, s'enfuit en Azafi, de peur d'abandonner le païs. Ce voyant, le roy meit à sac la ville de Centopozzi, où ne se trouva autre chose que grain, miel et choses autant de legere valeur, comme massives et pesantes.

De Subeit.

Subeit est une petite cité sur le fleuve Ommirabih devers mydi, et distante de Elmedine environ quarante milles, estante sujette aux Arabes et fort fertile en grain et miel ; mais par l'ignorance de ce peuple, ne s'y trouve aucunes vignes. Le peuple d'icelle après la ruine de Bulahuan fut retiré au royaume de Fez par le roy qui luy donna une petite cité inhabitée, au moyen de quoy, Subeit demeura deserte[1].

1. سبيت. « Subeyt est une petite ville bastie par les anciens Africains sur les bords de l'Ommirabi. Sa situation est assez avantageuse et le païs fort abondant en bleds et en pasturages. Elle est ceinte de murs et de vieilles tours et estoit autrefois bien peuplée, les habitans estans bien ayses de payer tribut aux Chrestiens lorsqu'ils eurent conquis Azamor de qui elle depend, mais le frère du roy de Fez, dont nous avons parlé, les emmena dans son païs sous le prétexte de les affranchir. Les Arabes de Charquié, qu'on nomme Uled Subeit, errent maintenant par ces campagnes et par toute la contrée » (Marmol, *L'Afrique*, t. II, p. 112).

De Temaracost.

Temaracost est une petite cité en Ducale, assise sur le fleuve Ommirabih, edifiée par le seigneur qui feit construire Maroc, du nom de laquelle elle participe aucunement, et estoyt bien peuplée, tellement qu'elle venoyt à faire quatre cens feux. Elle souloyt estre tributaire au peuple d'Azamur, mais en l'an qu'elle fut prinse des Portugalois, elle demeura en ruine, et le peuple se transporta en la cité d'Elmedine[1].

De Terga.

Terga[2] est une autre petite cité, assise sur le fleuve

---

1. اكشت مر, Tamerrakocht. Marmol donne à cette ville le nom de Tamarroch. « C'est, dit-il, une ancienne ville bastie par les Africains sur la rivière d'Ommirabi et ceinte de murs et de tours à l'antique. Quelques historiens disent que c'est Abou Techifin qui la fonda depuis qu'il eut fondé Maroc, ce qui lui a donné le nom qu'elle porte. Elle dépend de Azamor et quand le duc de Bragance la prit, les habitans l'abandonnèrent pour se retirer à Almedine où ils ne furent pas moins incommodez, mais elle ne s'est pas repeuplée depuis et les Arabes de Charquiè errent maintenant dans les campagnes qui sont fertiles en bleds et en pasturages. Elle paroist avoir esté fort peuplée et les bastimens semblent estre des Bérébères : aussi le nom est-il africain comme celuy de tous les autres lieux qui commencent par Tednest, Tazarost, Tinzulin et autres semblables » (*L'Afrique*, t. II, p. 113). Tamerrakocht a la signification de petit Maroc.

2. رغة. « Elle est dans une situation assez avantageuse et dependoit autrefois des Arabes de Charquiè ; mais quand les Portugais conquirent Safie, Aly, qui tua Abderame en la compagnie d'Yahaya, comme nous l'avons dit, s'y habitua quelque tems avec plusieurs gens de guerre qui le suivirent. Le frère du roy de Fez l'emmena avec luy quand il transporta une partie de ces peuples et la ville demeura déserte sans qu'elle se soit repeuplée depuis,

Ommirabih, distante d'Azamur environ trente milles, fort habitée et contenant près de troys cens feux. Les Arabes de Ducale en eurent par l'espace de temps le gouvernement, mais depuis que Azafi fut prinse, Hali, chef de la partie qui attenta contre les Portugalois, se retira en cette cité, là où il habita quelque temps, accompagné de braves hommes et vaillans ; mais puis après, le roy de Fez le feit passer en son royaume avec sa famille, qui delaissa cette cité pour la retraite des chahuans et chouetes.

De Bulahuan.

Bulahuan[1] est une petite cité edifiée sur le fleuve

à cause de divers fléaux de guerre, peste et famine, dont le pays a esté tourmenté. Les campagnes d'alentour sont fort bonnes et les Arabes de Charquiè y errent avec leurs troupeaux » (Marmol, *L'Afrique*, t II, p. 114).

1. بو العوان. « Bulaaguen est une bonne place sur le fleuve Ommirabi, qui est fermée de murs et de vieilles tours et dans une situation avantageuse. Elle a esté bastie par Abdulmumen, roy de Maroc, de la race des Almohades et a plus de cinq cens maisons... Près de là se donna la bataille du gouverneur d'Azamor contre les généraux du roy de Fez dont les habitans prirent telle épouvante que pour se sauver du pillage et s'affranchir de la domination des Portugais, ils se refugièrent dans les montagnes de Tedla. Ils y sont revenus depuis leur déclin et l'agrandissement des Chérifs et sont aujourd'hui fort riches, tant en bleds qu'en troupeaux, aussi bien que les Arabes de ces quartiers qui reconnoissent tous le Chérif » (*L'Afrique*, t. II, p. 114)

Le combat dont parle Marmol eut lieu à la fin du mois de mars 1514. Dom J.-Menesez et Ruy Baretto battirent deux généraux du roi de Fez. Marmol a donné un récit très détaillé de la victoire remportée par les Portugais (*L'Afrique*, t. II, pp. 103-109).

Ommirabih, contenant jusques au nombre de cinq cens feux, qui estoyt habitée en la partie qui regarde sur le fleuve et sur le milieu du chemin, qui va de Fez à Maroc, de plusieurs nobles et liberales personnes. Les habitans batirent un corps de maison, garny de plusieurs chambres, avec une grande etable pour recevoir tous passans et etrangers, qu'on invitoyt en cette maison aux frais et depens de la commune, pour ce qu'elle est fort abondante en grains et betail, si qu'il n'y a citoyen qui ne nourrisse plus de deux cens beufs, les uns plus, les autres moins. Et se trouvera tel entre eux qui recueillera environ mille, voire le plus souvent jusques à troys mille sommées de grain, que les Arabes achetent pour faire leur provision de l'année.

En l'an neuf cens dix neuf[1] le roy de Fez expedia un sien frere à la defence et gouvernement de la province de Ducale, lequel y estant parvenu, nouvelles vindrent comme le capitaine d'Azamur devoit venir pour saccager la cité et emmener prisonniers les habitans. Ce qu'ayant entendu, ne feit faute de depescher deux capitaines, avec deux mille chevaux, et un autre souz la charge duquel estoyent cent arbaletiers, en faveur de cette cité, lesquels tous ferrés ne furent pas plus tot arrivez que l'armée portugaloise se vint affronter avec eux et les choquer si vivement qu'ils furent vaincus par le moyen de deux

---

1. 1513 de l'ère chrétienne.

mille Arabes qui survindrent au secours des Portugalois, qui feirent passer par le fil de l'epée toute la compagnie des arbaletiers du roy de Fez, qui s'estoyent rangez ensemble au milieu de la plaine, fors dix ou douze, qui avec ce peu qui estoyt resté de l'exercite, gaignerent les montagnes de vitesse. Vray est que les Maures, peu après, se rallierent, et faisans visage, donnerent la chasse aux Portugalois, desquels ils tuerent cent cinquante chevaux à la poursuite. En ces entrefaites, le frere du roy de Fez estant parvenu en Ducale, receut le tribut, et promettant aux habitans de cette province leur donner tousjours faveur, fut trahy par les Arabes, au moyen de quoy il fut contraint de retourner d'où il estoyt venu. Voyant donc ce peuple qu'il emportoyt le tribut, et que sa venue n'avoyt apporté nul profit, grandement intimidé, quita la cité, pour se retirer aux montagnes de Tedle, craignant que les Portugalois ne vinsent et luy imposassent plus grosses tailles, et ne les pouvant fournir, fut detenu et mis en captivité. Je me trouvay à cette route, estant present, lorsque les arbaletiers furent acablez et mis en pieces, mais je m'en tenoys le plus loing qu'il m'estoyt possible, pour plus à mon aise et avec moins de danger, contempler cet horrible spectacle, sur une jument fort legere et agile, à cause que je m'acheminoye à l'heure en la cité de Maroc, pour faire entendre au seigneur d'icelle et au Serif prince, comme le roy de Fez (mon seigneur) n'attendoit que l'heure que son frere deut arriver en Ducale pour faire provision contre les Portugalois.

Azamur, cité.

Azamur[1] est une cité en Ducale, edifiée par les Africans près la mer Oceane, et sur l'entrée du fleuve Ommirabih en icelle. Elle est fort grande et bien peuplée, contenant environ mille feux et journellement frequentée par les marchans Portugalois, tellement que les habitans pour cette conversation se sont rendus fort civils, allans tresbien en ordre, et sont divisez ; neantmoins, ils ont tousjours vecu se maintenans en bonne paix. La cité est tresabondante en grain qui provient de la campagne, mais il n'y a jardins, ny vergers, fors aucuns arbres de figuiers. On tire au long de l'année de la gabelle du poisson qui se pesche en ce fleuve une foys six, et l'autre sept mille ducats ; et se commence la pesche au moys d'octobre, continuant jusques au moys d'avril. Le poisson qui s'y prent est de plus haute gresse que n'est pas la chair, qui fait qu'on y met bien peu d'huile, le voulant frire. Car il ne sent pas plus tot la chaleur qu'il rend une grande quantité de gresse, qui est comme huile, et de laquelle on se sert pour brûler dans les lampes, pour ce que ce païs ne produit aucun fruit d'où on puisse tirer huile en sorte que ce soyt.

1. ازامور, Azamor.

Les marchans de Portugal vont, troys ou quatre foys l'année, acheter et enlever grande quantité de ce poisson, etant ceux qui payent là cette grosse gabelle, tellement qu'ils conseillerent une foys au roy d'assaillir cette cité, l'exhortant qu'il y envoyat une grande armée par mer, ce qu'il feit; mais pour le trop peu d'experience qu'avoyt le general d'icelle en telles affaires, fut à l'emboucher du fleuve deffait et vaincu, finissant la plus grande partie de ses gens, pour ce qu'ils ne pouvoyent resister à l'encontre, et aussi qu'ils avoyent perdu leurs forces pour avoir trop beu et s'estre enyvrez. Deux ans après cette deconfiture, estant le roy aleché par le bon rapport qu'on luy faisoyt de l'abondance de ce fleuve, meit sur mer une autre armée de deux cens vaisseaux, laquelle estant par les habitans de cette cité decouverte, furent surprins de si grande frayeur par la grand' montre d'icelle, qu'ils en perdirent cœur et et hardiesse; de sorte que se mettans en fuite, et à qui sortiroyt le premier, se trouva une si grande foule à l'yssue de la porte, que quatre vingts hommes y y furent etoufez. Et de fait, un pauvre prince qui estoyt expressement venu en la cité avec secours, ne sachant quel autre party prendre, se laissa couler le long d'une corde du plus hault de la muraille. Le peuple, epars par la cité, fuyoit à vau de route, tantost çà, maintenant là, l'un dechaux et à pied, l'autre à cheval et sans armes, tellement que la grande angoisse, perplexité et misere extreme où estoyent

Azamur souz la puissance des Portugalois.

reduis ces desolés citoyens eut esté suffisante d'emouvoir à compassion tout cœur diamantin, et mesmes venant à contempler d'un coté les miserables vieillars, enfans, filles et honnorables matronnes echevelées, courir par cy, par là, toutes eplorées, sans pouvoir trouver lieu pour leur plus seur refuge, ny qui peut mettre fin à leurs pleurs et profons sanglots pour aucunement soulager le merveilleux dueil et grand ennuy qui les oppressoyt. Mais avant que les chretiens livrassent l'assaut, les juifs (qui avoyent capitulé et fait acord avec le roy de Portugal un peu auparavant de luy rendre la cité, souz telle condition qu'ils ne recevroyent aucun deplaisir ny injure et ne seroyent en rien par ses souldats molestés) avec le consentement d'un chacun ouvrirent les portes aux chretiens, qui en dechasserent le peuple[1],

[1]. « La ville d'Azamor fut entre les mains du roy de Portugal trente-deux ans, après quoy il l'abandonna parcequ'elle luy estoit plus à charge qu'autrement, outre que l'on ne pouvoit la défendre qu'à grand'peine des Chérifs qui estoient desjà rois de Maroc et qu'elle est commandée par une colline, joint que l'entrée du fleuve est fort dangereuse pour les vaisseaux; mais il fortifia la ville de Mazagan des troupes, de l'artillerie et des munitions qu'il en tira. Il ne l'eut pas plutost quittée que le Chérif s'en empara et pour la repeupler plus tot, deux alfaquis qui estoient en grande reputation de sainteté s'y allèrent habituër. Sur ces nouvelles, le gouverneur de Mazagan l'alla escalader la nuit et prit ou tua tous les Maures qui y estoient. Les deux alfaquis et le gouverneur furent emmenez en Portugal où ils furent longtems dans l'escurie du roy avec les fers aux pieds jusqu'à ce qu'on les échangea contre d'autres captifs... Le Chérif qui règne à présent louë bien cherement aux marchans chrestiens la pesche des alozes et les vaisseaux des chrestiens y abordent avec passeport, mais ils ne sont point en reetsé hors de leurs vaisseaux et n'entrent point dans la ville où personne ne demeure » (Marmol, *L'Afrique*, t. II, pp. 108-109).

s'en allant habiter partie à Salla et le reste à Fez, non toutefoys sans premierement endurer torment, tel que la grandeur des demerites et l'effrenée luxure sodomitique de ces habitans le meritoyt, et où estoyent tellement enclins et adonnez ces infames paillars, que peu d'enfans pouvoyent echaper d'entre leurs mains de cet enorme et execrable vice polués et contaminés.

De Meramer.

Meramer est une cité edifiée par les Gots loing d'Azafi quatorze milles, et contient environ quatre cens feux. Le païs du contour est fort fertile en grains et huile. Et fut autrefoys sujette au seigneur d'Azafi, mais estant prinse par les Portugalois, les habitans gaignerent les champs, la laissans quasi par l'espace d'un an deshabitée. Et depuis, ayans fait quelques conventions avec iceux, y retournerent faire residence, et sont demeurez jusques à present tributaires au roy. Mais laissant à part maintenant la description des villes, pour les avoir toutes discourues, nous ecrirons quelque chose touchant la singularité des montagnes qui sont en cette region[1].

---

1. مرامر. Meramir. « Il y a plus de quatre cens habitans qui sont vassaux de Safie et qui s'enfuirent lorsque les Portugais s'emparèrent de cette place et furent plus d'un an à revenir jusqu'à ce que Nugno Fernandez les rappela et leur promit toute seureté en payant tribut au roy de Portugal, comme ils firent jusqu'à ce qu'il abandonna Safie. Alors on y accourut de tous costez

Des montagnes contenuës en la region de Ducale.
Benimegher [1].

Cette montagne est distante d'Azafi de dix à douze milles, habitée de plusieurs artisans, qui possedoyent tous, devant sa ruine, des maisons en icelle. Entre les autres choses qui y sont produites en abondance, elle est fertile en grain et huile. Au temps passé, elle souloyt estre souz le gouvernement du seigneur d'Azafi, cité laquelle estant prinse, les citoyens ne eurent autre recours qu'à cette montagne, qui fut depuis tributaire au roy de Portugal. Mais à l'arrivée du roy de Fez en ces païs, aucuns d'entre ce peuple entrerent dans Azafi, et d'autres furent menez à Fez par le roy mesme, qui les y feit gratuitement retirer, pour autant qu'ils ne vouloyent nullement endurer que les chretiens eussent domination sur eux, ny vivre souz leur gouvernement et seigneurie.

et elle est maintenant sujete au Chérif qui y met un gouverneur » (Marmol, L'Afrique, t. II, p. 109). Le nom de cette ville est cité p r El-Bekry, Route d'Aghmat Ourika au ribat de Couz : « D'Ourikat à Niffis, trente-cinq milles ; de Niffis à Chefchaouen, trente milles ; de là à Meramer, trente milles ; de là au ribat de Couz, vingt-cinq milles » (Description de l'Afrique, p. 340).

1. « Les Beni Maguer, بني ماكر, qui ont donné leur nom à cette montagne sont une branche de la grande tribu masmoudienne. On trouve au pied septentrional de la montagne qui avoisine Maroc jusqu'à l'Océan le ribat d'Asfi, poste fortifié qui porte aussi le nom des Beni Maguer, famille établie dans le Dokkala » (Ibn Khaldoun, Histoire des Berbères, t. II, p. 274).

De Monte Verde, ou Verdmont[1].

Monte Verde qui signifie Verdmont, est une haulte montagne, qui prend son origine au fleuve

---

1. « *De la montagne verte*. Cette montagne que les Maures nomment Iubel Hadra (Djebel Akhdar, جبل الاخضر) a le fleuve d'Ommirabi au levant et au couchant le fleuve d'Escure qui divise ces deux provinces avec une partie de celle de Tedla... Quand les Portugais furent maistres de Safie et d'Azamor, Aben Haddou estoit maistre de cette montagne et demeuroit dans le bois comme un hermite, de sorte qu'à la faveur de quelques Arabes de Charquie qui le suivoient et de son frère Muley Ferez, il prit le titre de roy et eut plusieurs demelez avec Buchentuf, roy de Maroc, et avec les Chérifs, mais ils furent contrains à la fin, son frère et luy de reconnoistre le Chérif Hamet pour souverain » (Marmol, *L'Afrique*, t. II, p. 117).
« Cette montagne que les anciens appeloient la montagne du Soleil est à quatre lieuës de Safie du costé du levant. « Quoyqu'elle soit haute, elle n'est pas fort roide et a quelques villages de Bérébères et un chasteau qui porte son nom, mais qui n'est fort ni par art ni par nature. Quand Safie estoit aux Portugais, il y demeuroit un gouverneur maure avec trois cens chevaux qu'il tenoit aux environs et qu'il rassembloit lorsqu'il vouloit faire des courses sur les chrestiens. La montagne est abondante en bleds, en oliviers et en troupeaux et est des dépendances de Safie. Aussi, quand les chrestiens se rendirent maistres de cette place, les habitans s'y retirèrent pour s'y défendre, mais ils furent contrains de subir le joug et de se faire vassaux du roy de Portugal, comme ils l'estoient encore lorsque le frère du roy de Fez vint au païs d'où il emmena quelques-uns et le reste se retira avec les Portugais pour ne point abandonner son bien, mais comme ils faisoient des courses sur les autres Maures, le Chérif Hamet estant roy de Maroc envoya là un gouverneur pour la conservation de la contrée. Depuis que Safie est retournée en la puissance des Maures, la montagne et tous ceux qui l'habitent dépendent comme autrefois de celuy qui est gouverneur de cette place et les villages sont peuplez de Bérébères de la lignée d'Uled Chedmia. Mais les Arabes de Chedmia, de Garbie et d'Abda rodent aux plaines d'alentour où il y a force pasturages » (Marmol, *L'Afrique*, t. II, p. 116).

I.

Ommirabih de la partie du levant et s'etend devers le ponant jusques aux montagnes d'Hescora, separant Ducale d'avec une partie de la region de Tedle ; et est fort apre et revetu de boys, mesmement de chenes qui produisent le gland en grande quantité, davantage plusieurs pignes et arbres portant le fruit rouge qu'on appelle aux Itales African y croissent[1]. Là font demeurance plusieurs hermites qui ne sont sustantez d'autre chose que des fruits qu'ils trouvent en la montagne, pour ce que toute habitation est elongnée par l'espace de vingt cinq milles de cette montagne, qui est arrousée de plusieurs fontaines et où se trouvent plusieurs autels erigez à la mode des mahommetans avec quelques masures et edifices d'Africans.

{Fruit african.}

Souz icelle se voit un beau lac et ample, comme est celuy de Bolsene au territoire de Romme, où y a grande quantité de poissons, comme anguilles, guardons, brochets et une infinité d'autres, et de ceste espece n'en ay veu aucun en Italie, et sont tous singulierement bons, estans d'un gout savoureux et parfait, combien qu'il ne soyt licite, ny permis à personne d'y tendre filez, ni pescher en sorte que ce soyt.

{Lac tresabondant en poissons.}

Du temps que Mahommet, roy de Fez, s'achemina en Ducale, il voulut sejourner par l'espace de huit jours sur le rivage de ce lac, donnant charge

---

[1]. Le nom de ce fruit est l'azerole que les Arabes appellent za'rour, زعرور.

à quelques-uns de pescher, qui (comme je le veys moymesme) ayant cousu les manches et colet de leurs chemises, et après avoir lié aucuns haults de chausses par le bas, les meirent et devalerent dans l'eau, d'où ils tirerent une grande quantité de poissons, vous laissant à penser quel plus grand nombre en pescherent ceux qui tendirent les filez, estant le poisson etourdy, pour la raison que je vous dyrai. Le roy feit entrer par l'espace d'un mille avant dans le lac tous les chevaux de son exercite, qui pouvoyent estre jusques au nombre de quatorze mille des Arabes, venus en faveur d'aucuns vassaux de Sa Majesté; et amenerent avec eux si grande multitude de chameaux qu'ils excedoyent la quantité des chevaux de plus de la tierce partie avec les chameaux des charroys du roy et de son frere, qui pouvoyent estre environ cinq mille, et une infinité d'autres qui estoyent dans l'exercite. Pour raison de quoy, l'eau vint à estre si fort troublée, qu'on n'en pouvoyt avoir pour boire, qui rendyt le poisson si hors de soy et etourdy qu'on le pouvoit prendre facilement à la main.

<small>Nouvelle mode pour pescher.</small>

Or, retournant sur mes brisées, je dy que sur les rivages y a plusieurs arbres qui ont les feuilles comme celles du pigne, dont entre les branches se trouvent tousjours plusieurs nids de tourterelles, et principalement alors, qui estoyt la saison du moys de may, de sorte qu'on les avoit quasi pour rien. Après que le roy se fut reposé par l'espace de huit

<small>Arbres semblables pin.</small>

jours, il luy print envie d'aller à Verdmont, là où nous l'accompagnames plusieurs que nous estions, tant prestres que courtisans, et à tous les autels qui se presentoient en son chemin, nous faisoyt arreter, puis, en toute reverence, mettre les genoils en terre, dont soupirant profondement disoyt : « Mon Dieu, je suis par trop asseuré que tu cognoys mon intention (pour laquelle je me suis acheminé en ce païs) ne tendre à autre fin, sinon à delivrer et oter de souz le joug de miserable servitude ce pauvre peuple de Ducale, où ces pervers Arabes et infidelles chretiens, nos plus grans et mortels ennemis, les veulent soumettre. Mais si ta divinité (Seigneur) ayant sondé mon cœur, le trouve seint, et tout autre que mes paroles le publient, qu'elle retourne sa dextre de punition inexorable à l'encontre de moy-mesme, afin que je porte seul le suplice, que mon hypocrisie, paliée par paroles mensongeres, aura merité, sans que ceux de ma compagnie ny le troupeau que tu m'as donné en charge, pour n'en estre aucunement coulpable, sentent en rien le redoutable courroux de ta souveraine justice. » Et continuant en ces belles cerimonies, nous sejournames tout ce jour là en cette montagne, et la nuict venue, nous retirames dans nos pavillons jusques au matin, que le roy voulant avoir le deduit de la chasse, commanda qu'elle fut faite dans un boys, sur le circuit du lac, ce que l'on feit avec les chiens et oyseaux, dequoy le roy ne se trouvoyt jamais depourveu, et ne feit on autre proye que d'oyes sauvages, becasses et autres oyseaux de riviere et tourterelles. Le jour ensuivant, on dreça une autre chasse avec levriers, faucons, aigles, et courumes le lievre, puis donnans la chasse aux cerfs, porcs-epics, chevreuils, loups, que nous primmes avec des perdrix et grives une infinité, pour ce qu'on n'avoit chassé en cette montagne de cent ans en là. Après ces choses, nous feimes depart, et se dreça l'armée à la route d'Elmedine et Ducale ; au moyen de quoy, les pretres et docteurs qui estoyent avec Sa Majesté eurent congé pour s'en retourner à Fez, en envoyant une partie à Maroc pour ambassades; et fus eleu entre les autres pour m'y acheminer, en l'an neuf cens vingt et un de l'hegire[1].

De la region d'Hascora.

Hascora est une region prenant son commencement des montagnes qui sont aux termes de Ducale, du coté de tramontane et se finit du coté de ponant au fleuve de Ouadelhabid, qui separe Hascora d'entre Tedle, et Ducale avec ses montagnes depart Hascora d'avec l'Ocean. Les habitans de ce païs savent trop mieux user de civilité que ceux de Ducale, pour autant qu'il y a grand abondance d'huile et quantité

---

1. 1515 de l'ère chrétienne.

de marroquins qu'ils savent quasi tous couroyer, et leur aporte l'on toutes les peaux des montagnes prochaines pour marroquiner. Ils ont une infinité de chevres dont de la peau ils font de beaux draps à leur mode, avec des selles de chevaux. Les marchans de Fez pratiquent fort en ces païs-là, trocquans des toiles contre les marroquins; et use ce peuple de la mesme monnoye qui court en la region de Ducale. Les Arabes ont coutume s'y fournir d'huile et autres choses, que je laisseray à part, pour vous decrire l'assiete et particularitez des citez qui sont en cette region[1].

---

[1]. Ibn Khaldoun nous fournit quelques détails historiques sur la tribu des Hescoura, هسكورة. « Quant aux Hescoura, dit-il, on les compte de nos jours au nombre des tribus masmoudiennes et on les regarde comme partisans de la doctrine almohade. Ils se partagent en plusieurs branches, formant des tribus considérables par le nombre et occupant cette partie des montagnes de Deren qui a Tedla au (nord)-est et le Dèra au sud. Une partie de ce peuple embrassa la cause du Mehdi quelque temps avant la prise de Maroc, mais le reste ne s'y rallia que plus tard... Lors de la chute des Almohades, les Heskoura opposèrent quelque résistance aux Mérinides et depuis lors, ils ont continué à leur montrer alternativement des dispositions bienveillantes et des sentiments hostiles. Leur territoire avait longtemps servi d'asile aux Arabes de la tribu de Djochem qui voulaient se soustraire à la domination mérinide et offrait un refuge asssuré aux princes de la famille royale qui se jetaient dans la révolte. A la fin, cependant, ils consentirent à payer l'impôt et les contributions exigées par ce gouvernement, mais ce fut toujours eux-mêmes qui en prélevèrent le montant » (*Histoire des Berbères*, t. II, pp. 118-119).

ET DESCRIPTION DE L'AFRIQUE

Des cités contenuës en la region d'Hascora, premierement Elmedine[1].

Elmedine est une autre cité en la cote d'Atlas, edifiée par les peuples d'Hascora, contenant environ deux mille feux, estant distante de Maroc du coté de levant environ nonante milles, et d'Elmedine et Ducale environ soissante. Cette cité est fort peuplée d'artisans, comme couroyeurs, selliers et autres avec beaucoup de Juifs partie marchans et partie artisans, estant située emmy une grande plaine, couverte d'oliviers, cotes de vigne et de treshaults noyers. Les habitans sont tousjours en factions et novalitez entre eux, ou bien suscitent guerre contre une autre cité qui leur est prochaine de quatre milles, tellement que personne, de quelque autorité que ce

---

1. « Almedine, المدينة, est une ville bastie par ceux du païs aussi bien que celle de la province de Duquela, sur la pente d'une des montagnes du grand Atlas, à trente lieuës de Maroc vers le levant. Elle est ceinte de vieux murs garnis de tours et remplie d'artisans et de marchans dont il y a quantité de Juifs. Tous les environs sont pleins de vignes et d'oliviers et d'un si grand nombre de noyers et d'autres arbres portant fruit qu'on diroit une forest. Les habitans étoient autrefois grans ennemis de ceux d'Elemedin et ils s'entretuoient avec tant de force qu'ils n'osoient sortir pour cultiver le païs, jusques là que les marchans estoient contraints de se faire accompagner de lieu à autre par des arbalestriers et des arquebusiers à qui ils donnoient douze ou quinze ducats par mois... Ils cultivent de fort bonnes terres dans les plaines qui sont vers l'orient et le midy en payant quelque chose aux Arabes à qui elles appartiennent » (Marmol, *L'Afrique*, t. II, p. 119).

soyt, ne se sauroyt permettre le chemin seur pour aller visiter ses possessions, fors seulement les femmes et esclaves. Et s'il avenoyt qu'un marchant etranger voulsit passer d'une cité en autre, il fault qu'il pense de prendre bon nombre de gens pour luy faire escorte, à cause de quoy ils ont coutume tenir pour ce fait, mesme chacun, un harquebutier ou arbaletrier en leur maison, auquel ils ne presentent moins de douze de leurs ducats (qui en valent seize des notres) par moys.

En cette cité se trouvent des personnes assez expertes en la loy qui viennent à exercer l'office de juge et notaire. Les gabelles des etrangers sont tenues par aucuns des plus apparens qui les levent et reçoivent, employans ce qu'ils en peuvent retirer au profit public et payent aux Arabes, pour l'amodiation de leurs possessions qui sont situées en la plaine, un certain tribut; mais ils gaignent encore dix fois autant avec eux.

A mon retour de Maroc, je me trouvay en cette cité, là où logeai en la maison d'un Grenadin, fort opulent, qui avoit touché la soulde d'arbaletrier par l'espace de dix huit ans, et desfraya moy et mes compagnons (qui estoyent neuf sans les pages) jusques à ce que nous feimes depart au tiers jour (pendant lequel temps il s'evertua de nous faire tous les bons traitemens qu'il luy fut possible). Et combien que les habitans voulsissent que nous fussions logez au commun logis des etrangers, si ne voulut il jamais permettre pour tout cela (pour estre de mon païs) que nous en prinsions d'autres que le sien, là où (pendant que nous y feimes sejour) la commune nous faisoyt presenter des veaux, agneaux et force chapons. Et voyant qu'il y avoyt en la cité si grande quantité de chevreaux, demanday à mon hote (puis que les habitans usoyent de si grande courtoisie et liberalité en notre endroit) parquoy ils se travailloyent tant de nous envoyer de ces choses, sans nous presenter un de ces chevreaux. A quoy il me repondit que l'animal le plus abject et de vile reputation en ces païs-là estoyt le chevreau et que, le plus tost et avec plus grande honnesteté, on feroyt present d'un bouc ou d'une chevre.

Les femmes de cette cité sont fort belles, blanches et toutes, en general, merveilleusement envieuses d'experimenter si les etrangers ont point d'avantage sur les hommes de par delà, portans quelque marchandise qui fut duisible et mieux seant en leur boutique. Ce qu'elles savent bien faire (se rendans resolues de ce doute) et se donner un peu de bon temps à la rengette, n'en laissant passer la moindre occasion qui se presente, quand elles se sentent le temps et lieu commodes.

De Alemdin.

Alemdin[1] est une cité prochaine de l'autre par l'espace de quatre milles, devers ponant, edifiée dans une valée, de quatre haultes montagnes environnée, qui lui rendent une tresapre froidure et est habitée de gentilshommes, marchans et artisans, contenant environ mille feux.

<small>Alemdin et Elmedine reduites souz la puissance du roy de Fez par un moyen memorable d'un marchant.</small>

Les habitans de cette cité icy sont journellement à la meslée avec ceux de la cité susnommée et de toutes les deux le roy de Fez s'empara n'a pas long temps, par le moyen d'un marchant de Fez, qui fut en telle sorte. Ce marchant donques, estant epris de l'amour d'une belle jeune pucelle, seut si bien demener ses affaires et conduire son amoureuse entreprinse, qu'elle luy fut promise à femme par son pere mesme, mais fortune qui ne sauroit endurer qu'on se puisse rien promettre d'elle, luy montra, en un instant, un vray effet de sa façon accoutumée. Car le jour mesmes qu'il pensoyt parvenir au but de son atente et en epousant sa dame se trouver jouyssant du premier bien que les

---

1. Alemdin est l'altération du mot de Lemdint qui lui même est la corruption d'el-Medinèh. Il est probable que ces deux villes, situées à peu de distance l'une de l'autre, étaient habitées l'une par des Arabes, l'autre par des Berbères. Cf. vicomte de Foucauld, *Reconnaissance au Maroc*, Paris, 1888, p. 305.

amans savent desirer, elle luy fut volée et enlevée par un qui estoyt chef et le plus apparent de la cité. Or, s'il estoyt troublé et reduit en perplexité extreme, je m'en remets au jugement de ceux qui ont mieux experimenté les passions d'amour que moy. Tant y a que dissimulant son fait avec une constance plus contrainte que voulontaire, il print congé de celuy qui luy avoyt ravy le comble de ses desirs, luy deguisant l'occasion de son retour par excuses controuvées, pour mieux pallier le dessein de son entreprinse. Ce piteux et miserable amant, à demy transporté par l'apre passion qui le molestoit, feit tant par ses journées qu'il arriva à Fez, là où il ne fut pas plus tot parvenu qu'il presenta au roi certaines choses rares et singulieres qu'il avoit aportées de ce païs, luy demandant de grace qu'il luy pleut faire tant de faveur que de luy donner cent arbaletriers, troys cens chevaux et quatre cens hommes de pied, qu'il entendoit tous soudoyer à ses propres frais et depens, promettant à Sa Majesté qu'il n'esperoit rien plus que de prendre la cité, et s'en estant emparé de la tenir à son nom, en recognoissance de quoy il s'offrit de luy rendre sept mille ducats par chacun an du revenu du païs. A quoy obtempera volontiers le roy, et luy voulant autant montrer de liberalité, comme il avoit esté courtoys en son endroit, ne voulut permettre qu'il soudoyast autres gens que les arbaletriers, luy donnant une lettre par laquelle il chargeoyt le gouverneur de Tedle de lever tel nombre de gens que le marchant avoit requis et qu'il les meit souz la charge de deux capitaines en faveur d'iceluy, lequel, estant assez bien en ordre et equipage, s'alla camper devant la cité, laquelle il n'eut pas à peine tenue assiegée l'espace de six jours que les habitans d'icelle feirent entendre au chef, que pour son occasion, ils n'avoyent deliberé se rendre le roy de Fez ennemy d'eux et de leur païs, encore moins en estre molestez ny endommagez tant peu fut il. Ce qu'ayant entendu, en habit de gueux il sortit hors de la cité; mais estant incontinent remarqué, il fut saisy ainsi mignonnement acoutré et conduit en la presence du marchant, qui luy feit mettre les fers aux pieds. Cependant, le peuple ouvrit les portes, mettant la cité entre les mains du marchant qui en receut le gouvernement au nom du roy de Fez. Et les parens de la fille (où il s'estoit totalement voué) se vindrent humblement excuser, disans qu'ils avoyent esté contrains (intimidez par l'autorité tirannique de ce chef) à endurer ce forfait et que la fille de droit luy devoit appartenir, d'autant qu'il estoyt le premier à qui elle avoyt esté promise. Mais à cause qu'elle estoyt enceinte, le marchant differa jusques à tant qu'elle fut delivrée de son fruit pour l'epouser, ce qu'il feit pour la seconde foys, et le chef, comme violateur et fornicateur, fut condamné à la mort, n'ayant autre delay que ce jour là mesme, auquel il fut finissant miserable ses jours, ayant telle yssue que sa tyrannique oppression le meritoyt. Le marchant demeura gouverneur de la cité, la pacifiant avec l'autre, qui luy estoyt auparavant ennemye et s'aquita fidelement envers le roy, luy rendant ordinairement le tribut qu'il luy avoyt promis[1]. Je fus en cette cité-là où j'eus la cognoissance du marchant qui la gouvernoyt ; et je estoys à Fez quand ces choses prindrent telle fin ; puys, je me meys de ce temps là mesme en chemin pour passer en Constantinople.

De Tagodast.

Tagodast[2] est une cité assise sur le coupeau d'une

---

1. Marmol a reproduit presque textuellement le récit de Léon l'Africain.

2. تاكدواشت. Ce mot signifie, en berbère, cosse de pois. Cette ville est appelée Isadagaz par Marmol. « C'est, dit-il, une ancienne ville bastie par les Africains sur la cime d'une haute montagne qui est environnée de quatre autres entre lesquelles et les rivières qui passent près de la ville, il y a beaucoup d'arbres fruitiers et de couvert et l'on y recueille toute sorte de bons fruits comme en Europe. Sur les arbres rampent de gros seps qui portent des raisins noirs dont les grains se nomment des œufs de poule a cause de leur grosseur. Il y a aussi quantité d'oliviers par tout le païs qui fournissent de l'huile en abondance et grand nombre de ruches dont on tire beaucoup de miel et de cire que l'on porte vendre aux villes voisines. Le miel en est fort estimé, car outre sa blancheur, quand on le garde plus d'un an, il s'en fait comme des pains de sucre. La pluspart des habitans sont riches de leur labourage et de leur menage et ont un grand commerce avec ceux de Numidie et de Gedulie qui sont de l'autre costé du mont Atlas. Ils trafiquent aussi aux villes de Fez, de Mequinez et de Maroc où ils partent vendre leur miel, leur cire

montagne environnée de quatre autres, et hors le pourpris des murailles y a de tresbeaux et delectables jardins embellis par le plant de plusieurs arbres fruitiers, vous asseurant y avoir veu des abricots de la grosseur d'oranges. Leurs vignes sont elevées à ton-

Abricots de la grosseur de oranges.

et leur huile et en rapportent des étoffes de laine, de lin et de soye avec des ouvrages d'argent et autres choses qu'ils vendent à leurs voisins et aux Bérébères de la contrée. Les femmes y sont ordinairement belles et bien parées selon la coustume du païs et ont force joyaux d'or et d'argent aux bras, aux oreilles, au cou et au sein. Les hommes n'y sont pas jaloux à comparaison des autres de ces montagnes et il y a quelque police dans la ville, parce qu'il y a des gens de lettres. Il en sourd plusieurs fontaines qui font moudre en bas des moulins et arrosent les jardins et les plaines qui font une plaine de trois lieuës qui est devant la ville où l'on recueille beaucoup de froment, d'orge et de légumes. Il y a aussi de grans troupeaux de menu bestail qui errent par ces montagnes où il y a tant d'herbe et de pasturages qu'il y a des habitans qui ont plus de trente ou quarante mille pièces de menu bestail et d'autres recueillent vingt ou trente mille mesures de bled par an. Enfin, le lait et le beurre y sont à si grand marché qu'on n'y fait profit que de la laine et du cuir et un gros mouton n'y vaut que deux réales. Ceux qui labourent la plaine payent quelque chose aux Arabes qui s'en prétendent seigneurs. Il y a beaucoup de noblesse qui vivoit en liberté dans le déclin de l'empire des Benimerinis, mais elle obéit maintenant au Chérif. Il y a des juges et des alfaquis qui ont l'intendance du temporel et du spirituel et quand le Chérif s'en rendit maistre, elle estoit gouvernée par un Africain (Ibn Amir) d'une des branches de la tribu des Muçamada, mais il ne pouvoit rien faire sans le conseil des principaux qui estoient comme le sénat. Il y avoit de grandes factions, mais il fit si bien qu'il se défit de chefs du parti contraire et se raccommoda avec les autres, de sorte qu'on luy obeissoit volontairement. Ces habitans sont francs et courtois, se plaisent à loger les estrangers et leur font toute sorte de bon traitement sans rien demander. Ils disent qu'ils le font pour l'amour de Dieu et pour suivre les coustumes de leurs ancestres, semblables, du reste, à ceux de Maroc et de Fez en habits et en façon de vivre. La ville n'est forte ni par art ni par nature et a environ mille habitans parmi lesquels il y a quelques Juifs qui ont liberté de conscience » (Marmol, *L'Afrique*, t. II, pp. 120-122).

nelles et appuyées sur les arbres, les raisins et grumes sont rouges, qu'ils appellent œufs de poules, qui est un nom qui ne leur convient pas mal, pour cause de la grosseur d'iceux. Là y a grande abondance d'huile bonne en toutes perfection, et de miel de naïve blancheur, avec de l'autre qui ne cede en rien à l'or quant à la couleur. Dedans la cité sourdent plusieurs fontaines vives et ruisseaux courants, ayans à la rive d'iceux certains petits molins à moudre le blé.

Il y a, outre ce, plusieurs artisans des choses ordinairement necessaires; et s'efforce le peuple grandement à se montrer civil. Leurs femmes sont fort belles, portans de tresbeaux ornemens d'argent, pour ce que les habitans ont bonne delivrance de leur huile qu'ils portent par les citez prochaines au desert entre Atlas du coté du midy, et transportent leurs cuirs à Fez et Mecnasa.

La plaine a d'etendue en longueur l'espace de six milles, le terroir est tresfertile en grains et sont les païsans redevables aux Arabes de quelques censes pour leurs possessions, et est la cité pouveuë de prestres et juges et d'un grand nombre de gentilshommes. Du temps que je y fus, il y avoyt un seigneur, lequel encore qu'il fut vieil et aveugle, estoyt merveilleusement obei et honnoré. Cetuy-cy (comme il me fut dit) avoit esté en sa jeunesse fort vaillant et de magnanime courage, ayant tué, entre plusieurs autres, quatre chefs d'une ville qui, par leurs factions, opprimoyent tout

Grosses grumes de raisins comme œuf de poule.

Miel blanc.

le peuple, dont après leur mort il usa d'une grande
clemence et douceur, moyennant laquelle il seut si
bien applaudir la commune et attirer à soy le cœur
des gens, que, ayant reduit à bonne paix toutes les
dissensions et discors, rendit les parties diverses non
seulement amyes, mais moyenna par tant de façons
que elles s'unirent ensemble par parentage, sans
qu'il voulsit occuper la preeminence de gouverner,
ains laissa à un chacun la liberté et autorité egale.
Toutefoys, le peuple luy portoyt un tel respect, qu'on
n'eut pas rien determiné sans son conseil et avis. Je
logeay en la compagnie de quatre vingts hommes
de cheval, dans la maison de ce bon gentilhomme
icy, lequel se montra en notre endroit merveilleusement magnifique et liberal, faisant journellement
chasser à celle fin de nous faire tousjours gouter
viandes nouvelles. Et me feit recit cet honnorable
vieillard des grans perils hazardeux où il avoit souventefoys exposé sa personne pour mettre paix en cette
cité, sans se deguiser, ny donner les choses à entendre autrement qu'elles n'estoyent passées, ne
plus ne moins que si j'eusse esté son frere ou plus
grand familier. Si que, cognuë sa grande honnesteté,
il me sembloit nous oublier par trop, venans à faire
depart, sans user de recompense en son endroit, pour
la depence excessive qu'il avoit faite, en s'evertuant
de tout son pouvoir et n'epargnant chose quelconque
à nous bien traiter. Mais il me rejeta bien loing, disant qu'il estoyt amy et serviteur du roy de Fez,

combien que le recueil qu'il nous avoit fait n'estoyt pas cause que nous etions familiers dudit roy, mais pour avoir cela comme par succession de leurs anciens, qui leur avoyent enseigné de se montrer ainsi courtoys et gratieux envers les passans de leur cognoissance, en les logeant et traitans aussi les etrangers humainement, tant par honnesteté que par noble gentillesse, ajoutant à cecy que le souverain Seigneur (dont la providence est incomprehensible) leur avoyt envoyé cette année là, un recueil de biens jusques à sept et mille setiers de froment et d'orge ; tellement que l'abondance du grain surpassoit la multitude des personnes et qu'il avoyt plus de cent mille chevres et brebis, tirant profit seulement de leur depouille, pour ce que le laitage demeuroyt aux pasteurs qui luy en rendoyent certaine quantité de beurre, car tout cela n'estoyt pas de vente, mais trop bien que les peaux, laines et huiles se vendoyent à sept ou huit journées de là. Et avenant (dit il) que votre roy passe à son retour de Ducale par icy, je veux aller au devant de Sa Majesté, m'offrant pour treshumble et affectionné serviteur et meilleur amy d'icelle. Or, après que nous eumes prins congé de la magnificence de ce courtoys seigneur, nous n'employames les heures et le chemin à autre chose fors qu'à louër, exalter la grande honnesteté et liberalité d'iceluy.

De Elgiumuha[1].

Elgiumuha est une cité prochaine de l'autre environ cinq milles, edifiée de notre temps dessus une haute montagne entre deux autres de non moindre hauteur. Là y a plusieurs fontaines et jardins qui produisent divers fruits et mesmement un grand nombre de noyers treshauts, sans qu'il se trouve colline autour de ces montagnes qui ne soyt fort bonne pour y semer de l'orge, avec une grande quantité

---

1. Eldjoumaa, الجمعة. « C'est une petite ville de cinq cens feux qui a esté bastie depuis peu par ceux du païs sur une montagne du grand Atlas qui est environnée d'autres montagnes fort rudes ; mais il y a plusieurs villages dans leurs intervalles d'où naissent divers ruisseaux qui descendent en bas dans la plaine et sont bordez de jardins et de vergers où l'on recueille force bons fruits et particulièrement des noix sur des noyers d'une hauteur et d'une grosseur extraordinaires. Tous les costeaux de cette montagne et les tertres sont pleins d'oliviers, de vignes, et la pluspart des habitans sont couroyeurs et selliers qui font de fort bonnes selles à piquer. Il y a dans une de ces montagnes une mine de fer et plusieurs forges d'où on le porte vendre en petites barres par toute la contrée. On fait aussi dans cette ville des rondaches de cuir de buffle et il y a quantité de ces animaux en Numidie et en Libye. Cette ville doit sa fondation au peuple de la précédente qui voyant les partialitez qui estoient entre les grands et ne pouvant souffrir leur tyrannie, demanda permission au roy de Fez de bastir en un village où il y avoit une vieille mosquée fort célèbre, ce qu'il leur accorda. Ils quittèrent donc leur noblesse qui vécut quelques années en liberté sous un chec qui ne faisoit rien sans le conseil des principaux, tant que les Chérifs s'en rendirent maistres. La ville est sur un roc assez escarpé, à deux petites lieuës de la précédente du costé du levant, mais elle n'est nullement forte ; le peuple est franc et courtois, mais il n'est pas si riche que ses voisins » (Marmol, *L'Afrique*, t. II, p. 122).

d'oliviers qui y croissent. La cité est fort habitée d'artisans et entre autres de couroyeurs, selliers et marechaux, pour autant qu'il s'y trouve une assez profonde mine de fer, dequoy ils font à force fers de cheval, transportans tous leurs ouvrages et marchandises au païs qu'ils savent en avoir faulte et les trocquent contre des esclaves, guesde et cuirs de certains animaux qui sont au desert, dequoy ils font de bonnes et fortes targues, puis amenent toutes choses à Fez pour les trocquer contre des toiles, draps et autre chose qui ne se trouvent entre eux.

Cette cité est fort sequestrée du grand chemin, de sorte que s'il y passe aucun etranger, tous les habitans, depuis le petit jusques au plus grand, accourent pour le veoyr, et mesmement s'ils luy voyent porter habits entre eux inusitez. Ils se reiglent et gouvernent selon les status et coutumes de Tagodast qui fut edifiée par le peuple qu'y habite, pour ce que les gentilshommes ayans prins la picque l'un encontre l'autre, la commune (voulant ployer deçà ny delà) quitta la cité et edifia Elgiumuha, laissant Tagodast aux nobles, y ayant jusques à present fait demeurance et, en l'autre, resident les non nobles.

De Bzo[1].

Bzo est une cité ancienne edifiée sur une fort

---

1. Bezzou, بزّو. Ce mot a, en berbère, la signification de sable. « Bizou est une ancienne ville de quinze cens habitans, en une situation fort

haulte montagne, distante d'Elgiumuha environ vingt milles, du coté de ponant. Au dessouz d'icelle passe le fleuve Serui, cotoyant la cote de la montagne par l'espace de quatre milles. Les habitans sont tous marchans et gens de bien, qui s'acoutrent honnestement et font porter au desert des cuirs et huiles, en quoy leur montagne est fort abondante, produisant à force, grains et de toute sorte de fruits, avec une grande quantité de figuiers ayans le pied fort gros et hault. Les noyers en ce lieu sont d'une demesurée grandeur, de sorte que les milans y peuvent seurement brancher et faire leur nid, pour ce qu'il n'y a homme d'agilité si grande qui se puisse vanter d'y gravir. La descente qui conduit de la

avantageuse, sur une haute montagne du grand Atlas avec des murs et des tours de pierre liée avec de la chaux : elle est à sept lieuës de la précédente du costé du levant. Le terrain est fertile en bled et en huile et l'on y nourrit force troupeaux. Elle est environnée de vergers et de jardinages que l'on arrose des ruisseaux qui descendent de la montagne et la rivière des Negres passe à une lieuë de là du costé du levant, laissant entre deux une grande plaine, où sont la plupart des jardins. Il y a tant de raisins et de figues, qu'on les sèche et les vend aux contrées voisines, d'où l'on retire beaucoup de profit, aussi bien que des noix qui sont en grand nombre. Les habitans sont riches et courtois et aiment fort les estrangers. Ils sont bien vestus pour le païs, de draps et de toile fine, comme les habitans de Maroc et sont Bérébères de la tribu de Muçamoda. Les femmes y sont blanches, belles et bien parées. Il y a une belle mosquée dans la ville où passe un ruisseau qui se rend de là dans la place puis descend dans la plaine et arrose en passant les jardins qui sont sur la pente. Il n'y a point d'autres villes dans la province, mais il y a trois bourgs fermez, peuplez de la mesme nation avec plusieurs villages dans les vallées. » Ces bourgs sont ceux de Dara'a de Itendiguen, Bou Zemat et Bou Halir (Marmol, *L'Afrique*, t. II, p. 123).

montagne au fleuve est toute pleine de beaux jardins s'etendant jusques au rivage de ce fleuve. Je me trouvay là, par un esté, qu'il y avoyt des fruits en grande abondance et principalement des abricots et figues et logeay en la maison d'un prestre de la ville auprès du temple, dont les murailles sont baignées par les eaux d'un petit fleuve qui sourd en la place de la cité.

Des montagnes qui sont en la region d'Hascora. Tenveves[1].

Tenveves est une montagne assise à l'oposite de la region d'Hascora, qui fait la face de Atlas à l'oposite du midy, peuplée et habitée par gens braves et vaillans avec les armes en main, tant à pied comme à cheval dont ils en ont en grand nombre, mais de petite taille. Cette montagne produit guede et orge, mais elle est quasi sterile en froment, de sorte que l'orge est la seule substance et nourrissement des habitans. Sur ce mont, l'on void la neige en toutes les saisons de l'année. Là se trouvent plusieurs nobles chevaliers qui ont un prince gouvernant comme seigneur, recevant toutes les grandes rentes pour puis après les employer à faire et maintenir la guerre contre les habitans de la montagne de Tenzita. Il tient environ mille chevaux, avec cent hommes ar-

---

1. Il faut lire Teniffis, mot qui signifie la source du Niffis.

baletriers et haquebutiers. Lors que je y fus, il y avoit un seigneur liberal tout autre, qui recevoit un plaisir indicible de se veoir hault louër et d'ouyr publier et raconter ses faits qu'il pensoit estre memorables. Vous asseurant qu'il me sembleroit impossible qu'on seut trouver son second et qui se peust egaler à luy en courtoisie et liberalité, pour ce que ce qu'il avoit ne se pouvoit aucunement appeler sien, d'autant que son bien estoit au commandement et à l'abandon d'un chacun, ne se reservant quasi rien et prenant merveilleusement grand plaisir à ouyr la langue Arabesque, combien qu'il n'en eut aucune cognoissance et luy faisoyt on un singulier plaisir quand l'on venoyt à luy exposer quelque sentence qui touchat aucunes de ses louanges.

Or, avint que mon oncle (en la compagnie duquel je me retrouvoys) fut delegué en ambassade du roy de Fez vers celuy de Tombut, dont pour s'acheminer vers luy il se meit sur les champs et ne fut pas plus tot parvenu en la region de Dara, distante de l'habitation de ce seigneur environ trente milles, qu'ayant ouy la renommée de mon oncle (qui, à dire vray, estoit un tres excellent poete et eloquent orateur) il rescrivit au seigneur de Dara, le priant luy faire tant de bien que de le luy envoyer, pour ce que la plus grande envie qui l'eguillonnoit pour lors estoyt de la jouyssance et veuë de sa personne, pour les rares et singulieres vertus qu'on publioyt estre en luy. Mon oncle, usant d'excuse la plus honneste et plus recevable qu'il peut, repondit qu'il n'estoyt pas licite à un ambassadeur d'un roy de s'ecarter de son droit chemin pour aler visiter les seigneurs, veu que cela seroit cause de retarder grandement leur affaire; mais que pour ne resembler trop mal courtoys et vouloir tenir sa reputation envers les personnes qui luy pouvoyent commander, il envoyeroit un sien neveu baiser les mains de Sa Magnificence. Ainsi, par son commandement, après m'avoir fait present d'une paire d'etriez gravez à la moresque, au prix de vingt et cinq ducats, d'une paire de cordons de soye porfilés de fils d'or, dont l'un estoyt bleu et l'autre violet, avec ce, un fort beau livre, là où estoyt amplement narrée et contenue la vie des saints Africans, et une chanson faite à la louange de ce seigneur, je me meys en chemin avec deux chevaux, où je demeuray l'espace de quatre jours, composant une chanson en laquelle estoyt recité ce que je pouvoys avoir entendu de ses vertus.

Etriez de vingt cinq ducats.

Et estant arrivé en cette cité, il me fut dit qu'il estoyt un peu auparavant sorty, avec une belle compagnie pour aller à la chasse; mais il n'eut pas plus tot entendu mon arrivée qu'il me feit appeler en sa presence, là, où estant parvenu, je luy feys la reverence, en luy baisant les mains. Ce qu'ayant fait, il me demanda en quelle disposition j'avois laissé mon oncle; à quoi je feys reponce qu'il se portoyt fort bien, comme celuy qui prendroit un merveilleusement grand et singulier plaisir d'avoir moyen pour luy donner à cognoitre la grande envie qu'il avoit de faire chose qui fust agreable à Son Excellence.

Ayant mis fin à mes paroles, il me feit ordonner logis, me disant que je me reposasse jusques à son retour de la chasse, d'où estant revenu, il m'envoya dire que je m'acheminasse en son palais, auquel je me transportay, et luy ayant baisé une autre foys les mains, je commençay par louenges diffuses à le mettre jusques au ciel, ce qui luy causa une grand'joye. Finalement, je luy presentay la chanson de mon oncle, de quoi il feit faire incontinent et sur-le-champ lecture par un sien secretaire, pendant laquelle on pouvoit facilement conjecturer, par les alterations et changemens de son visage, combien estoit grand le plaisir qu'il recevoyt par le contenu d'icelle, et estant achevée de lire, il se meit à table, me faisant seoyr un peu à coté de soy. Les viandes qui furent servies estoyent chair de mouton et d'aigneau rotie et bouillie, qui estoyt dans certains replis de paste subtile, faite en sorte de lazagnes, mais plus ferme et materielle, avec d'autres dont je n'ay sceu retenir l'espece.

Harangue de l'auteur au seigneur de la montagne de Tenveves.

Or, en fin de table, je me levay, commençant à user envers le seigneur de telles paroles : « Monsieur, l'intention de mon oncle n'a pas esté de vous envoyer ce present comme l'estimant suffisant d'estre offert à Votre Grandeur, mais pour toujours vous maintenir affectionné en son endroit, luy donnant place, entre le moindre de vos souvenirs, comme à celuy qui n'est né pour autre chose qu'à complaire et obeyr à tous ceux qui, ci bas, naïvement, representent la vraye image de noblesse et vertu, du nombre desquels à bon droit il estime que teniez le premier rang. Mais, moy son neveu, qui me trouve vuide et denué de toutes choses suffisantes pour honnorer si grand personnage que chacun vous sait estre, je ne puis vous faire present sinon que de parolles, et par celles pourrez cognoitre que je n'ay moindre envie d'obeyr à vos commandemens, et demeurer votre à perpetuité, que vos vertus infinies et incomparable grandeur le meritent. » Je n'eus pas plus tot mis fin à mon dire que je donnay commencement à la lecture de la chanson que j'avoys composée à la louange de ses vertus, lesquelles entendant reciter avec une joye indicible s'enqueroyt des choses par lui non entendues, jettant attentivement la veuë sur moy qui ne pouvoyt encore exceder l'aage de dix sept ans.

Après que j'eus achevé de la lire, estant le seigneur encore travaillé de la chasse, et pour estre l'heure du dormir, me donna licence jusques au matin qu'il m'invita à disner avec luy; puis me feit donner cent ducats d'or pour porter à mon oncle et troys esclaves pour le servir durant le voyage. Davantage, il me donna et à ceux de ma compagnie dix ducats par personne, m'enchargeant de dire à mon oncle que ce petit present estoyt en recompense de la chanson, non pour echange de ce qu'il avoit receu de luy, pour ce qu'il se reservoit à son retour de Tombut luy montrer et donner à cognoitre par effet, combien ce qu'il luy avoyt envoyé luy avoyt esté agreable. Finablement, il commanda à l'un de ses secretaires de m'enseigner le chemin ; puis m'ayant touché la main, me donna congé de partir le lendemain, auquel jour il devoit faire une saillie sur ses ennemis, au moyen de quoy, je retournay par devers mon oncle.

Je me suis un peu distrait de la matiere par le discours de cette histoire, mais ce n'a esté à autre fin que pour vous donner à entendre que l'Afrique n'est du tout vuide ny denuée de gentilshommes, qui se delectent de courtoisie et liberalité, entre lesquels le seigneur de cette montagne doit estre à bon droit nombré[1].

[1]. Marmol donne à cette montagne de Teniffis le nom de Tenendez. « Tenendez, dit-il, est une grande montagne de l'Atlas qui regarde le midy ; c'est pourquoy quelques-uns ne la comprennent pas dans cette province, mais d'autres l'y mettent parce qu'elle est de la Barbarie. Elle est bien peuplée de Bérébères qui sont farouches, mais braves et qui se piquent fort de noblesse. Ils ont quantité de petits barbes très légers et vigoureux. Le païs ne porte pas de froment, mais quantité d'orge et les habitans ont grand nombre de gros et menu bestail. Le faiste des hauts monts est couvert de neiges toute l'année. Il y a quantité de noblesse qui a un chec pour la gouverner, lequel est vassal du Chérif et employoit autrefois les revenus, de la province aux guerres qu'ils avoient d'ordinaire contre les habitans de la montagne de Tensift qui les borne du costé du levant. Ils sont au delà de cinq mille chevaux et plus de cinquante mille hommes de pied, sans compter les arquebuziers et les arbalestriers. Leurs armes sont comme celles des autres Bérébères de Hea. Il n'y a dans toute la montagne ni ville, ni bourgade fermée, mais plusieurs villages fort peuplez, car encore que le

De Tensita[1].

Tensita est une montagne qui depend d'Atlas, confinant avec icelle du coté d'occident, suivant son etendue jusques à la montagne de Dedes, devers levant ; et de la partie du midy se termine au desert de Dara, estant fort peuplée et contenant en son circuit cinquante chateaux, dont l'environnement de iceux est bati de craye avec pierre crue ; et pour autant que le mont pend du coté de midy, il n'y tombe guere de pluye. Ces chateaux sont tous

païs soit froid, il est abondant en pasturages et l'aspreté de la montagne qui est fort roide sert assez de défense... Les seigneurs de cette montagne et de celle de Tensit aussi bien que ceux de la province de Dara estoient tous parents et on les nommoit les Mezuares, mais leurs divisions donnèrent entrée au Chérif, à qui ils estoient capables de résister, s'ils eussent esté tous d'accord. Ils luy donnent encore assez de peine par leurs frequentes revoltes » (*L'Afrique*, t. II, p. 124).

1. Tenzita, تنزيته. De Tensit. « C'est une autre partie du grand Atlas qui est bordée du costé du couchant de la montagne précédente et atteint vers l'orient celle de Dédez, dans la province de Tedla. Elle est bornée du costé du midy du désert de Dara et aboutit vers le septentrion aux autres montagnes du grand Atlas... C'est un païs fort peuplé, arrosé de la rivière de Dara le long de laquelle il y a cinquante bourgades toutes fermées de murs de terre et éloignées d'une lieuë ou davantage du fleuve. Ce païs estoit commandé d'un des Mezuares dont nous avons parlé, nommé Aben Hamar (Ibn Ammar), qui avoit deux mille chevaux, lorsque le Chérif s'empara de Maroc. Mais, après une longue résistance, la discorde qui estoit entre luy et le seigneur de Dedez et de Dara fut cause de sa ruine. Car, encore qu'ils fussent parens fort proches et de mesme nation, ils se faisoient cruellement la guerre et appeloient à leur secours les Portugais du cap d'Aguer. Leur inimitié donc rendit le Chérif victorieux et Aben Hamar se fit son vassal. Il pleut fort peu dans ces montagnes, parce qu'elles regardent le midy et

assis sur le fleuve de Dara, distant l'un de l'autre de troys à quatre milles qui sont tous souz le gouvernement d'un seigneur qui peut faire jusques à cinq cens chevaux et de gens à pied en aussi grand nombre que le seigneur duquel avons par cy devant parlé, et avec iceluy grande consanguinité, mais ils sont mortels ennemys, se guerroyans l'un l'autre journellement. La plus grande partie de cette montagne est fertile en dates, et les habitans sont marchans et laboureurs. Elle produit, outre ce, de l'orge en grande abondance, mais il y a grande cherté de froment et de chair, à cause qu'on y nourrit peu de betail. Neantmoins, le seigneur en tire de revenu vingt mille ducats d'or, qui trebuchent deux tiers plus que les notres, qui sont douze carates.

s'estendent à travers les sablons de la Libye, de sorte que le païs est fort chaud. On n'y recueille point de froment, mais beaucoup d'orge. Il y a fort peu de troupeaux, mais le fleuve est bordé de part et d'autre de grans champs de palmiers qui portent les meilleures dattes de toute l'Afrique et si délicates que la moindre humidité les fait fondre comme du sucre. On en transporte donc peu en Europe, et celles qu'on y porte sont bien séchées auparavant et enfermées dans de petits cabats couvert de peaux de mouton contre l'humidité. Il y a tant de palmiers le long de ce fleuve, qu'on va plusieurs lieuës à couvert dessous sans estre incommodé de l'ardeur du soleil. Les habitans sont bazanez et fort charnus et les femmes se fardent pour estre plus belles et vont tousjours le visage découvert, mais aussi, aiment-elles fort les estrangers. Le commerce de ces peuples est en Dara et aux autres provinces de la Numidie et de la Libye, jusqu'au païs des Nègres où plusieurs font grand trafic, ce qui les fait vivre richement et avoir beaucoup d'or de Tibar » (*L'Afrique*, t. II, p. 125). — Les dattes dont parle Marmol sont appelées en Espagne Tamaras (تمر, tamar) et au Maroc, Bou-soukkar (بو سكر, le père du sucre). Tibr, تبر, est le mot arabe qui désigne la poudre d'or. Cette montagne porte le nom des enfants

Ce seigneur est grandement amy du roy de Fez, laissant passer peu d'années qu'il ne luy envoye quelques presens, estans incontinent secondez par le roy, avec autres infinies singularitez, comme de chevaux enharnachez de fournimens fort exquis, drap d'ecarlate, de soye et plusieurs beaux pavillons. De ma souvenance, ce seigneur envoya au roy un fort somptueux et magnifique present qui estoyt de cinquante esclaves masles noirs et d'autant de femelles, dix eunuques, douze chameaux à selle, une girafe, dix autruches, seize chats de ceux qui font la civette, une livre de fin musq, une de civette, une autre d'ambre gris, et environ six cens cuirs d'animaux qui s'appellent Elamt, desquels on couvre de fortes targues, dont la piece se vend huit ducats dedans Fez[1]. Les esclaves furent estimez chacun à vingt ducats, les femmes quinze et quarante les eunuques.

<small>Presens au roy de Fez de la part du seigneur de la montagne de Tensita.</small>

Les chameaux sur les terres de ce seigneur se vendent cinquante ducats, les chats deux cens pour piece, le musq, la civette, l'ambre gris peu-

---

de Temzit, fils de Dari, qui se subdivisent en plusieurs clans dont Ibn Khaldoun donne les noms (*Histoire des Berbères*, t. I, p. 172).

1. « Parmi les animaux qui habitent le désert on remarque le lamt, quadrupède moins grand qu'un bœuf, et dont les mâles ainsi que les femelles portent des cornes minces et effilées. Plus l'individu est âgé, plus ses cornes sont grandes ; quelquefois elles atteignent la grandeur de quatre empans. Les boucliers les meilleurs et les plus chers sont faits de la peau de vieilles femelles, dont les cornes avec l'âge sont devenues assez longues pour empêcher le mâle d'effectuer l'accouplement » (El-Bekri, *Description de l'Afrique*, p. 374).

vent valoir soissante ducats la livre, l'une comportant l'autre. Il y avoit encore des dates, sucre, poivre d'Ethiopie et d'autres choses une infinité, dont je me tairay pour le present. Vous asseurant que je me trouvay en presence, lorsque tout cecy fut presenté au roy, de la part de ce seigneur par un homme noir, court, trapu et barbare autant de façon comme de langage, qui, outre ce, presenta au roy une lettre ecrite en assez rude et gros stile, mais pirement prononça de bouche le contenu de son ambassade, de sorte qu'il provoca le roy et toute l'assistance à rire, dont on fut contraint s'etouper la bouche et couvrir le visage ou avec le pan de la robe ou bien avec les deux mains. Toutes foys, le seigneur ayant plus d'egard au devoir d'honneteté que non à l'imbecillité et lourdise de ce mignon courtisan, le feit assez honorablement traiter et caresser, le logeant en la maison du predicateur du temple majeur, là où il le deffraya pendant son sejour avec quatorze bouches, tant ses compagnons comme serviteurs, jusques à ce qu'il eut sa depesche et fut expedié.

De Gogideme[1].

Gogideme est une montagne qui confine avec la

---

1. Ce nom est singulièrement défiguré; il faut lire Aougeddimt. Cf. vicomte de Foucauld, *Reconnaissance au Maroc*, p. 333. « Cette montagne touche à celle de Tensit et n'est habitée que du costé du nord, car tout

precedente, mais seulement habitée en la partie qui repond devers tramontane pour autant que celle qui regarde devers midy est toute inhabitée. La raison est que du temps qu'Abraham, roy de Maroc, receut cette memorable route par le disciple de Elmaheli et qu'il fuyoit devers cette montagne, les habitans d'icelle furent touchez d'une grande compassion, le voyans reduit à si grande misere, et de fait, avoyent bien deliberé le secourir à telle extremité, mais son cruel destin ne le voulut aucunement permettre. Toutefoys, le bon vouloir seulement de ce peuple icy envers le roy enflamma tellement de colere l'ennemy à l'encontre d'eux,

ce qui regarde le midy est désert. Les historiens disent que cette montagne fut désolée par les guerres lorsque les Almohades dépossédèrent les Almoravides parce que les habitans donnèrent retraite à Brahim ben Aly qui fuyoit devant Abdulmumen. Le vainqueur donc irrité, fit mettre tout à feu et à sang, sans pardonner ni à âge, ni à sexe, de sorte que ceux qui y vinrent habiter depuis, estant pauvres et foibles, ne peuplèrent que du costé du nord qui est le meilleur et regarde la Barbarie. On nourrit dans cette montagne beaucoup de chèvres, de mules et de chevaux, qui pour estre petits ne laissent pas d'estre vigoureux et fort vistes. Tout ce costé de la montagne est rempli d'oliviers, dont on porte quantité d'huile dans la Numidie. On y recueille aussi quantité d'orge qui est la nourriture de ces peuples, parce qu'il y a peu de froment. Ils ont esté lontems libres à cause de l'aspreté de la montagne qui est fort roide et escarpée, mais depuis que les Chérifs eurent pris Fistele, ils se rendirent à eux. Ils demeurent dans des villages et des hameaux qui sont épars dans les vallées. Les maisons sont de terre, couvertes de paille ou de branchages. Il sort deux grandes fontaines à une lieuë l'une de l'autre, d'où naissent les deux rivières de Tecevin qui traversent la province et se vont rendre dans l'Ommirabi. Chacune séparément s'appelle Teceut et lorsqu'elles se sont jointes Tecevin, qui veut dire lisières » (Marmol, *L'Afrique*, t. II, p. 126).

qu'il brula les villages et hameaux, tuant et chassant les habitans hors de leurs limites et confins. Ceux qui font residence en cette partie habitée sont en liberté, à cause de l'assiete et qualité de la montagne qui les y maintient, mais vils et mecaniques, allans mal en ordre, faisans marchandise d'huile, duquel ils vivent sans avoir autre chose en cette montagne qu'orge et olives. Ils nourrissent assez de chevres et mulets qui sont fort petits, pour autant que leurs chevaux sont semblablement de petite taille.

De Teseuon, double mont[1].

Teseuon[1] sont deux montagnes l'une à coté de l'autre, ayans leurs confins à la precedente de la partie de ponant et se terminent au mont de Tagodast, habitées de trespauvres gens, pour ce qu'il

---

1. Tessaoun est le pluriel berbère de Tessaout, نساوت. *De Tesceuin.* « Ce sont deux montagnes qui se touchent et qui commencent au couchant de la précédente et finissent à celle de Tagodast. Elles sont toutes deux peuplées de Bérébères de la tribu de Muçamoda, mais qui sont pauvres et ne vivent que d'orge et de quelque millet. Plusieurs fontaines sortent des vallées qui sont fort sombres et ténébreuses et toutes ensemble font une rivière, qui traverse les plaines d'Escure et se va rendre dans l'Ommirabi. Les habitans cultivent quelques terres dans la plaine dont ils payent rente à des Arabes vassaux du Chérif qui a toutes ces montagnes partagées entre ces chefs pour la subsistance des troupes qu'ils sont obligez d'entretenir, dont les peuples sont, si tourmentez qu'ils n'aspirent qu'au changement » (Marmol, *L'Afrique*, t. II, p. 12).

n'y croit autre chose qu'orge et millet; et d'icelles descend un fleuve qui par son cours fend une belle plaine; mais les habitans de cette montagne n'ont que voir en la campagne, pour ce que les Arabes en sont possesseurs. Maintenant, laissant à part les montagnes, nous commencerons à parler des regions.

DE TEDLE, REGION[1].

Tedle est une region qui n'a pas grande etendue et commence au fleuve de Serui du coté de ponant, prenant fin à la source du fleuve Ommirabih. De la partie du midy, finit à la montagne d'Atlas et devers tramontane, s'etend jusques là où le fleuve Serui vint se joindre avec celuy d'Ommirabih. Cette region retient à peu près la forme triangulaire, à cause que les fleuves proviennent tous du mont Atlas, suivans leurs cours envers tramontane, là où ils viennent se restraignans, jusques à ce qu'ils se joignent ensemble.

1. Tedla, تادلا. Ce mot, a en berbère, la signification de gerbe de blé. « C'est la dernière et la plus orientale province de cet Estat, et quoyqu'elle soit petite, elle abonde en bled, en huile et en troupeaux et a de riches habitans. Ceux des montagnes sont Bérébères de la tribu de Muçamoda, mais ses plaines sont remplies de deux lignées d'Arabes qui font chacune plus de neuf mille chevaux et errent dans les provinces voisines. Celle-cy commence vers le couchant à la rivière des Nègres et finit du costé du levant à celle d'Ommirabi. Vers le midy, elle occupe les montagnes du grand Atlas et du costé du septentrion, elle fait une pointe où ces deux fleuves se joignent, sa figure est triangulaire et comprend toutes les campagnes qui

Des villes et cités contenuës en la region de Tedle.

TEFZA[1].

<small>Pierre tivertine.</small>   Tefza est la principale cité en la region de Tedle edifiée par les Africans en la cote d'Atlas, prochaine de la campagne environ cinq milles, estant ceinte de pierre tivertine, qui en leur langue est appellée Tefza ; et de là provient le nom de la cité, qui est fort peuplée et habitée de personnes opulentes,

Il y a environ deux cens maisons de Juifs, tous marchans et riches artisans, où s'adrecent plusieurs marchans etrangers, qui s'acheminent en la cité pour acheter certains manteaux noirs qui sont tissus avec leurs rabats de mesme, et les nomment Ilbernus

<small>sont entre deux avant leur jonction, car ils séparent après la province de Duquela de celle de Teméçen jusqu'à ce qu'ils se rendent dans la mer sous le nom de rivière d'Azamor. Cette province est du royaume du Maroc quoyqu'elle ayt esté quelque temps aux rois de Fez. Les Beni Mérinis la possédoient lorsqu'ils estoient maistres de toute la Mauritanie Tingitane ; mais dans le déclin de leur empire, lorsque les royaumes de Fez et du Maroc furent séparez, plusieurs petits tyrans s'en emparèrent qui donnèrent sujet aux rois de Fez par leurs divisions de se rendre maistres des principales villes et Tedla estoit à eux lorsque les Chérifs triomphoient en ces quartiers. Zarangi, Laatar, son fils Bendoras et Aben Onzar en ont esté gouverneurs l'un après l'autre et celuy-cy la rendit après la défaite de l'aisné des Chérifs par le cadet. Car toutes les places fortes de la province se rendirent alors et elle demeura depuis paisible au vainqueur » (Marmol, *L'Afrique*, t. II, pp. 117-118).

Les deux lignées d'Arabes dont parle Marmol sont les Beni Zobeir qui habitent auprès de Ghania et obéissent à la famille des Oulad Ditel, et les Beni Djabir qui sont une branche de la tribu de Djochem.

1. Tefza, تفزا. Ce mot a aussi, en berbère, la signification de dune de gravier.</small>

dont les aucuns se transportent jusques en Italie, nonobstant qu'ils sont plus frequens en Espagne qu'aux autres lieux.

La plus grande partie des marchandises qui se font à Fez a delivrance en cette-cy, comme toiles, couteaux, epées, selles, mords, brides, bonnets, eguilles et beaucoup d'autre mercerie, de laquelle la depesche en est encore plus brieve quand on la veut trocquer à cause que les païsans ont bien le moyen de rendre le contre-echange, comme de chevaux, de barnusses ou gabans, guede, esclaves, cuirs, cordouans et semblables choses, lesquelles voulans vendre argent en main, ils sont contrains les laisser pour beaucoup moindre pris, et leur payement est en lingots d'or en forme de ducats, sans qu'ils ayent aucune espece de monnoye d'argent. Cette maniere de gens se tient bien en ordre, leurs femmes sont magnifiquement parées et fort plaisantes.

En cette cité y a plusieurs temples, prestres et juges, qui se souloyent jadis gouverner en mode de republique, mais depuis, par les seditions, les habitans commencerent à se formaliser et bander les uns contre les autres, tant qu'il s'en ensuivit une grande tuerie, pour occasion de quoy deux chefs de ligue expulsez se transporterent par devers le roy de Fez, luy demandans que, de grace, il pleut à Sa Majesté leur donner aide et faveur, pour entrer dans leur ville, luy promettant (moyennant son secours) icelle mettre entre ses mains. A quoy il s'accorda, expediant et

envoyant avec eux mille chevaux, cinq cens arbaletriers et deux cens arquebusiers, tous bien montez et
en bon equipage ; outre ce, il manda à quelques Arabes
ses vassaux qui s'appellent Zuair (qui sont environ
quatre mille chevaux) qu'ils ne faillissent d'accompagner et suivre ces deux chefs, avenant qu'ils eussent
besoing de leur secours. Ces choses ainsi ordonnées,
la gendarmerie marcha souz la charge et conduite
d'un fort brave et vaillant capitaine, appelé Ezzeranghi, lequel ne fut pas plustot arrivé qu'il meit
ses bandes en ordre serré, commençant à donner le
choc à la cité qui estoit tenue par l'autre partie, laquelle s'estoyt fortifiée dedans, ayant appelé à son
aide les Arabes voisins qu'on nomme Benigebir,
pouvans mettre en campagne environ vingt mille
chevaux. Dequoy estant assez amplement informé
le capitaine, il leva incontinent le siege de devant la
cité, puis se jetant en campagne vint à affronter les
Arabes, qu'il suivit en troys jours si vivement, qu'il
les meit tous en route et les defroqua ; au moyen de
quoy, il demeura maistre de la campagne, dont ceux
de la cité se sentant totalement privez et devetus
(sans aucun espoir d'atendre plus le moindre secours qui fut) transmirent incontinent ambassades
au capitaine pour traiter la paix, se submettans de
rembourser le roy de tous ses frais, et, outre ce,
de luy rendre, tous les ans, dix mille ducats, par tel
si que la faction du dehors pourroit bien librement
retourner dans la cité, mais sans s'entremesler d'au-

cune chose, ny avoir cognoissance des negoces publics.

Le capitaine ayant fait entendre tout cecy aux deux chefs de partie, luy feirent telle reponce : « Seigneur, nous cognoissons notre portée ; poussez hardiment, car nous vous promettons de rendre cent mille ducats et plus, sans nous oublier de tant que d'user d'injustice aucune, encore moins s'acmenter la moindre chose qui soyt. Mais trop bien ferons restituer à notre adverse partie les usufruits de nos possessions dont ils ont esté jouyssans par l'espace de troys ans continuels, qui pourront monter jusques à la somme de trente mille ducats que nous vous donnerons liberalement et du meilleur de notre cœur, en recompence des frais et depens qui ont esté faits en notre faveur. Outre ce, nous vous ferons jouyr du revenu de cette cité, qui peut valoir, chacun an, environ vingt mille ducats. Joint aussi que nous tirerons tribut des Juifs pour un an, qui viendra jusques à dix mille ducats. » Après que le capitaine eut ouy ce bel offre, il feit soudainement entendre à ceux de la cité cecy : « Seigneurs, le roy a donné sa foy à ces gentishommes de ne les abandonner à leur besoing, ainsi leur aider tant que ses forces se pourront etendre. Et pour autant que son plaisir est qu'ils obtiennent le gouvernement de la cité, et qu'il soyt plus tot entre leurs mains qu'autrement, plusieurs causes à ce le mouvant, je vous veux bien avertir comme je suis suffisant (si vous voulez tousjours estre obstinez) avec

Harangue de ceux qui avoient assiégé la cité de Tefza au capitaine d'icelle.

Harangue du capitaine de Tefza aux habitans de la cité.

l'aide de Dieu, vous donner à cognoitre qu'il est en moy de vous faire payer le tout. » Ces paroles ainsi bravement prononcées susciterent un grand discord entre le peuple, pour autant que les uns se vouloyent donner au roy et les autres aimoyent mieux se hazarder à maintenir la guerre ; au moyen de quoy, il se leva dans la ville une terrible escarmouche dont le capitaine fut averty par les epies, qui sans tarder feit mettre pied à terre à la plus grande partie de ses gens, et venir aux approches de la cité avec les arbaletriers et harquebuziers, d'une si grande ruse accompagnée d'un merveilleux effort, qu'en moins de troys heures, ils se trouverent dans la cité, sans que pas un d'eux perdit la moindre goutte de son sang, à cause que ceux de dedans (qui tenoyent pour le roy) s'estant unis ensemble, s'accosterent d'une porte de la ville, laquelle estoyt murée, qu'ils meirent par terre, la demurant par dedans, et au dehors estoyt le capitaine qui n'en faisoyt pas moins de son coté, ne se trouvant personne sur les murailles qui lui donnat empeschement ; avec ce, que la meslée ne print fin que le capitaine et la partie de dedans n'eussent fourny leur entreprinse de laquelle estant venu à chef, les assaillans entrerent dans la cité, plantant les etendars du roy sur les murailles et au milieu de la place. Cela fait, le capitaine envoya les chevaux courir autour de la cité, pour retenir les fuyars, faisant publier à son de trompe de la part du roy et defendre sur peine de la vie, à toute per-

Defence par le capitaine de Tefza aux habitans.

sonne, souldat ou citoyen, de ne s'acmenter chose que ce fut, ny faire aucun homicide. La crié faite, tout le tumulte cessa, et furent rendus prisonniers tous les chefs et principaux de l'adverse partie, auquels le capitaine feit entendre qu'ils seroyent detenus jusques à ce que le roy en auroit autrement ordonné, et qu'il fut remboursé entierement de tous ses frais et depens qu'il avoit frayez un moys durant à la soulde de la cavalerie, qui montoyent à la valeur de douze mille ducats, laquelle somme fut par les femmes et parens de ces chefs restituée. Mais les deux autres se presenterent puis après, disans qu'ils vouloyent estre ramboursez des usufruits de leurs possessions pour troys ans, à quoy le capitaine feit reponce que cela ne luy touchoit en rien et qu'il falloyt que les juges et docteurs en eussent la cognoissance, pour rendre droit à qui il appartiendroit, parquoy les autres pourroyent encore garder les prisons celle nuit. Toutefoys les prisonniers commencerent à dire : « Comment ? seigneur capitaine, nous voulez-vous manquer de foy ? veu que vous nous avez promis que, le roy estant satisfait, vous nous remettriez en liberté. — Je ne contreviens en rien à ma parole (repondit le capitaine) d'autant que vous n'estes maintenant detenus à l'aveu du roy, mais pour ce dequoy vous estes redevables à ceux icy, qui vous demandent leur bien. Vous assurant que je tiendray fait et auray pour agreable ce qu'en sera par les juges ordonné, comme je pense que ce soit votre meilleur. »

Responce par le capitaine de Tefza aux habitans.

Le matin ensuivant, après que messieurs les docteurs et juges furent assemblez, en la presence du capitaine, les procureurs des captifs entamerent premierement le propos, donnant commencement à la cause : « Seigneur, nous sommes icy comparus au tribunal, et en votre presence, à l'instance et requeste de l'adverse partie de ceux qui sont prisonniers; mais nous ne savons à quelle fin, veu qu'ils ne se sentent en rien estre redevables à icelle, qui n'a aucune occasion quant à ce point de les traiter en cette sorte. Il est vray que ces gens ont eu la jouyssance de leurs possessions, mais ce a esté pour cause que les parens et ayeuls d'iceux avoyent possedé celles des prisonniers par l'espace de plus de vingt ans. » A quoy repliqua le procureur des deux chefs : Cecy qu'ils amenent en jugement pour leur defence (messeigneurs) ne doit estre aucunement recevable, d'autant que la chose a esté faite il y a cinquante ans passez; au moyen de quoy, personne ne se trouvera qui en puisse porter temoignage, ny montrer aucun instrument pour faire apparoitre leur dire veritable. Lors l'avocat des prisonniers dupliquant va dire : La preuve en est facile, pour autant que le commun bruit est tel. Ce n'est pas preuve suffisante que la commune opinion (repond l'autre) ny sur laquelle on doive asseoyr jugement. Car qui sait combien de temps elles ont esté tenuës par les predecesseurs? Et se pourroit bien encore faire qu'ils les tindrent à bon droit, pour ce qu'on dit encore par tout, qu'an-

Harangue entre les magistras et gens de justice de Tefza.

ciennement les ayeuls des prisonniers se revolterent contre la coronne du Fez, et furent ces possessions (d'où il est question) de la chambre royale. Lors le capitaine (de ruse) se print à dire au procureur, qu'il traitat plus humainement ces pauvres prisonniers. Vous semblent ils si pauvres que vous le faites, seigneur capitaine (repondit le procureur). Il n'y en a pas un d'entre ces pauvres personnages qui n'eut bien le moyen de fournir cinquante mille ducats estant sorty hors de prison, et vous apercevrez bien avec le temps comment ils vous sauront faire vuider la cité. Vous avertissant que fortune se montre en votre endroit bien favorable, quand à votre arrivée les printes à l'impourveu comme ils estoyent. » Les paroles du procureur rendirent le capitaine soucieux, dont souz couleur de se vouloir mettre à table, licentia toute l'assemblée, laquelle ne se fut pas plus tot ecartée, qu'il se feit amener devant luy les prisonniers, auxquels il dit qu'il vouloit leurs adversaires estre par eux recompencez ou en desfault de ce faire, il les asseura qu'il ne faudroit de les faire mener à Fez liez et garrotez devant le roy, son seigneur, là où ils seroyent paraventure contrains de payer au double. Au moyen dequoy, les prisonniers envoyerent querir leurs meres et femmes, auxquelles ils en chargerent de moyenner en sorte que leurs adversaires fussent satisfaits. Car (dirent-ils tout hault pour estre ouys) on a donné à entendre au seigneur capitaine que nous etions

Le capitaine de Tefza fait amener devant soy ses prisonniers.

plus opulens de la dixieme partie de ce qui est veritable.

Ainsi, avant huit jours accomplis, on apporta à la partie adverse vingt huit mille ducats, tant en anneaux et bracelets d'or, comme en autres dorures et atours de femmes, en presence du capitaine, pour ce que les femmes vouloyent donner à entendre finement de n'avoir autre tresor que cela. Et après que cela fut distribué, le capitaine dit aux prisonniers qu'il avoit recrit au roy touchant leur affaire, combien qu'il s'en repentoit grandement, pour autant qu'il ne les pouvoit elargir sans que premierement il n'eut eu reponce de Sa Majesté ; mais qu'il ne se pouvoit faire autrement que leur delivrance ne fut bien brieve, et pour ce, qu'ils ne se donnassent aucune facherie. Puis, il appella la nuict un sien conseiller, luy demandant son avis touchant cecy, et comment il seroit possible de tirer une autre somme de deniers de ces faquins, sans qu'il en peut avoir reproche, ny acquerir nom deloyal entre eux.

Moyen pour le capitaine de tirer argent de ses prisonniers.

« Il faudroit (dit il) donner à entendre que vous avez receu le paquet du roy, par lequel il vous encharge expressement que vous leur faciez trancher les testes ; mais feignez d'en estre merveilleusement passionné; que n'avez aucune envie de vous en mesler, mais que, pour meilleur respect, vous les voulez envoyer à Fez. » Le dire et le mettre en effet fut quasi tout un : car ils se meirent à contrefaire une lettre comme venant de la part du roy, laquelle montrant le matin aux prisonniers, qui estoyent quarante deux, le capitaine commença à leur dire ainsi, avec un visage tout troublé : « Je ne sauroys (seigneurs) vous exprimer l'extreme passion qui ronge mon cœur et la grande alteration qui surprent mes esprits pour les mauvaises nouvelles que j'ay receuës du roy monseigneur touchant votre affaire, qui sont telles, que luy estant assez informé de vos novalitez et seditions, et comme vous avez tenu bon contre Sa Majesté, avec autres choses qui lui ont esté raportées par gens qui ne vous sont pas fort affectionnez, dont la moindre seroit suffisante pour meriter une punition de mort. Pour telles causes, le roy me mande que je vous face trancher les testes, chose qui me deplaist autant que je suis seur qu'elle ne vous est aucunement agreable. Car il semble à veoir à un chacun que je me soys montré deloyal en votre endroit, et que j'aye faucé ma foy. Mais il fault aussi considerer, qu'estant sujet, je ne sauroys faire autrement qu'executer ce qui m'est etroitement par mon maitre enjoint et commandé. » Ces dures et etranges nouvelles par ces pauvres prisonniers entendues leur furent de si dure digestion et emeurent tellement leurs antrailles, qu'il ne leur fut possible de retenir la larme, certain temoignage de la douleur qui les oppressoit, et se recommandans à Dieu, prioyent tresinstamment le capitaine de leur preter en ce cas sa faveur qui, avec larmes feintes, leur disoit qu'il ne les sauroit mieux conseiller, ny trouver meilleur moyen, tant pour le

Harangue du capitaine de Tefza à ses prisonniers.

bien d'eux, comme pour sa decharge, de ce que faucement et à tort luy pourroit estre imputé, sinon que les envoyer à Fez, sans esperance d'emouvoir le roy à pitié, se confiant en son humanité accoutumée, ou d'en ordonner ainsi qu'il sembleroit à Sa Majesté et de ce pas (dit il) je vous vays expedier avec cent chevaux.

Mais cela ne leur estoit que rengreger leur mal et renouveler leurs pleurs, lesquels piteusement continuans, prioyent sans cesse le capitaine d'avoir aucune compassion de leurs vies, quand il survint quelqu'un de ses familiers aposté, qui lui dit : « Seigneur, Sa Majesté vous envoya comme son lieutenant, vous revetans de telle puissance et autorité comme s'il estoit en personne; ce que consideré, le si et le non soit entre vos mains. Informez-vous donc un peu de la portée de ces gentilshommes icy, s'ils sauroyent trouver le moyen de racheter leurs testes pour quelque somme de deniers, et selon le rapport qu'on vous en fera et la deliberation d'iceux, vous pourrez recrire au roy et luy remontrer comme vous leur avez donné la foy qu'il ne leur seroyt par vous, ny à votre aveu fait aucun deplaisir sur leurs personnes, priant Sa Majesté de leur vouloir pardonner, et luy faites entendre la somme et quantité d'argent qu'ils sont deliberez donner. Ce qu'ayant fait, pourroit bien estre que le roi y condescendroit. »

Harangue au capitaine de Tefza par un de ses familiers.

Les miserables prisonniers reprindrent cœur et leur apporterent quelque espoir de leur salut les pa-

ET DESCRIPTION DE L'AFRIQUE 301

roles emmielées de cetuy-ci ; au moyen de quoy, ils commencerent à prier le capitaine tres affectueusement qu'il luy pleut vouloir condescendre à l'opinion de l'autre, et qu'ils estoyent contents de payer telle somme de deniers qu'il plairoyt au roy leur imposer, s'offrans, outre ce, de faire notable present au capitaine, qui feignoit tousjours d'y consentir mal volontiers ; et leur demanda qu'ils pourroyent bien payer au roy.

Il y en eut qui dirent mille ducats, les autres huit cens, les uns plus, les autres moins. Mais le capitaine dit alors que, pour si petite somme, il n'eust daigné mettre la main à la plume, ny se travailler de tant que d'en recrire à Sa Majesté. Et vaudroit beaucoup mieux (dit il) que je vous envoyasse jusques à Fez, qui sera cause que, par aventure, il se contentera de moins. Ce qui leur sembloit fort dur et ajouterent tant de prieres que le capitaine leur dit : « Vous etes quarante deux gentilshommes, dont le moindre ne sauroit nier qu'il ne soit tresriche. Si vous me voulez promettre de debourser deux mille ducats par teste, je me fais bien fort, recrivant au roy, de moyenner en sorte qu'il vous laissera les vies : sinon, certainement, j'ay deliberé de vous envoyer à Fez. » Remontrance du capitaine à ses prisonniers.

Or, combien que cecy leur semblat fort etrange, si est ce que craignans d'un plus dangereux accident, s'y consentirent, pourveu que chacun fut tenu de payer selon sa possibilité et qualité. « Faites (repondit le capitaine) comme bon vous semblera.» Ils prindrent adonc quinze jours de delay, dont ce pendant le capitaine feit semblant de recrire au roy, duquel montrant la reponse feinte au bout du terme, leur porta la nouvelle comme Sa Majesté leur remettoyt tous les crimes qui leur pouvoyent estre imposés. Au moyen de quoy, troys de leurs principaux parens et amys apporterent octante quatre mille ducats en or, que le capitaine feit peser, s'emerveillant au possible comme en si petite cité se peut serrer tant grande quantité d'or par quarante deux hommes, lesquels il delivra incontinent. Et recrivit au roy sans plus deguiser la matiere, comme les choses estoyent passés, et quelle fin elles avoyent prinse ; avec ce, qu'il pleust à Sa Majesté luy faire entendre son vouloir, pour lequel mettre en effet, il employeroit tout labeur et diligence.

Le roy envoya deux de ses secretaires avec cent chevaux pour recevoir ces deniers, et les ayans receus, ils retournerent à Fez, faisant les quarante deux gentilshommes comme ils avoyent promis, un present au capitaine qui pourroit monter à la valeur de deux mille ducats, tant en esclaves et chevaux comme en musq et autres choses, s'excusans qu'il ne leur estoit point resté d'argent, et le remercierent grandement de ce qu'il s'estoit tant travaillé pour leur sauver la vie. Par tel moyen qu'il vous a esté deduit, le roy de Fez s'empara de cette cité qui demeura souz le gouvernement du ca-

Presens au capitaine de Tefza par ses prisonniers.

pitaine Ezzeranghi, jusques à ce que les Arabes le murtrirent en trahyson. Et en tire le roy de revenu vingt mille ducats par an.

Je me suis aucunement detourné de la matiere pour vous reciter cette histoire, pour ce que j'estois present en ces entrefaites, et m'apperceu comme cette menée fut malicieusement conduite, m'employant assez pour la delivrance de ces pauvres prisonniers, vous asseurant que ce fut la premiere foys que je vey de l'or en si grande quantité. Et vous averty bien que le roy de Fez ne s'en veid jamais tant ensemble, pour ce qu'il est pauvre roy, n'ayant de revenu plus de troys cent mille ducats, encore ne s'en veid il jamais cent mille en main, et son pere encore moins. Or, maintenant, vous pouvez conjecturer et comprendre combien de falaces et mensonges controuvent et deguisent les humains pour cette convoitise d'en avoir et se rendre la main garnie. Ces choses icy avindrent en l'an neuf cens et quinze[1]; mais une chose encore plus memorable, qu'il se trouva un seul Juif qui paya plus que tous les prisonniers ensemble pour autant que l'on fut averty par epies de ses grandes richesses, lesquelles avec les Juifs furent mises entre les mains du roy, ce qui fut l'occasion que tous les Juifs furent taillez à cinquante mille ducats par voye de justice, pour avoir donné faveur à la partie adverse du roy; et me retrouvay pour lors,

Le revenu du roy de Fez.

---

1. 1509 de l'ère chrétienne.

en la compagnie du commissaire qui leva cette taille[1].

1. Fichtalah, فشتالة. — *De Tefza ou de Fistèle.* « C'est une ville de sept cens feux, fondée par les anciens Africains, sur un haut tertre, au costé septentrional du grand Atlas, à une lieuë de Tebza du costé du levant. Vers le midy, elle a un fort chasteau fermé de deux bons murs bastis de pierre et chaux, et éloignez de cinquante pieds l'un de l'autre, avec plusieurs tours et traverses tout autour, et un ravelin bas en dehors. La ville n'est pas fermée de murailles; mais elle est forte par sa situation, parce qu'on n'y peut mener d'artillerie, à cause des fondrières, outre la roideur de la coste. Le chasteau est commandé par une haute montagne, qui a dessus une forte tour, qu'on a bastie apparemment pour le défendre. Les habitans disent que c'est un gouverneur du roy de Fez qui la fit bastir, et peut-estre qu'il la raccommoda, mais les fondemens et une partie des murailles, qui sont encore debout, témoignent que l'ouvrage est plus ancien. Cette tour est située de sorte qu'on ne peut assiéger le chasteau qu'avec beaucoup de peine et de danger qu'on ne l'ait prise. Il y en a une autre bien forte du costé du couchant, qui tient au donjon du chasteau par un pan de mur, avec double parapet, afin qu'on puisse venir puiser à couvert dans une fontaine qui est proche de là dans un valon, où cette tour est si enfoncée, qu'on ne la peut batre de quelque costé que ce soit, et l'on en découvre à peine les créneaux. Mais il y a toujours garde, parce que de sa conservation dépend celle du chasteau et de la ville, qui n'ont point d'autre eau que celle-là. Les habitans sont riches et cultivent la plaine; mais ils ont de beaux vergers et des vignes sur la coste, qui est au-dessus de la place. Il y en a qui trafiquent de fines laines, dont on fait de riches casaques et des tapis, parce que les femmes la savent fort bien filer. C'est une nation belliqueuse, quoyque d'une conversation fort douce, et les femmes y sont belles et bien parées, dequoy elles se piquent fort. Entre cette ville et la précédente passe la Derne qui descend du grand Atlas, et coule entre des montagnes et des colines, où ses bords sont embellis de jardins et de vergers, d'où elle passe dans la plaine, et se va rendre dans l'Ommirabi vers le nord. Cette ville avoit coustume de vivre en liberté, et d'estre plus unie que les autres de la province. Mais quand les troupes du roy de Fez se saisirent de Tebza, elles firent tant de mal aux habitans, qu'ils furent contraints de subir le joug, et estoient encore aux rois de Fez quand les Chérifs se soulevèrent. Mais depuis qu'ils se furent emparez de Maroc, ayant dessein sur le royaume de Fez, ils essayèrent par tout moyen de se rendre maistres de cette ville, qui est sur le passage. Mahamet en-

ET DESCRIPTION DE L'AFRIQUE 305

De Efza[1]

Efza est une petite cité prochaine de Tefza environ deux milles, contenant environ six cens feux, qui

voya donc contre elle un de ses fils, avec Mumen Belelche, et toutes les troupes de sa garde, sans compter dix mille chevaux arabes. Il l'assiégea et battit avec deux grosses pièces d'artillerie la tour qui defend l'eau, comme j'ay dit. Après avoir renversé les parapets et fait un petit trou, il commanda de donner l'assaut ; mais le gouverneur se défendit si bien qu'il le fit retirer bien viste, avec perte de grand nombre de Turcs et de Maures de la garde du Chérif. Sur ces entrefaites, la nouvelle estant arrivée de la venuë du roy de Fez, le fils du Chérif leva le siège et se retira à Maroc, après avoir laissé une partie de ses troupes avec Mumen dans Tebza. Quelque tems après, le roy de Fez ayant pris la route de Tedla avec son armée, le Chérif sortit de Maroc avec la sienne, et joignant les troupes de Tebza, luy fut donner bataille sur la rivière de Derne, où le roy de Fez fut pris, et son armée défaite. Le chasteau de Fistèle se rendit le mesme jour, et toute la province demeura sujette au Chérif, comme elle l'est encore aujourd'huy. Les habitans de cette ville sont riches, et l'on y fait de belles casaques et d'autres vestemens, qne l'on nomme de Fistèle, que l'on porte à Fez et à Maroc. Il y a plus de cent maisons de Juifs dans la ville » (Marmol, *L'Afrique*, t. II, pp. 130-131).

1. Efza ou Tebza, اڢزا, تزة. « Les anciens historiens disent qu'elle a esté bastie par les naturels du païs. Elle a deux lieuës de la plaine sur la pente du grand Atlas qui regarde le septentrion et, outre l'avantage de son assiette, est fermée de bons murs bien garnis de tours et a au-dessous de grandes plaines qu'on nomme les campagnes de Fistelle. Les habitans sont riches en bled et en troupeaux et font trafic de fines laines dont on fait des tapis comme ceux de Turquie et de bons manteaux de campagne. Ce trafic y attire les marchans de tous les costez et les habitans se traitent bien à leur mode et sont fort belliqueux. Il y a quelque deux cens maisons de Juifs qui sont ceux particulièrement à qui les marchans ont affaire. Ces villes et toutes les autres de sa province estoient sujetes au roy de Fez, particulièrement sous le regne des Benimerinis, lorsque leur domination s'estendoit jusqu'au Sus éloigné. Depuis, dans le déclin de leur empire, les principaux chefs se soulevèrent pendant leurs divisions, avec les villes et autres lieux considerables dont ils purent s'emparer, quelques-uns dont celle-cy estoit se mirent en liberté, mais

fut edifiée sur une colline au pied d'Atlas, bien peuplée de Mores et Juifs, estans tous artisans ou laboureurs : et là se fait la grande quantité de gabans. Les habitans sont souz le gouvernement des citoyens de Tefza. Les femmes sont excellentes et admirables à bien tirer de beaux ouvrages de laine et gaignent plus que les hommes.

Entre Tefza et cette cité passe un fleuve qui s'appelle Derne, qui prend son commencement en la montagne d'Atlas, et traversans entre certaines collines suit son cours jusques à ce qu'il vient tomber dans le fleuve Ommirabih et entre icelles collines, j'entens sur le rivage du fleuve, sont plusieurs beaux jardins, qui produisent de tant de sortes d'arbres et fruits qu'il est possible à l'appetit humain desirer et souhaiter. Les hommes sont liberaux et plaisans outre mesure, si que tous marchans et etrangers peuvent entrer privement dans leurs jardins et cueillir de ce qu'ils y trouveront à leur plaisir; mais ils sont durs à payer leurs dettes, et pour autant, les marchans ont coutume leur faire payement avant que recevoir les gabans, leur donnans terme de troys moys, qu'ils laissent bien souventefoys multiplier jusques à douze. Je fus en cette cité quand le camp de notre roy marchoit à Tedle, contre lequel elle ne feit nul semblant de vouloir resister

<small>Habitans de Efza liberaux et gracieux.</small>

la ville estant partagée en deux factions sur le sujet du gouvernement, la plus forte chassa la plus foible qui eut recours au roy de Fez et s'offrit de luy faire l'hommage pourveu qu'il les restablit » (Marmol, *L'Afrique*, t. II, p. 128).

ains soudainement, se rendit à sa mercy; et presenterent les habitans au capitaine à son retour quinze chevaux et autant d'esclaves, dont un chacun conduisoit un cheval par les renes ou chevetre; et, outre ce, il receut deux cens moutons et quinze chefs de vaches; au moyen de quoy, le capitaine les retint tousjours comme pour ceux qui estoyent tresfidelles et afectionnez à Sa Majesté.

De Cithiteb[1]

Cithiteb est une certaine cité edifiée par les Africans sur une haulte montagne distante de l'autre par l'espace de dix milles du coté de ponant, estant fort habitée et pleine de plusieurs nobles hommes et chevaliers. Et pour autant que là se font les gabans en grande quantité, il y a grande afluance de marchans etrangers. Sur la montagne de ladite cité se voit de la neige en toute saison, et les valées qui sont dans le territoire de cette cité sont toutes en vignes et jardinages, dont le fruit ne se vend aucunement, à cause de la grande abondance. Les femmes sont embellies d'une naïve blancheur, repletes, les yeux et cheveux noirs, mais plaisantes à

---

1. Le nom de cette ville a été lu d'une manière inexacte par Ramusio et par tous les traducteurs et éditeurs de l'ouvrage de Léon l'Africain, ainsi que par Marmol. Il faut, au lieu de Cithiteb, lire Ait Atab, qui est le nom d'une tribu berbère fixée dans cette région. Cf. de Foucauld, *Reconnaissance au Maroc*, Paris, 1888, p. 40 et *passim*.

merveilles, portans plusieurs atours et ornemens d'argent. Le peuple est fort dedaigneux et, lorsque le roy de Fez s'empara de la cité de Tedle, il ne luy voulut jamais preter obeyssance, mais eleut un capitaine gentilhomme, lequel avec mille chevaux s'osa bien exposer à l'hazard de s'affronter avec le capitaine du roy, le tenant si de court que, plusieurs foys, se trouva en danger de perdre en un moment ce qu'il avoit acquis de longue main. Ce que sachant le roy, le renforça de son frere pour soulager la gendarmerie, ce qui luy profita peu, car ce peuple maintint la guerre par l'espace de troys ans moyennant ce brave capitaine, qui fut à l'aveu du roy, empoisonné par un homme de nation Judaïque, estant cause de faire rendre la cité[1] par composition, en l'an neuf cens vingt et un[2].

Le capitaine de Cithiteb empoisonné.

DE EITHIAD[3]

Eithiad est une petite ville assise sur une mon-

---

1. « Cititeb est une petite ville, mais forte, à trois lieuës de la précédente du costé de l'Orient. Les historiens disent qu'elle a esté bastie par ceux du païs de la tribu de Muçamoda. Elle est assise sur le faiste d'une montagne et peuplée de gens doux, qui sont fort riches et se traitent bien, parce qu'ils ont de grandes campagnes qui rapportent beaucoup de bled, et des montagnes commodes pour les troupeaux. Toutes les valées et les costes d'alentour sont couvertes de vignes et d'arbres fruitiers qui rapportent quantité de fort bons fruits. Les habitans font grand trafic de laine et font des tapis et de riches casaques ainsi qu'à Fistèle » (Marmol, *L'Afrique*, t. II, p. 131).
2. 1515 de J.-C.
3. Aït Ayad. آيت عياد. « C'est une place forte située sur une petite colline

tagne de celles d'Atlas, edifiée par les anciens Africans, là est fait environ quatre cens feux, estant murée d'un coté seulement, qui est devers la montagne, pour ce que devers la plaine, elle est ramparée de rochers qui luy servent de murailles et est distante de la precedente environ douze milles. Il y a au dedans un temple de petit circuit, mais d'autant plus beau, autour duquel y a un petit canal en forme de riviere.

Cette ville est habitée de nobles hommes et chevaliers, avec plusieurs marchans etrangers, du païs et beaucoup de Juifs artisans qui semblablement exercent le train de marchandise. Plusieurs fontaines y sourdent, dont les ruisseaux s'ecoulans en bas, entrent dans une petite riviere, qui prend son cours au dessouz de la cité et, sur les rivages d'icelle, y a plusieurs beaux jardinages, là où se trouvent des raisins bons en toute perfection. Il y a aussi plu-

de celles qui descendent du grand Atlas et bastie comme les autres de ces quartiers, par ceux de la tribu de Muçamoda. Elle a quelque trois cens cinquante habitans et est fermée de hauts murs du costé de la montagne, n'en ayant pas de besoin ailleurs, parce qu'elle est environnée de rochers escarpez et de précipices. Entre elle et la précédente, il y a quatre lieuës de montagnes et elle est arrosée par une petite rivière qui descend de ces rochers et qui passe à travers. Ses habitans dont il y a quelques marchans et artisans juifs font trafic de laine et ont quantité de troupeaux... On recueille beaucoup d'orge sur la montagne et quantité de bon froment dans la plaine, parce que le païs est fort fertile. Elle a esté tourmentée de plusieurs guerres en divers tems et à l'avènement des Chérifs. Elle estoit entre les mains d'un tyran qui fut tué par les habitans, après avoir regné plusieurs années, après quoy ils se rendirent au roy de Fez et depuis sa défaite, au Chérif » (Marmol, *L'Afrique*, t. II, p. 132).

sieurs grans figuiers et noyers de hauteur inusitée, et par toutes les cotes de cette montagne se trouvent de beaux rangs d'oliviers.

Les femmes (à vray dire) ne sont moins belles que plaisantes, s'acoutrans bien mignonnement avec beaux atours d'argent, anneaux et bracelets et plusieurs autres ornemens. Le terroir de la plaine est encore assez fertile en toute espece de grain et celui de la montagne tresbon à rapporter de l'orge en quantité, et pour le brout des chevres. De notre temps se retira en cette cité Raoman Benguihazzan rebelle, là où il finit ses jours. J'y fus en l'an neuf cens vingt et un et logeay en la maison d'un prestre de la ville.

DE SEGGHEME, MAGRAN ET DEDES, MONTAGNES EN LA MESME REGION

Habitans de la montagne de Seggheme yssus du peuple de Zanaga.

Combien que la montagne Seggheme[1] regarde devers le midy, neantmoins, elle est tenue pour une montagne de Tedle qui commence de la partie du ponant aux confins du mont de Tesavon, s'etendant devers levant jusques au mont de Magran, d'où provient le fleuve Ommirabih, et de la partie du midy se confine avec le mont Dedes. Les habitans sont en partie yssus du peuple de Zanaga et sont gens dispos,

1. سقمة.

agiles et vaillans en la guerre, là où estans, usent de pertuisannes, epées tortes et poignars de mesme. Ils ruent aussi, quand besoing est, des pierres impetueusement, d'une dexterité grande et guerroyent avec le peuple de Tedle, tellement que les marchans de ce païs là ne sauroyent passer sans saufconduit, ou sans consigner une grande somme d'argent à ceux des montagnes, qui sont sauvagement habitées, car les maisons sont fort ecartées les unes des autres, de sorte qu'on en trouvera bien peu souvent quatre ou cinq ensemble. Les habitans nourrissent des chevres en grand nombre, et plusieurs mulets avec des asnes qui vont paturans par ces montagnes ; mais la plus grande partie d'iceux est par les lyons devorée.

Ce peuple ne cognoit aucun seigneur, à cause que la montagne est tant scabreuse et aspre, qu'elle est inexpugnable. De ma souvenance, il print envie au capitaine qui expugna Tedle de faire une course sur les terres de ceux cy, qui en ayans senty le vent, après avoir levé une belle compagnie d'hommes vaillans et courageux, secrettement feirent une ambuscade le long d'une petite sente, qui estoit sur la rive pour où devoyent passer les ennemys, lesquels n'eurent pas plutot apperceu et cogneu les chevaux avoir desja monté une partie de la cote, qu'ils commencerent à deparquer de leur aguet de tous cotez, en dardans pertuisannes et faisans tomber sur leurs ennemys une pluye epoisse de tresgros mais plus

<small>Escarmouche entre ceux de Seggheme et le capitaine de Tedle.</small>

durs cailloux et, avec une impetuosité grande et tumultueuse, dechargerent si vivement sur eux, que le capitaine et ses gens perdirent, en un mesme temps, les deux principaux points qui sont requis à tout brave et belliqueux soldat : c'est assavoir la force et le courage, ne pouvans plus soutenir une si lourde et pesante decharge et (qui pis estoyt) tout moyen de se pouvoir avancer et demarcher leur estoit oté, tellement que le lieu les contraignoit de venir aux prinses. Si que plusieurs trebuchoyent du hault en bas avec leurs chevaux qui se denouoyent le col : et ceux qui demouroyent ne recevoyent pas plus doux traitement que les autres, qui se laissoyent precipiter. Car ce que leur desastre ou malheureux destin leur nioyt, les ennemys leur appareilloyent, de sorte qu'il ne s'en sauva pas un qui ne fut mort ou prins. Si est ce qu'en cet infortune, les mors eurent plus grand avantage que les captifs, car ceux-là avoyent gouté une foys seulement ce dur breuvage, qui, pour son amertume grande, est odieux à tous et ceux-cy mourroyent mille foys le jour pour ne pouvoir mourir, pour ce que les vainqueurs rendirent les vaincus entre les mains de leurs femmes, qui, d'une inhumanité incomparable et trop grande cruauté, les tailloyent et decoupoyent leur peau en cent façons, sans leur donner le coup de la mort, pour plus les rendre passionnés et rengreger leur martire, supplice que les hommes se dedaignoyent leur faire endurer, à cause qu'ils reputent à grand honte et vilanie de mettre la main sur un captif ou prisonnier, au moyen de quoy il les font ainsi carresser par leurs femmes tant pleines d'inhumanité. Il est vray qu'ayans exercé telles cruautèz, ils ne s'oserent plus trouver ny pratiquer dedans Tedle, qui estoit le moindre de leur souciz et pensemens, pour ce que leur montagne est abondante en orge, betail et fontaines dont le nombre excede celuy des maisons, n'ayans autre incommodité sinon qu'ils ne peuvent trafiquer, n'y exercer le train de marchandise[1].

<small>Cruauté de femmes envers les captifs de Tedle.</small>

1. « Les habitans de cette montagne, dit Marmol, vivoient autrefois en liberté et avoient guerre perpétuelle avec leurs voisins... La montagne est si roide et les avenuës si difficiles qu'on y apprehende peu l'ennemy. Quand le général du roy de Fez eut conquis la ville de Tebza, il marcha contre eux avec deux mille chevaux et quantité de fantassins, mais s'estant rassemblez, ils luy dresserent une embuscade près d'un detroit et lorsqu'ils furent passez, vinrent fondre dessus de toutes parts à coups de massues et de pierres. De sorte que ceux de Fez ne pouvant avancer ni reculer se culbutoient les uns les autres et plusieurs tant à pied qu'à cheval se précitèrent en bas des rochers, où la plus part moururent ou furent pris, le général s'estant sauvé à pied à toute peine. Les prisonniers furent de pire condition que les morts, par la cruauté de ces barbares qui les mirent entre les mains de leurs femmes lesquelles leur faisoient mille maux jusqu'à les faire eunuques. Ils traitèrent ensuite avec le gouverneur du roy de Fez qui succéda à celui-cy, et au bruit de l'avènement des Chérifs, retournerent à leur ancienne liberté jusqu'à ce qu'ils les assujettirent après avoir conquis les provinces de Dara et de Tafilet, mais ils ne sont sujets qu'autant qu'il leur plaist, parce qu'ils ne craignent rien dans leur montagne et qu'estant maistres des avenuës, personne ne les peut attaquer » (*L'Afrique*, t. II, p. 164).

Magran[1]

Est une montagne un peu plus outre que la precedente, située à l'aspect de midy, devers la region de Farcla, aux confins du desert; et de ponant prend quasi son commencement aux frontieres du desert. De la partie du levant se termine au pied du mont Dedes, estant batue de la neige en toute saison de l'année la sommité de cette montagne, dont les habitans nourrissent du betail en si grande quantité qu'ils ne sauroient demeurer en un lieu, pour autant que l'herbage n'y sauroit fournir. A cause de quoy, ils batissent leurs maisons d'ecorces d'arbres, les fondant sur certains trabs, et non trop gros, faisans les chevrons en forme de ces cercles qui se mettent

Maisons d'escorce d'arbres fondées sur des trabs.

---

1. Magran, مغران. *De Magran*. « Le païs est si froid que le haut des montagnes est couvert de neige toute l'année. Les habitans n'ont point de demeure permanente et logent sous des hutes d'ecorces d'arbres qu'ils changent de tems en tems pour suivre les pasturages à cause qu'ils ont grand nombre de gros et menu bestail. Ils rodent ainsi toute l'année par ces montagnes avec leurs femmes et leurs enfans et se placent en un endroit tout l'hyver, faisans leurs cabanes fort basses à cause du froid. Car elles ne sont couvertes que de rameaux, mais de peur que le bestail n'ait froid la nuit, ils font de grans feux tout autour et y laissent deux ou trois petites portes pour se sauver en un accident. Cette montagne est pleine de lions, qui n'attaquent pas seulement les troupeaux, mais les hommes. Ces peuples ne sont pas si braves que les Zenegues, quoy qu'ils soyent en grand nombre et qu'ils ayent vécu autrefois, on les nomme ordinairement Megaras et ils estoient gouvernez autrefois par un chec qui les faisoit obeir, de sorte qu'ils ont repoussé plusieurs fois leurs ennemis à la faveur des Numides. Le Chérif Hamet s'en rendit maistre dans la premiere journée de Tafilet : ils furent depuis sujets à son frère et le sont encore à son neveu qui règne aujourd'huy » (Marmol, *L'Afrique*, t. II, p. 134).

sur les panniers où l'on met les femmes ou enfans pour les faire porter par des mulets, et avec leur famille se transportent tantot de çà, maintenant de là, là où ils pensent trouver l'herbe plus drue et verde, puis se parquent en ce lieu là, eux et leurs maisons, y sejournans jusques à ce que l'herbe desfaille aux bestes; mais en temps d'yver, ils rompent cette coutume, estans contrains de resider en un lieu arreté où ils font certaines etables basses, qu'ils couvrent de rames et branches, souz lesquelles ils retirent la nuit leur betail, faisans de grans feux, mesmement auprès des etables pour echaufer les animaux; de sorte qu'il avient quelquefoys que le vent se leve, et soufflant, fait attacher le feu à ces etables, tellement qu'elles viennent à s'embraser, mais le betail, sentant la chaleur un peu trop cuisante, n'y fait pas long sejour; et craignant tel inconvenient, ils font leurs etables ainsi à la legere et sans murailles ; joint aussi qu'ils ne veulent pas que les etables soyent privilegiées par dessus leurs maisons. Les lyons et loups font un grand carnage de ce betail quand ils y peuvent mordre.

Ce peuple icy ensuit celuy duquel nous avons cy dessus parlé; quant aux coutumes et habits, il se reigle selon iceluy, sinon qu'il reside en pauvres cabanes et l'autre en somptueux edifices. Je fus en cette montagne l'an neuf cens dix sept de l'hegire[1], à mon retour de Dara à Fez.

<small>Habitans de Magran mettent leurs maisons sur muletz pour les transporter ailleurs.</small>

1. 1511 de l'ère chrétienne.

Dedes[1]

Est une montagne fort haulte et froide, en laquelle il y a plusieurs boys et fontaines, prenant son commencement au mont Magran devers ponant, finissant aux confins du mont Adesan, puis du coté de midy se termine à la plaine de Todga, pouvant avoir en longueur environ octante milles, et sur le coupeau d'icelle y eut jadis une cité ancienne, mais à present ruinée, d'où on voit encore aujourd'hui aucuns vestiges, qui sont certaines grosses masures, et dans aucunes apparoissent des caracteres et lettres, qui ne sont nullement intelligibles. La commune opinion est qu'elle fut jadis edifiée par les Romains,

---

1. Dadès, داسـ. « Dedez est une haute montagne fort froide et couverte de hautes et d'épaisses forêts d'où naissent plusieurs fontaines. D'un costé est la montagne de Magran et de l'autre celle d'Adezan qui aboutit au royaume de Fez et vers le midy elle a pour frontière les plaines de Todga qui sont de la Numidie et de la Gétulie. Elle a plus de trente lieuës du levant au couchant et l'on voit, sur le haut les ruines, d'une ancienne ville. Les murs qui en restent sont fort epais et de pierres de taille. Et il y a quelques tables de marbre où l'on voit des lettres gothiques à demy effacées. Quelques-uns disent que c'est un ouvrage des Romains et la Dorac dont parle Ptolemée dans la première carte de la Lybie. Elle fut détruite par les Almohades et n'a point esté repeuplée depuis... Les habitans sont fort mal vestus et portent une espèce de botines de peau d'asne et sentent le bouc parce qu'ils sont jour et nuit occupez près leurs troupeaux.. Les femmes sont laides, sales et puantes et, tant elles que leurs maris, sont les plus barbares de toute l'Afrique. Ils ont toujours été sujets à ceux qui ont commandé dans Tedla, comme ils le sont encore au Chérif » (Marmol, *L'Afrique*, t. II, p. 135).

mais je ne trouve aucun qui en face mention dans les histoires Africanes, fors Serif Essacalli, faisant mention en son œuvre d'aucune cité nommée Tedsi, située aux fins de Segelmesse et Cara; mais il ne dit pas qu'elle fut edifiée au mont Dedes. Toutefoys, par quelque conjecture, nous presumons que ce soit elle mesme, pour ce qu'en cette region on ne voit, aucune trace, ny chose qui donnat matiere de conjecturer qu'il y ait eu autre cité que cette-cy. Les habitans de la montagne sont inhabiles à tout, et negligens, residans au creux de cavernes humides, là où ils se sustentent de pain d'orge et de farine qu'ils font bouillir avec du sel et de l'eau, comme nous avons dit au livre d'Hea et sont contrains de vivre en cette pauvreté et misere, à cause que la montagne ne leur produit autre chose qu'orge.

Habitans de Dedes inhabiles et negligens.

Ils ont des asnes et chevres en grande quantité, et il vient assez de salpetre dans les cavernes où ils habitent; m'asseurant que si cette montagne estoit prochaine de Italie ou autre païs là où on le fait employer, qu'on en tireroit chaque année plus de vingt et cinq mille ducats. Mais cette ignorante canaille sait autant à quoy il est bon, comme ceux qui n'en ouyrent jamais parler. Davantage, ils se tiennent tresmal en ordre, de sorte que la chair nue leur apparoit en plusieurs endroits. Les lieux où ils habitent sont mal plaisans, jetant une odeur puante et mauvaise comme de bouc et chevres qu'ils y tiennent. En tout le pourpris de la montagne n'y a chateau, ny cité qui soyt fermée, mais leurs habitations se voyent ecartées, lesquelles sont baties (et Dieu sait avec quelle industrie!) de pierres posées l'une sur l'autre, sans chaux et comme par depit, puis couvertes de laves noires et deliées, selon l'usance de aucuns lieux du territoire de Sise et Fabrian. Le reste (comme nous avons dit) se tient dans les cavernes. Vous asseurant qu'en jour de ma vie, je ne me trouvay en lieu, où il y eut tant de puces comme en cette montagne, dont les habitans sont traytres, larrons et voleurs, qui tueroyent un homme pour un oignon, veu qu'entre eux mesmes, ils prennent la pique pour la moindre chose, et n'ont juge, prestre ni homme qui s'applique à vertu, mais demeurent oisifs, sans s'entremettre de faire la moindre chose que ce soit avec industrie ; au moyen de quoy il ne se trouve aucun marchant qui y trafique, ny frequente. Et si par cas d'aventure quelqu'un vient à passer par cette montagne, où il est par eux devalisé, ou bien s'il a quelque sauf-conduit de leurs chefs et principaux pour la passer marchandise, ils le contraindront à payer la quarte partie plus de gabelle que sa marchandise ne monte. Leurs femmes en difformité se pourroyent egaler et parangonner aux plus hideux et depiteux esprits ou fantomes qu'on sauroyt feindre au plus profond d'enfer, atournées et revetues de tels habits que peut meriter cette rare beauté et forme singuliere ; et, si les hommes se tiennent mal en ordre, elles encore plus voire, et sont reduites quasi à plus

Femmes de Dedes hideuses et laides.

grand travail que ne le sont les asnes mesmes, pour autant qu'elles apportent le boys sur le dos et l'eau sur le col, sans prendre peu ou point de repos. Tant y a que je n'ay aucun remords d'avoir esté en aucun lieu d'Afrique, et n'en suis si fort repentant, comme d'avoir jamais mis le pied en cetuy-cy. Mais preferant le commandement de mon maistre, à toute peine qu'il m'eut peu survenir, je fus contraint de passer par ce maudit païs, pour aller de Maroc à Segelmesse, ne pouvant manquer à qui avoit puissance, d'user de commandement en mon endroit.

FIN DU SECOND LIVRE

LE POVRTRAIT ET FIGVRE DE L'AFRIQVE RETIRE D'VN ANTIQVE MEDAILLE DE LEMPEREVR ADRIAN, EN BRONZE, DE LVNE DES MEDAILLES DE MONSIEVR LE BAILLY DV CHOVL.

APPENDICE

Je ne crois pas hors de propos de donner en appendice, à la suite de cette première partie de la Description de l'Afrique de Léon l'Africain, quelques détails supplémentaires confirmant ou élucidant son récit.

J'ai choisi les morceaux que je place ici, soit dans des traités de géographie écrits par des auteurs orientaux, soit dans des ouvrages dus à la plume de personnages chrétiens qui ont eu entre les mains les documents officiels, concernant les rapports du Portugal avec le Maroc pendant la première moitié du XVIe siècle.

La notice placée en tête de cet appendice est relative aux contrées décrites par Léon l'Africain dans ce premier volume. Elle est extraite de la Géographie publiée par Aboul Hassan Ali Nour Eddin, plus connu sous le nom d'Ibn Sayd. Ibn Sayd naquit à Grenade en 610 (1214). Son père qui était gouverneur de Séville avait entrepris la composition de deux ouvrages : l'un devait être consacré à l'histoire des peuples de l'Orient, l'autre à celle des dynasties des royaumes de l'Occident. Il ne put les achever et, en mourant, il recommanda à son fils de les revoir et de les donner au public. Ibn Sayd, pour se conformer aux intentions de son père, s'éloigna de l'Espagne et parcourut les contrées de l'Orient ; il séjourna successivement au Caire, à Mossoul, à Alep, à Damas et à Baghdad où il put mettre à contribution les riches bibliothèques formées dans cette résidence des khalifes.

Pendant son séjour à Alep, il sut conquérir les bonnes grâces de Melik Edhdhahir Ghazy fils de Saladin et il publia alors les deux ouvrages commencés par son père. L'un a pour titre : *Livre contenant des détails extraordinaires sur la population du Maghreb*, l'autre est intitulé : *Livre qui éclaire l'histoire des peuples de l'Orient*.

L'ouvrage le plus connu d'Ibn Sayd est celui auquel il a donné le titre de *Djographia* ou Géographie, auquel Aboul Feda a emprunté les renseignements insérés par lui dans son *Taqouim oul-bouldan*. Aboul Feda cite, d'après Ibn Sayd, un auteur appelé Ibn Fathimah qui avait visité les côtes de l'Afrique jusqu'au cap Blanc. Nous devons regretter qu'Ibn Sayd n'ait pas donné plus d'étendue à sa description du Maroc, mais nous trouvons dans Edrissy la plupart des détails qu'il met sous nos yeux.

Le second morceau qui a trait à l'origine des Berbers, est extrait du livre des *Routes et des provinces* écrit par Abou Obeïd Allah Abdallah el-Qorthouby. Né à Cordoue, Abou Obeïd Allah rattachait son origine à la tribu arabe de Bekr, établie dans la Mésopotamie ; il avait, en conséquence, pris le surnom de Bekry sous lequel il est généralement connu. Après la mort de son père qui avait administré pour les Beni Abbad de Séville le pays de Chaltys, situé près de l'embouchure du Guadiana, El-Bekry se retira à Almeria. Il gouverna cette ville jusqu'à sa mort qui eut lieu en 487 (1094). El-Bekry nous a laissé une description géographique de l'Espagne et du Maghreb. M. Et. Quatremère en a donné une traduction qui figure dans le tome XII des *Notices et extraits des manuscrits de la Bibliothèque du Roi*. M. de Slane a publié, en 1857, une édition du texte et, en 1859, une traduction de cet important ouvrage. On doit aussi à El-Bekry un index géographique des lieux cités dans le Qoran : c'est un ouvrage spécialement consacré à la géographie de l'Arabie.

Enfin, on attribue à cet auteur un ouvrage sur l'histoire naturelle des arbres et des plantes qui croissent sur le sol de l'Espagne.

Je ne dirai rien ici du célèbre historien Ibn Khaldoun, car il a écrit lui-même sa biographie et M. de Slane en a donné une traduction qui figure dans le tome IV de la quatrième série du *Journal asiatique*, 1844. Le lecteur trouvera plus loin un important fragment emprunté à son *Histoire des Berbères*. Ce récit est beaucoup plus complet que celui donné par Abou Obeïd Allah el-Qorthouby.

EXTRAIT DE LA GÉOGRAPHIE D'IBN SAYD

Troisième climat. — Ses habitants ont le teint basané. Sa latitude, à partir de ligne équatoriale, est de 30°12′; sa largeur est de 6° moins 19′.

La première partie s'étend jusqu'à 6° le long de l'océan Atlantique. Elle commence à l'embouchure de la rivière de Noul, le long de laquelle on voit de nombreuses cultures appartenant aux Lamtha. Au nord de cette rivière, qui est bien connue, est le port de Samathmath (صمطمط)[1]; c'est une citadelle placée sur une éminence qui s'avance dans la mer et que les eaux séparent du continent : longitude 6°; latitude 26° 15′. Les marins disent que le port est à 50 milles à l'embouchure de la rivière.

Au nord, se trouve l'embouchure de la rivière de Massat auprès de laquelle est bâti le ribâth, célèbre asile de saints personnages. Entre les deux localités la distance est de 60 milles. De l'embouchure de cette rivière à celle de Sous, sur les bords de laquelle pousse la canne à sucre, il y a 12 milles, et entre elle et Aghazen Netouf (اغازن نطوف), cap formé par l'Atlas qui s'avance dans la mer, il y a 6 milles.

De là à l'embouchure de la rivière de Tenthiguy (تنطيكى) on compte 60 milles. Cette rivière se trouve sur le territoire du Haha et c'est là que l'on charge le sel que l'on envoie soit au sud, soit vers le nord. De cette rivière à l'embouchure de la rivière de Amkedouk (امكدوك), on compte 40 milles, toujours dans le pays de Haha. Là se trouve une petite île à un mille de la rivière et une station d'hivernage pour les navires.

Pour aller ensuite à la rivière de Tensift, qui passe au nord de la ville de Merrakouch, il faut franchir 18 milles. C'est là que

---

1. Il faut probablement lire Methamatha, مطمطه, nom d'une tribu berbère.

se trouve la cité d'Aghmat. Asfi est distante de Merrakouch de 82 milles. Elle se trouve à l'extrémité du climat, puisque sa longitude est de 7° et sa latitude de 30°. Au nord de cette ville, à 40 milles, se trouve le cap nommé Kanthi (Cantin), cap redouté des navigateurs.

La capitale du Sous se nomme Taroudant; elle est sur la rive nord du fleuve par 8° de longitude et 26° 20′ de latitude. Elle est entourée de champs couverts d'une végétation vigoureuse. Sa rivière (l'Ouad Sous), la rivière de Massat et celle de Noul viennent toutes du sud et de l'est, de la montagne de Lamtha qui est la continuation de la montagne de Guezzoula dans le deuxième climat. Elle passe dans ce troisième climat au nord de Sidjilmassèh. Au sud, se trouve la montagne des Tinretha (سرطه); là se trouvent les Kalechtaa, tribu berbère dont les gens portent le voile. Cette montagne sort du deuxième climat, à l'est du Dera' et s'étend à l'ouest de Sidjilmassèh. A l'ouest et à deux journées de marche se trouve la capitale du Dera': c'est la ville de Tendemy (سدمي). longitude 11° 6′, latitude 25° 10′. Le fleuve connu de cette ville (Ouad Dera') est à l'ouest; il prend sa source dans une montagne de couleur rouge, dans le voisinage du Djebel Deren et court, durant sept jours de marche, au milieu de champs cultivés ininterrompus dont la production principale est le hennèh de première qualité que l'on exporte dans tout le Maghreb. Le fleuve perd ses eaux dans les déserts du deuxième climat.

A l'est du Dera' est la ville de Sidjilmassèh, capitale d'un État célèbre. Longitude 13° 26′; latitude 26° 24′. Le fleuve de cette ville vient du sud-est; il prend sa source dans la montagne de Azour, fertile en céréales; les sources qui l'alimentent se divisent en deux groupes qui se réunissent ensuite et passent à l'est et à l'ouest de la ville. La ville a huit portes; quelle que soit la porte par laquelle on sorte, on a devant soi le fleuve et des plantations de palmiers et d'autres arbres. Ce fleuve se jette dans l'Ouad Ziz et, réuni à lui, il coule sur un parcours de cinq journées de marche au milieu de champs cultivés et d'un pays prospère. L'Ouad Ziz tombe dans la Moulouïa qui va se jeter dans la mer Méditerranée.

A la montagne de Azour viennent se joindre les montagnes des Senhadja qui forment un réseau tantôt compact, tantôt divisé. La tribu des Senhadja est la plus nombreuse de toutes les tribus du Maghreb où elle a partout des représentants. Les Senhadja prétendent être originaires du Yémen et leur origine arabe est évidente. C'est au milieu de leurs montagnes que se trouve leur capitale, Tadla : longitude 12°; latitude 30°.

A l'ouest s'étend jusqu'à l'océan Atlantique la montagne de Deren, cette montagne si grande et si célèbre. C'est là que se trouve le pays des Masmouda, connus sous le nom d'Almohades et qui ont régné sur les deux continents (Afrique et Espagne). Le premier pays que l'on rencontre à l'est est celui des Heskoura, puis à l'ouest, celui des Hezerdja et enfin celui de Hergha, la tribu du Mahdi. La plupart de ces gens assurent qu'ils forment la descendance de El-Housseïn ibn Ali (que Dieu soit satisfait de lui!). A l'ouest, on trouve le pays des Hintata, la tribu du cheikh Abou Hafs, le plus grand des chefs des Almohades, et dont les descendants exercent aujourd'hui le pouvoir dans l'Ifriqia. Ces Hintata prétendent se rattacher à Omar ibn El-Khattab (que Dieu soit satisfait de lui!).

' A l'ouest se trouve le pays de Tinmelel, citadelle inaccessible, entourée de tous côtés d'abîmes et de précipices et à laquelle on ne peut accéder que par un pont que l'on enlève en cas de guerre. A l'ouest se trouve Kadmioua, puis toujours à l'ouest, le pays de Djenfisa (جنفيسة), celui de Haha, renommé pour son miel blanc et ses taureaux grands et beaux, de même que Tinmelel est réputé pour son raisin, ses noix dans tout le Maghreb. A l'ouest est le pays de Regraga, abondant en cèdres et dont les olives donnent une huile excellente et d'un parfum délicieux. C'est là qu'on fabrique les haïks si légers et si fins dont s'enveloppent les femmes des villes. Là est le fleuve Chefchaoua, sur les bords duquel on recueille une grenade grosse et excellente. Toutes ces contrées bordent l'océan Atlantique et sont placées au nord de la montagne de Deren.

Aghmat était autrefois la capitale de la région, avant la fondation de Merrakouch. Cette ville est abondance en eaux et en fruits. Au nord et tirant un peu vers l'ouest, à 15 milles, est la capitale actuelle du Maghreb, Merrakouch, qui fut bâtie par Youssouf ibn Tachefin, le souverain des Almoravides : elle est dans une région saharienne; on y amena des eaux et la population de la ville devint bientôt nombreuse et elle créa de beaux jardins sous les deux dynasties. Le climat en est malsain et il est rare que l'étranger échappe à la fièvre, surtout à la fièvre tierce. A 4 milles de cette ville est la rivière de Tensift, qui coule de la montagne de Deren et passe à l'est et au nord de la ville. La rivière est couverte de moulins, et des canaux qui en dérivent vont arroser les jardins. C'est de cette même montagne que provient la rivière de Nissif sur les bords de laquelle se trouvent des vignes qui produisent des raisins délicieux, de nombreux vergers et de riches cultures. A l'endroit où ce cours d'eau se jette dans l'Océan se trouve l'ancien port d'Aghmat. On n'est pas d'accord sur la latitude de Merrakouch; on a dit qu'elle était de 31°, mais la vérité c'est qu'elle est de 29° (Cf. Léon l'Africain, *Description de l'Afrique*, p. 7).

CHAPITRE RELATIF AUX BERBÈRES TIRÉ DU « KITAB EL-MESSALIK OUEL-MEMALIK » D'ABOU OBEID ALLAH ABDALLAH EL-BEKRY

Les Berbères étaient autrefois établis en Filistin dans la Syrie et leur roi portait le nom de Djalout, nom qui était donné à tous leurs chefs. Quand Thalout eut tué Djalout, ils se rendirent dans le Maghreb et s'établirent dans les endroits nommés

Batsounia et Meraqabah, deux districts appartenant à l'Égypte occidentale dans la partie qui reçoit les eaux du ciel et n'est point atteinte par la crue du Nil.

Établis sur ce territoire, les Berbères s'y multiplièrent ; les Zenata, les Meghila et les Darisa se fixèrent dans la partie montagneuse du pays ; les Louata allèrent occuper le territoire de Barqah appelé par les Grecs Pentapolis ; les Haouara s'installèrent dans le pays de Tripoli de Barbarie autrement dit ville d'Iâs ; les Nefousa chassèrent de Sabra les populations venues du pays des Francs qui y étaient fixées et les obligèrent à se réfugier en Sicile et ailleurs.

Les Berbères se répandirent dans le pays d'Ifriqiah, de Tanger et vers les points les plus reculés du Maghreb, jusqu'à une localité appelée Qabounia à plus de 2,000 milles de Qaïrouan. Peu à peu les Francs rentrèrent dans leurs anciennes villes et leurs anciennes possessions, à la suite de conventions et de traités conclus avec les Berbères. Ces derniers occupèrent les montagnes, les vallées, les dunes, les steppes et les déserts, tandis que les villes étaient aux mains des Grecs ; elles y restèrent jusqu'à l'époque de la conquête musulmane.

Les Berbères forment de nombreuses tribus donnant naissance à un grand nombre de branches parmi lesquelles figurent : les Haouara, les Zenata, les Derisa, les Nefzaoua, les Ketama, les Louata, les Ghomara, les Mesarata, les Meziata, les Sedina, les Izdeuran, les Ouridjen, les Senhadja, les Medjkesa, les Ouerklaoua et d'autres clans.

Quelques auteurs prétendent que les Berbères sont issus de Kanaan fils de Cham ; d'autres disent qu'ils sont les descendants de populations mêlées venues du Yémen et qui se seraient dispersées à la suite de la rupture de la digue de Mareb. Selon une autre version, ils avaient été laissés dans le Maghreb par Abraha dou 'l-Mênar, enfin on a dit encore qu'ils descendaient de Qaïs ibn Aylan. Dieu sait la vérité.

El-Kendy prétend que les Berbères sont issus de Berr,

APPENDICE

fils de Qaïs, fils de Aylan. Certains auteurs assurent qu'ils descendent de Yençor, d'autres de Nabath et que leur territoire s'étend à l'ouest au delà du pays d'Égypte, en arrière de la région de Barqah, et se prolonge jusqu'à la mer Verte et aux déserts de sable qui confinent au Soudan. Enfin il en est qui les font descendre de Lakhm et de Hiram ; ils étaient fixés dans la Filistin d'où ils auraient été chassés par un roi de Perse. Arrivés en Égypte, le souverain les aurait empêchés de s'établir dans ce pays, et ils auraient alors franchi le Nil et se seraient répandus au loin.

INDICATION DES LOCALITÉS OCCUPÉES PAR LES BERBÈRES EN IFRIKIA ET EN MAGHREB

Le mot Maghreb [occident] avait originairement une signification relative et s'employait pour désigner la position de lieu par rapport à l'orient. Il en était de même du mot Charq ou Machreq [orient], qui indiquait la position d'un lieu par rapport à l'occident. Chaque endroit de la terre pouvait donc être à la fois Maghreb et Machreq, puisqu'il est situé à l'occident, par rapport à une localité, et à l'orient par rapport à une autre. Les Arabes ont toutefois appliqué chacune de ces dénominations à une région particulière, de sorte que nous trouvons un certain pays distinct de tout autre auquel on a donné le nom de Maghreb. Cette application du mot est consacré par l'usage des géographes, c'est-à-dire des personnes qui étudient la forme de la terre, ses divisions par climats, ses parties habitées et inhabitées, ses montagnes et ses mers. Tels furent Ptolémée et Rodjar (Roger), seigneur de la Sicile, duquel on a donné le nom au livre, si bien connu de nos jours, qui renferme la description de la terre, des pays dont elle se compose, etc.[1].

1. Le livre du roi Roger est le traité géographique composé sur l'ordre

Du côté de l'occident, le Maghreb a pour limite la mer Environnante [l'océan Atlantique], réceptacle de toutes les eaux du monde, et que l'on nomme Environnante, parce qu'elle entoure la partie de la terre qui n'est pas couverte [par l'eau]. On l'appelle aussi mer Verte, parce que sa couleur tire, en général, sur le vert. Elle porte, de plus, le nom de la mer des Ténèbres parce que la lumière des rayons du soleil, réfléchie par la surface de la terre, y est très faible, à cause de la grande distance qui sépare cet astre de la terre. Pour cette raison, la mer dont nous parlons est ténébreuse; car, en l'absence des rayons solaires, la chaleur qui sert à dissoudre les vapeurs, est assez minime, de sorte qu'il y a constamment une couche de nuages et de brouillards amoncelée sur sa surface.

Les peuples étrangers l'appellent *Okeanos*, mot par lequel ils expriment la même idée que nous désignons par le mot *onsor* (élément) ; toutefois, je ne me rends pas garant de cette signification. Ils lui donnent aussi le nom de Latlant, avec le second *l* fortement accentué.

Comme cette mer est très vaste et n'a point de bornes, les navires qui la fréquentent ne s'aventurent pas hors de vue de la terre ; d'autant plus que l'on ignore à quels lieux les différents vents qui y soufflent peuvent aboutir. En effet, elle n'a pas pour

---

de ce prince par un auteur connu sous le nom de Chérif Edrissy. Une édition arabe a été imprimée à Rome en 1592. En 1619, il parut une traduction latine de cet ouvrage sous le titre de : *Geographia Nubiensis id est totius orbis in VII climata divisi descriptio, ex arabico in latinum versa a Gabriele Sionita et Joanni Heoranita*, Paris, 1619. — M. P.-A. Jaubert a traduit en français la Géographie d'Edrissy qui a paru à Paris de 1836 à 1840. Don Josef Antonio Conde avait publié en 1799 à Madrid une traduction espagnole de la partie du traité d'Edrissy concernant l'Espagne. J. Melchior Hartmann a édité à Gœttingue, en 1796, la partie relative à l'Afrique et, à Marbourg, en 1802, 1803 et 1818, celle qui est consacrée à l'Espagne. Cette dernière partie a été traduite et publiée de nouveau en 1866 à Leyde par MM. de Goeje et Dozy. Le chapitre de l'Italie a été traduit par MM. M. Amari et Schiaparelli, Rome, 1883.

dernière limite un pays habité, à la différence des mers bornées [par des terres]. Même dans celles-ci, les vaisseaux ne naviguent à l'aide des vents que parce que les marins ont acquis, par une longue expérience, la connaissance des lieux d'où ces vents soufflent et de ceux vers lesquels ils se dirigent. Ces hommes savent à quel endroit chaque vent doit les conduire ; sachant aussi que leur navire est porté en avant par un courant d'air venant d'un certain côté, ils peuvent sortir de ce courant pour entrer dans un autre par lequel ils seront poussés à leur destination.

Mais en ce qui concerne la Grande Mer, ce genre de connaissances n'existe pas, pour la raison qu'elle est sans limites. Aussi quand même on saurait de quel côté le vent souffle, on ignorerait où il va aboutir, puisqu'il n'y a aucune terre habitée derrière cet océan. Il en résulte qu'un navire qui s'y laisserait aller au gré du vent s'éloignerait toujours et finirait par se perdre. Il y a même un danger de plus ; si l'on avance dans cette mer, on risque de tomber au milieu des nuages et vapeurs dont nous avons parlé, et là, on s'exposerait à périr. Aussi n'y navigue-t-on pas sans courir de grands dangers.

La mer Environnante forme la limite occidentale du Maghreb, comme nous venons de le dire, et baigne un rivage où s'élèvent plusieurs villes de ce pays. Tels sont Tanger, Salé, Azemmor, Anfa et Asfi, ainsi que les Mesdjid-Massa, Tagaost et Noul dans la province de Sous. Toutes ces villes sont habitées par des Berbères. Quand les navires arrivent aux parages situés au delà des côtes du Noul, ils ne peuvent aller plus loin sans s'exposer à de grands dangers, ainsi que nous l'avons dit.

La mer Romaine (la Méditerranée), branche de la mer Environnante, forme la limite septentrionale du Maghreb. Ces deux mers communiquent entre elles au moyen d'un canal étroit qui passe entre Tanger, sur la côte du Maghreb et Tarifa, sur celle de l'Espagne. Ce canal s'appelle Ez-Zoqaq (le détroit). Sa moindre largeur est de 8 milles. Un pont le tra-

APPENDICE

versait autrefois, mais les eaux ont fini par le couvrir. La mer Romaine se dirige vers l'orient jusqu'à ce qu'elle atteigne la côte de Syrie. Plusieurs forteresses de ce pays, telles qu'Antatalia, El-Alaïa, Tarsous, Missîssa, Antioche, Tripoli, Tyr et Alexandrie en garnissent les bords ; aussi, l'appelle-t-on la mer Syrienne. A mesure qu'elle s'éloigne du détroit, elle augmente de largeur, mais en s'étendant principalement vers le nord. Cet accroissement de largeur dans une direction septentrionale continue jusqu'à ce que la mer ait atteint sa plus grande longueur, laquelle, dit-on, est de 5 ou 6 milles. Elle renferme plusieurs îles, telles que Majorque, Minorque, Iviça, la Sicile, la Crète, la Sardaigne et Chypre.

Pour aider à comprendre la configuration du bord méridional de cette mer, nous dirons, qu'à partir du Détroit, la côte se dirige en ligne droite ; puis elle prend un contour irrégulier, tantôt s'étendant vers le midi et ensuite remontant vers le nord ; circonstance que l'on reconnaît facilement à la comparaison des latitudes des villes qui y sont situées.

La latitude d'un endroit, c'est l'élévation du pôle septentrional au-dessus de l'horizon de cette localité ; elle est aussi la distance (angulaire) entre le zénith d'un lieu et l'équateur. Afin d'entendre ceci, il faut savoir que la terre a la forme d'une sphère ainsi que le ciel dont elle est entourée.

L'horizon d'un endroit est la ligne qui sépare la partie visible du ciel et de la terre de la partie invisible. La sphère céleste a deux pôles, et autant que l'un de ces pôles est élevé à un lieu quelconque de la terre, autant l'autre est abaissé. La presque totalité de la terre habitée est située dans la partie septentrionale [du globe], et il n'y a point de lieux habités dans sa partie méridionale, comme nous l'avons exposé ailleurs. Pour cette raison, c'est le pôle du nord seul, qui a de l'élévation par rapport à la partie habitée de la terre ; et quand un voyageur s'avance sur la surface du globe, il en aperçoit une autre portion ainsi que la partie du ciel qui y correspond et qu'il n'avait pas vue auparavant ; plus il s'avance vers le nord, plus le pôle s'élève au-dessus de l'horizon, et si cette personne s'en retourne vers le midi, ce pôle s'abaisse de même.

[Passons maintenant à l'examen des latitudes]. Ceuta et Tanger, villes du Détroit, sont en latitude 35° quelques minutes. La côte descend de là vers le midi, de sorte que la latitude de Tlemcen est 34° 30′. Elle se rapproche ensuite davantage du midi, car la latitude d'Oran est de 32°. Cette ville est donc située plus au midi que Fez dont la latitude est 33° et quelques minutes. Il en résulte que les habitants du Maghreb-el-Aqça sont plus rapprochés du nord que ceux du Maghreb central, et que cette différence de position est égale à la différence entre les latitudes de Fez et de Ceuta. Cette portion du [Maghreb-el-Aqça] peut donc être considérée comme une île située entre ces mers, vu la déflexion de la mer Romaine vers le midi.

Après avoir passé Oran, la mer se retire [vers le nord], de sorte que la latitude de Ténès est de 34°, et celle d'Alger de 35°, la même que celle de la côte du Détroit. De là, la mer se dirige encore plus vers le nord, ce qui donne à Bougie et à Tunis une latitude de 35° à 40°. Or, ces deux villes sont situées sous la parallèle de Grenade, d'Almeria et de Malaga. La côte se retourne ensuite vers le midi, de sorte que la latitude de Gabès et de Tripoli est de 35°, la même que celle de Ceuta et de Tanger.

Comme la côte s'avance encore vers le midi, la latitude de Barqa est de 33°, la même que celle de Fez, Touzer et Gafsa. De là, la mer se rapproche davantage du midi, parce qu'Alexandrie est à 31° de latitude, comme Maroc et Aghmat. Parvenue au terme de sa direction orientale, la mer remonte vers le nord en suivant les côtes de Syrie.

Quant à la configuration du bord septentrional de la mer Romaine, nous n'en avons aucune connaissance, mais nous savons que la plus grande largeur de cette mer est d'environ

900 milles, la distance entre la côte de l'Ifrikia et Gênes, ville située sur le bord septentrional.

A partir du Détroit, toutes les villes maritimes du Maghreb-el-Aqça, du Maghreb central et de l'Ifrikia sont situées sur cette mer. Telles sont Tanger, Ceuta, Badis, Ghassaça, Honein, Oran, Alger, Bougie, Bône, Tunis, Souça, El-Mehdïa, Sfax, Gabès et Tripoli. Ensuite viennent les côtes de Barqa et Alexandrie.

Telle est la description de la mer Romaine, limite septentrionale du Maghreb.

Du côté du sud-est et du midi, le Maghreb a pour limite une barrière de sables mouvants, formant une ligne de séparation entre le pays des Berbères et celui des Noirs. Chez les Arabes nomades, cette barrière porte le nom d'Areg (dunes). L'Areg commence du côté de la mer Environnante et se dirige vers l'est, en ligne droite, jusqu'à ce qu'il s'arrête au Nil, grand fleuve qui coule du midi et traverse l'Égypte. La moindre largeur de l'Areg est de trois journées. Au midi du Maghreb central, il est coupé par un terrain pierreux, nommé El-Hammada par les Arabes. Cette région commence un peu en deçà du pays des Mozab et s'étend jusqu'au Rîgh. Derrière [l'Areg], du côté du midi, on trouve une portion des contrées djéridiennes où les dattiers abondent ainsi que les eaux courantes. Ce territoire, que l'on considère comme faisant partie du Maghreb, renferme Bouda et Tementît, lieux situés au sud-est du Maghreb-el-Aqça, Teçabît et Tigourarîn au midi du Maghreb central, et Ghadamès, Fezzan et Oueddan, au midi de Tripoli. Chacun de ces districts renferme près d'une centaine de localités remplies d'habitants et couvertes de villages, de dattiers et d'eaux courantes. Dans certaines années, les Senhadja porteurs de voile (*litham*), qui parcourent les régions situées entre ces territoires et les pays des Noirs, poussent leurs courses nomades jusqu'au bord méridional de l'Areg. Le bord septentrional en est visité par les Arabes nomades du Maghreb, lesquels y possèdent des lieux de parcours qui appartenaient autrefois aux Berbères ; mais, de ceci, nous en parlerons plus tard.

En deçà de l'Areg, limite méridionale du Maghreb, se trouve une autre barrière, assez rapprochée des plateaux de ce pays. Nous voulons parler des montagnes qui entourent le Tell et qui s'étendent depuis la mer Environnante, du côté de l'occident, jusqu'à Bernic [Bérénice], dans le pays de Barca, du côté de l'orient. La partie occidentale de cette chaîne s'appelle les montagnes de Deren. L'Areg est séparé des montagnes qui environnent le Tell par une région de plaines et de déserts, dont le sol ne produit, en général, que des broussailles. Le bord de la région qui avoisine le Tell forme le pays dactylifère [Belad-el-Djerîd] et abonde en dattiers et en rivières.

Dans la province de Sous, au midi de Maroc, se trouvent Taroudant, Ifri-Fouîan et autres endroits possédant des dattiers et des champs cultivés en grand nombre.

Au sud-est de Fez est situé Sidjilmessa, ville bien connue, ainsi que les villages qui en dépendent. Dans la même direction est situé le Dérâ, pays qui est aussi bien connu. Au midi de Tlemcen se trouve Figuig, ville entourée de nombreuses bourgades et possédant beaucoup de dattiers et d'eaux courantes. Au midi de Téhert, on rencontre d'autres bourgades, formant une suite de villages. La montagne de Rached est très rapprochée de ces bourgades, dont les environs sont couverts de dattiers, de champs cultivés et d'eaux courantes.

Ouargla, localité située sur la méridienne de Bougie, consiste en une seule ville remplie d'habitants et entourée de nombreux dattiers. Dans la même direction, mais plus près du Tell, se trouvent les villages du Rîgh, au nombre d'environ trois cents, alignés sur les deux bords d'une rivière qui coule d'occident en orient. Les dattiers et les ruisseaux y abondent.

Entre le Rîgh et le Tell se trouvent les villes du Zab au nombre d'une centaine, qui s'étendent d'occident en orient. Biskera, la capitale de cette région, est une des grandes villes du Maghreb. Le Zab renferme des dattiers, des eaux vives, des fermes, des villages et des champs cultivés.

Les villes à dattiers [Belad-el-Djerîd] sont situées au midi de Tunis. Elles se composent de Nefta, Touzer, Gafsa et les villes du territoire de Nefzaoua. Toute cette région s'appelle le pays de Castîlia et renferme une nombreuse population. Les usages de la vie à demeure fixe y sont parfaitement établis, et les dattiers ainsi que les eaux vives y abondent.

Gabès, ville située au midi de Souça, possède aussi des dattiers et des eaux; c'est un port de mer et une des grandes villes de l'Ifrikïa. Ibn Ghanîa y avait établi le siège de son gouvernement, comme nous le raconterons plus tard.

Gabès possède aussi de nombreux dattiers, des ruisseaux et des terres cultivées.

Au midi de Tripoli, se trouvent le Fezzan et Oueddan, territoires couverts de bourgades et possédant des dattiers et des eaux courantes. Quand le khalife Omar ibn el-Khattab envoya Amr ibn el-Aci en Afrique, à la tête d'une expédition, la première conquête que les musulmans firent en ce pays fut celle du Fezzan et Oueddan.

Les Ouahat (Oasis), situés au midi de Barca, sont mentionnées par El-Masoudi dans ses *Prairies d'or*.

A sud de tous les lieux que nous venons de nommer, s'étendent des déserts et des sables qui ne produisent ni blé ni herbe et qui vont atteindre l'Areg. Derrière l'Areg se trouve le pays fréquenté par les Moleththemîn (porteurs du litham ou voile), vaste région qui s'étend jusqu'au pays des Noirs et consiste en déserts où l'on s'expose à mourir de soif.

L'espace qui sépare les pays à dattiers des montagnes qui entourent le Tell se compose de plaines dont le climat, les eaux et la végétation rappellent tantôt l'aspect du Tell et tantôt celui du Désert. Cette région renferme la ville de Kairouan, le mont Auras, qui le coupe par le milieu, et le pays du Hodna. Sur ce dernier territoire, qui est placé entre le Zab et le Tell, s'élevait autrefois la ville de Tobna, Il renferme maintenant les villes de Maggara et d'El-Mecila.

La même lisière de pays embrasse aussi le Seressou, contrée située au sud-est de Tlemcen, à côté de Téhert. Le Debdou, montagne qui s'élève au sud-est de Fez, domine [du côté de l'ouest] les plaines de cette région (Ibn Khaldoun, *Histoire des Berbères*, t. I, p. 186 et suiv.; Léon l'Africain, *Description de l'Afrique*, p. 99 et suiv.).

LE SOUS

Le pays de Sous contient un grand nombre de villages et est couvert de champs cultivés qui se succèdent sans interruption. Il produit d'excellents fruits de toute espèce, savoir : des noix, des figues, du raisin de l'espèce dite *adzara*, des coings, des grenades de l'espèce dite *amlisy*, des citrons d'une grosseur extraordinaire et fort abondants, des pêches, des pommes rondes et gonflées comme les mamelles d'une femme et la canne à sucre d'une qualité tellement supérieure qu'on n'en avait nulle part ailleurs qui puisse lui être comparée, soit sous le rapport de la hauteur et de l'épaisseur de la tige, soit sous le rapport de la douceur et de l'abondance du suc. On fabrique dans le pays de Sous du sucre qui est connu dans presque tout l'univers et qui porte le nom de son pays; il égale en qualité les sucres appelés *soleimany* et *tabarzed* et il surpasse toutes les autres espèces en saveur et en pureté.

On fabrique dans le même pays des étoffes fines et des vêtements d'une valeur et d'une beauté incomparables. Les habitants sont de couleur brune; les femmes sont en général d'une beauté parfaite et très habiles dans les ouvrages manuels. Du reste, le Sous produit du blé, de l'orge et du riz qui se vendent à très bon marché. Le seul reproche que l'on puisse faire à ce pays, c'est le défaut d'urbanité, la grossièreté et l'insolence de ses habitants. Ils appartiennent à des races mélangées de Berbers Masmoudis : leur habillement consiste en un manteau (*kisa*) de laine dans lequel ils s'enveloppent entièrement; ils laissent croître leurs cheveux dont ils ont un très grand soin; ils les teignent chaque semaine avec du henna et les lavent, deux fois par semaine, avec du blanc d'œuf et de la terre d'Espagne; ils s'entourent le milieu du corps de *mizar* de laine qu'ils appellent *asfakis*; les hommes sont constamment armés de javelots dont le bois est court, la pointe longue et bien faite du meilleur acier. Ils mangent beaucoup de sauterelles frites et salées. Sous le rapport des opinions religieuses, les habitants du Sous se divisent en deux classes : ceux de Taroudant sont maleki avec quelques modifications : ceux de Tiouyouîn professent les doctrines de Moussa ibn Djafer; de là vient qu'ils vivent dans un état continuel de troubles, de combats, de meurtres et de représailles. Du reste, ils sont très riches et jouissent d'un bien-être considérable. Ils font usage d'une boisson appelée *ansiz* agréable au goût et plus enivrante encore que le vin, parce qu'elle est plus forte et plus spiritueuse; pour la préparer, ils prennent du moût de raisin doux et le font bouillir jusqu'à ce qu'il ne reste que les deux tiers dans le vase; ils le retirent alors du feu, le mettent en cave et le boivent. Cette boisson est tellement forte qu'on ne saurait en faire usage impunément sans y ajouter la même quantité d'eau. Les habitants du Sous en considèrent l'usage comme permis tant qu'elle ne cause pas complète ivresse (Léon l'Africain, *Description de l'Afrique*, p. 167; Edrissy, *Description de l'Afrique et de l'Espagne*, éd. par R. Dozy et M. J. de Goeje, Leyde, 1866, p. 71-72.

AGHMAT

La ville d'Aghmat-Ouariga est bâtie du côté du nord au pied

de la montagne de Deren, dans une vaste plaine, sur un sol excellent, couvert de végétation et sillonné par des eaux qui coulent dans toutes les directions. Autour de la ville sont des jardins entourés de murs et des vergers remplis d'arbres touffus. Le site de cette ville est admirable : ses environs sont gais, le sol est excellent, les eaux douces, le climat très sain. Une rivière peu considérable qui traverse la ville y apporte ses eaux du côté du midi et en sort au nord. Il existe des moulins à farine sur cette rivière dont on introduit les eaux dans la ville, le jeudi, le vendredi, le samedi et le dimanche : les autres jours de la semaine, on les détourne pour l'arrosage des champs et des jardins.

La ville d'Aghmat est située ainsi que nous venons de le dire au pied de la montagne de Daran. Lorsqu'au temps de l'hiver, les neiges accumulées sur le Daran se fondent et que les eaux glacées en découlent vers la ville d'Aghmat, il arrive souvent que la rivière se couvre, dans l'intérieur de la ville, d'une glace tellement épaisse qu'elle ne se rompt pas, quoique les enfants s'amusent à glisser sur elle. C'est un fait dont nous avons été plusieurs fois témoin. Les habitants d'Aghmat sont des Houwara, tribu berbère d'origine arabe, naturalisée par suite de leur voisinage et de leurs rapports avec les indigènes. Ils sont riches et commerçants ; ils se rendent dans le pays des nègres avec un grand nombre de chameaux chargés de cuivre rouge et colorié, de *kisas*, de *tob* (pièces de laine), de turbans, de *mizars*, de toute sorte de colliers et de chapelets en verre, en coquilles et en pierres, de différentes drogues et parfums et d'ustensiles en fer. Celui qui confie de telles commissions à ses serviteurs ou à ses esclaves, possède dans la caravane, cent, quatre-vingts ou au moins soixante-dix chameaux chargés.

Durant la domination des Almoravides (*el-Molattsim*) il n'était pas de gens plus riches que les habitants d'Aghmat. Ils avaient coutume de placer aux portes de leurs maisons des signaux destinés à indiquer l'importance de leurs richesses.

Ainsi, par exemple, si quelqu'un d'entre eux possédait huit mille dinars, quatre mille en caisse et quatre mille employés dans son commerce, il érigeait à droite et à gauche de la porte de sa maison deux soliveaux qui s'élevaient jusqu'au toit. En passant devant les maisons, on comptait les soliveaux ainsi plantés et, par leur nombre, on savait quelle était la somme d'argent que possédait le propriétaire. Il y avait des maisons ornées de quatre ou six de ces soliveaux, deux ou trois à chacune des deux postes de la porte. Leurs maisons sont pour la plupart en terre et en briques crues (*toub*) mais on en a construit aussi en briques cuites (*adjorr*). A l'époque actuelle, la conquête du pays par les Maçmouda a fait éprouver aux habitants d'Aghmat des pertes considérables; cependant on peut les appeler riches, opulents même, et ils ont conservé leur ancienne fierté et leur mine altière. On est fort incommodé dans cette ville par les scorpions et la piqûre de cet insecte est souvent mortelle. Aghmat produit des fruits et toute sorte de bonnes choses; tous les vivres y sont à très bas prix (*Description de l'Afrique et de l'Espagne*, trad. par MM. Dozy et de Goeje. Cf. Léon l'Africain, *Description de l'Afrique*, p. 209).

LES TRIBUS MASMOUDIENNES DU DEREN (L'ATLAS)

Parmi les plus grandes montagnes de l'univers, il faut compter celles du Deren, situées à l'extrémité [occidentale] du Maghreb. Enracinées dans les profondeurs de la terre, elles portent leurs cimes jusqu'au ciel et remplissent l'espace de leur masse énorme. Elles forment une barrière continue autour du littoral maghrebin, et, partant de l'océan Atlantique, près d'Asfi, elles se prolongent indéfiniment vers l'Orient. Quelques-uns disent, cependant, qu'elles s'arrêtent au midi de Bernic (Bérénice), dans le pays de Barca. Dans la latitude de

Maroc, elles paraissent entassées, les unes sur les autres, formant ainsi des gradins successifs, depuis le Désert jusqu'au Tell. Le voyageur qui veut les traverser, afin de se rendre dans le Sous ou dans le Derâ, en partant de Temsna ou des contrées maritimes du Maroc, doit y mettre plus de huit jours, et se diriger vers le sud. Dans ces montagnes jaillissent de nombreuses sources; des arbrisseaux couvrent le sol d'un voile épais; de nombreuses forêts répandent leur ombre sur les vallons; des terrains étendus y offrent de grandes ressources à l'agriculture et à la multiplication des troupeaux, et de vastes pâturages y nourrissent une foule d'animaux domestiques et de bêtes fauves. Dans ces régions fortunées, la végétation déploie une vigueur extraordinaire, et la nature y prodigue le tribut de ses dons. Ces lieux sont habités par des peuplades masmoudiennes dont Dieu seul connaît le nombre. Elles y ont élevé des forteresses et des châteaux, des grands édifices et des citadelles, et elles préfèrent leur pays à toutes les contrées du monde. Des divers côtés, les marchands se rendent au milieu de ces tribus; les habitants des villes et des campagnes y font aussi de fréquentes visites.

Depuis une époque bien antérieure à l'islamisme, les Masmouda ont occupé le Deren, non pas quelques endroits seulement, mais bien des régions étendues. Ils y ont formé des royaumes et des états, et se sont partagés en grandes familles et en tribus, dont chacune est distinguée par un nom particulier. Leurs établissements dans ces montagnes commencent au Thenïat-el-Mâden (défilé de la mine), endroit qui s'appelle aussi Beni-Fazaz et qui touche à la limite du pays habité par la tribu de Sanaga; ils entourent cette localité du côté du sud et leur territoire se prolonge ensuite jusqu'au Sous.

Parmi le grand nombre de tribus masmoudiennes qui occupent cette chaîne, on remarque les Hergha, les Hintata, les Tînmélel, les Guedmîoua, les Guenfîça, les Ourîka, les Regraga, les Hezmîra, les Dokkala, les Haha, les Assaden, les Beni-Ouazguît, les Beni Maguer et les Aîlana, appelés aussi Heilana. On dit qu'Aylan, aïeul de cette tribu, fut fils de Berr; qu'il s'allia aux Masmouda par un mariage, et que, pour cette raison, sa descendance a vécu en confédération avec eux.

Parmi les subdivisions de la tribu d'Assaden, on compte les Mesfaoua et les Maghous. Les Mesfaoua se partagent en deux branches, les Doghagha et les Youtanan. On dit, mais Dieu sait avec quel degré de certitude, que les Ghomara, les Rehoun et les Amoul descendent d'Assaden.

On représente comme branches de la tribu des Haha les Zegguen et les Lakhès, peuplades nomades du Sous et confédérées des Doui-Hassan, Arabes makiliens qui ont subjugué cette province.

A la tribu des Guenfiça appartiennent les Sekcîoua, population qui habite la montagne la plus escarpée de la chaîne du Deren. Du haut de ce pic, on pourrait voir la plaine du Sous s'étendre vers le midi et les régions du littoral se déployer vers l'occident. La forte position occupée par les Sekcîoua leur a permis d'étendre leur domination sur les autres peuples de la même race, ainsi que nous l'exposerons plus tard.

Dans les premiers temps de l'islamisme, les tribus masmoudiennes de ces montagnes se distinguaient par leur nombre, leur puissance, leur attachement à la religion [musulmane] et l'hostilité qui les animait contre leurs frères infidèles, les Berghouata. Un de leurs personnages les plus éminents fut Kecir, fils d'Ouslas, fils de Chemlal, descendant d'Assada et grand-père de Yahya ibn Yahya, docteur qui reçut de Malek l'autorisation d'enseigner son *Mouwatta*. Il accompagna Tarec à la conquête de l'Espagne, lui et plusieurs autres notables de la grande tribu masmoudienne, et il s'y établit avec eux. Leurs descendants y jouèrent un rôle sous la dynastie oméïade.

Dans les temps antéislamiques, les Masmouda avaient obéi à des rois et à des émirs; pendant toute la durée de l'empire almoravide, ils étaient en guerre avec les princes de cette dynas-

APPENDICE

tie ; ralliés ensuite à la cause du Mehdi, ils formèrent entre eux une grande nation qui renversa la puissance des Almoravides en Afrique et en Espagne, et remplaça la dynastie des Sanhadja en Ifrikïa (Ibn Khaldoun, *Histoire des Berbères*, t. II, pp. 158 et suiv. ; Léon l'Africain, *Description de l'Afrique*).

MAROC

Au nord d'Aghmat, à la distance de 12 milles, est Maroc (Merrakouch) fondée au commencement de l'an 470 (1077 de J.-C.) par Youssouf ibn Tachefin sur un emplacement qu'il avait acheté fort cher des habitants d'Aghmat et qu'il choisit pour sa résidence et celle de sa famille. Cette ville est située dans un bas-fond, où l'on ne voit qu'un petit monticule appelé Idjliz dont le prince des musulmans Aly ibn Youssouf ben Tachefin fit extraire les pierres nécessaires pour bâtir son palais dit *Dar oul-Hadjar*. Comme le terrain sur lequel est bâtie la ville ne renferme pas d'autres pierres, les maisons bâties sont en terre, en briques crues et en tapia.

L'eau dont les habitants ont besoin pour arroser leurs jardins est amenée au moyen d'un procédé mécanique ingénieux dont l'invention est due à Obeïd Oullah ibn Younous. Il faut savoir qu'il n'est pas nécessaire pour trouver de l'eau de creuser le sol à une grande profondeur. Or, lorsque Obeïd Oullah vint à Maroc, peu de temps après la fondation de cette ville, il n'y existait qu'un jardin appartenant à Aboul Fadhl, client du prince des musulmans dont il vient d'être fait mention. Le mécanicien se dirigea vers la partie supérieure du terrain attenant à ce jardin ; il y creusa un puits carré de larges dimensions d'où il fit partir une tranchée dirigée immédiatement vers la surface du sol, il continua son creusement par degrés, du haut en bas, en ménageant la pente de telle sorte que, parvenue au jardin, l'eau coulât sur une surface plane et se répandît sur le sol, ce qui n'a pas discontinué depuis... Les habitants, voyant le procédé réussir, s'empressèrent de creuser la terre et d'amener l'eau dans les jardins, dès lors, les habitations et les jardins commencèrent à se multiplier et la ville de Maroc prit un aspect brillant.

A l'époque où nous écrivons, cette ville est une des plus grandes du Maghreb occidental, car elle a été la capitale des Lemtouna, le centre de leur domination et le fil qui les tenait unis; on y compte un grand nombre de palais construits pour les émirs, les généraux et les ministres de cette dynastie. Les rues sont larges, les places publiques vastes, les édifices hauts, les marchés bien fournis des diverses marchandises et bien achalandés. Il existait une grande mosquée djami construite par le prince Youssouf ibn Tachefin; mais, lorsque de nos jours, les Maçmouda se rendirent maîtres de la ville, ils firent fermer la porte de cette mosquée et ne permirent plus d'en faire usage pour la prière; en même temps, ils en firent construire une autre pour leur propre culte. Ces changements furent accompagnés de scènes de pillage, de meurtre et de trafic de choses illicites, car, d'après la doctrine qu'ils professent, tout cela leur est permis. Les habitants de Maroc boivent de l'eau des puits, qu'ils n'ont pas besoin de creuser à une grande profondeur. Il n'y a que de l'eau douce. Aly ibn Youssouf ben Tachefin avait entrepris de faire amener à Maroc les eaux d'une source distante de quelques milles de la ville, mais il ne termina pas cet ouvrage. Ce furent les Maçmouda qui, après la conquête du pays, achevèrent les travaux commencés, amenèrent les eaux dans la ville et établirent des réservoirs près du *Dar oul-Hadjar*, enceinte isolée au milieu de la ville, où se trouve le palais royal.

Maroc a plus d'un mille de long sur à peu près autant de large. A trois milles de distance, coule une petite rivière appelée Tansift qui ne tarit jamais. Durant l'hiver, c'est un torrent qui emporte tout dans sa fougue...

Cette rivière est alimentée par des sources qui jaillissent de la montagne de Daran, du côté d'Aghmat-Aïlan (Edrissy, pp. 77-79).

Merrakouch, dit Yaqout, est la plus grande et la plus célèbre des villes du Maghreb. Elle est la capitale des descendants d'Abd el-Moumin et est située dans la grande terre au milieu du pays occupé par les Berbères. Une distance de dix journées de marche la sépare de la mer. Le plan de cette ville fut tracé vers 470 par Youssouf ibn Tachefin de la dynastie des Moulaththamin (les porteurs de voiles) qui prit le titre d'Emir el-Moumenin (émir des fidèles). Merrakouch est située à trois fersakhs de la montagne de Deren qui s'étend au midi. Cette montagne vit paraître Ibn Toumert désigné sous le nom de Mehdy.

Le territoire sur lequel est bâtie cette ville était redouté à cause des brigands qui attaquaient les caravanes. Lorsqu'elles arrivaient à cet endroit, les gens qui les composaient s'écriaient « Marroukech », mot qui en berbère signifie : Hâte ta marche. Pendant longtemps les habitants n'eurent à boire que de l'eau de puits. On détourna vers la ville un cours d'eau provenant du district d'Aghmat. Il arrose les jardins dont le premier fut créé par Abd el-Moumin ben Aly. On dit que l'un de ces jardins occupe une superficie de trois fersakhs (*Moudjem el-bouldan*, t. IV, p. 478).

On lit dans le *Kitab oul-istiqça fi tarikh il-Maghreb il-aqça* de Ahmed ibn Khaled Ennassiry Esselaouy :

Au commencement de l'année 454 (1062) la situation de Youssouf ben Tachefin au Maghreb était devenue très forte ; son autorité s'était affermie dans cette contrée et il y jouissait d'une grande renommée. Il songea alors à construire une ville pour s'y établir avec sa cour et ses gardes et aussi pour servir de place forte pour la sûreté de sa personne et de ses fonctionnaires. Des Masmoudiens qui en étaient les propriétaires, il acheta l'emplacement occupé aujourd'hui par Merrakouch.

L'auteur du *Mo'rib* dit à ce sujet : Cet emplacement appartenait à une vieille femme masmoudienne. Le prince campa en cet endroit sous des tentes en poils de chameau et construisit là une mosquée pour la prière et une petite *qasbah* pour y garder ses richesses et ses armes, mais il n'entoura pas le tout de remparts.

Dans le *Kitab en-nibras*, Aboul Khattab ibn Dahiya dit à son tour : L'emplacement qu'occupe la ville de Maroc était un champ appartenant aux gens de Niffis. Youssouf le leur acheta avec l'argent qu'il avait apporté du Sahara.

On lit dans le *Kitab el-Mo'rib* : Youssouf ibn Tachefin traça la ville de Marrakouch dans un endroit qui portait ce nom et qui signifie en masmoudien : « marche vite ! » Cet endroit servait de repaire à des brigands, aussi les passants disaient-ils à leurs compagnons de route ces mots que nous venons de dire. L'orthographe exacte de ce nom est Morrakich. (En marge : c'est ainsi que l'orthographie l'imam constantinopolitain auteur du *Kachf edh-dhonoun*[1].) On dit qu'en cet endroit se trouvait un petit bourg entouré d'une forêt et habité par des Berbers.

Ibn Khaldoun dit : Youssouf ibn Tachefin choisit la ville de Marrakouch pour s'y établir et y établir ses troupes; de là il pouvait tenir en échec les Masmoudiens dont le territoire s'étendait au delà dans la montagne de Deren. Or ces tribus étaient les plus puissantes et les plus nombreuses de tout le Maghreb.

On lit dans le *Qarthas* : Quand Youssouf ibn Tachefin commença la construction de la mosquée de Morrakouch, il retroussa ses manches et se mit à faire le mortier et à placer les moellons de ses mains en même temps que les ouvriers : il agissait ainsi par humilité devant Dieu le Très-Haut. La partie construite par

---

1. L'imam constantinopolitain est l'écrivain célèbre connu sous le nom de Hadjy Khalfa. Il est l'auteur de nombreux ouvrages et entre autres d'une bibliographie intitulée *Kechfoudh-dhounoun*. Il en existe deux éditions : l'une a été imprimée au Caire; l'autre, accompagnée d'une traduction latine, a été publiée par M. Flügel à Leipzig.

Youssouf ibn Tachefin de ses propres mains est la partie connue encore aujourd'hui dans le rempart de pierre de la ville de Merrakouch, au sud de la mosquée; elle se nomme *Es-Sedjina*. Il n'y avait pas d'eau dans la localité ; on dut creuser des puits dans lesquels on trouva de l'eau à une petite profondeur ; puis on s'installa et on commença à bâtir. La ville de Marrakouch n'eut, dit-on, pas de remparts tant que vécut Youssouf ibn Tachefin. Son fils Aly ibn Youssouf avait déjà accompli la majeure partie de son règne, quand il entoura la ville de remparts en 526 (1131-32). Ce fut, assure-t-on, sur le conseil du cadi Aboul Oualid Mohammed ibn Rouchd, le célèbre jurisconsulte, qu'il se décida à le faire. Quand ce cadi vint trouver le sultan à Marrakouch, il l'engagea à bâtir ces remparts au moment où apparut Mohammed ibn Toumert, le Mahdi des Almohades chez les tribus masmoudiennes. La construction de ces murailles dura huit mois et la dépense fut de 70,000 dinars. Ali ibn Youssouf fit également bâtir la grande mosquée qui porte son nom aujourd'hui et le minaret qui la surmonte ; 60,000 dinars furent consacrés à ces nouveaux travaux.

Dans le livre écrit par El-Azemmoury sur les vertus des Beni Amghar, j'ai lu que le prince des Croyants Ali ibn Youssouf El-Lemtouny, au moment où il voulut entourer de murs la ville de Marrakouch, demanda l'avis des jurisconsultes à ce sujet. Les uns lui interdisaient la chose, tandis que d'autres la déclaraient permise. Le cadi Aboul Oualid ibn Rouchd fut un de ceux qui furent d'avis qu'il était permis de bâtir ces remparts. Ensuite le sultan consulta Abou Abd Allah Mohammed ibn Ishaq surnommé Amghâr, maître d'Aïn-el-Fithr ; ce dernier conseilla de bâtir les remparts, et il envoya à cet effet une grosse somme d'argent en disant de la placer dans une des caisses à maçonnerie et de charger de la dépense quelques hommes de mérite. Le sultan suivit son conseil et agit suivant ses désirs, ce qui facilita la tâche de la construction.

Sous le règne des Almohades qui vinrent ensuite, Ya'qoub

El-Mansour, un de leurs princes célèbres, s'occupa de la ville de Marrakouch; il déploya un grand zèle pour la fortifier et mit tous ses soins à en embellir les mosquées, à élever des arsenaux et des monuments, ainsi que nous le raconterons en son lieu et place, si Dieu le veut.

Marrakouch continua à être la capitale des Almoravides, puis des Almohades pendant toute la durée de ces deux dynasties. Lorsque la dynastie des Beni Merin leur succéda, elle prit Fez pour capitale et y bâtit la ville Blanche. Sous les Saadiens, qui vinrent ensuite, la capitale fut de nouveau Marrakouch où ils élevèrent le célèbre château de Bedi'. Sous la dynastie des Chérifs Alides, Moulay Ismaïl ibn Ech-Chérif transporta le siège de son empire à Miknaset ez-Zeïtoun où il fit de grandes constructions, ainsi que nous le dirons plus loin, s'il plaît à Dieu. Sous le règne de Maulay Mohammed ibn Abdallah la capitale fut de nouveau Marrakouch; ce prince y bâtit des palais et des arsenaux, et la ville n'a plus cessé, depuis cette époque, d'être la capitale de l'empire.

Les avantages de Marrakouch sont trop connus pour qu'il soit nécessaire d'en parler ici, mais ce qui fait surtout le mérite de cette ville, ce sont ses tombeaux de saints et ses mausolées de grands et vertueux personnages et de souverains. Aussi le vizir Ibn El-Khathi a-t-il pu dire dans sa *Séance des Villes*, en parlant de la ville de Marrakouch : C'est un mausolée de saints, une capitale de puissants souverains. Dans le *Nefh eth-thib*, Aboul Abbas El-Maqqari, en parlant de cette ville, la nomme la Bagdad du Maghreb. Dieu la garde et la protège contre les accidents de la Fortune et contre tous les malheurs qui peuvent surgir! (Léon l'Africain, p. 191 et suiv.).

SAFY (ASEFY, اصفي)

La ville de Safy se trouve à l'extrémité du Magreb, dans le

APPENDICE

troisième climat. Sa situation, suivant Ibn Sayd, est au fond d'un golfe formé par la mer et elle sert de port à Marok. C'est une ville située eu plaine et enceinte d'un mur. Son territoire est couvert de pierres et on n'y trouve que de l'eau de pluie. Le sol offre quelques vignes. Quant aux jardins, on est forcé de les arroser avec des machines hydrauliques. L'eau qui provient des sources n'est pas douce, il s'y mêle un goût de sel.

Le cheikh Abdoul Ouahid dit que Safy ressemble à Hamah, à cela près qu'elle ne l'égale pas pour l'importance et qu'elle n'a pas de rivière. Aussi son territoire n'offre-t-il que quelques vignes et des champs de concombres près de la ville. Safy dépend de la province de Dokkala, vaste canton de l'empire de Maroc. De Safy à Marok, il y a quatre journées (*Géographie d'Aboulfeda traduite de l'arabe en français par M. Reinaud*, Paris, 1848, t. II, 1re partie, p. 182).

Le récit suivant des événements dont les villes de Safy et d'Azamor ont été le théâtre est emprunté à l'ouvrage que Jérôme Osorio de Fonseca, évêque de Silves, a publié à Lisbonne en 1571 sous le titre de *De rebus Emmanuelis virtute et auspicio gestis* et qui fut traduit en français par Simon Goulard[1].

Jérôme Osorio qui jouit de l'entière confiance de Catherine d'Autriche, régente de Portugal, et de celle de son fils, le roi Dom Sébastien, a eu à sa disposition, en raison de la situation qu'il occupait à la cour de Portugal, les documents les plus importants ; le récit des entreprises des Portugais en Afrique et en Asie qu'il place sous nos yeux mérite la confiance la plus absolue. Jérôme Osorio mourut à Tavira le 20 août 1580.

---

1. *Histoire de Portugal contenant les entreprises et navigations et gestes mémorables des Portugallois tant en la conqueste des Indes orientales par eux descouverte qu'ès guerres d'Afrique depuis l'an mil quatre cens quatre-vingt-seize sous Emmanuel Ier, Jean III et Sébastien Ier du nom, comprinse en vingt livres, dont les douze premiers sont traduits d'Osorius, les huict suyvans pris de Lopez Castagnede, mis en lumière par S. G. S.* (Paris, 1587).

« Il y a une ville en Barbarie nommée Safin, assize de là le destroit de Gibraltar vers le midy, et qui est au bord de l'Océan Atlantique. Elle estoit lors fort grande, riche et marchande. Le pays est fertile, abondant en fruits et en bestail. Ceste ville a esté longtemps sujette au roy de Marroc qui dominoit sur la pluspart de Barbarie. Mais, finalement, certains gentils-hommes, sur-nommez les Fathoms, se révoltèrent, et par le moyen de leurs richesses et de la faveur du peuple se firent seigneurs de ceste ville. Finalement un des principaux de ceste maison nommé Abd-ar-Rhaman, homme de grand cœur et extrêmement ambitieux, désirant estre maistre, fit mourir meschamment un sien oncle nommé Hamedie, le plus riche et puissant de tout leur lignage. Puis, sous ombre de libéralité et de gracieuseté, gaigna si bien les cœurs du peuple, qu'il se conserva aisément la domination en ceste cité. Or, il avoit une belle fille, aimée par un beau jeune gentil-homme nommée Haliadux, lequel jouissoit d'elle, du consentement de la mère. Rhaman, ayant ouy quelque bruit de ceste hantise, fut griefvement picqué d'un tel opprobre fait à sa maison, et délibera de tuer le jeune homme : dont la mère et le jeune homme se doutans l'en avertirent. Haliadux voulant prévenir Rhaman machina de le faire mourir, et ayant communiqué son entreprinse à sien amy, appellé Jehabentafuf, en la fidélité et prouesse duquel il se confioit, la résolution fut d'exécuter au plustot qu'il seroit possible. Or, un jour de feste solennelle entre les Mores, Rhaman s'en alla en leur mosquée, et envoya semondre Haliadux de se trouver aux cérémonies qui s'y faisoient, adjoustant qu'après icelles, il avoit à lui communiquer chose de grande importance. Haliadux entendit bien par tel message que l'heure estoit venue qu'il faloit tuer Rhaman ou estre tué de luy. Ainsi donc il appelle Jehabentafuf, et eux deux, accompagnez de dix des plus vaillans de leurs parens et domestiques, vont droit en la mosquée, y massacrent Rhaman. Ceux qui estoyent venus là avecques Rhaman commancent à se remuer pour courir sus aux autres : mais voyans douze gentils-hommes bien résoulus, ayant les glaives desgainez et prests à charger, estimans aussi que le peuple favorisast une si hardie entreprinse, et que leur chef estant atterré, ils n'auroyent aucun support ny secours, à l'instant, ils s'enfuyent hors de la mosquée. Mais Haliadux et Jehabentafuf se transportent sur la place de la ville et ayans fait venir le peuple, Haliadux fit une harangue, en laquelle il se monstra avoir eu juste occasion de tuer le tyran qui machinoit sa mort et que ceux de la ville luy estoyent grandement tenus, en ce qu'il les avoit délivrez d'un meschant parricide pour ce que de là en avant leurs affaires floriroyent beaucoup plus sous une domination gracieuse et modérée. Lors du consentement du peuple (comme cela est ordinaire à gens légers et volages, de se laisser mener comme on veut). Haliadux et Jehabentafuf furent esleus seigneurs et gouverneurs de la vile

« En ce temps, Jacques Azambuge commandoit en la forteresse par luy bastie, suyvant le commandement du roy Emmanuel, assez près de Safin. Tandis que les affaires estoyent ainsi troublées et confuses en la ville, treize Espagnols qui y estoient prisonniers trouvèrent moyen de gaigner un esquif, et se sauvent vers Azambuge auquel ils font entendre ce que dessus. Deux jours après, Haliadux voyant que les parens et amis de Rhaman, qui avoyent grand crédit en la ville, machinoyent la ruine de luy et de ses compagnons, alla trouver Azambuge, l'exhortant d'empoigner l'occasion que Dieu luy présentoit que de sa part il feroit que la ville recevroit volontiers le roy de Portugal pour seigneur, et que, cependant, il estoit besoin que ceux qui avoyent ceste volonté fussent soustenus des Portugallois pour résister aux pratiques de leurs ennemis. Combien qu'Azembuge connust très bien la perfidie de ceste nation, toutesfois voyant que parmy ces mutineries, les affaires estoyent en tel poinct qu'il estoit expédient de tenir promesse à Haliadux et à ses confédérez, ne refusa point ceste condition. Et pourtant il entra dedans Safin avec douze gentilz-hommes, où ayant séjourné huict jours, il proposa quelques conditions de paix et fit alliance avec Haliadux et les siens au nom du roy Emmanuel. Or, il entendit sur ces entrefaictes par le rapport d'un Juif nommé Abraham, qu'on luy dressoit quelque embusche : ce qui le fit retirer en la forteresse : mais quatre gentilz-hommes Mores, dont Haliadux estoit le principal, allèrent après : et ce pendant Jehabentafuf demeura en la ville pour y commander. Par l'alliance il estoit dit que les Mores assigneroient à Azambuge une place au quartier où la mer lave le pied des murailles de la ville, pour y bastir une grande maison, et luy lairroient une tour aboutant aux murailles et la porte qui regarde la mer afin de rendre son logis plus spacieux et plus magnifique. Cela ainsi accordé, Azambuge fit voile en Portugal avec les quatre Mores sus-mentionnez, et fit entendre au roy toute sa negotiation, ensemble la grandeur de la ville et la commodité du lieu pour faire la guerre aux pays de terre-ferme en Afrique. Le roy fut fort content de ces nouvelles et renvoya Azambuge en Barbarie ; puis, afin d'acheminer mieux ceste entreprinse, il envoya lettres à Garsil Melio, qui gardoit avec une flotte de navires le destroit de Gibraltar, pour empescher la navigation aux Mores, par lesquelles luy estoit commandé de se joindre avec Azambuge. Combien que Melio fust lors fort malade, toutefois il exécuta promptement ce qui luy estoit enjoinct et cingla jusques au port de Safin, où Azambuze estoit déjà arrivé ; mais ilz trouvèrent tout changé, car la ville estoit en armes, sans plus se soucier de l'accord précédent, et la populace disoit tout haut qu'elle ne s'assubjectiroit en sorte quelconque à la domination des Chrestiens ; brief tout y estoit en troubles. Haliadux, lequel estoit lors de retour en la ville, et Jehabentafuf fermoyent les yeux à une telle perfidie, et, sans plus se souvenir de l'alliance, conspiroyent ensemble contre les Portugallois.

« Alors Azambuge et Melio s'avisent de semer dextrement quelque discord entre Haliadux et Jehabentafuf, afin qu'ayant desjoinct leurs forces, eux peussent plus aisément se rendre maîtres de la place. Le moyen d'exécuter ce stratagème fut tel : Melio estoit tousjours malade ; et pourtant, il envoya quérir un médecin juif en la ville pour le venir panser. Ilz corrompirent ce juif à force d'argent, et luy persuadèrent de porter lettres aux deux gouverneurs, en telle sorte que l'un ne peust sentir qu'on eust escrit à l'autre. Elles estoient escrites de la part de Melio, lequel en celles envoyées à Haliadux l'admonestoit de se tenir sur ses gardes, pour ce que luy sçavoit de bonne part qu'il estoit en grand danger de sa vie. Pour obvier à un tel inconvénient, Melio promettoit de s'employer, asseurant l'autre qu'il estoit prest à luy faire service, et cependant l'advertissoit qu'il n'y avoit embusches qu'il deust redouter d'avantage, que celles qui luy estoient dressées à cause qu'il estoit compagnon d'un autre en ce gouvernement. Car, puis que jamais, ceste association n'avoit esté ferme et fidèle, il seroit tant plus aisément ruiné, que ceux avec lesquelz il estoit joinct en charge n'estoyent point soupçonnez ni redoutez par luy. Autant en escrivit-on à Jehabentafuf, en l'exhortant d'asseurer sa vie contre les practiques et menées de Haliadux. Toutes et quantes fois que le médecin venoit voir Melio, il mettoit la main dessouz la couverture du lict, comme pour taster si la véhémence de la fièvre n'estoit point modérée, et là prenoit les lettres, à ce que personne ne peust rien descouvrir de ceste fourbe. D'autre côté, Haliadux et Jehabentafuf au desceu l'un de l'autrer emercioyent affectueusement Melio, promettans se soumettre au roy de Portugal, et le supplians instamment de ne permettre que l'un ruinast ainsi l'autre. Ceste partie subtilement dressée contre la plus cauteleuse nation du monde fit que chacun des deux gouverneurs, se desfiant l'un de l'autre, estima que, pour se maintenir contre son compagnon il se faloit fortifier du secours des Portugallois. L'un et l'autre donc, au desceu de son compagnon, prie Azembuge et Melio de venir en la ville, les asseurant que bientost il la mettra ès mains du roy Emmanuel.

I.

Cela fit qu'eux accompagnez de cinquante soldats entrèrent dedans Safin, et choisirent pour leur demeure la maison de Rhaman, pource qu'elle sembloit spacieuse, forte, et plus près de la mer que les autres maisons. Puis, ilz y firent apporter secrettement des armes de toutes sortes, enfermées en des coffres et tonneaux.

« Les Mores, qui ne sont pas seulement desloyaux, mais aussi fort soupçonneux, touchez de quelque sinistre opinion, ne présumoyent rien de bon de toutes ces allées et venues des Portugallois; les deux gouverneurs commençoyent à se repentir de leur légèreté, et brassoyent secrettement, de telle sorte qu'il estoit aisé à voir, qu'après tant de déguisement, il y aura des coups ruez. Azambuge fit incontinent entendre au roy de Portugal comme les choses alloyent, lequel sans delay leur envoya un bon secours, ayant faict armer en diligence quatre navires, desquelles Gonsalve Mendese de Zacote, gentilhomme qui avoit hanté toute sa vie les guerres d'Afrique, eut la charge. Iceluy, estant venu surgir au port de Safin, entendit qu'Azambuge et Melio estoyent reduicts, en grandes dificultez par l'artifice des Mores, lesquelz, au lieu de maintenir l'alliance, empeschoient la fortification d'Azambuge, denians outre ce qui estoit requis pour icelle les vivres mêmes; et apparoissoit en beaucoup de sortes qu'ilz n'avoient faute que de courage pour exécuter quelque meschanceté, attendu qu'ilz estoyent poussez d'une très mauvaise volonté.

« Quand les Portugallois se plaignoyent de l'un des gouverneurs, iceluy en attribuoit toute la faute à son compagnon. Mais la venue de Zacote fortifia les Portugallois, et les fit aller et venir plus hardiment par la ville. Alors, ilz déclarent aux gouverneurs, que l'on n'endurcroit plus qu'eux deux ensemble maniassent les affaires de la ville, attendu qu'ilz ne s'accordoyent pas bien ensemble, et que l'un complotoit contre l'autre. Qu'ilz avisassent lequel d'eux deux gouverneroit la ville au nom du roy Emmanuel. Haliadux et Jehabentafuf, voyans que force estoit que l'un d'eux quittast la place, advisèrent ensemble paisiblement au plus expédient, et avec une merveilleuse modération (ce qui pourroit sembler incroyable à qui considérera leurs mœurs) l'un déferoit le gouvernement à l'autre. Finalement, Haliadux obtint que Jehabentafuf demeureroit gouverneur.

« Quand Jehabentafuf se vit sans compétiteur, il commença à machiner beaucoup plus hardiment contre les Portugallois, et taschoit par tous moyens d'empescher la fortification d'Asambuge. Par ses menées, nul n'osoit porter des pierres, de la chaux, ny autre matière pour bastir, mesmes il menaçoit aigrement les ouvriers secrettement quelques jours, puis après tout ouvertement et avec audace. Ce qu'entendu par Azambuge, il envoya quérir Haliadux (lequel il sçavoit se repentir de sa modestie, en ce qu'il avoit laissé le gouvernement à son compagnon) et l'admonesta d'amasser quelque troupe de ses gens, assaillir à l'improviste Jehabentafuf et luy couper la gorge, promettant de le secourir s'il estoit besoin, et faire que le gouvernement de la ville reviendroit à luy seul. Jehabentafuf se voyant en danger à cause des forces qu'avoit Haliadux qui le cherchoit, et ignorant que cela se maniast par l'advis d'Azambuge, s'enfuit à la maison de Rhaman, où l'on batissoit la citadelle. Jacques Mirande, petit-filz d'Azambuge, demeuroit lors en ceste maison, et ne sçachant pas aussi que Jehabentafuf eust esté poussé en ceste extrémité par les menées de son ayeul, le receut en sa sauvegarde et le garantit de la main de son ennemy. Azambuge estoit délibéré de faire mourir Jehabentafuf; mais ce More (homme de grand esprit et qui avoit la parole à commandement) ayant proposé plusieurs raisons pour monstrer qu'il n'estoit nullement expédient pour le bien des affaires du roy Emmanuel, qu'on luy ostast la vie pour lors, obtint congé d'Azambuge pour aller en Portugal, afin de se livrer soy-mesme ès mains du roy, s'obliger estroittement à luy par une bonne alliance, que jusques à la mort il s'employeroit fidèlement pour l'avancement de la dignité et grandeur d'iceluy. Que si le roy ne vouloit accorder cela, lors il seroit en sa puissance d'ordonner de quel supplice on luy feroit finir ses jours. Finalement, il obtint d'Azambuge qu'on le mèneroit prisonnier en Portugal où il obtint pardon du roy, lequel luy donna une compagnie de chevau-légers pour faire la guerre autour de Safin. Ceste douceur et gracieuseté du roy gaigna tellement le cœur de Jehabentafuf, que depuis, il fit de grands services en la guerre et se porta tellement qu'on apperceust tousjours qu'il avoit la foy et l'honneur en recommandation.

« Quant à Haliadux, auquel Azambuge avoit laissé le gouvernement de Safin, il se porta tout autrement en ceste charge que l'on n'avoit estimé, et s'opposoit plus insolemment aux Portugallois que n'avoit fait Jehabentafuf. Ce à quoy il s'estudioit le plus estoit d'empescher le parachèvement de la citadelle. Il en destournoit les charpentiers et massons par grosses menaces, défendant à peines de grief supplice d'y porter aucune matière et monstroit tout ouvertement sa mauvaise volonté. Toutes fois, l'œuvre s'avançoit peu à peu. Cependant Azambuge nioit qu'il bastist une citadelle ; c'est seulement (dit-il) une grande maison que je fay bastir, afin que les marchans chrestiens y puissent retirer commodément leurs marchandises. Il avoit bousché de terre et d'autre matière les fenestres où se devoyent placer les pièces de batterie, et avoit enduit le dessus avec de la chaux, afin que les ennemys ne peussent descouvrir ses desseins. Outre plus, de nuict, il fit percer la muraille, afin que ceux qui estoyent ès navires peussent entrer aisément en la forteresse ; puis, il fit deux levées de terre de costé et d'autre pour fortifier le passage du chemin jusques à ceste ouverture. Au reste, la citadelle estoit jà en défense et fort haut eslevée. Le lendemain, Azambuge envoya hommes exprès vers Haliadux, se plaindre, de ce qu'au lieu de garder l'alliance, il violoit meschamment sa foy et ne tenoit aucun compte de son serment, attendu qu'il avoit juré sur l'Alcoran de Mahumet de fournir libéralement et suffisamment tout ce qui estoit nécessaire pour le bastiment de sa maison ; qu'au lieu de tenir promesse, il monstroit par effect une haine violente et cruelle. Il le prioit donc de garder sa foy, de craindre Dieu, et pour son honneur entre les hommes, se deporter de mal faire. Haliadux respond qu'il s'esbahissoit fort de la folie d'Azambuge, qui ne considère pas que les vivres luy défaudront incontinent, si le gouverneur de Safin ne luy en donne, et nonobstant, il faisoit du brave, autant que s'il avoit abondance de tout ce qui estoit requis pour l'entretenement de luy et des siens. Azambuge répliqua à cela qu'il estoit fort aisé aux Portugallois de souler leur faim et rassasier leur soif de la chair et du sang de leurs ennemis. Haliadux ayant ouï ce propos, mordit son doigt, qui est un signe entre ces peuples de quelque horrible vengeance qu'ilz délibèrent faire ; aussi, quand Azambuge en entendit les nouvelles, il cognut que l'affaire ne demandoit plus de delay, autrement Haliadux assembleroit grosse troupe des lieux d'alentour ausquelz il seroit impossible faire teste. Mais afin qu'il ne semblast faucer la foy promise, s'il commençoit la meslée, il s'advisa du stratagème qui s'ensuit.

« Un certain More, boucher de son estat, avoit en pleine boucherie donné un soufflet à quelque Portugallois de la maison du roy. Cest homme s'estans plaint à Azambuge du tort à luy faict, fut, pour l'heure, exhorté de patienter, attendu qu'il n'estoit pas temps d'en quereler. Or, ayant receu de Haliadux une responce si audacieuse, il appella ce Portugallois, et luy conseilla de tuer le More qui l'avoit souffleté ; et pour faire ce coup plus promptement, il luy bailla pour compagnon l'un de ses serviteurs. Ces deux s'en vont de ce pas en la place de Safin, où ilz rencontrent le More et le dépeschent à coups d'espée. Incontinent, on commence à s'esmouvoir et crier au meurtre et à l'arme. Les Mores s'amassent de tous costez et assaillent les deux Portugallois qui se défendent vaillamment et, en reculant peu à peu, gaignent finalement à toute peine leur citadelle.

Azambuge ne voulut permettre à pas un des siens de sortir. Sur ce, les Mores environnent la citadelle, et taschent à coups de dards, de javelots et autres traits d'endommager ceux de dedans. Finalement, ilz amènent quelques pièces et commencent à battre la place. Quant aux Portugallois, ilz estoyent en armes, et se tenoient sur leurs gardes, sans toutesfois tirer aucun coup, car Azambuge leur avoit expressément commandé de se tenir cois. Toute la nuict, les ennemis firent leur possible de forcer la citadelle, mais ilz perdirent leur temps. Sitost que le jour apparut, il ordonna à tous de se recommander humblement à Dieu, puis il exhorta ses gens d'avoir bon cœur et prendre leur repas. Ayans faict l'un et l'autre, il disposa ses troupes sans aucun bruit, et se fit amener un cheval blanc pour soy, car lui estoit jà fort vieil et boiteux, d'un coup receu en la cuisse au siège d'une ville nommée Alegret, que Jean, second filz du roy Alfonse, assaillit durant la guerre d'Alfonse contre Fernand, roy de Castille et d'Arragon. Doncques Azambuge fut seul à cheval ce jour-là, ses capitaines et soldats combatirent à pied. Tout estant prest, Azambuge sortit environ midy, et donna un merveilleux alarme aux ennemis qui ne l'attendoyent pas et ne pouvoyent penser qu'une poignée d'hommes, qu'ilz tenoient pour demy-morts de peur, deussent se fourrer à travers une si grande multitude d'ennemis. Pourtant, ils reculent et se retirent en une mosquée où ilz furent vivement poursuivis des Portugallois, et quelques-uns tuez. Mais ayant reprins leurs esprits, le combat commença ; toutesfois, pour ce que les Mores perdoyent beaucoup de gens, ilz se sauvèrent de vitesse par une autre porte de ceste mosquée. Plusieurs s'enfermèrent dans le chasteau de la ville, où ilz tenoient garnison, et de là endommagèrent fort par le moyen d'une grosse pièce de batterie la citadelle d'Azambuge. Ce qu'appercevant un canonier bien expert nommé Sébastien Roderic, il braqua vis à vis de ceste pièce une des siennes, et visa si droit que la balle de la sienne donna dans la bouche de la pièce des ennemis et rompit icelle pièce, et esmorcela celuy qui la gouvernoit. Enfin, les Mores ne sçachans plus de quel bras se défendre, gaignèrent au pied et Haliadux se retira en une ville nommée Targam. Ceux qui ne bougèrent de Safin demandèrent la paix à Azambuge, laquelle il leur accorda sous certaines conditions, notamment d'un tribut annuel qu'il leur imposa. Or, combien que le nombre des ennemis tuez fut incertain, si est-ce que il en demeura beaucoup en divers endroits, les Portugallois n'ayans perdu qu'un seul homme de la maison d'Azambuge, lequel fut tué d'un coup de trait auprès de son maître. Au reste, Melio et Azambuge ne s'accordoyent pas bien ensemble, car ilz estoyent de diverse opinion sur les moyens de garder la ville de Safin et leur différent l'eschauffa de telle sorte, que Melio monta sur mer et par despit revint en Portugal, laissant Azambuze seul gouverneur pour le roy Emmanuel. Néantmoins, après la prise d'icelle, les Mores demeurant par les villages ne cessoyent de faire des courses, mais l'advantage demeuroit aux Portugallois qui leur donnèrent tousjours la chasse. Voilà comme par l'adresse et vaillance d'un petit nombre d'hommes favorisez du bonheur d'Emmanuel, ceste ville riche, forte et bien pourveue de tout ce qui estoit requis pour la guerre, luy fut assujettie. Presques au même temps et peu avant la prinse de Safin, le roy estant en la ville d'Albrantès, à cause de la peste de Lisbonne, la royne Marie acoucha d'un filz, le cinquième jour de juin, l'an mil cinq cens et sept, lequel fut appellé Fernand, prince de gentil esprit, fort curieux à rechercher les choses antiques, désireux de grandes entreprises, et doué de plusieurs vertus séantes aux personnes de sa qualité; toutefois il mourut à la fleur de sa jeunesse ».

AZAMMOR

« Il y a une ville en Barbarie nommée Azamor, en la coste de l'Océan, comme Safin dont elle est eslongnée de quarante lieues vers septentrion, arrousée d'un grand fleuve, qu'aucuns estiment estre Asama, lequel passe à travers la ville. Le roy Emmanuel désiroit fort se rendre maistre de cette place, et se persuada de la pouvoir aisément emporter par la venue d'un certain prince more nommé Zéjam, seigneur de Méquinèze, ville assize en terre ferme non guères loin de Fez, et qui commandoit à plusieurs bourgades et villages d'alentours. Iceluy estoit frère de par père de Mahumet autresfois roy de Fez qui avoit espousé aussi aussi la sœur de Zéjam. Nazarre, frère de Mahumet et son successeur au royaume de Fez, aussi fidèle que les autres Mores, eut si peu d'esgard à l'alliance affermie par parentage et afinité qu'il chassa Zéjam de ses pays. Iceluy despouillé de sa dignité et de ses biens se retire en Azamor, estimant que ceux de la ville le feroyent leur seigneur, pour l'honneur qu'ilz luy portoyent. Mais ilz n'y voulurent pas entendre pour lors à cause de quoy Zéjam, frustré de son attente, vint trouver le roy Emmanuel, et luy jura fidélité, promettant luy conquester Azamor et plusieurs autres villes moyennant quelque nombre de navires pour l'exécution certaine de ces entreprises, adjoustant qu'il avoit plusieurs parens, alliez, amis et serviteurs dans Azamor, desquelz il s'asseuroit qu'ilz livreroyent très volontiers ceste place, estans irritez des torts qu'on leur faisoit, et incitez par le bruit du doux traictement que le roy de Portugal faisoit à diverses nations qui se rengeoyent à son obéyssance, de se mettre en sa protection. Emmanuel adjousta foy aux paroles de ce More, voyant que c'estoit un roy chassé indignement par un autre, esmeu de juste douleur, et qui ne voudroit mentir, attendu qu'aucun profit ne luy en revenoit ; joint aussi (qui est le principal) que, de nostre naturel, nous tenons aisément pour desjà faict ce que nous désirons voir exécuté. Pourtant, il fit promptement équipper une petite flotte souz la charge de Jean de Menesez, qui fit voile de Lisbonne le vingt-sixiesme jour de juillet l'an mil cinq cens et huit. L'armée estoit de quatre cens chevaux et deux mille hommes de pied. Finalement la flotte arriva à l'embouchure du fleuve, et de nuict, ayant la marée propre, le général Menesez fit couler ses vaisseaux jusques près des murailles d'Azamor, et commença à assaillir la ville. Les habitans courent incontinent aux armes, se défendent courageusement, lancent toutes sortes de traicts, s'aident de torches ardantes, et notamment, ilz dardoyent par engins des pièces de bois poissées et embrasées contre les vaisseaux de Portugal afin d'y mettre le feu. D'avantage, ilz sortirent en grosses troupes hors des portes, courans çà et là, pour empescher l'entrée aux assaillans. Menesez attendit secours de Zéjam, lequel s'estoit auparavant retiré de Portugal en Azamor. Mais comme les hommes, surtout les Mores, sont inconstans et légers, iceluy ne se souciant plus de sa promesse, du commencement amusoit Menesez, le paissant de belles paroles; puis en fin, il vient à machiner tout ouvertement contre les Portugallois. Car il s'accorda très bien avec ceux d'Azamor, amassa seize mille hommes de guerre, avec lesquelz il faisoit des sorties en la campagne au long du fleuve, pensant à tous moyens possibles pour endommager la flotte. Il y avoit huict mille soldats en garnison dedans la ville pour repousser les assaux de Portugallois. Ce nonobstant, Menesez print terre et campa avec ses troupes. Or d'autant que ces lieux là sont propres à dresser embusches, les Mores posèrent certaines bandes de soldats en trois endroits boccageux entre la ville et le bord de la mer, puis sortirent avec le reste de leurs troupes en campagne, et vont trouver les Portugallois qui les receurent. Menesez partit sa petite armée en trois bataillons, le premier ayant cent chevaux conduits par le gouverneur de

Tentugal, le second de cent cinquante chevaux sous la charge de Jean Mascaregne : luy commandoit au troisième composé de deux cens cinquante chevaux. Au milieu de ces trois bataillons estoyent les gens de pied bien couverts et asseurez. Lors il charge vivement les ennemis, qui ne pouvans soustenir la violence de ce choc se retirèrent dans la ville beaucoup plus vistement qu'ils n'avoyent délibéré. Car leur intention étoit de reculer au petit pas, jusques à ce qu'ils eussent attiré Menesez dedans l'embusche, afin de l'enclorre de toutes parts et tailler en pièces lui et ses troupes. Les habitans d'Azamor craignans que les Portugallois qui touchoyent aux espaules des Mores n'entrassent pesle-mesle dans la place avec eux, fermèrent les portes. Alors les ennemis contrains de tourner visage, jouans à tout perdre, commencent le combat où les uns et les autres se montrèrent merveilleusement résolus. Ceux qui estoient embuschez desbusquent soudainement et donnent d'estrange furie à travers les troupes de Portugal. Le gouverneur de Tentuhal et Mascaregne demeurez derrière par le recommandement de Menesez, soustindrent vaillamment ceste charge. Sur ce, Zéjam approche avec un gros bataillon pour secourir ses gens, et des villages voisins accouroyent à la file force gens de cheval pour attraper et racler tous les Portugallois. Ce que considéré par leur général, il fit sa retraicte en tel ordre et si dextrement que pas un de ses soldatz ne bransla pour quitter son rang. Les forces disposées pour le rafraîchissement, oyans sonner la retraicte, mirent en route les Mores sortis des embusches, et Menesez demeuré en l'arrière-garde faisoit teste aux plus eschauffez d'Azamor, battant ceux qui s'approchoyent trop près. Par ce moyen, il regaigna le lieu où il s'estoit campé, et de là se retira ès navires. Il perdit seize hommes de cheval en ce conflict, entre lesquelz estoyent quelques gentilz-hommes et braves capitaines. On sceut quelque temps après que les ennemis y avoyent laissé mil trois cens soixante-cinq des leurs tuez sur le champ. Jean Roderic de Menesez estant tombé par terre, pour ce que son cheval fut tué entre ses jambes, se trouva en extrême danger de sa vie, les ennemis l'assaillans de tous costez ; mais deux vaillans capitaines, à sçavoir Jean l'Homme, retourné des Indes en Portugal, et Jacques Fernand de Far escartèrent les assaillans à force d'armes, le tirèrent de la presse, le faisant monter sur le cheval d'un capitaine more, qui avoit abatu d'un coup de trait le cheval de Roderic, et lequel fut tué au combat de la main de Fernand. Menesez pensant là-dessus à la perfidie et trahison de Zéjam, considérant aussi qu'Azamor estoit forte et bien gardée, tellement que ce seroit tenter une chose impossible de penser de se rendre maistre d'une telle place, résolut de ne s'arrêter pas plus longtemps devant. Pourtant, il fait lever les anchres et mettre la voile au vent. Or, d'autant que le reflus estoit foible à cause du secours de la lune, tellement que le fleuve ne pouvoit soustenir les navires sur son courant, ce qui descourageoit les pilotes et matelots de désanchrer et de mettre à la voile, il avint que quelques petits vaisseaux eschouèrent et coulèrent en fond : mesmes les ennemis vindrent enceindre une navire de charge qui estoit asablée et occirent trente forçats, lesquels avant mourir, tuèrent dix-huit Mores. Ceste navire fut bruslée par ceux d'Azamor. Quant aux autres, Menesez ayant gaigné la mer print la route du destroit de Gibraltar. Plusieurs estimèrent depuis et très sagement que cette guerre avoit esté conduite plus par une singulière providence de Dieu que par le conseil des hommes. Et sembloit bien que Dieu, voulant alors espargner les Portugallois, s'estoit servy de la mauvaise conscience de Zéjam et de la légèreté d'Emmanuel, en armant cette flotte pour assaillir hors de saison avec une poignée de gens ceste ville si puissante. Car si les affaires eussent prins un autre train, les Portugallois ne pouvoyent faillir d'estre exterminez ou de recevoir une fort grand honte, avant que le roy eust un moyen de les secourir à temps. Menesez esloigné d'Azamor conquit au destroit quelques navires ennemies et par le commandement du roy establit Jean Roderic de Menesez gouverneur de la ville d'Alcassar, où il avoit jà une garnison des Portugallois.

« En ces entrefaites, nouvelles vindrent que le roy de Fez marchoit avec une puissante armée pour venir assiéger Arzile. Ses troupes avoyent esté si dextrement amassées que personne n'en descouvrit rien, sinon quand on les aperceut en campagne, équippées de toutes munitions et machines de guerre. Il avoit vingt mille chevaux et six vingt mille piétons. Vasque Coutin, gouverneur de Borbe, commandoit lors dedans Arzile, lequel à l'approcher de l'armée ennemie donna ordre de faire surprendre quelques Mores pour sçavoir d'eux où estoit le roy de Fez. Cela fut exécuté, et entendit-on le dessein de ce Roy, le grand nombre de ses troupes, et autres choses dignes d'estre sceues en tel accident. Pourtant Coutin escrivit promptement à Edouard de Menesez, gouverneur de Tingi et à Jean de Menesez qui costoyoit la Barbarie avec quelques navires, à ce qu'ilz sceussent en quel danger estoit Arzile. Le dix-neuviesme jour d'octobre, l'an mil cinq cens huit, le roy de Fez se campa avec toutes ses forces devant ceste place-là. Et le lendemain, fit dresser la batterie, assaillir les assiégez d'une infinité de flesches, préparer des mantelets et eschelles et raser les murailles. Il n'y avoit lors que quatre cens soldats pour garnison dans la ville, lesquels resistoyent vaillamment, soustindrent l'ennemy tout ce jour jusques à la nuit. Au matin du jour suivant, ilz voyent la ville assiégée, les corps de garde posez, les tranchées de l'ennemy, son artillerie placée, ses troupes rangées pour combatre. D'avantage, pour empescher l'entrée du port aux navires, les assiégeans avoyent logé plusieurs compagnies çà et là sur le bord de la mer, dressé des gabions, remply de terre et de sable force tonneaux opposez aux canons des assiégez, disposé leur artillerie pour battre et mettre en fond les vaisseaux qui voudroyent amener secours. Plusieurs autres avec arcs, arbalestes et arquebouzes de ce temps-là visoyent droit à ceux qui se monstroyent sur les murailles, descochans et tirans aussi soudain que quelqu'un se descouvroit tant soit peu, tellement que personne n'osoit se présenter sur le rempart. Outre plus, après avoir avancé certains mantelets et autres tels engins, ilz commencèrent à sapper les murailles, de telle vistesse (à cause que gens frais venoyent de moment en autre soulager les travaillans, et qu'ilz ne cessoyent tant peu que ce fust) que le mesme jour la pluspart des murailles fut renversée par terre.

« Ayans fait bresche raisonnable et commode, ilz viennent à l'assaut. Mais Coutin estant sorty sur eux avec cinquante chevaux, retint leur impétuosité, jusques à ce qu'ayant eu le bras percé d'un coup de flesche, il se retira au chasteau, laissant derrière George Batret, son gendre, pour faire teste aux ennemis, jusque à ce que son bras fust pansé. Sur ce, il advint que les assiégez accablez de la multitude des Mores, et entendans la retraite de leur chef, se retirèrent au grand pas vers le chasteau. C'estoit pitié d'ouir les cris des femmes, de voir l'irrésolution des soldats et l'estrange confusion où la ville fut lors réduite, n'y ayant personne qui prinst party en une si soudaine calamité, ou de demeurer, ou de fuir, ou de vivre et mourir vaillammant. Les ennemis taillèrent en pièces tout ce qui se trouva devant eux, escarbouillans les testes des enfançons contre le pavé et les parois, et ne oubliant sorte quelconque de cruauté qu'ilz ne fissent sentir aux vieilles et jeunes gens, aux filles et femmes, sans respect d'aage ny de sexe. Comme chascun fuyoit de tous endroits vers le chasteau, et les uns empeschoyent les autres d'entrer, il s'esleva une piteuse huée et lamentation de ceux qui demeuroyent derrière, spécialement des femmes avec leurs petits enfans en leurs bras, demandans à hauts cris et chaudes larmes qu'on eust au moins compassion de leurs petits, ce qui faisoit mourir d'ennuy ceux du chasteau, lesquels désiroyent bien donner entrée à ces misérables, mais c'estoit chose impossible. Or, d'autant que les ennemys poursuivoyent impérieusement les fuyards, et taschoyent d'entrer avec eux dans le chasteau, les portes furent fermées à toute peine, et plusieurs laissez à la mercy de l'ennemy qui les esgorgea cruellement. Puis la ville exposée au pillage fut saccagée.

« Les nouvelles de ceste prinse furent incontinent portées à Menesez qui diligentoit pour se jetter dans Arzile, ayant fait venir renfort de vaisseaux et de capitaines. Estant au port, il voulut soudain prendre terre ; mais la tempeste et agitation de la mer l'en empescha. Car ce port est très dangereux et périlleux à cause des bancs, surtout en temps de tourmente. Outre cela, il ne sçavoit si le chasteau estoit en la puissance des ennemis, ce qui le mettoit en perplexité à cause que si ainsi eust esté, on ne le pouvoit tenir que pour un estourdy de gaigner le bord avec si petite troupe pour combatre ouvertement à son désavantage une si puissante armée. Par ainsi, il demeura trois jours à l'anchre, ne sçachant bonnement voir ce qui estoit meilleur de faire en ce brouillis d'affaire. Finalement, il envoya deux soldats de qui il se fioit, dans une esquif bien équippée et voguant en diligence, pour fendre les vagues, et approcher du chasteau regardant sur la mer. Ces deux, au grand hazard de leurs vies, traversent les flots impétueux, les coups de canon et et d'autres traits greslans contre eux des corps de garde posez sur le rivage, et se rendent près du chasteau en despit des ennemis. Ceux qui y estoyent enclos les voyans monstrent incontinent par une fenestre les estendarts portant les armoiries du roy, crians souvent et à haute voix : Portugal, Portugal. Les femmes leur présentoyent force petits enfans pendans au col des mères, afin d'esmouvoir tant plus ceux du dehors à leur assister en ceste pitoyable extrémité. D'avantage, Vasque Coutin envoya quelques robustes et experts nageurs avec lettres enveloppées de cire vers Menesez, auquel il faisoit entendre le danger pendant sur les testes des assiégez, l'instruisant au reste du meilleur moyen qu'il pourroit tenir pour faire entrer nouvelles forces au chasteau, et notamment des vivres, qui y estoyent fort courts alors. Menesez fait embarquer nombre de soldats en des vaisseaux propres à subsister au port ainsi fascheux, et fait publier à son de trompe que tous les forçats qui pour leurs forfaits estoyent condamnez à demeurer en galères perpétuelles ou qui y demeuroyent pour un temps seroyent délivrez, pourveu que le lendemain ilz fissent leur devoir de bien combatre en terre, promettant au reste, à celuy qui descendroit le premier, la somme cinq cens écus pour recognoissance et loyer de sa prouesse.

« Cela fait, il suivit à l'heure assignée le flux de la mer, avançant sa flotte à force de rames. Vasque Coutin, qui les regardoit du chasteau, fit incontinent sortir par une fauce porte, suivant ce qui estoit arresté entre luy et Menesez, trente hommes à cheval, et le reste des autres gens d'ordonnance à pied, afin de donner secours à ceux qui descendroyent des navires en terre. C'estoyent les plus asseurez soldats qui fussent au chasteau ; et Menesez estoit averty par ce signal, à sçavoir par leur sortie, de mettre ses troupes en terre. Pourtant il fait promptement mettre le feu à toutes les pièces, et canonne furieusement les ennemis, qui grandement estonnez de la mort de plusieurs des leurs se retirèrent en grand trouble et désordre assez loin du rivage. Alors chascun de ceux qui estoyent ès navires fait tous les efforts d'estre le premier à bord, l'un désirant gaigner les escus promis, l'autre racheter son bannissement, mais la plupart alloit à teste baissée à travers le danger pour acquérir honneur. Le premier qui mit pied à terre fut Tristan de Menesez porté dans l'esquif de Jean Roderic qui le seconda, et fut suivy de Henry de Menesez ; Jean L'homme aussi voguant en un esquif fit le quatriesme. Quant aux principaux chefs des troupes, Jean Mascaregne, colonel des chevau-légers, fut le premier en terre. Si tost que les chrestiens se furent emparez du rivage, les ennemis accourent et commencent la charge, où les uns et les autres ne s'espargnèrent nullement. Plusieurs demeurèrent estendus sur la place, et y en eut tant de blessez qu'ilz furent contrains de se retirer. Les Portugallois faussèrent le plus prochain corps de garde, et en tout ce conflict, ceux qui estoyent sortis du chasteau se portèrent vaillamment entre tous autres. Ils traisnèrent dans le chasteau six coulevrines conquises en ce corps de garde, et par même moyen, Jean Mascaregne y mena deux cens soldats avec quelques charges de pouldre, d'armes, de vivres et munitions de guerre. Ce secours remit sus les assiégez et les encouragea du tout à tenir bon, au lieu qu'avant telle avanture, ils ne sçavoient que faire, estans destituez de toutes choses nécessaires pour soustenir un siège. D'avantage, les soldats avoyent tant enduré de faim et de soif, tant travaillé, veillé et combatu aux despens de leur sang, qu'à peine s'en fust-il trouvé un pour asséner un bon coup. Le gouverneur de Tentugal fust si griesvement blessé d'un coup de boulet à la descente, que sans pouvoir subsister davantage, il se fit reporter dans Tingi, d'où il s'estoit embarqué. Manuel Coutin, Jean de Primete et quelques autres braves soldats, qui s'estoyent vaillamment portez ce jour-là furent tuez sur-le-champ. Mais combien que ceux du chasteau eussent esté ainsi soulagez par la sagesse et vaillance de Menesez, si ne furent-ilz pas délivrez du tout. Car au lieu qu'ilz estimoyent que cela feroit descamper l'armée du roy de Fez, le contraire advint : tellement que ilz se retournèrent à la guerre plus que jamais, leurs ennemis estans devenus comme enragez d'une telle délivrance. Pourtant aussi le roy de Fez commanda que la batterie fust recommencée avec plus grande impétuosité qu'auparavant, et pour accommoder cette batterie ses gens se retranchèrent de telle sorte qu'il estoit impossible de les endommager du chasteau. Ce qui mit en nouvelle peine les assiégez, lesquelz néantmoins prenans courage en telle nécessité résistoyent en toutes sortes. Toutes fois, à la longue, ilz y fussent demeurez tous, s'ilz n'eussent esté secourus d'ailleurs : d'autant qu'il n'estoit pas possible qu'une poignée de gens harassez peussent faire teste longuement à une si puissante armée, laquelle avoit du tout résolu de les avoir à quelque pris que ce fust ; le roy de Fez prévoyant bien de quelle importance estoit le recouvrement de ceste place, qui est une des chefs de ceste coste de Barbarie, et dont si les Portugallois demeuroyent maistres absolument, les Mores auroyent tousjours la guerre sur les bras et à leur desvantage, les Portugallois ayans une retraite si asseurée entre les autres, comme de fait, il en avint ainsi puis après. Mais il fut frustré de son désir, et contraint faire place au bonheur des Portugallois par le moyen qui s'ensuit.

« Menesez avoit prié par lettres le roy Emmanuel d'assembler secours en diligence. D'avantage, il avoit envoyé messagers en Andalouzie, pour obtenir quelques compagnies. Suivant quoy, Pierre de Navarre lors capitaine fort renommé, avoit amené la flotte d'Espagne vers le destroit ou havre de Gibraltar, ayant esté instamment requis par Menesez de venir à l'aide en ceste nécessité. Les uns et les autres s'apprestoyent à qui mieux mieux pour passer en Barbarie. Ce pendant, les Mores battoyent furieusement le chasteau, sans donner relasche aux assiégez. Le premier qui amena gens d'Andalouzie fut un gentil-homme, dont je n'ay peu trouver le nom par escrit, président de Xérès, lequel arriva en Barbarie avec une navire de guerre merveilleusement tost équippée et munie de soldats, d'armes, de vivres et de tous autres choses nécessaires. Or pour ce que les ennemis s'estoyent si bien retranchez que l'artillerie du chasteau ne les endommageoit aucunement, ce gentil-homme avançant son vaisseau s'arresta en un lieu qui descouvroit les ennemis. De là il commence à les canonner et meurtrir d'estrange façon, tellement que tout leur camp en fut troublé ; comme eux pensoyent avoir leur revanche, il se retiroit si vistement que c'estoyent poudres et balles perdues de tirer contre luy. Et de rechef, il les costoyoit et fouettoit si rudement, que le roy de Fez fut contraint de camper en autre endroit. Pierre de Navarre, vaillant et prompt à exécuter, ne tarda guères avec son secours de six mil cinq cens hommes. Estant arrivé, luy et Menesez entrent en délibération de ce qu'ilz avoyent à faire. Leur résolution fut d'assaillir promptement l'armée du roy de Fez, remettans l'exécution au lendemain. Ce roy, voyant un tel secours pour les assiegez, estima qu'il ne falloit plus demeurer là ; pourtant il fit mettre le feu dans la ville.

« Il avoit en son camp un gentilhomme que Menesez print prisonnier en certaine escarmouche et le traita fort humainement quelques jours, en fin desquels estant sorty par rançon, il ne se pouvoit saouler de faire entendre aux autres Mores la vertu et douceur de Menesez, auquel il envoya messager expres demander sauf-conduit pour luy aller faire la révérence. Ce qu'ayant obtenu, il vint droit au camp des Portugallois, suivy de vingt chevaux, et après que Menesez et luy se furent entre-saluez et entretenus de propos d'amitié quelque espace de temps, finalement le gentilhomme more tint tel langage : « Pour certain, seigneur Menesez, vous avez de beaucoup accreu le los de votre illustre nom, quand, en tel temps, ceste ville a esté secourue par vous contre un roy si puissant. Arzile vous en est grandement obligée, car sans votre présence, le chasteau seroit maintenant en la main de nos gens. Mais un si brave exploit ne pouvoit estre exécuté sinon par ceste noble vertu qui est toujours apparue en vous. » Menesez respond incontinent. « Si j'ay remédié à la confusion en laquelle ceste ville estoit embrouillée, ceux qui voudront considérer bien le tout, jugeront qu'il m'en faut pas attribuer grand' louange, car j'estime que cela ne m'appartient pas tant qu'il fait à mon roy, prince très excellent, lequel a accoustumé et peut mettre en besongne beaucoup d'autres capitaines plus habiles que je ne suis. C'est votre roy qui a de quoy se glorifier de ce que, non seulement, il a assailly l'une des villes du roy de Portugal (entreprise qui mérite grand honneur), mais aussi s'en est rendu maistre par la force de ses armes. Pourtant j'estime qu'il s'est acquis un perdurable nom d'avoir abbatu les murailles, prins la ville et battu le chasteau. Mais je ne puis dire que ce soit chose bien séante à Sa Majesté d'avoir fait mettre le feu ès maisons et bastimens enclos dedans la ville. Chascun a encore les armes au poing. S'il prétend emporter la victoire, pourquoy est-il si mal advisé de réduire en cendres une place dont il espère se rendre bientost seigneur ; au contraire s'il se sent faible, que luy sert de descharger sa cholère sur des toicts et des maisons ? A-t-il amassé une si puissante armée pour faire la guerre aux parois et soliveaux ? » — « Nostre roy n'a point le cœur bas ni failly, répliqua le More : c'est un prince magnanime, et qui mérite le rang qu'il tient. Il ne s'est point mis en campagne avec tant de soldats pour brusler des maisons, ains pour s'esprouver aux armes contre un autre roy fort renommé pour ses vertus. S'il n'est venu à bout de ce qu'il prétendoit, on ne l'en peut toutesfois injustement reprendre, car le devoir d'un roy qui aspire à un renom digne de sa grandeur, gist à entreprendre choses grandes et difficiles. Mais la victoire n'est point en la main des hommes ains en la délibération et assistance de Dieu. Quant au feu, je puis asseurer qu'il a esté mis ès maisons au desceu du roy. Pourtant si tost que je me trouveray devant Sa Majesté, pour luy faire entendre ce qui est advenu, vous verrez que l'on esteindra incontinent le feu. » Cela dit, le More print congé, et par le commandement du roy ses gens estaignirent, par grande adresse, tout l'embrasement. Plusieurs estimèrent que le roy de Fez estoit en la compagnie de ce More ; car il désiroit fort voir Menesez, lequel estoit fort renommé, prisé de tous les peuples de Barbarie. Au reste ce roy voyant qu'il seroit fort malaisé de forcer le chasteau assez bien muni pour lors, et que le secours arrivoit de toutes parts pour le garder : item, que de là à peu de jours la flotte de Portugal apparaistroit, et que ceste place estoit de telle importance, à cause qu'elle regarde l'Andalouzie, que si on ne l'emportoit pas au premier assaut, il y avoit fort grand danger de tenir un camp plusieurs jours en ce siège, il résolut de ne perdre pas davantage de temps en ceste guerre.

Ainsi donc, il fit desloger son armée la nuict mesme et prendre le chemin d'Alcassarquibir. Le lendemain, Menesez entra dans Arzile avec toutes ses troupes, enseignes desployées. Coutin, sa femme, et tous ceux qui s'estoyent retirez dans le chasteau luy allèrent au devant en grande joye, le remercians et recognoissans pour celuy de qui ilz tenoyent la vie. »

TABLE DES CHAPITRES

	Pages.
INTRODUCTION	I
D'où est venu le nom d'Afrique	1
Termes et limites de la region d'Afrique.	2
Division de l'Afrique.	3
Divisions et royaumes des quatre parties de l'Afrique susnommées	7
Division de Numidie, assavoir des pays qui produisent les dates	10
Division des desers qui sont entre la Numidie et la terre des Noirs . . . . -	12
Division de la terre Noire par chaque royaume . . .	13
Habitations d'Afrique, et signification de ce mot, Barbar	15
Origine des Africans	16
Division des Africans blans en plusieurs peuples . .	18
Diversité et conformité de la langue Africane . . .	28
Des Arabes habitans aux cités d'Afrique	30
Des Arabes, lesquels en Afrique, au lieu de maisons, se servent de pavillons	33

TABLE DES CHAPITRES

Pages.

Division des Arabes qui sont venus demeurer en Afrique, appelez Arabes de Barbarie	47
Division des habitations des Arabes susnommez et le nombre d'iceux.	53
De Hilel peuple et habitation d'iceluy.	55
De Mahchil peuple, les habitations et nombre d'iceluy.	58
Déclaration du peuple de Deuimansor	61
Du peuple de Deuihubeidulla	63
Coutume et maniere de vivre des Africans, qui demeurent au desert de Libie	66
De la maniere de vivre et coutume des Arabes habitans en Afrique.	74
Des Arabes qui habitent aux deserts qui sont entre la Barbarie et l'Egipte	80
De Soava (assavoir ceux qui pastourent les brebis), nation Africane et qui ensuit la façon de vivre des Arabes	83
De la foy des anciens Africans	84
Lettres dont usent les Africans.	87
Situation de l'Afrique	91
Des lieux raboteux de l'Afrique et pleins de neige.	92
Mutations de l'air naturelles en Afrique et de la diversité qui provient d'icelles.	102
Qualité des aages.	110
Maladies des Africans	111
Des vertus et choses louables qui sont entre les Africans.	115
Des vices et sotte maniere de vivre des Africans.	118

LIVRE SECOND

	Pages.
Proëme.	127
De l'assiette et qualité de Hea, region occidentale.	128
Maniere de vivre de ce peuple	129
Des habits et coutumes du mesme peuple	131
Des villes et citez contenuës en la region de Hea, et premierement de Tednest	134
Teculeth	138
Hadechis.	140
Heusugaghen	143
Teijeut.	146
Tesegdelt	148
Tagtessa	150
Eitdeuet.	151
Culeihat elmuridin.	154
Ilghilmghighil.	157
Tefethne, cité de port.	158
Des montagnes contenuës en la region de Hea et des habitans d'icelles	160
Demensera.	163
Gebel elhadid, autrement montagne de fer.	164
De la region appelée Sus.	167
Des villes et citez contenuës en la region de Sus.	168
Messa, cité.	168
Teijeut.	170
Tarodant.	174
Guarguessem	176
Tedsi	177
Tagauost	178
De Hanchisa et Ilalem, montagnes en la province de Sus.	180

	Pages.
Assiette de la region de Maroc.	181
Des villes et citez de cette mesme region.	182
Elgiumuha	182
Imegiagen	183
Tenezza.	185
Delgumuha.	185
De Imizmizi, cité grande.	188
De Tumeglast, nom de trois chateaux. . . .	189
Tesrast	190
De la grande cité de Maroc.	191
Agmet, cité en ladite region de Maroc. . . .	209
De Hanimmel, cité	213
Des montagnes contenuës en la region de Maroc, premierement Nisipha	215
Semede.	219
Sevsava.	222
Secsiva.	224
Tenmelle, montagne et cité.	226
Gedmeua	228
Hantera, montagne treshaute	229
Adimmei	231
De la region de Guzzula.	232
De la region de Ducale.	235
Des villes et cités contenuës en la region de Ducale, premierement Azafi.	236
De Conte et Tit, citez de la mesme province. . .	242
De Elmedina, cité.	244
De Centopozzi, cité	245
De Subeit.	247
De Tamaracost	248
De Terga	248
De Bulahuan	249
Azamur, cité	252

TABLE DES CHAPITRES

	Pages.
De Meramer	255
Des montagnes contenuës en la region de Ducale. Benimegher	256
De Monte Verde, ou Verdmont	257
De la region d'Hascora	261
Des cités contenuës en la region d'Hascora, premierement Elmedine	263
De Alemdin	266
De Tagodast	269
De Elgiumuha	274
De Bzo	275
Des montagnes qui sont en la region d'Hascora. Tenveves	277
De Tensita	283
De Gogideme	286
De Teseuon, double mont	288
De Tedle, region	289
Des villes et citées contenuës en la region de Tedle	290
Tefza	290
De Efza	305
De Cithiteb	307
De Eithiad	308
De Seggheme, Magran et Dedes, montagnes de la mesme region	310
Magran	314
Dedes	316

APPENDICE	321
Extrait de la Géographie d'Ibn Sayd	324
Chapitre relatif aux Berbères tiré du *Kitab el-messalik oul-memalik*	327

TABLE DES CHAPITRES

Pages.

Indication des localités occupées par les Berbères en
Ifrikia et en Maghreb 329
Le Sous. 337
Aghmat. 338
Les tribus masmoudiennes du Deren 340
Maroc 343
Safy.. 348
Azammor 360

ANGERS, IMP. BURDIN ET Cie, RUE GARNIER, 4

www.ingramcontent.com/pod-product-compliance
Lightning Source LLC
Chambersburg PA
CBHW070542230426
43665CB00014B/1784